国家社会科学基金项目（20BGJ021）成果
福建省哲学社会科学领军人才资助项目

通向高水平开放之路

——国际经贸规则重构与中国制度型开放

全 毅　等著

中国商务出版社
·北京·

图书在版编目（CIP）数据

通向高水平开放之路：国际经贸规则重构与中国制度型开放 / 全毅等著．— 北京：中国商务出版社，2023.12

ISBN 978-7-5103-4820-4

Ⅰ．①通… Ⅱ．①全… Ⅲ．①进出口贸易商用规则—研究 Ⅳ．① F746

中国国家版本馆 CIP 数据核字 (2023) 第 180354 号

通向高水平开放之路——国际经贸规则重构与中国制度型开放

TONGXIANG GAOSHUIPING KAIFANG ZHILU—GUOJI JINGMAO GUIZE CHONGGOU YU ZHONGGUO ZHIDUXING KAIFANG

全　毅　等著

出　　版：中国商务出版社
地　　址：北京市东城区安外东后巷 28 号　　**邮　编**：100710
责任部门：教育事业部（010-64255862　cctpswb@163.com）
策划编辑：刘文捷
责任编辑：刘　豪
直销客服：010-64255862
总 发 行：中国商务出版社发行部（010-64208388　64515150）
网购零售：中国商务出版社淘宝店（010-64286917）
网　　址：http://www.cctpress.com
网　　店：https://shop595663922.taobao.com
邮　　箱：cctp@cctpress.com
排　　版：德州华朔广告有限公司
印　　刷：北京建宏印刷有限公司
开　　本：710 毫米 × 1000 毫米　1/16
印　　张：20.5　　**字　数**：313 千字
版　　次：2023 年 12 月第 1 版　　**印　次**：2023 年 12 月第 1 次印刷
书　　号：ISBN 978-7-5103-4820-4
定　　价：58.00 元

前言

《新时代我国对外开放的理论与实践探索》一书问世后，发现意犹未尽。改革开放40多年，我国实现了从一个落后的农业国跃升为世界中等收入水平工业国的伟大变革，成为仅次于美国的第二大经济体。我们选择了对内改革与对外开放的发展社会主义市场经济的正确道路，这说明只要坚持正确的发展道路，中华民族的创造力是无限的。但随着国家的快速崛起，中国与美国等传统发达国家的竞争愈发激烈，面临的内外挑战更加严峻。站在新的历史起点，中国如何发挥优势，迎接挑战，推动中国持续稳定高质量发展？2020年以来，我们围绕世界大变局、大国博弈、国际经贸规则重构与我国更高水平对外开放进行研究，形成本书的主要内容。

国际环境是我国发展的重要条件，认识我国所处的国际环境及历史方位，是我国制定发展战略和对内对外政策的基础。世界大变局是西方国家力量与新兴国家力量对比发生了有利于新兴经济体的变化。如果说过去的20世纪国际格局深刻调整是西方国家内部力量变化导致的，那么21世纪初期的世界大变局之所以称为百年未有之大变局，主要是新兴经济体崛起导致其与西方发达国家力量对比出现逆转。国际经贸规则面临变革重构，国际经济秩序正在发生变化，全球化向区域化、集团化发展。国际格局经历美苏“冷战”大变局后，中国所面临的外部环境更为复杂多变，发展进程甚至被指遭受“修昔底德陷阱”与“中等收入陷阱”的双重威胁。中国被英美等西方主要发达国家视作主要战略竞争对手，中国需要做到知己知彼，审慎应对，避免战略误判，防止出现颠覆性错误。

2010年以来，世界大国之间围绕国际经贸规则的重构在区域与WTO展开激烈博弈。美国与欧盟启动《跨大西洋贸易与投资伙伴关系协定》（TTIP）谈判，与日本、新加坡等12国正式签署了《跨太平洋伙伴关系协定》（TPP）。中日与东盟等16国共同发起《区域全面经济伙伴关系协定》（RCEP）谈判。美国在2017年初退出TPP后，在2018年发起《美墨加协定》（USMCA）谈判，更新《北美自由贸易协定》，2022年发起印太经济框架（IPEF）谈判。而中国则提出共建“一带一路”倡议。美国主导的TPP和IPEF体现了发达国家强调“对等”的价值取向与保护其竞争优势的利益诉求，而东盟等新兴经济体主导的RCEP则体现发展中国家寻求贸易、投资自由化与保护发展利益的价值诉求。相对而言，TPP、《全面与进步跨太平洋伙伴关系协定》（CPTPP）更加重视以规制融合为主要内容的边境内政策协调，具有全面性和高标准的特征，属于新一代贸易协定；而RCEP虽然也越来越重视国内规制协调，但更加关注货物贸易与投资便利化，属于传统的区域贸易协定。RCEP是中国参与的开放程度最高的区域经贸协定，但与CPTPP等高标准国际经贸规则仍有差距。

世界格局变迁与国际经贸规则重构使得我国发展的国际环境发生深刻变化。我国对外开放战略与政策，乃至国内发展战略都需要进行适应性调整，而具体实践调整需要从理论认识问题加以解决。我国对外开放在“利用国际国内两个市场、两种资源、学会两套本领”总体思想指导下，理论认识上经历了比较优势理论、开放经济理论、新开放发展理念的演变过程，实践上经历了以参与国际经济大循环的发展外向型经济向多元平衡的开放型经济到以国内经济大循环为主体、国内国际双循环发展新格局的转变过程。实践证明，我国对外开放是一个不断深化的理论创新、制度建设与政策调整过程：中国根据开放发展阶段所处的国际分工地位和竞争力确立相应的开放目标，制定相应的开放战略和体制改革任务。必须铭记改革的宗旨是解放生产力，发展生产力。

我国经济已经深度融入全球化进程，尽管我国不断对标国际经贸规则进行适应性调整，但与美欧等发达经济体的体制碰撞与摩擦也更加激烈。我国社会主义市场经济体制与西方资本主义市场经济体制的差异性成为目前世界经济体系矛盾的焦点问题。如何将以公有制为主体的社会主义市场经济体制和以私营经济为主体的国际通行经贸规则相协调是构建开放型经济新体制的难点所在。对中国来说最大的挑战是如何将共同富裕的社会主义本质要求与市场经济的基本原则相结合，换言之就是如何实现东西方两种经济社会制度的融合发展。2012年以来，我国提出构建开放型经济新体制，并设立21个自由贸易试验区和海南自由贸易港进行探索实践。2018年以来又提出建设更高水平开放型经济新体制，实现制度型开放，在规则、规制、管理体制和产业标准等方面对标高标准国际经贸规则，推动我国高质量市场经济制度建设，增强社会主义市场经济体制与西方发达国家市场经济体制的兼容性与适应性。

构建国际协调性体制是建设更高水平开放型经济新体制的有机组成部分，是我国实现多元平衡开放型经济目标的重要制度保障。我们提出以中美两国贸易政策协调为契机，构建国际协调性体制，但中美缺乏战略互信是中美政策协调的主要障碍。美国对中国从“以围促变”转变为“围堵脱钩”，压缩中国国际发展空间。中国的对策是构建以内循环为主体外循环相协调的开放型经济新体制，通过对外宏观政策协调促进国内结构性改革，消除对外经济失衡，通过制度约束避免、化解对外经济冲突，将中国国内市场化改革与对外开放结合，继续挖掘经济增长的制度红利。

对内构建全国统一大市场与区域协调发展机制及实现共同富裕是构建以国内经济大循环为主体、国内国际双循环发展新格局的战略安排，也是体现社会主义市场经济治理水平的重要标志。我国区域发展战略经历了从效率优先到均衡发展的转变过程。共同富裕是实现国民收入与社会公共服务的均等化，其基本路径不仅要处理好区域合理分工与均衡发展问题，还要解决好国民财富的公平分配与社会公正问题。中央政府需要统筹协调“一带一路”建设与国内区域协调发展，顶层设计要从立法规范、组织协调、产业转移载体平台、区域开放、对口援助、资源地与消费区投资开发、利益补偿、社会市场、收入分配与转移支付等方面，构建区域之间协调发展与共同富裕的体制机制。

在新一轮构建高水平开放型经济新体制过程中，需要发挥好自由贸易试验区改革开放排头兵的示范引领作用，根据我国沿海型、沿边型和内陆型自贸试验区差异化的区位优势、功能定位、产业结构，有针对性地深入探索具体的国际经贸新规则进行帕累托改进，提高资源的产出与配置效率，建设各具特色的自由贸易试验区，促进沿海、内地与沿边地区自贸试验区差异化发展。比如沿海自贸试验区以自由贸易港为目标，探索海岛型自由贸易港、港城融合型自由贸易港、工贸结合型自由贸易港；沿边地区自贸试验区以跨境经济合作区为目标，构建“两国一区、境内关外、区内自由、封闭运作”的跨境自由经济区，或多国合作建设的边境经济合作区；内陆地区自贸试验区以陆港自贸试验区为目标，探索建设内河港型自由贸易试验区、铁路港型自由贸易试验区和空港型自由贸易试验区。

面对全球经济区域化、国际经贸规则重构、中美竞争加剧以及新冠疫情的影响，产业链、供应链和价值链正在加紧重构，处理好对外开放与经济安全问题更为紧迫。我国作为世界第二大经济体、第一贸易大国和第二大对外投资国，维护稳定的世界贸易与投资市场，需要我国积极参与全球经济治理，构建风险防范机制和增强风险防控能力。因此，在对外开放过程中维护经济安全，构建风险防控机制，加强风险防控能力建设是建设开放型经济新体制的重要组成部分。

“书生报国无他道，只把毛锥当宝刀。”这本书凝结着我们对国家未来发展问题的思考，是课题组成员的集体成果。本书内容由全毅研究员设计和主创，东艳研究员、王春丽研究员、张美涛教授、林发彬副研究员、薛同锐博士参与部分章节撰写。刘京华副教授与高军行副教授参与了资料收集与整理工作。本书的研究和出版得到了国家社科基金项目“国际经贸规则重构与我国高水平开放型经济新体制建设研究”（20BGJ021）、福建省哲学社会科学领军人才项目及福建社会科学院科研项目的资助。中国商务出版社编辑为此书出版付出辛勤劳动。在此表示衷心的感谢！

全　毅

2023 年 8 月 30 日于福州

CONGTENTS 目录

第一章　世界大变局与我国对外开放战略选择 …… 1
一、世界格局的百年变迁与发展趋势 …… 1
二、亚太地区格局变化与美国的角色 …… 8
三、我国对外开放新任务及其战略调整 …… 15

第二章　国际经贸规则重构与 WTO 改革前景 …… 27
一、资本逻辑驱动的全球化和国际经贸规则发展趋势 …… 28
二、民族国家逻辑驱动下的全球化与国际经贸规则重构 …… 34
三、从巨型经贸协定看国际经贸新规则重构 …… 38
四、围绕 WTO 改革的博弈与改革方向 …… 49

第三章　CPTPP 与 RCEP 协定框架及其规则比较 …… 59
一、法律文本框架比较 …… 60
二、传统贸易议题规则比较 …… 64
三、深度一体化议题规则比较 …… 72
四、横向一体化议题规则比较 …… 81
五、若干结论 …… 87

第四章　CPTPP 与 RCEP 的竞争及中国的应对策略 …… 93
一、TPP、CPTPP 与 RCEP 研究评述 …… 94
二、主导权博弈与亚太区域一体化路径的形成 …… 98
三、CPTPP 的扩容潜力与 RCEP 的局限性 …… 103
四、CPTPP 对中国的负面影响及对 RCEP 的挑战 …… 107
五、中国加入 CPTPP 的障碍及推进区域合作的策略 …… 111

第五章 中国对外开放：理论创新与制度变迁 …… 123
一、中国对外开放理论与实践演进的阶段性 …… 123
二、比较优势理论与外向型经济体制构建 …… 129
三、加入 WTO 与外向型经济体制转型 …… 132
四、开放型经济理论与开放型经济体制构建 …… 136
五、制度型开放理论与高水平开放型经济新体制建设 …… 141

第六章 中国高水平开放型经济新体制框架与构建路径 …… 151
一、问题的提出与文献梳理 …… 151
二、我国开放型经济体制的构建过程及面临的挑战 …… 156
三、高水平开放型经济体制时代内涵与构建路径 …… 164

第七章 以中美经贸政策协调为契机构建国际协调性体制 …… 177
一、引言 …… 177
二、国际经贸政策协调的传统模式 …… 179
三、国际宏观政策协调模式转换的动力及趋势 …… 185
四、我国国际协调新体制的构建 …… 191
五、结语 …… 195

第八章 我国构建区域协调发展与共同富裕的机制探索 …… 199
一、我国区域发展战略从效率优先到均衡发展 …… 200
二、我国区域协调发展与共同富裕的新思路 …… 206
三、完善区域协调发展与共同富裕机制及政策体系 …… 214

第九章 我国自由贸易试验区制度型开放与提升战略 …… 223
一、自由贸易试验区实施制度型开放的成效评估 …… 223
二、我国自贸试验区现行制度与 CPTPP 规则的差距 …… 231
三、我国自贸试验区制度型开放与提升战略的总体思路 …… 236
四、探索我国自贸试验区差异化发展路径 …… 243

第十章 加强对外开放过程中科技与产业风险防控能力建设 … 251
一、对科技与产业安全内涵的理论认识 …………………………… 252
二、我国科技与产业安全在对外开放过程中面临的扰动因素 ……… 254
三、建立以国内大循环为主体依托的科技与产业风险防范机制 …… 259
四、提升我国科技与产业风险控制能力的对策 ……………………… 263

第十一章 加强我国金融服务业开放过程中的风险防控能力建设 271
一、国际金融服务贸易规则重构 …………………………………… 271
二、我国金融服务业对外开放的历史回溯 ………………………… 278
三、我国金融服务贸易规则与国际规则的比较分析 ……………… 280
四、我国金融服务业对外开放面临的压力与风险 ………………… 284
五、我国金融服务业对外开放风险防控的政策建议 ……………… 288

第十二章 加强我国国际产能合作的风险防控能力建设 ………… 295
一、我国对外投资与国际产能合作的阶段性特征 ………………… 296
二、我国国际产能合作的现状分析 ………………………………… 299
三、中国企业开展国际产能合作的动因与风险分析 ……………… 303
四、提升中国国际产能合作风险防控能力的对策 ………………… 311

第一章

世界大变局与我国对外开放战略选择

全　毅

提要：国际环境是我国发展的重要条件，认识我国所处的国际环境以及我国的历史方位，是我国制定发展战略与对内对外政策的基础。本章对1918年以来世界格局百年演变进行梳理，并重点分析亚太地区国际格局的变化及其发展动向，发现经济发展不平衡规律引起国家实力对比变化是国际格局演变的基础内因，美国是亚太地区国际格局变化的重要外部因素。中国所面临的外部环境更为复杂多变，中美关系成为世界上最主要的双边关系之一。中国的开放发展战略既要考虑如何与美国达成合作共治世界的战略与策略，也要考虑在中美"脱钩"的情况下依然拥有广阔的发展空间的问题。

关键词：国际格局；百年大变局；亚太地区格局；对外开放

世界格局与国际秩序是理解"百年未有之大变局"的两个关键变量。所谓世界格局，是指在国际舞台的主要政治力量依据各自实力变化，在一定历史时期内相互制约所形成的一种相对稳定的结构状态，一种力量对比态势，包括经济格局、政治格局与军事格局等。世界各国发展不平衡规律会引起国家力量对比发生快速的变化，由此引起世界格局变化与国际秩序发生动荡和重构。

一、世界格局的百年变迁与发展趋势

世界格局既是国际力量对比的客观观照，也是人们的主观认知和塑造。自1918—1922年德国学者斯宾格勒出版《西方的没落》以来，有关西方的没落与东方的复兴的争论就没有停滞过。今天我们讲国际格局百年大变局，就是指1918年以来西方发达资本主义国家从权势顶峰逐渐衰落与新兴经济体国家逐渐兴起的百年变化。实际上，自从1910年西方对世界的控制权力达到顶峰之后，“西方的衰落”一直是20世纪以来世界历史的主题①。

但是，西方的衰落并不是直线型的过程，而是呈现不规则并带有间歇和反复。近百年中世界格局经历了几次巨大变迁。

（一）从1919年美英法首脑确立的凡尔赛体系到1945年美苏英首脑确立的雅尔塔体系

1918年第一次世界大战结束，维持西方世界百年和平的维也纳体系瓦解。尽管美英法首脑伍德罗·威尔逊、劳合·乔治和乔治·克列孟梭安排了战后世界秩序，确立了凡尔赛体系，但德国战败，奥匈帝国与沙皇俄国解体，诞生了苏维埃社会主义政权和一些中东欧民族国家，世界格局出现了社会主义制度与民族解放运动等新兴政治力量，西方资本主义世界体系打开缺口。所以，斯宾格勒敏锐地观察到西方世界开始衰落。经过第二次世界大战，欧洲资本主义强国全面衰落。“二战”后形成一大批社会主义国家和民族独立国家，以欧洲列强及其殖民地体系为核心的世界体系最终瓦解，横行全球200多年的大英帝国霸权寿终正寝。世界经济重心毫无悬念地从欧洲转移到大西洋彼岸以美国为中心的北美洲。第二次世界大战结束时，美国GDP占全球的56%，工业产值占到全球的40%以上，黄金储备量占全球的75%，钢铁产量占全球的63.9%，石油产量占全球的70%，美国商品占全球消费品市场的50%②。苏联在第二次世界大战中虽然遭遇巨大牺牲，但政治军事实力空前增强，与美国共同主导了战后世界格局——雅尔塔体系的形成。新独立的民族国家一些加入东方社会主义阵营，一些加入西方资本主义阵营，世界格局形成美苏两大集团的竞争与对抗的东西方两极体系。这两极体系中各自存在“中心—外围”结构，形成国际生产分工的层次性。军事上形成“北约”和“华约”两大集团，经济上形成《关税及贸易总协定》（GATT）与经济互助委员会两大经济集团。20世纪70年代是

① 塞缪尔·亨廷顿．文明的冲突与世界秩序的重建[M].周琪，等，译．北京：新华出版社，2002：77.

② 黄奇帆．世界有五个趋势不会变，中美关系绝对不能掉以轻心[EB/OL].（2020-06-16）. https://user.guancha.cn/main/content?id=329618.

东西两大阵营竞争最激烈的时期。苏联经济发展迅速，1950—1982 年，苏联工业总产值占世界的比重从 12% 上升到 20%；国民收入从相当于美国的 31% 上升到 67%。1967 年勃列日涅夫宣布苏联建成发达社会主义国家。苏联此时信心满满，勃列日涅夫拒绝苏联学者提出的市场社会主义改革建议；在国际上急于战胜资本主义世界体系，在两大阵营竞争中采取积极攻势，并于 1979 年出兵阿富汗。苏联雄踞欧亚大陆世界岛的枢纽的位置，控制着中东欧地区和中亚地区以及东北亚地区等广阔空间。根据麦金德地缘政治理论，谁控制了东欧谁就控制了世界岛，谁控制了世界岛谁就能控制世界[①]。且当时苏联模式在广大发展中国家还颇具吸引力。与此同时，西方阵营除东亚的日本（日本是一个东方国家）外则陷入经济停滞、物价飞涨、失业率高涨和国内抗议浪潮四起的经济滞胀危机。西方衰落与东方复兴看似壁垒分明，那时美国与西方世界衰落的论调颇为流行。因此，20 世纪 70 年代美苏战略竞争的“冷战”时代，没有理由不认为世界未来掌握在苏联手中[②]。

然而，经过 20 世纪 80 年代的里根主义和撒切尔主义的自由化改革，西方资本主义逐渐克服凯恩斯主义造成的社会经济弊端，西方资本主义国家经济得到快速发展。而苏联东欧阵营则因拒绝改革而出现体制僵化、物资短缺，经济发展逐渐失去活力。东欧匈牙利学者科尔奈的《短缺经济学》深刻揭示了计划经济体制的弊端，而资本主义市场经济在吸取社会主义福利制度后恢复生机。日本、德国、法国等国经济实力纷纷超过苏联，到 1985 年苏联 GDP 从世界第 2 位跌落到第 6 位，仅占世界经济总量的 4%[③]。1989 年柏林墙的倒塌、两德重新统一标志着以美苏为首的雅尔塔体系开始松动，苏联东欧阵营开始解体。1991 年 9 月苏联波罗的海三个加盟共和国宣布独立。1991 年 12 月 25 日，独联体取代苏联，苏联东欧集团迅速解体。第二次世界大战后形成的美苏两极格局——雅尔塔体系瓦解。苏联解体后，俄罗斯经济实力更是一落千丈。美苏的

---

① 麦金德．历史的地理枢纽 [M]. 北京：商务印书馆，2007.

② 作者注：这种乐观论没有看到人类社会海洋时代海权相对陆权的优势。陆上维系经济联系比海洋成本高。

③ 刘江永．世界大变局与中美日三国战略选择 [J]. 东北亚论坛，2020，29（3）：3-16，127.

竞争推动世界经济重心继续向东亚移动。日本和亚洲“四小龙”在朝鲜战争特需以及其后的经济全球化产业转移浪潮中实现了经济腾飞，创造了东亚经济奇迹。1983 年美国与西太平洋 12 个伙伴的贸易首次超过与大西洋欧盟伙伴的贸易（260 亿美元），世界经济发展重心逐渐从大西洋转向太平洋。欧洲人惊呼太平洋的挑战和太平洋世纪已经到来[①]。

（二）从“冷战”结束后美国独霸的新自由主义秩序向世界多极化发展

苏联和东欧发生剧变后，世界“冷战”两极体系结束，世界格局形成以美国为霸主的单极世界体系。经济全球化加速发展，1995 年世界贸易组织（WTO）成立，截至 2021 年 12 月 31 日共拥有 164 个成员。中国、前苏联东欧阵营国家相继向市场经济转轨，并寻求加入 WTO，世界统一市场真正形成。新自由主义在世界甚为流行，东亚新兴经济体韩国、中国台湾和新加坡以及拉丁美洲的智利等国家和地区在 20 世纪 80 年代末相继完成经济自由化和政治民主化进程，被称为第三波民主化浪潮。中国进行经济市场化的改革开放，与国际经贸规则接轨，美国认为中国 50 年内不会构成威胁，支持中国加入 WTO，期望中国发展市场经济促进政治民主化。苏联东欧剧变和中国的改革开放，使得西方世界悲观情绪一扫而光，弗兰西斯·福山（Francis Fukuyama）1989 年夏在美国《国家利益》杂志发表《历史的终结》，断言世界将走向经济自由和政治民主的自由秩序[②]。

然而，20 世纪 80 年代以来，随着中国、印度、巴西、俄罗斯等新兴经济体加入经济全球化和工业化进程，成为自由主义秩序的受益者，推动世界格局正在发生百年未有的巨大变化。进入 21 世纪，经济发展不平衡规律的作用使得中国、印度、巴西、俄罗斯等金砖国家群体性崛起，其经济规模超过 20 世纪 80 年代的日本与亚洲“四小龙”，国际经济格局发生了很大变化。西方发达国家在世界经济总量的比重持续下降，而新兴经济体在世界经济格局中的地位持续上升。特别是中国的崛起改变了世界力量对比，成为国际大变局的最有

① 太平洋的挑战 [M]. 北京：时事出版社，1986：22.

② FUKUYAMA. The End of History? [J]. The National Interest，1989（16）：3–18.

影响的因素之一[①]。发达国家 GDP 占比从 20 世纪 50 年代的 70% 下降到 2018 的 40.2%，而发展中国家和新兴经济体经济体量则从 30% 上升为目前全球的 59.2%[②]。塞缪尔·亨廷顿感慨：西方在世界政治、经济和军事领域的权力正在下降，西方在"冷战"中获胜带来的不是胜利，而是衰落。世界经济体量排名前 11 位的国家近 40 年来发生很大变化，2020 年中国、印度、俄罗斯分别排第 2、第 6、第 11 位，而在 1980 年，除苏联位居第 4 外，只有中国和巴西分别排名第 8 和第 11 位（见表 1–1），金砖国家等新兴经济体群体性崛起。换言之，过去 40 年，经济全球化以及国际产业转移导致各经济体发展的不平衡和各国实力对比发生了很大变化。西方 G7 集团对世界事务的控制力逐渐让位于以新兴经济体为主体的 G20 集团。

表 1–1　1980—2020 年世界 GDP 排名前 11 位国别变化

单位：万亿美元

排名	1	2	3	4	5	6	7	8	9	10	11
国家	美国	中国	日本	德国	英国	印度	法国	意大利	加拿大	韩国	俄罗斯
2020 年	21.16	14.69	5.04	3.89	2.70	2.67	2.65	1.90	1.65	1.64	1.49
国家	美国	中国	日本	德国	法国	英国	意大利	印度	加拿大	俄罗斯	西班牙
2010 年	15.15	6.09	5.76	3.40	2.65	2.49	2.13	1.67	1.62	1.54	1.42
国家	美国	日本	德国	英国	法国	中国	意大利	加拿大	巴西	西班牙	韩国
2000 年	10.31	4.97	1.94	1.67	1.36	1.21	1.14	0.74	0.66	0.60	0.58
国家	美国	日本	德国	法国	意大利	英国	苏联	加拿大	西班牙	巴西	中国
1990 年	5.99	3.13	1.77	1.27	1.18	1.09	0.79	0.60	0.54	0.41	0.39
国家	美国	日本	联邦德国	苏联	法国	英国	意大利	中国	加拿大	西班牙	巴西
1980 年	2.87	1.10	0.95	0.94	0.70	0.56	0.48	0.31	0.28	0.23	0.18

资料来源：根据联合国贸发会议数据库数据整理。

① 张蕴岭．百年大变局的思考 [J]. 东亚评论，2018（1）：1-8，2.

② 贺力平．世界经济两大板块变化趋势研判 [J]. 开放导报，2021（1）：15-23.

（三）当前世界北美、欧盟与东亚的鼎势之争与世界政治经济重心向亚太地区的转移

从经济视角看，到2020年以后，全球贸易结构、经济结构都发生了巨大变化。2020年东亚地区（中日韩＋东盟）的生产与贸易占全球的比重分别达到28.66%和26.87%，与北美自由贸易区（分别占28.02%和16.25%）和欧盟（含英国，分别占18.03%和32.7%）经济实力旗鼓相当。如果加上正在步入经济快车道的印度，全球经济重心已经从欧美转移到亚洲地区。笔者将其总结为北美、欧洲、东亚三大经济圈。北美三国签署了区域经济一体化协定；尽管英国脱欧，但欧盟仍是世界上一体化程度最高的区域经济组织，北美与欧盟是名副其实的两个经济集团。东亚地区中日韩与东盟分别签署自由贸易协定，但还缺乏东亚作为整体的东亚自由贸易协定。此外，作为区域性大国的印度、巴西和俄罗斯经济发展迅速，经济实力快速跃升，区域影响和整合能力不容小觑。印度以南亚区域合作联盟为基础力图整合南亚地区，形成南亚经济联盟。俄罗斯在俄白哈关税同盟的基础上力图整合前苏联加盟国家组建欧亚经济联盟。巴西以南方共同市场为基础，形成南锥体共同市场。在美国退出《跨太平洋伙伴关系协定》（TPP）后，日本牵头组建的有11个亚太地区成员国的《全面与进步跨太平洋伙伴关系协定》（CPTPP）已经生效。世界经济多极化趋势日益明显，美国独霸时代已进入尾声，正在进入大国竞争时代。2019年10月，法国总统马克龙指出："我们正在经历西方世界霸权的终结。从18世纪起，我们就适应了建立在西方霸权基础上的国际秩序。西方霸权体现为18世纪经历启蒙运动的法国霸权、19世纪经历工业革命的英国霸权和20世纪经历两次世界大战后拥有经济和政治统治地位的美国霸权。但是现在一切都变了，一切都被西方所犯的错误和美国政府近些年的选择所颠覆。"又称："西方忽视中国、俄罗斯和印度等新兴力量崛起的事实。这些国家在构建国际秩序方面比我们更加具有想象力，而欧洲已经有点失去了这些，国际秩序在重新洗牌。"[①]2020年美国参议院外事委员会在《世界秩序的终结与美国的外交政策》中也宣称：美国领导的

① 法国总统马克龙闭门演讲：西方世界霸权已近终结[EB/OL].（2019-10-14）. https://ishare.ifeng.com/c/s/7qmDBHi7JcN.

单极世界秩序正在让位于多极化的无序化[①]。

国际格局百年未有之大变局也表现为全球化进程遭遇质疑，现行国际政治经济秩序开始破旧立新的过程。经济实力对比和国际政治经济格局的改变，必然引起国际政治经济秩序的变化。实力衰落者要保护自己的权利，实力崛起者要扩大自己的权力，原有国际秩序就难以为继。全球化导致世界范围内财富分配更加不公平，广大社会中下层成为全球化的牺牲品，各种民粹主义、贸易保护主义、仇外排外主义兴起。当前西方新的政治思潮在美国是反建制主义，思想文化界开始反思新自由主义（否定政治正确）。在欧洲是民粹主义，其本质是反对极端自由主义。这一波反全球化潮流与民族主义政治运动及国家逆全球化政策与行动相结合，演变为世界舞台上全局性的政治大变动，必然对世界政治经济发展走势产生深远的影响。

全球治理在逆全球化思潮和政策导向下必然弱化甚至倒退，区域治理的重要性开始凸显。“冷战”后世界走向合，现在向逆全球化、区域化发展，开始走向分。新冠疫情造成的供应链中断加速了自给自足和地理相邻的区域化进程。一方面，现行国际秩序的缔造者美国不愿意继续维持传统自由主义秩序，成为现有国际秩序的搅局者。特朗普政府宣布退出《巴黎协定》和 TPP，退出《伊核协议》与终止《中导条约》，甚至扬言要退出 WTO，特朗普抱怨说，WTO 是“祸害”和“灾难”，“成立 WTO 是为了除美国以外的所有国家的利益”[②]。猛烈抨击北约和联合国等，美国似乎在抛弃自己苦心孤诣建立起来的战后国际秩序。另一方面，新兴崛起大国也希望修改现有国际规则，增加自身在国际体系和秩序中的话语权，增加自身的权力。两者合力导致现有国际秩序的瓦解和重构过程。如美国搅局并非真正“退群”，而是以退为进，以破促立重构对自己利益最大化的新国际规则[③]。这在特朗普总统执政后宣布退出《北美自由贸易协定》（NAFTA），然后与墨西哥和加拿大重新谈判，最后签署新版

① BLACKWILL R D，WRIGHT T. The End of World Order and American Foreign Policy[M]. New York: Council on Foreign Relations，2020.

② 戴维·多德韦尔 . 美国欲秘密绞杀 WTO 争端解决机制 [EB/OL].（2018-09-03）. https://news.sina.com.cn/0/2018-09-03/doc-ihiixyeu2629200.shtml.

③ 张宇燕 . 国际形势黄皮书 :2019 年全球政治与安全报告 [M]. 北京：社会科学文献出版社，2019 :2.

《美墨加协定》（USMCA）中得到完美体现。美国退出 TPP 后，与韩国重新签署《美韩自由贸易协定》，与日本签署美日新贸易协定。欧盟与日本签署《欧盟—日本经济伙伴关系协定》（EJEPA），与美国以“零关税、零补贴、零壁垒”三原则继续进行跨大西洋贸易与投资伙伴关系协定（TTIP）谈判。国际经贸规则正在经历 1994 年以来新一轮重构，但主导权仍然掌握在发达国家手中，而且发达国家为跟新兴经济体争夺主导权出现强强联合之势，美日欧三方共同市场呼之欲出。英国脱欧也是逆全球化的重要表现之一。欧盟在法德两国的推动下继续深化一体化措施和自主性改革。法国提出组建欧洲军队、银行联盟和欧洲货币基金组织，强化欧盟债券储备资产地位，使欧元成为真正的世界货币，创建独立于环球银行金融电信协会（SWIFT）绕过美元的欧洲版结算系统（INSTEX）。美国退出 TPP 后，日本主导的 CPTPP 也如期签署生效，亚太地区全面性、高标准自贸协定诞生。《区域全面经济伙伴关系协定》（RCEP）也在 2020 年 11 月 15 日签署。亚洲地区的亚洲相互协作与信任措施会议和上海合作组织正在试图建立亚洲区域性安全合作组织。

二、亚太地区格局变化与美国的角色

百年大变局集中体现在亚太地区格局的变化上。亚太地区中、美、日、俄、东盟五大力量对比变化及其互动关系影响亚太格局的变化。近代以来，亚太地区格局经历了三次嬗变。

（一）西方列强入侵与东亚华夷体系解体

西方列强侵入东亚以及东亚国家的殖民化和半殖民化使得东方从属于西方。在西方列强的冲击下，东亚国家和地区被迫向西方开放门户，部分国家和地区被列强割占。地处东亚一隅的日本则从 1868 年开始明治维新，实行“文明开化、殖产兴业和富国强兵”的国策，抓住全球化与工业化机遇走上近代化道路，逐渐成为东亚地区的优等生，经济军事实力迅速超过中国，跻身为近代化经济与军事强国。经过 1894 年中日甲午战争和 1904 年日俄战争，日本侵占朝鲜半岛、琉球群岛和中国台湾，逐渐取得东亚地区优势地位。李鸿章称其为

"三千年未有之大变局"[①]。第二次世界大战中，日本提出"大东亚共荣圈"，发动全面侵华战争与太平洋战争，并与英美等帝国主义列强争夺亚太地区霸权。但美国自从 1899 年提出门户开放的东亚政策以来，防止在东亚出现一个占绝对主导地位的大国一直是美国亚洲政策的核心。因此，日本在亚洲的争霸遭到中国和美国等世界反法西斯同盟国家的反击而终致失败。西方列强与日本在亚洲的殖民体系解体，以十九世纪四五十年代西方入侵为开端的殖民时代结束，亚洲太平洋地区诞生了 10 多个民族独立国家，为亚太地区发展和崛起奠定了坚实的政治基础。

（二）两极"冷战"格局下亚太地区的崛起

第二次世界大战后，日本及西方列强在东亚的殖民体系瓦解，东亚和东南亚诞生大批民族独立国家，美国与苏联成为亚太地区的重要力量。美国占领了日本及韩国，并与东南亚国家建立东南亚防御体系，苏联在东亚的中国、蒙古、朝鲜和越南取得广泛影响力。亚太地区成为美苏两大阵营"冷战"与争夺的前沿地区。为了对抗竞争对手苏联，美国的政策是扶植战时的对手日本以及苏联阵营之外的亚太国家和地区，日本和亚洲"四小龙"，以及 1980 年的中国利用美苏对峙获得了难得的发展机会。日本在 1946—1976 年经济规模扩大了 55 倍，1968 年日本成为西方世界第二经济大国，1983 年日本超越苏联成为世界经济第二大国。1989 年前后，日本 GDP 达到美国 GDP 的 80%，国际社会普遍预测 21 世纪将是日本世纪。韩国在 1962—1989 年的 27 年间，经济规模惊人地扩大了 107 倍，并从落后的发展中国家一跃成为经济与合作组织（OECD）发达国家俱乐部金牌成员。作为自由贸易港的中国香港和新加坡乘着经济全球化和东亚崛起的东风，迅速成为世界贸易与金融中心。二十世纪七八十年代亚洲"四小龙"崛起成为新兴工业化国家和地区，创造了第二次世界大战后东亚经济发展的第二次奇迹，实现亚太地区的第二次崛起。以美国的西海岸和日本，亚洲"四小龙"崛起为动力，20 世纪 80 年代迎来了全球发展的太平洋时代。

1983 年美国跨越太平洋的贸易首次超过跨越大西洋的贸易，成为亚太区域

① 文庆，贾祯，宝鋆，等．筹办夷务始末（同治朝）[M]．北京：中华书局，2008.

崛起的分水岭。随着太平洋国家产业转移与经济联系的加强，亚太区域合作呼声高涨。为迎接太平洋时代到来，1965 年，日本学者提出建立太平洋自由贸易区构想，20 世纪 60 年代日本提出建立太平洋共同体的建议。1980 年 9 月成立了太平洋经济合作会议［1992 年改为太平洋经济合作理事会（PECC）］。在这些民间智库的推动下，1989 年 11 月太平洋两岸的国家成立亚太经济合作组织（APEC）。但日本的挑战与亚洲“四小龙”的崛起及其与美国的经济失衡，引起美国的强烈不满，美国采取贸易保护措施，迫使日本和亚洲“四小龙”接受自动出口限制和货币升值。1980 年哈佛大学教授傅高义出版《日本名列第一：对美国的教训》，以及石原慎太郎出版《日本可以说不》表达对现存国际秩序的不满后，引起了美国的警觉，日本提出东亚经济圈构想和推行东亚雁形发展秩序，美国国内市场受到日本产业强烈冲击，其在东亚地区也感觉到日本的挑战。因此，1985 年美国将日本列为战略竞争对手进行打压，迫使日本签署《广场协议》，进行开放市场的结构性改革和向美国开放市场。1991 年苏联解体后，美国舆论第一次将日本排在苏联之前作为对美国安全构成威胁的国家①。但是，日本挑战美国经济霸权以泡沫经济破裂和金融败战而告终，1992 年之后日本经济增长几乎为零，导致陷入“失去的 20 年”，到 2010 年日本 GDP 仅相当于美国的 35%。但日本衰退并没有改变世界经济重心向西太平洋转移的历史趋势。美国贸易保护政策及日本和亚洲“四小龙”货币升值，劳动成本上升使得日本传统产业失去竞争优势，迫使日本将边际产业转移到中国及东南亚地区，促进了东亚工业化的扩散。与此同时，日本学术界提出了著名的边际产业扩张论以及雁形发展模式理论，推动日本产业向亚洲“四小龙”和东亚地区扩散与转移，促进东亚国际分工与生产网络的形成。在东亚国际生产网络形成过程中，中国的对外开放成为东亚经济持续崛起的催化剂。

（三）亚太地区第三次大变局以中国崛起为标志

中国从 1978 年开启了改革开放时代，中国的对外开放主要是面向太平洋地区的美国、日本和亚洲“四小龙”。20 世纪 80 年代因日本和亚洲“四小龙”

① 塞缪尔·亨廷顿．文明的冲突与世界秩序的重建 [M]. 周琪，等译．北京：新华出版社，2002：247.

与美国的经济摩擦，开始产业转移与产业升级过程，中国的改革开放抓住了这次经济全球化加速发展的历史机遇。中国沿海地区率先融入经济全球化进程，随着东亚发达经济体边际产业对外投资的增加，吸引了日本和亚洲“四小龙”等国家和地区的边际产业。进入 21 世纪，中国乘着加入 WTO 的顺风车，经济迅速起飞，继日本和亚洲“四小龙”经济奇迹后，创造了东亚地区的第三次经济奇迹。从 1978 年起，中国的 GDP 超过诸多国家，1990 年中国经济总量进入世界前 10 位；1995 年超过巴西、西班牙、加拿大上升到第 7 位；2000 年超过意大利；2005 年超过英国和法国，进入前 4 位；2007 年超过德国居世界第 3 位；2010 年超过日本，成为仅次于美国的世界第二大经济体。2020 年中国的经济规模达到 14.7 万亿美元，相当于美国经济规模的 70.3%，超过日本和亚洲“四小龙”，成为影响亚太格局转变的主角。中国的崛起进一步促进世界经济重心向亚洲转移。虽然 2020 年美国 GDP 仍占全球的 24.8%，中国 GDP 只占全球的 17.2%，但美国的贸易总量已经让位给中国。2013 年中国取代美国成为世界最大货物贸易国家，2020 年中国进出口总量占全球比重为 13.1%，高于美国的 10.78%，[①] 中国仍然是世界上最大的货物贸易国。就是说，中国和其他新兴经济体的迅速发展，使得全球生产和贸易的格局发生了巨大变化，它不再是以美国为核心。世界经济重心正在从太平洋东岸的美国转移到太平洋西岸的亚洲地区（见表 1–2）。

表 1–2　2020 年北美、欧盟、亚洲生产与贸易及其占全球比重

地区和国别	GDP/ 亿美元	占全球比重 /%	进出口额 / 亿美元	占全球比重 /%	进口额 / 亿美元	占全球比重 /%	出口额 / 亿美元	占全球比重 /%
美国	211 634.9	24.81	38 318.67	10.78	24 069.32	13.46	14 249.35	8.07
加拿大	16 454.23	1.93	8 113.41	2.28	4 205.78	2.35	3 907.63	2.21
墨西哥	10 905.15	1.28	8 104.49	2.28	3 932.78	2.20	4 171.71	2.36
美墨加合计	238 994.3	28.01	54 536.57	15.35	32 207.88	18.01	22 328.69	12.6
欧盟 27 国	153 762.7	18.02	106 311.59	29.92	51 560.3	28.83	54 751.29	31.0
中国	146 877.4	17.22	46 559.16	13.10	20 659.6	11.55	25 899.52	14.6

① 刘贞晔．全球大变局：中国的方位与出路 [J]. 探索与争鸣，2019（1）：32-41，141.

续 表

地区和国别	GDP/ 亿美元	占全球比重 /%	进出口额 / 亿美元	占全球比重 /%	进口额 / 亿美元	占全球比重 /%	出口额 / 亿美元	占全球比重 /%
日本	50 401.08	5.91	12 767.79	3.59	6 354.60	3.55	6 413.19	3.63
韩国	16 443.13	1.93	9 801.31	2.76	4 676.33	2.62	5 124.98	2.90
东盟	30 843.05	3.62	26 555.75	7.47	12 696.95	7.10	13 858.80	7.85
中日韩 + 东盟	244 564.7	28.67	95 684.01	26.93	44 387.5	24.82	51 296.49	29.0
世界	853 110.3	100	355 298.77	100	178 815.0	100	176 483.74	100

资料来源：根据联合国贸发会议数据库数据整理。

随着中国对外开放及其融入经济全球化进程，特别是深度融入亚太区域国际生产网络，亚太地区开始形成以中国为中心的东亚国际生产网络，与北美国际生产网络和欧洲国际生产网络形成三足鼎立之势。东亚国际生产网络的形成和崛起诞生了东亚区域主义，从 1997 年亚洲金融危机开始，东亚国家认识到东亚经济体经济联系是如此紧密，以至于金融危机迅速波及整个东亚地区。在应对金融危机的过程中，东亚国家的相互支持，催生了东亚的地区主义。东亚经济合作论坛、东亚经济共同体和东亚自由贸易区等区域经济合作构想不断涌现。以 2002 年《中国—东盟全面经济合作框架协议》为开端，东盟与日本、韩国、澳大利亚和新西兰、印度先后签订了 5 个“10+1”区域贸易协定。中国力推东盟与中日韩的东亚自由贸易区谈判，以及区域全面经济伙伴关系协定的谈判，试图塑造东亚经济新秩序。但是，中国塑造东亚政治经济新秩序的行为和日本的雁形发展模式与东亚经济共同体同样遭到美国的强烈反对和抵制。

（四）中美竞争与亚太地区多极化前景

为了防止东亚地区形成类似欧盟的排他性的区域经济集团以及遏制中国的崛起，2010 年美国提出重返亚太战略，将战略重心从欧洲和中东转向亚太地区。美国宣布要将 60% 的军事力量部署在亚太地区。为争夺亚太区域主导权，美国、中国、日本和东盟等亚太大国与区域集团展开激烈争夺与博弈。在美国倡导亚太自由贸易区（FTAAP）遭遇挫折后，美国将注意力转向 TPP 谈判，试图组建亚太版经济北约，主导亚太经贸规则制定权，并分化东亚日益紧密的产业链、供应链与价值链体系。与此同时，美国还与欧盟展开 TTIP 的谈判，力图重构国际经贸新规则。美国的亚太战略既有分化东亚经济区域合作的意图，也有与中国等新兴经济体争夺国际经贸规则主导权之意。有欧洲学者曾公开宣称，TPP+TTIP=EBC（即 everyone but China）；[①] 更有美国学者认为这也许是美欧抛开中国和其他金砖国家决定未来贸易规则的最后机会[②]。奥巴马就明确表示，亚太地区贸易规则不能让中国来制定。因为美国主导的 TPP 与 TTIP 等诸边贸易谈判，几乎把我国最主要的贸易伙伴“一网打尽”。在美国进来搅浑水的情况下，中国试图主导东亚自由贸易区谈判遭遇挫折之后，中国将对外开放与经贸合作的重心转向“一带一路”。2013 年中国提出共建“一带一路”倡议，对外开放与合作重点转向“一带一路”共建国家和地区，支持没有美国参与的 RCEP 谈判，谋求改善中国的地缘经济与政治环境，迎接亚洲世纪的到来。中国的崛起给世界带来巨大冲击，2010 年英国学者马丁・雅克出版《大国雄心——一个永不褪色的大国梦》，在 2016 年修订版中作者预言：“随着中国主导的世界秩序的形成，美国主导的世界秩序正以令人瞩目的速度瓦解。”[③] 西方世界衰落的悲观论调再次出现，美国政治生活中充满了“中国威胁论”。希拉里・克林顿说道：“我不希望我的子孙后代生活在一个由中国统治的世界里。”[④]

2017 年特朗普政府执政后美国的亚太战略出现调整，特朗普政府放弃了以 TPP 为抓手打造新一代贸易投资自由化样板的目标，奉行美国优先政策，大搞单边主义和双边主义，重新签署美韩贸易协定、美墨加贸易协定和美日贸易协定。同时，美国实施印太战略的目标是以“构建自由和开放的印太地区”为幌

---

① ASH T G. Welcome to the Geopolitics of trade，Where Dr Pangloss Meets Machiavelli[J]. The Guardian，2013.

② GANTZ DA. The TPP and RCEP：Mega-trade Agreements for the Pacific Rim[J]. International Political Economy: Trade Policy eJournal，2015.

③ 马丁・雅克 . 大国雄心：一个永不褪色的大国梦 [M]. 孙建宁，张莉，译 . 北京：中信出版社，2016.

④ 格雷厄姆・艾利森 . 注定一战：中美能避免修昔底德陷阱吗？ [M]. 陈定定，傅强，译 . 上海：上海人民出版社，2018：200.

子，实则扶植印度、越南等作为遏制中国的平衡力量。进入 2018 年，亚太格局因为中美贸易摩擦而再次出现变数。其标志性事件：一是特朗普政府主动发起对中国的贸易战，以及对中国科技公司中兴与华为及两国专业技术人才交流的科技封锁；二是党的十九大提出建设中国特色社会主义现代化强国目标，并向世界贡献中国智慧、中国方案，为发展中国家走向现代化提供全新选择，这被美国认为是对西方价值体系、民主模式和美国霸权的强劲挑战。过去 40 年，中美关系虽然有冲突和分歧，美国甚至多次对中国进行战略围堵、经济制裁，但通常强调共同利益与合作，总体是战略合作关系。然而，特朗普执政后，美国政府相继出台的《国家安全报告》《国家防务战略报告》和《核态势审议报告》以及 2018 年 8 月美国国会参众两院通过并由特朗普总统签署的《2019 财年国防授权法案》等系列文件，从不同角度对中国重新定位，改变奥巴马政府的中美战略伙伴关系，并明确把中国作为"战略竞争对手"，声称要用"全政府"方式（whole of government approach），与中国进行全方位的长期战略竞争。这导致中美经贸摩擦升级，地缘战略竞争加剧，政治分歧和战略互疑加深，中美关系发生了急剧的变化。

由于中美是全球两个最大的经济体，对世界经济形势具有巨大的溢出效应，成为世界经济前景最大变数。中美两国经济体量相加相当于世界经济总量的 40%，两国贸易量占世界贸易总额的 20% 以上，分别是许多国家最大的贸易伙伴，不仅其贸易摩擦成为影响世界贸易发展的关键性因素，而且中美关系发展走向将在很大程度上决定未来世界政治经济格局的根本走向。中美同为亚太大国，在亚太地区都拥有广泛和深厚的利益，亚太地区也是世界主要力量利益的交汇地之一。世界经济重心向亚洲转移的历史趋势不会改变。印度总理莫迪宣布在 2030 年让印度成为世界第三经济大国；普京总统宣布在任期结束时将俄罗斯建设成世界第五大经济体；越南政府也宣称要在未来 10 年成为"世界工厂"。

在亚洲太平洋地区国际格局演变的过程中，东亚地区各国力量对比的消长是亚太区域格局演变的基础，但是，美国在推动各国力量对比变化与亚太地区格局演变中扮演了关键角色。目前，美国对亚洲的政策从重返亚洲向印太战略转变，推行美国、日本、韩国、澳大利亚、新西兰、印度、印度尼西亚、越南、马来西亚、新加坡、菲律宾、泰国、文莱、斐济等 14 个国家组成的“印太经济框架”（IPEF），将促进亚洲国际格局的加速演变。我国需要警惕美国的印太战略在构筑“亚洲版北约”时，将亚洲大国力量塑造成相互对立和制衡的政治经济集团，促进亚洲地缘政治的欧洲化。美国遏制中国崛起的战略路线图已经十分清晰，就是组建以“五眼联盟”为核心，以北约为后盾，以印太战略为前沿的国际遏华联盟。这可能是中国发展面临的长期挑战，如何应对挑战是我国面临的长期任务。

三、我国对外开放新任务及其战略调整

面对国际格局百年未有之大变局，特别是美国对华战略调整，新时代中国对外开放的任务仍然是为中国完成结构性改革、经济转型升级以及持续发展营造可预见的良好国际环境，跨越“中等收入陷阱”。作为复兴中的东方大国，中国与老牌世界强国美国正进入“崛起与遏制”的相持阶段。美国是中华民族崛起过程中必须要跨越的一道坎，如何在中美世纪博弈过程中创造出并维护好中国持续发展的外部环境与内部活力，是一个亟待解决的问题。

（一）如何认识西方世界的衰落与中美博弈态势？

西方世界衰落论在西方社会经久不衰，说明西方人具有深刻的危机感与强烈的反省意识。但是，衰落存在绝对衰落与相对衰落的差别。绝对衰落就是西方国家停滞不前而其他地区加紧赶超；相对衰落就是西方世界发展速度相对其他地区的赶超速度较慢，并最终被新崛起国家超越的过程。笔者认为，现在西方世界并没有衰落，因为西方国家仍然在发展。所谓西方世界的衰落是一种相对衰落，处于量变阶段。因为其他追赶型国家在学习西方发展经验时，通过发挥比较优势，可以实现压缩型发展。这样看来，西方世界的衰落也是一个客观的历史过程。随着知识和信息的传播，后起国家只要选择正确的发展战略与政策，就能获得相对原发国家更快的发展速度，甚至实现赶超。当前美国仍然是全球经济的创新中心，欧洲和日本则占据世界制造业的高端环节。中国经济

从要素驱动的高速增长阶段转型迈向创新驱动的高质量增长阶段，中国制造业从“外围”走向创新“中心”，还有很长的路要走。对此需要保持清醒的头脑，避免出现“美国已经衰落”的战略误判。但因为美国存在强烈的危机感，对新兴国家的崛起非常敏感，并竭尽所能延缓这种历史进程，包括植根于民主政治的纠错机制，利用西方北约军事同盟、区域经济一体化、离岸平衡的均势政策和遏制战略防止非西方国家崛起等来维持其霸权地位。美国因为存在深刻的危机感与恐惧心理，进而对打破力量平衡的新兴崛起国家进行打压甚至阻止其发展，是造成“修昔底德陷阱”的根源。亨廷顿指出：“两百多年来，美国一直试图阻止在欧洲出现一个占绝对主导地位的大国。在中国开始实行‘门户开放’政策的将近一百年的时间里，美国在东亚也试图这样做。为了达到以上目的，美国同德意志帝国、纳粹德国、日本帝国、苏联和共产党中国打了两次世界大战和一场冷战。”[①] 美国在与英国、德国、苏联、日本等世界强国的竞争中都是赢家，我们绝对不能低估美国维护霸权的决心与能力。

当今世界，新兴经济体与传统世界强国之间的力量对比再次出现重大变化，尤其是中国的崛起已经引起西方与美国的忧虑与恐惧。美国对华政策转变是对这种国际格局变化的直接反映。中美关系的本质是崛起大国与守成霸主的关系模式问题。作为霸权国家，格雷厄姆·艾利森认为，美国对中国的战略选择（包括邪恶的）：一是选择容纳竞争者，即通过调整与严肃竞争者之间的关系来适应新的权力平衡的一种有力的措施，特别是可以避免冲突，或谈判的方式承认新的力量平衡，比如英国对美国的容纳；二是选择削弱竞争对手，即美国培植中国持不同政见者，在中国内部煽动政权更迭，甚至支持台湾、香港、新疆、西藏的分裂势力使其自身分裂；三是通过谈判获得“长期和平”，通过谈判对双边竞争性领域施加限制（比如贸易领域，未来可能包括军备领域），但允许在其他领域寻求各自的优势；四是重新定义双边关系，即彼此尊重对方核心利益，共同发展一种新型大国关系[②]。从目前美国对华战略与政策看，美国

① 塞缪尔·亨廷顿．文明的冲突与世界秩序的重建 [M]. 周琪，等译．北京：新华出版社，2002：254.

② 格雷厄姆·艾利森．注定一战：中美能避免修昔底德陷阱吗？ [M]. 孙定定，傅强，译．上海：上海人民出版社，2018：298-307.

选择遏制与削弱竞争对手——中国的战略。在遏制竞争对手方面，美国具有强大的资源动员能力，拥有美元霸权、科技（军事）实力和国际规则制定者三大优势。美方可以采取直接制裁、“次级制裁”、对其他国家市场准入及市场资格清除等多种手段来实现遏制竞争对手的目的，中国无法与之相比。比如，利用规则制定者优势重新构建国际经贸规则，利用“毒丸条款”将中国排挤出其主导的国际经贸体系，压缩中国经济发展的国际空间。再如，利用“长臂管辖”和美元结算体系制裁中国企业和中国政府组织及官员，甚至将中国排挤出美元结算体系。又如，以意识形态和文明冲突为借口组建国际反华联盟，利用文明类型与价值观认同将中国与西方划分为专制国家、儒家文明与民主国家、西方文明两个阵线，分化中国与西方关系。而且，中国在应对美国遏制方面还存许多软肋。中国境内的“台独”“港独”“疆独”“藏独”势力都可被利用来削弱中国。还有，挑拨中国国内持不同政见者与中国共产党关系，也可制造麻烦。中国周边地缘环境相对美国居于劣势。中国周边大国环伺，日本、印度、俄罗斯都与中国有较多的历史恩怨，对中国崛起保持警惕，且中日在东海存在钓鱼岛问题，以及中印边境和印巴争端都会成为热点问题。南海方向，中国与越南和菲律宾存在南海问题。南海是被美国视为生命线的重要国际水道，美国已经宣布中国在南海的岛礁建设为非法，也会利用周边国家与中国的矛盾，发展遏制中国的“棋子”。因此，目前中国与美国博弈时处于劣势与守势地位。

（二）坚持和平发展道路与互利共赢的开放战略

中国经过 40 多年的高速发展，中华民族复兴和未来发展的基础条件可以说处于最好时期，但也面临着前所未有的严峻挑战。我们必须认识到经济发展并非一条直线，发达国家乱象丛生，并不表明中国发展前景一片坦途。中国为维持和平发展的国际环境先后提出和平发展战略和构建人类命运共同体理念。但中国的崛起与当今世界霸权国家美国的冲突仍然难以避免。这是美国霸权的本质所决定的，即美国决不允许中国成为亚洲的主导力量来挑战美国的霸主地位，如同此前不允许苏联和日本成为亚洲主导力量一样。中国历史上首次被盎格鲁－撒克逊文明确定为主要竞争对手，这是中国从来没有经历过的。中国应对美国的打压和围堵也只能自己摸索。对于崛起的中国来讲，应对美国的战略有四种选择：一是选择竞争对抗，即在所有领域采取零和博弈策略，针锋相对。这将给双方都带来难以承受的巨大损失，且历史上挑战霸权国鲜有成功者。二是选择合作追随，比如同文同种的美英之间的合作追随关系，最后顺利替代。对中国来讲合作可以接受，追随美国比较困难，因为不符合中国独立自主的对外关系原则。三是选择韬晦孤立，即集中精力搞好国内建设，在国际事务中采取低姿态。这是邓小平同志在 20 世纪 90 年代初中国政治风波和苏东剧变遭到西方制裁时提出的，现在依然闪烁着智慧的光芒。四是构建新型大国关系，即中美两国不冲突、不对抗、相互尊重、合作共赢的新型国家关系。这是 2015 年 5 月中方提出的中美关系新定义。美国认为中国这是想和美国平起平坐、共享霸权，因而难以接受。但中美两国形成一种新型的竞争与合作关系，避免演变为你死我活的搏杀情形是具有可能性的。

在美国转变对华政策时，我国仍然奉行内修外敛的和平韬晦路线。1990 年 12 月 24 日邓小平同志与几位中央领导谈话时指出："现在，我们在国际上采取的方针，就是稳住阵脚，把中国自己发展起来，不要张扬，韬光养晦，少说多干。发达国家对我们始终是有戒心的，随着中国的发展壮大，国际上有人会对我们有敌视和恐惧心理。我们的态度是，朋友还是要交，但心中要有数，不随便批评别人，指责别人，过头的话不要讲，过头的事不要做。在外交活动中，要趋利避害，不为自己树立对立面。要埋头实干，发展自己，而且越发展越要谦虚。第三世界有一些国家希望中国当头，但是我们千万不要当头，这是一个根本国策。"[①]仔细品味邓小平同志当年具有战略思维的"冷静观察，稳住阵脚，沉着应付，善于守拙，韬光养晦，绝不当头，有所作为"大政方针的表述，韬光养晦即集中精力搞好经济和现代化建设，在国际事务中保持低姿态。正如刘鹤副总理所言："我们要借鉴历史上大国崛起的经验，警惕卷入不必要的国际事件。"[②]对内要保持战略定力，深化改革、扩大开放、做好自己的事情、避免犯颠覆性错误；对外要多做增信释疑的工作，强调我国社会主义市场经济制度与

① 邓小平．邓小平文选（第三卷）[M]. 北京：人民出版社，1993：363.

② 刘鹤．两次全球大危机的比较研究 [J]. 比较，2012（5）.

国际通行的市场经济规则的一致性，务必谦虚向学，倡导文明交流互鉴，淡化意识形态色彩，为构建开放型世界经济与人类命运共同体而奋斗。面对美国进攻性现实主义政策，中国要讲求斗争策略，以静制动，养精蓄锐、避其锋芒，不与美国正面相撞，总体上维持两国关系“斗而不破”的竞合格局，即不跟美国彻底翻脸，被迫进行全球范围内的零和博弈。

（三）实施内需为主导外需相协调的发展战略，构建内外协调的开放型经济新体制

中国对外开放初期实施融入全球化的国际大循环战略，发展外向型经济，以我国廉价劳动力、土地资源和较低的环保要求，吸引国际资本与技术，发展出口导向型产业，充分发挥比较优势，获得巨大经济社会效益。但是，这种重商主义经济政策导致严重经济失衡，是对外经济摩擦的重要根源。因此，随着国内经济发展，劳动力价格上升，国内消费水平提高，资本技术积累等生产要素升级，消费驱动与创新驱动越来越成为我国经济发展的新动力，客观上需要对外向型经济发展战略进行调整。近年来，中美贸易摩擦已升级至科技、金融、舆论、外交、地缘政治、国际规则等全领域。贸易制裁、科技封锁，多边贸易体制陷入瘫痪已经严重恶化中国经济发展的安全环境。突如其来的新冠疫情使全球供应链、产业链遭到破坏，缩短产业链，保障供应链稳定、经济安全成为经济区域化的根本动因。从国际大循环为主体的外向型经济发展战略到以国内大循环为主体、国内国际双循环相互促进的新发展格局是我国经济发展战略的重大调整及我国对冲外部环境恶化，推动经济持续稳定发展的战略选择。

加快形成以内需为主导，外需相协调的发展战略。扩大内需不仅是应对对外经济摩擦，国际经贸格局变化的需要，也是提升国民生活品质和以人民为中心的社会主义市场经济的本质要求。要把社会主义共同富裕的本质要求与市场经济的基本原则紧密结合，加快改革，打造高质量社会主义市场经济体制与治理能力的现代化，形成市场管效率、政府管公平的社会治理体系。加快构建全国统一大市场，消除区域之间、城乡之间、行业之间的市场分割和要素流动障碍，促进区域、城乡、行业之间的协调发展与共同富裕，促进国内区域分工深

化与供应链重构，增强国内经济发展的韧性。加快收入分配改革，提高低收入阶层收入水平，扩大中等收入群体，节制高收入群体，形成橄榄形社会结构，维护社会稳定。

对外构建国际协调性开放型经济体制是顺应国际市场的重大变化与国内市场消费结构升级的迫切要求。树立对外开放与对内开放协调联动的统一开放观、内外协调的供给观和需求观，消除体制障碍和政策壁垒，促进内外市场高度联通、要素自由流动、内外贸一体化发展，促进国内市场与国外市场深度融合。对标 CPTPP、《数字经济伙伴关系协定》（DEPA）等高标准国际经贸规则，加快制度型开放，加快各项市场导向的改革，尽快形成要素市场，在市场规则、政府规制、行业标准和监管一致性方面按照发达经济体的通行标准打造自由贸易与投资的营商环境，缩小中西方体制间的差异，减少制度碰撞，促进两种社会经济体制的融合发展。

实现高水平对外开放，实施自由贸易区提升战略，积极参与区域合作仍然是应对全球化分裂的重要解套工具。目前，中国与自由贸易协定（FTA）成员间的贸易只涵盖中国外贸进出口的 35%，远低于日本和韩国的对外贸易覆盖率，说明我国对外贸易与投资市场的稳定性和预见性较低。在政治领导力难以与美国抗衡时，中国应继续发挥经济影响力，更好地利用市场规模优势，加快实施自由贸易区升级战略，将对外贸易与投资的自由化覆盖率提高到 60% 以上。中国应针对与发达国家、“一带一路”共建国家等不同对象的区域合作制定相应的谈判方案。一是充分利用国内日益扩大的市场优势，将其作为战略资源与发达国家通过谈判实现“对等开放”，提高与美欧等发达国家开放的对称性。通过高标准的制度型开放深化市场经济体制改革，与发达国家间发展以产业内贸易为主的水平分工体系，减少贸易不平衡造成的经济摩擦。二是面对美国围堵和遏制，走联合新兴经济体突破美国西方包围的道路，将拓展“一带一路”新兴市场作为对外经贸合作战略重点。以发展为导向与“一带一路”共建国家签署经贸合作协定，加强机制化建设。深化共建“一带一路”合作，周边互联互通是首要，金砖国家合作是关键。现在已有 23 个国家申请加入金砖国家合作机制，应将印度尼西亚、哈萨克斯坦、沙特阿拉伯、埃及、土耳其、墨西哥、阿根廷、智利等新兴经济体纳入金砖国家合作机制，壮大新兴经济体力量，并强化合作机制建设。

要处理好发展与安全问题，建立供应链安全评估与风险防范机制，加强因外交事件、技术封锁（断供）、金融危机、重大突发事件等因素引发的供应链安全问题预警，对重点行业、重点地区开展压力测试，全面检验我国产业链供应链的稳健性。对我国产业链供应链薄弱环节和重大技术突破进行预判并制订强链和补链的重大攻关计划。中美博弈的结局取决于中国的“去美国化”与美国的“去中国化”竞赛速度。在美国西方科技封锁的情况下，中国能否沿着国际价值链分工的微笑曲线向两端迅速延伸，实现科技与产业升级，取决于能否尽快建立起有效的产学研相结合的自主创新制度，培育企业精益求精的工匠精神。因此，我国应学习日本在开放学习的基础上进行差异化创新，跟跨国公司实行交叉许可与战略联盟，打破美国西方的科技围堵政策。目前，中国尤其要实施和完善教育、科技研发以及人才开放政策，改革我国研发激励机制，构建以创新型和贡献度为核心的科研成果与人才评价体系，激发科研人员的创新潜力和对国内外人才的吸引力。

（四）加强高标准规制合作，提升“一带一路”建设质量

共建“一带一路”倡议提出以来，我国与150多个国家、30多个国际组织，签署200多份共建“一带一路”合作文件。2023年11月，习近平总书记提出要以高标准、可持续、惠民生为目标，高质量共建“一带一路”。随着美国等西方发达国家的地缘政治与经济竞争加剧，我国应以发展为导向与“一带一路”共建国家签署高标准经贸合作协定，加强机制化建设。

高质量建设FTA和产业合作园。我国已经与26个伙伴签署了包括RCEP在内的19个双多边FTA，与新加坡、柬埔寨、斯里兰卡、马尔代夫、巴基斯坦、阿塞拜疆、毛里求斯等“一带一路”共建国家签署了FTA，正在努力构建辐射“一带一路”、面向全球的FTA网络。应将共商共建共享原则、绿色可持续发展、以人为本的理念贯穿到“一带一路”投资贸易、基础设施（包括经济的与社会的）与两国产业合作园区建设合作机制，建设基于规则、开放、透明

度和非歧视性的双多边贸易体系，建设数字丝绸之路、绿色丝绸之路和健康丝绸之路，促进绿色增长与低碳发展。

本着共商共建共享原则，制定“一带一路”高质量的标准体系。重点建设基础设施、物流运输、通关程序、数字经济的共享标准体系。基础设施建设是我国标准走向世界的重要平台，应通过国际国内规则的对接耦合优化，推动我国与“一带一路”共建国家实现标准互联互通。目前中国已经解决了中欧班列（中国、中亚、欧洲）铁路宽窄轨的无缝对接技术难题，还必须解决铁路运单的标准化、法治化和国际化问题，使中欧班列畅通无阻；中国正在推动“关铁通”项目，赋予铁路运单货权功能并固化一票到底（海关单据、检疫单证、国际道路运输证件等单证互认）模式，已经与哈萨克斯坦、白俄罗斯签署“关铁通”项目合作文件，以保证跨国和跨区域运输和物流通道的开放和快速通关。

强化“一带一路”人文交流合作。优化国内外客商出入境、工作驻留、人力资源培训合作等方面，促进沿线国家人员往来便利化，实现学历证书、技术职业资格、企业资质互认与采信，经认证的经营者（AEO）[①]互认，促进人力资源跨境流动与就业居留。我国应优先考虑与金砖国家签署学历与技术职业资格互认协议，特别是企业资质与 AEO 互认，截至 2021 年底，我国共与 31 个“一带一路”共建国家签署 AEO 互认协议，应加快海关 AEO 制度税收政策的立法进度、制定有针对性的税收优惠管理措施，扩大不同资质的海关企业税收待遇差别等。

（五）维护世界秩序，积极参与全球治理，构建人类命运共同体

中美两国是在一个世界体系中合作与竞争，共同为世界和平与稳定履行负责任大国责任，还是进行全面对抗与“冷战”，组建各自的世界体系，把世界带入一个破坏性和高成本的未来？这是两国必须思考清楚的问题。美国利用意识形态与文明冲突组建国际反华联盟，其意图是以“五眼联盟”为核心，以北

① AEO 是世界海关组织《全球贸易安全与便利标准框架》规定的经认证的经营者英文缩写，是指任何一种方式参与货物国际贸易流通，并被海关当局认定符合世界海关组织或相应供应链安全标准的一方，包括生产商、进口商、出口商、报关行、承运商、中间商、口岸和机场、货站经营者、综合经营者、仓储经营者和分销商。

约军事同盟为后盾，以印太战略伙伴为前沿组建遏制中国的国际统一战线。面对美国拉帮结派的纵横术和国际围堵，中国必须有明确的战略对策：对外不以意识形态划线，强调中国遵守国际经贸规则与国际社会共同准则，倡导不同文明之间平等交流与互学互鉴，而非文明冲突；不搞政治认同与要求其他国家选边站队，一切以国家利益与民族复兴为准绳，扩大共同朋友圈与利益汇合点，深化经济外交工作以服务国家利益。

中国要继续实行面向西方世界的开放政策，特别是深化与以欧盟成员国为主体的欧洲国家合作。美国要维护其霸主地位与中国崛起必然产生矛盾，而欧盟等其他国家或组织没有维护国际战略主导地位的需求，而且欧盟与中国不存在地缘政治冲突，相反，欧盟要成为国际舞台上的重要力量，还需要借助中国的力量。中国与欧盟在维护世界多边贸易体制、推动全球化方面也有共同利益。英国脱欧为我国争取欧盟提供了机会。尽管中欧存在竞争，但欧盟并没有将中国视为“冷战”对手。2020年中国已经取代美国成为欧盟最大的贸易伙伴。所以，尽管美国进行反对与施压，欧盟非但没有跟随美国的要求与中国“脱钩”，还与中国达成双边投资协定共识。这是中欧关系发展的里程碑（只可惜在此后的相互制裁中被搁置）。中欧合作有利于中欧在中美欧三足鼎立的世界格局中相互扶持，提升欧盟自身的独立性与自主性。中欧合作共同维护世界多边贸易体制有利于维护世界秩序的稳定与和平发展的环境。

中国越向西方国家开放，美国就越在“脱钩”中遭受损失，这样将迫使美国改变政策。中国应思考如何与美国共同维护现有国际秩序并从中获益，寻求在应对全球气候变暖、新冠疫情等全球公共卫生事件、防止核扩散和网络安全等利益交汇点上与美国合作，以人类命运共同体为目标构筑合作共赢的新型大国关系。中美两国都应本着做负责任大国的态度，在全球治理和区域治理层面加强沟通协商达成共识，进行合作是唯一正确选择。

坚持开放、合作与共享的全球治理理念，构建人类命运共同体。中国在对外开放中要积极参与全球和区域经济治理。习近平主席指出，全球经济治理应该以开放为导向，坚持理念、政策、机制开放，适应形势变化，广纳良言，充分听取社会各界的建议和诉求，鼓励各方积极参与和融入，不搞排他性安排，防止治理机制封闭化和规则碎片化[①]。因此，中国坚定遵守和维护世界贸易组织规则，支持开放、透明、包容、非歧视的多边贸易体制，构建开放型世界经济。习近平总书记强调：中国将始终不渝走和平发展道路、奉行互利共赢的开放战略，坚持正确义利观，树立共同、综合、合作、可持续的新安全观，谋求开放创新、包容互惠的发展前景，促进和而不同、兼收并蓄的文明交流，构筑尊崇自然、绿色发展的生态体系，始终做世界和平的建设者、全球发展的贡献者、国际秩序的维护者[②]。在国际舆论上揭露美国以民主人权价值观为幌子，搞结盟对抗、脱钩分裂、破坏经济全球化发展与世界和平的真相，倡导文明互鉴、相互开放、互利共赢、共同发展的人类命运共同体意识，维护以国际规则为基础的世界政治经济秩序。

在多边贸易体制与全球治理中，中国要确立多边共治战略与策略。中国作为世界多边贸易体制的受益者，坚决维护 WTO 作为世界多边治理体制的主渠道作用。由于美国阻挠上诉机构仲裁法官的遴选，WTO 上诉机构于 2019 年 12 月 11 日陷入停摆，世界多边贸易体制遭到沉重打击。为维护 WTO 的权威性和有效性，中方进行了不懈的努力。2020 年 3 月 27 日，中国、欧盟和其他 10 多个 WTO 成员联合发表声明，决定在 WTO 建立多方临时上诉仲裁机构。该机构将在上诉机构停摆期间，利用 WTO《关于争端解决规则与程序的谅解》第 25 条规定的仲裁程序，审理各参与方提起上诉的争端案件。各参与方已就临时上诉仲裁安排的案文达成一致。当前，建立多方临时上诉仲裁机构，有利于维持世贸争端解决机制的运转，维护以规则为基础的多边贸易体制，显示了国际社会对多边贸易体制的信心与支持。当前全球化面临的紧迫问题是与时俱进地修改或完善国际多边贸易的规则，而这个紧迫问题背后更紧迫的问题是如何构建新型大国关系，以求得共识和开展合作。亚太地区仍然是中国发展的重要地缘依托。中美关系恶化，两国参与 APEC 框架的重要性凸显。中国要以建设太平

① 习近平．中国发展新起点，全球增长新蓝图 [A/OL].（2016-09-04）. http://politics.people.com.cn/nl/2016/0904/c1024-28689353.html.

② 习近平．决胜全面建成小康社会　夺取新时代中国特色社会主义伟大胜利：在中国共产党第十九次全国代表大会上的报告 [A/OL].（2017-10-27）. http://www.gov.cn/zhuanti/2017-10/27/content_5 234876.htm.

洋共同体为目标，与美国在 APEC 框架中进行合作，积极争取加入 CPTPP 和 DEPA，甚至印太经济框架（IPEF），将有利于推动太平洋两岸经济合作走向深入，防止中美两国全面“脱钩”，维护亚太地区的经济发展与繁荣。

参考文献

[1] 塞缪尔·亨廷顿 . 文明的冲突与世界秩序的重建 [M]. 周琪，等译 . 北京：新华出版社，2002.

[2] 麦金德 . 历史的地理枢纽 [M]. 北京：商务印书馆，2007.

[3] 太平洋的挑战 [M]. 北京：时事出版社，1986.

[4] 弗兰西斯·福山 . 历史的终结 [J]. 国家利益，1989.

[5] 张蕴岭 . 百年大变局的思考 [J]. 东亚评论，2018（1）：1-8，2.

[6] 刘贞晔 . 全球大变局：中国的方位与出路 [J]. 探索与争鸣，2019（1）：32-41，141.

[7] 戴维·多德韦尔 . 美国欲秘密绞杀 WTO 争端解决机制 [EB/OL].（2018-09-03）. https://news.sina.com.cn/0/2018-09-03/doc-ihiixyeu2629200.shtml.

[8] 张宇燕 . 国际形势黄皮书：2019 年全球政治与安全报告 [M]. 北京：社会科学文献出版社，2019.

[9] 文庆，贾祯，宝鋆，等 . 筹办夷务始末（同治朝）[M]. 北京：中华书局，2008.

[10] 马丁·雅克 . 大国雄心：一个永不褪色的大国梦 [M]. 孙建宁，张莉，译 . 北京：中信出版社，2016.

[11] 亨利·保尔森 . 关于处于十字路口的中美关系的讲话 [EB/OL].（2018-11-09）. https://mp.weixin.qq.com/s?_biz=MjM5M.

[12] 习近平：努力开创中国特色大国外交新局面 [A/OL].（2018-06-24）. http://m.cnr.cn/jdt/20180624/t20180624_524280223.shtml.

[13] 刘鹤. 两次全球大危机的比较研究 [J]. 比较，2012（5）.

[14] 格雷厄姆·艾利森. 注定一战：中美能避免修昔底德陷阱吗？ [M]. 陈定定，傅强，译. 上海：上海人民出版社，2018：200.

[15] 习近平. 习近平谈治国理政（第二卷）[M]. 北京：外文出版社，2017.

[16] 政府工作报告：2019 年 3 月 5 日在第十三届全国人民代表大会第二次会议 上 [A/OL].（2019-03-05）. https://www.gov.cn/zhuanti/2019qglh/2019lhzfgzbg/index.htm.

[17] 习近平. 中国发展新起点，全球增长新蓝图 [A/OL].（2016-09-04）. http://politics.people.com.cn/nl/2016/0904/c1024-28689353.html.

[18] 习近平. 决胜全面建成小康社会 夺取新时代中国特色社会主义伟大胜利：在中国共产党第十九次全国代表大会上的报告 [A/OL].（2017-10-27）. http://www.gov.cn/zhuanti/2017-10/27/content_5 234876.htm.

[19] ASH T G. Welcome to the Geopolitics of trade，Where Dr Pangloss Meets Machiavelli[J]. The Guardian，2013.

[20] GANTZ D A. The TPP and RCEP：Mega-trade Agreements for the Pacific Rim[J]. Arizona Journal of International & Comparative Law，2016，33（1）：57-69.

第二章

国际经贸规则重构与WTO改革前景

全　毅

提要：国际经贸规则演变遵循生产力决定生产关系的辩证法，但也是主权国家代表本国利益群体进行利益多方博弈的结果。经济全球化经历了货物贸易阶段、价值链贸易阶段和数字贸易阶段。国际经贸规则从以消除关税壁垒或非关税壁垒的边境措施，演变为以规制融合为主消除边境内政策壁垒。目前发达国家和新兴经济体不仅以区域FTA为平台争夺国际经贸规则主导权，而且在WTO展开规则改革的博弈，国际经贸规则和秩序正经历新一轮重构。全球大国竞争由经济之争转向规则之争、制度之争和主导权之争。本章以资本力量驱动国际经贸规则演变和民族国家博弈驱动的国际经贸规则重构为线索，分析国际经贸规则发展趋势。

关键词：国际经贸规则；重构；巨型区域贸易协定；WTO改革

国际经贸格局决定国际经贸规则，但国际经贸规则也可以塑造国际经贸格局。因此，我们不仅要了解国际经贸规则发展现状，还要掌握国际经贸规则的发展规律。人类的生产力决定世界经贸形态与国际经贸规则，生产力的变革决定了国际经贸形态演变与国际经贸规则的变迁。工业革命是现代市场经济与经济全球化的最重要的推动力。国际经贸规则一方面要适应技术进步导致的国际经贸发展模式的演变，另一方面受到经济与技术发展有差异的国家之间博弈的影响。这两种力量决定国际经贸规则演化进程。本章从国际经贸规则发展的基本动力，即资本驱动的无限全球化与国家驱动逻辑的有限全球化入手，分析和把握国际经贸发展演进趋势，以便为我国实施自由贸易区战略和参与全球或区域治理提供理论与现实依据。

一、资本逻辑驱动的全球化和国际经贸规则发展趋势

尽管全球化概念在20世纪80年代才被西方学者正式提出，实际上关于全球化发展前景在马克思主义经典著作《共产党宣言》中早已预见。马克思和恩格斯认为，资本的本质就是无止境地攫取剩余价值和利润。为了攫取更多利润，资本“不断扩大产品销路的需要，驱使资产阶级奔走于全球各地。它必须到处落户，到处开发，到处建立联系。资产阶级，由于开拓了世界市场，使一切国家的生产和消费都成为世界性的了”[①]。以资本为导向、以盈利为终极目的的现代市场主体——企业及其资本是经济全球化的根本动力。因此，经济全球化是一种资本逻辑的产物。经济全球化经历了三个阶段。

（一）第一阶段全球化：货物贸易时代的全球经济规则

1500年前后，随着航海技术与资本主义的发展，西方国家开辟了新航路，发现了美洲新大陆，开辟了横跨大西洋和太平洋的新商路。新航路的开辟、市场的扩大、需求的急剧增长，使传统手工业无法满足市场需求，从而引发机器生产的工业革命。第一次工业革命以1776年的蒸汽机的发明和应用为标志，诞生了机器大工业，人类社会开始进入工业化时代[②]。现代大工业代替了工厂手工业，促进了生产的规模化，轮船与火车等运输机械使得大量货物运输成本下降，全球大量货物贸易成为可能，实现生产与消费的分离，资本与生产扩张驱动资本家拓展世界市场，使生产和消费都成为国际性的了。人类社会进入全球化的第一阶段。

第二次工业革命发生在1840年前后，以电力广泛应用为核心进一步扩展了生产力的边界。由于第一次、第二次工业革命发生在英国、法国和德国等西欧国家，英国等西欧国家成为世界生产力中心，而世界其他地区成为原料产地和销售市场。“由于蒸汽和机器的应用，分工的规模已使脱离了本国基础的大

① 马克思恩格斯选集（第1卷）[M]. 北京：人民出版社，1995：276.

② 朱广娇 . 正确处理好金融专业教育中心的“五种关系”：访中国人民大学学位委员会副主席、中国资本市场研究院院长吴晓求 [J]. 金融博览，2021（10）.

工业完全依赖于世界市场，国家交换和国际分工”[①]，形成“一国生产、全球消费”的全球化模式。

这一时期，全球化的特点是货物贸易的扩张。关税壁垒和闭关锁国成为世界贸易的主要障碍。为了打开世界市场，西方列强采取炮舰政策，轰开各国封闭的大门，强迫其签订通商条约，控制这些殖民地国家的海关。因此，本轮全球化伴随西方殖民扩张的过程。“各民族的原始封闭状态由于日益完善的生产方式、交往以及因交往而自然形成的不同民族之间的分工消灭得越是彻底，历史也就越是成为世界历史”[②]。但这一时期经济全球化是以西方列强宗主国及其殖民地为边界的。西方列强之间则利用关税壁垒实现贸易保护政策。

这些贸易保护主义政策导致西方列强之间产生尖锐矛盾，甚至彼此为争夺世界市场发生激烈冲突与战争，导致近 30 年的逆全球化时期。西方列强之间的关税战与汇率战等曾经是世界经济危机长期化和两次世界大战的重要原因。两次世界大战后西方国家吸取教训，认识到要建立一个世界贸易组织来协调各国的贸易政策，减少贸易保护主义对世界贸易的障碍，特别是美国拓展世界市场的障碍。为了破解英国帝国特惠贸易制度，美国发起有 23 国参加的关税与贸易谈判，1947 年 10 月达成《关税与贸易总协定》（GATT），以国民待遇原则和最惠国待遇原则确立普惠关税制度，其基本宗旨就是“实质性地降低关税与各种贸易壁垒”。1947—1962 年 GATT 发起了五个回合的贸易谈判，都主要聚焦于货物贸易的关税减让。随着关税壁垒的撤除，企业倾销、政府补贴、质量标准、技术法规等国内政策逐渐成为国际贸易的主要障碍。因此，从 1964 年开始，为了解决越来越突出的非关税壁垒问题，肯尼迪回合与东京回合将出口补贴、反倾销措施和国内法规透明度纳入谈判。非关税壁垒等问题从 1964 年 5 月至 1967 年的肯尼迪回合第六轮多边谈判开始，在 1973 年 9 月至 1979 年 4 月的东京回合第七轮谈判中取得突破，分别达成《补贴与反补贴措施协定》《反倾销协议》《卫生与植物卫生措施协定》《技术法规、标准与合格评定程序协定》等多边协定。经过 7 轮的市场准入谈判，当年较高的关税水平降低为发达国家

① 马克思恩格斯选集（第 1 卷）[M]. 北京：人民出版社，1995：166.

② 同①.

的 3.8%，发展中国家的 12.3%。各种非关税壁垒也得到纪律约束。

（二）第二阶段全球化：价值链贸易时代的全球贸易规则

第二次世界大战后，全球化再次成为世界发展的新趋势，第二轮全球化由此拉开序幕。以 1946 年计算机发明和电信技术进步为标志，启动了以生产自动化和智能化为主的第三次工业革命。通信技术使得生产和消费的远程控制成为可能，尤其是 1990 年以来以互联网为基础的信息技术革命，克服了思想流动成本的制约，使得监督控制价值链的过程可以分散化与模块化，从而促进跨国公司将中间产品的生产按照技术水平、劳动成本和消费市场的最佳条件进行全球布局，分散到全球最适合的地方，最大限度地节省成本，获取最大经济效益，形成“全球生产、全球消费”贸易模式。全球贸易占全球生产总值的比重开始稳步增长，在 2008 年达到 30.1% 的峰值[①]。

20 世纪 80 年代世界贸易以制成品贸易为主，那时制成品贸易占货物贸易的 70%，以零配件为中间品的贸易额只占 30%，而到了 2010 年，中间品贸易已经占到货物贸易的 60%，制成品贸易只有 40%。全球价值链贸易的兴起，将一个产品的数百个和成千上万的零配件分散在不同的国家和地区进行生产，再运到接近消费市场的地区或者成本最低的地区组装销售，极大地降低了生产成本，提高了全球资源配置效率。商品生产环节的分拆，不仅推动制造业对外投资扩张，也使得服务业作为生产工序被离岸分包，促进了服务贸易的发展。从 20 世纪 80 年代起，随着发达国家制造业的服务化，人类进入服务贸易时代。20 世纪 80 年代货物贸易与服务贸易之比是 95 ： 5，但到了 2010 年这个比例发展成为 70 ： 30，服务贸易以每年 15% ~ 20% 的速度增长[②]。也就是说，研发、设计、物流、结算、旅游、教育等形式的国际服务得到快速发展，超过了制造业发展的速度。全球价值链生产对国内监管提出了挑战，需要促进国内管理规则的一致性、透明性和科学性。

① 全球化正在走向终结？ [EB/OL].（2022-12-08）. https://baidu.com/s?id=1751640204276502035.

② 黄奇帆 . 国际贸易格局已发生根本变化 [EB/OL].（2019-04-25）. https://finance.sina.com.cn/zl/2019-04-25/zl-ihvhiewr8091359.shtm.

世界贸易格局巨变推动国际贸易新规则的产生。中间品贸易的崛起推动各国降低关税壁垒、生产壁垒和政府管制措施，要求零关税、零壁垒和零补贴的营商环境来适应产业链、供应链和价值链的无缝对接。这就推动以“三零”原则和边境后监管一致性为原则的新贸易规则制度的建立。尽管 WTO 推动的关税减让已经取得很大成功，但即便较低的关税水平对需要经过多次贸易和经过多次海关的生产来说，还是要经过多次征税的；而且在多次贸易过程中需要把劳动力、物流、运输中的硬件服务部分都计算在产品的价格上，这样经过多次海关征税后成本就会大幅度上升。因此，对于产业链和供应链来说零关税是最合理的。由于是多国生产，跨国公司在布局生产的时候，就要考虑营商环境。如果国家间的投资贸易政策差异太大，跨国公司布局产业链就会遇到很多麻烦，影响跨国公司的投资行为。因此，需要一个大体一致的法治化、国际化和市场化的营商环境①。

与货物跨境贸易一样，服务贸易的发展促进服务人员的跨境流动。服务贸易与货物贸易的重要区别是专业人士的资格认定、跨境提供与跨境消费，商务人员临时入境产生大量专业人员和自然人的跨境流动。如果各国专业人士的从业资格认定与出入境政策差异过大，将对跨境服务形成巨大障碍。因此，从 20 世纪 80 年代开始的乌拉圭回合将越来越多的边境后措施纳入贸易规则谈判议题。从 1986 年启动的乌拉圭回合对服务贸易、跨国投资、政府采购、知识产权等进行谈判，到 1994 年达成《1994 年关税与贸易总协定》，以及《服务贸易总协定》《与贸易有关的投资措施协定》《与贸易有关的知识产权协定》等三个多边协定，另外还达成《民用航空协议》《政府采购协议》两个诸边协议。规制融合型边境后措施成为第二阶段全球化国际贸易规则的主题内容。

（三）第三阶段全球化：数字贸易时代的国际经贸规则

进入 21 世纪以来，一般认为 2011 年是第四次工业革命的历史起点，其标志是人工智能、互联网、物联网、大数据、3D 打印、云平台等数字技术的兴起。生产与生活的智能化使经济活动发生了质的飞跃，人类社会正从物理世界

① 全毅．区域贸易协定的发展及其对 WTO 改革的影响 [J]. 国际贸易，2019（11）：52-58.

迈向数字世界，这无疑是人类社会的巨大进步。随着人工智能和大数据等数字技术主导的第四次工业革命蓬勃发展，国际贸易交易中心出现了与传统货物与服务贸易存在差异的第三种贸易方式，即数字产品交易。利用数字化手段推动传统贸易和价值链贸易，新业态新模式不断涌现。“数字传输 + 本地生产”实现了服务生产与服务消费之间全球性分离。近些年，以互联网、大数据、人工智能、机器人、区块链和云计算为基础形成的数字经济规模逐渐扩大，以往难以进行的跨境服务，例如图像声音、法律咨询、会计服务、健康咨询、设计服务、数字编码产品、文本视频等文化娱乐产品等，都可以借助互联网的数据传输得以实现。数字技术发展促进经济的数字化转型，促进数字经济快速发展。但跟数字经济的快速发展相比，全球数字经济规则的制定明显落后于时代。

互联网因其存在独特的虚拟性等特性，使数字服务贸易和一般的服务贸易存在较大差异，各国数据跨境流动的理念与管理规则相差甚远。全球形成了“美国—加拿大—墨西哥”和“英国—日本—澳大利亚”两个数据共同体，欧盟和中国基本上自成一极。美日两国已经通过《美日数字贸易协定》形成数字联盟，美欧也通过《安全港协议》和《隐私盾协议》试图达成美欧之间数据跨境自由流动与隐私保护的平衡。“海量数据流转于三大数字经济共同体之间，三者间形成标准接口和联合磋商审查机制，并根据商业利益动态调整。在数字共同体内部，数据跨境自由流动意味着贸易互惠、市场开放、资源互补、创新共享、科研互信。数据加速流动将带来商品、服务、资本、人才等所有生产要素的联盟化。”① 非联盟之间的科技企业将付出数倍成本在加强监管、治理区域内开展业务营运，并面临巨大的法律风险。对数字贸易制定国际规则进行协调已经成为亟待解决的问题②。

全球价值链分工的深入发展极大地推动了国际生产体系与市场的深度融合。由于 WTO 决策机制的僵化，多哈回合谈判旷日持久，最后无疾而终。

---

① 大国数字经济博弈，红利可能都要被英日欧吃了 [EB/OL].（2020-08-23）. https://user.guancha.cn/main/content?id=367999.

② 杨泽瑞.《数字经济伙伴关系协定》对亚太合作的意义 [G]// 太平洋经合研究资料汇编. 北京：中国太平洋经济合作全国委员会，2020：52-57.

WTO 的规则谈判功能丧失，各国纷纷在双边或区域诸边平台上展开新一轮国际贸易规则构建。全球高质量贸易协定已将国际经贸规则的主题转向以规制融合为核心的贸易政策，包括标准一致化、竞争一致化和监管一致化。美国不仅在 USMCA、TPP 和 TTIP 诸边平台制定 21 世纪高标准贸易协定，而且在《美日数字贸易协定》、新《美韩自由贸易协定》等双边平台上构建数字贸易规则。这些贸易协定不仅在传统贸易议题上制定市场融合型边境措施，而且制定规制融合型边境后措施和数据流动等新议题的规则。

表 2-1　经济全球化阶段与贸易规则变迁

	货物贸易时代的全球化	价值链贸易时代的全球化	数字贸易时代的全球化
生产力变革	1776 年以蒸汽动力的第一次工业革命和 1840 年前后电气化第二次工业革命克服规模货物生产与运输成本制约，使大规模货物贸易成为可能	第三次工业革命，1946 年自动化生产，尤其是 1990 年前后的信息技术革命克服了思想流动成本制约，使监督控制价值链的过程可以分散化	第四次工业革命，2011 年互联网、人工智能、大数据等数字技术使人员流动成本大幅降低，服务贸易中的非贸易品变成贸易品
国际分工演变	生产和消费的分离	商品生产环节的分拆，服务业作为生产工序被离岸分包	服务生产与服务消费之间的全球性分离
贸易模式的演变	货物：最终产品贸易为主，“一国生产、全球消费” 服务：跨境交易、境外消费	货物：中间品贸易为主，“全球生产、全球消费” 服务：商业存在（FDI）	货物：互联网赋能型产品（数字传输 + 本地生产） 服务：数字（化）产品，“数字传输 + 支付” 数据：基于数据流的广告收入 + 数字平台经济
全球化特点	货物贸易扩张	中间产品扩张 + 制造业 FDI 扩张	服务贸易扩张 + 服务业（R&D）FDI 扩张
国际经贸规则演变	第一代：市场准入型边境措施	第二代：规制融合型边境后措施	第三代：市场融合型边境措施，规制融合型边境后措施与数据流动相关的新议题

二、民族国家逻辑驱动下的全球化与国际经贸规则重构

如果说在工业革命前高山、荒漠与海洋构成人类交流活动的天然屏障，工业革命后，民族国家的边界就成为人类交流活动的人为壁垒。因此，民族国家是全球化进程的天然敌人。因为民族国家最担心三件事情：国家安全、主权与特权[①]。而生产力的发展必然要冲破这些人为壁垒——国家边界的屏蔽效应而向前发展，但这是强者的逻辑，弱势群体与幼稚产业则需要借助国家边界来保护自己。因此，国家逻辑驱动下的全球化始终是有限的全球化。国家始终以利益为导向，追求国家竞争力和福利最大化。各国根据自身在国际分工体系中的地位和优势的变化来决定如何施行开放政策。根据实力强弱博弈的结果使得经济技术强国居于制定国际经贸规则的主导地位。近代民族国家诞生以来，贸易自由与贸易保护这两种力量的博弈贯穿于国际经贸规则演变的历史。从 1500 年开始，民族国家主导下的全球化进程到目前大致经历了三个历史阶段。

（一）帝国主义全球殖民体系下的国际贸易规则

资本与市场力量早期用枪炮打开城堡，消灭城堡里的封建领主，撤除一道道封建壁垒，建立了统一的民族国家市场。但资本对利润的追求驱使资本家奔走于全球，促进经济全球化。这就需要民族国家协调各国的贸易政策，产生了民族国家驱动下的全球化。1500 年前后，西方航海家发现美洲新大陆以及众多未开发的新土地。由于美洲大陆和非洲大陆当时还处于比较原始的部落社会，没有形成民族国家，很快就沦为西方列强的殖民地。只有东方的中华帝国、日本和印度（众多邦国）及中东地区的阿拉伯帝国等少数国家建立了较高的文明。这些国家对西方列强采取闭关锁国的政策，拒绝与其进行贸易往来。西方列强就用炮舰轰开东方各国封闭的大门，强迫各国签订通商条约，开辟通商口岸，抢占势力范围，使东方从属于西方。这个世界形成了以西方列强为宗主国，广大殖民地和半殖民地为附属地的全球化生产与消费体系。

这一时期的国际经贸规则就是以帝国主义列强的经济军事实力为基础划分

① 辜学武．市场经济是全球化的根本动力 [EB/OL].（2022-06-21）. http://www.ccg.org.cn/archives/70711.

的势力范围。西方列强建立起覆盖全球范围的宗主国—殖民地政治经济秩序。经济全球化的扩展与深化主要在宗主国与殖民地之间，构建了商品生产与资本输出中心以及原料生产和消费地的全球化边界。但这并非是说西方列强之间没有经贸关系。资本主义自由竞争时期出现以霸权国家英国为首的国家奉行亚当·斯密的自由竞争理论，实现自由贸易政策；而后起之秀的美国和德国奉行汉密尔顿与李斯特的幼稚产业保护理论，实现保护贸易政策，促进本国制造业发展。

19 世纪末到 20 世纪 30 年代，由于美国、德国、日本等新兴资本主义国家的崛起，帝国主义列强之间竞争加剧，为了保护市场资源，各国推行带有垄断性质的超保护贸易政策。西方宗主国与其殖民地组成排他性的特惠贸易集团，即便在产生自由贸易思想与政策的故乡英国也是如此，最著名的是英国与殖民地的帝国特惠贸易制度。因此，全球市场被西方列强宗主国与其遍布全球的殖民地构成的帝国特惠贸易安排（英镑集团）；西班牙及其美洲殖民地构成的殖民贸易安排；法国及其非洲殖民地构成的货币与贸易安排（法郎集团）；俄罗斯及其被征服的中亚与远东地区的贸易安排；德国及其中东欧与非洲殖民地之间的特殊贸易安排（马克集团）。美国作为后起的资本主义国家，为了进入世界市场，除了乘人之危抢占北美大片英法西殖民地，发动美西战争夺取菲律宾形成美元集团外，还在 1899 年提出“门户开放、利益均沾”政策，反对各国的势力范围政策，要求取得平等进入其他西方国家势力范围的机会与权利。这也是最惠国待遇原则的由来。

这些贸易集团之间贸易壁垒高筑，甚至为争夺市场实行以邻为壑的贸易政策，掀起关税战和货币战，未能形成真正意义上的全球统一市场。在世界市场瓜分完毕的情况下，新崛起的资本主义国家就要求与老牌资本主义国家重新划分势力范围，为此打了无数次争霸战争，甚至引发两次世界大战。

（二）美国新自由主义秩序主导下的国际经贸规则

经过两次世界大战，广大殖民地掀起民族独立运动，建立独立的民族国家，西方主导的以宗主国和殖民地关系为基础的全球体系解体。联合国从 1945

年 10 月成立时的 46 个国家发展到现在的 193 个主权国家。但是，第二次世界大战后的世界分裂成为以美国为首的西方阵营和以苏联为首的东方阵营两个政治经济集团。一些民族国家选择资本主义制度，加入西方阵营；一些新独立的民族国家选择社会主义制度，加入苏联阵营；还有一些国家选择独立自主的民族发展道路，形成两大集团之外的第三世界。

新独立民族国家为发展经济，争取经济自立，采取进口替代工业化“战略”，建立起保护国内市场与民族工业的关税与非关税政策体系。在依靠枪炮和武力打开各国大门越来越遭遇强烈抵抗和难以为继的情况下，各国政府加强宏观协调，构建起调节贸易与投资关系的规章制度。GATT 与美元集团，经济互助委员会与卢布集团是协调两大阵营贸易投资秩序的制度安排。虽然 GATT 与美元集团是美国主导的国际经济体系，经济互助委员会与卢布集团是苏联主导的经济体系，但都是强权主导下的国际经贸规则和国际经济秩序。

以美国为首的西方阵营，实行市场经济制度。美国等西方国家认识到二战前的关税战和汇率战等贸易保护主义曾经是世界经济危机长期化的重要原因，它们吸取历史上因为利益集团的竞争与封锁导致战争的教训，美国发起关税与贸易问题的谈判，1947 年 10 月 23 个谈判国家达成 GATT，同时美国还发起成立国际货币基金组织（IMF）和世界银行（WB）等国际经济协调机制，成为维持战后世界经济秩序的三大支柱。与此同时，斯大林认为社会主义在苏联成功后，统一的世界市场就瓦解了，取而代之是两个平行的世界市场，或两个对立的世界市场——资本主义世界市场和社会主义世界市场[①]。苏联与社会主义国家组建经济互助委员会，帮助新生的社会主义国家重建经济。但是，这个社会主义国家之间的国际分工是政府间的规划，它们之间的经济合作与互助因违背平等交换的市场原则而失去活力。两个平行市场体系竞争的结果最终导致 1989 年柏林墙倒塌。苏联东欧阵营解体后，许多原来实行计划经济的社会主义国家向市场经济转轨，积极寻求加入 GATT 或 WTO，卷入经济全球化进程。

由于 GATT 适应了世界贸易与经济全球化的历史潮流，对世界各国产生巨大的吸引力。越来越多的国家被吸引加入 GATT，1995 年根据 GATT（1994）

---

① 约瑟夫·斯大林 . 苏联社会主义经济问题 [M]. 北京：人民出版社，1979：23.

乌拉圭回合协定成立的世界贸易组织，到 2020 年其成员达到 164 个。然而，由于各国生产力发展水平与竞争能力相差悬殊，各国利益诉求不同。经济技术发达与竞争力强的国家需要自由贸易，而经济技术落后与竞争力弱的国家需要贸易保护，使得 WTO 成员达成共识颇为艰难。国际经贸规则是各国力量博弈的结果。根据物以类聚的社会法则，在接受普遍规则的基础上，还会形成基于不同经济发展水平、不同文化价值观与不同地域构成的区域经贸规则。这就是全球经济的区域集团化，形成不同层次、不同水平的区域经贸规则，特别是由于世界经济发展不平衡，导致国际经贸格局转变，国际经贸规则就会出现重构的需求与趋势。

（三）国际格局百年未有之大变局下的国际经贸规则重构

20 世纪世界经济发展不平衡导致国际格局与秩序出现转变和重构的需求时，由于国际协调机制的欠缺，发生了两次世界大战，导致以宗主国和殖民地关系为基础的国际体系解体。战后达成的 GATT、WTO 以及自由主义秩序，在适应世界经贸发展以及调节世界经贸利益方面经过多轮谈判，达成了适应生产力变化的国际经贸规则。然而，美国西方主导的 WTO 多边贸易体制在 20 年后就面临危机。由于各国发展水平与竞争能力悬殊，各国利益诉求不同以及 WTO 协商一致的决策机制，WTO 成立以来的多哈回合谈判久拖不决，适应 21 世纪数字贸易时代的新规则难以形成。

国际经贸规则重构缘于科技革命带来的生产力发展及国际力量对比发生变化。进入 21 世纪，经济发展不平衡使得新兴经济体与发达国家占世界经济总量排序发生巨大变化，中国取代日本成为世界第二大经济体，印度、巴西、俄罗斯进入世界十大经济体行列。新兴经济体的崛起必然导致国际经济权力结构向均衡化方向发展，新兴经济体要求参与全球治理和改变国际经济规则的愿望也更加强烈。当现有国际贸易规则的微观基础及其所体现的权力均衡条件发生变化，权力转移过程中的规制竞争加剧，国际贸易规则就进入重塑期。在这种情况下，美国波士顿咨询公司报告显示，美国推动了全球化，但得益最大的不是自己，而是中国，因为规则已经不是由美国制定的。美国认为利用 WTO 实现其贸易政策的战略目标很困难，必须寻求实现美国战略利益的新平台。西方发达国家为了维护其优势地位与竞争优势，率先发起国际经贸新规则谈判。发展中国家特别是新兴经济体也对传统经贸规则与国际秩序不满，希望多边贸易体制更加公正、公平和具有包容性。2008 年金融危机爆发后，国际经贸规则的演变，充分反映了国际经贸权力结构的变化以及发达国家与新兴经济体在争夺规则制定权的话语权中的激烈博弈[①]。中国、印度等国制造业供应链的崛起令美欧日等倍感压力。特别是美欧长期处于贸易逆差地位，全球利益分配发生历史性变化。表面上被它们指责的产业补贴和“强制性技术转让”等问题，实际则是不满国际产能变化的格局、技术力量变化对其原有经贸优势的冲击，因此酝酿修改贸易规则，维护其竞争优势。美国等发达国家与发展中国家以双边或区域 FTA 为平台争夺国际经贸规则新一轮重构的主导权。2010 年以来，发达国家以 TPP/CPTPP、日欧 EPA、欧盟加拿大自由贸易协定、美欧 TTIP/TTC、USMCA 等区域平台启动国际经贸规则重构；而新兴经济体也不甘心在新规则的制定中被边缘化，它们以 RCEP、欧亚经济联盟、“一带一路”倡议、南方共同市场等区域平台努力争取与其国际地位相适应的制度性话语权。

三、从巨型经贸协定看国际经贸新规则重构

2016 年以来达成的几个超大型自由贸易协定（Mega FTA），如《跨太平洋伙伴关系协定》（TPP）与《全面与进步跨太平洋伙伴关系协定》（CPTPP）、《欧日经济伙伴关系协定》（EJEPA）、《美墨加协定》（USMCA）及《区域全面经济伙伴关系协定》（RCEP）等，正在引领新一轮国际经贸规则重构，形成货物—服务—投资“三位一体”的国际经贸新规则体系。

（一）《跨太平洋伙伴关系协定》（TPP）与《全面与进步跨太平洋伙伴关系协定》（CPTPP）

《跨太平洋伙伴关系协定》（TPP）的前身是 2005 年新加坡、文莱、智利

① 全毅．区域贸易协定的发展及其对 WTO 改革的影响 [J]. 国际贸易，2019（11）：52-58.

和秘鲁达成的《跨太平洋经济战略伙伴关系协定》，2009 年美国高调宣布加入谈判，并更名为“跨太平洋伙伴关系”，宣称要为世界打造 21 世纪新一代高标准的贸易协定。从 2010 年 3 月启动首轮谈判，经过 6 年 28 轮的艰苦谈判，于 2016 年 2 月达成协议。但由于美国国内存在分歧，2017 年初特朗普政府退出 TPP。日本承担起善后工作，带领其余 11 个成员继续前进，经过近 1 年的谈判，在 2018 年 3 月 8 日达成协定，更名为《全面与进步跨太平洋伙伴关系协定》。新协议搁置了美国提出的 22 个条款，全盘继承了 TPP 的立法框架和 95% 的内容。协定除对 1.8 万项货品达成零关税目标外，还就海关程序与贸易便利化、原产地规则、植物与卫生检疫、技术性贸易措施、贸易救济、投资、跨境服务贸易、金融服务、电信服务、电子商务、知识产权、政府采购、环境保护、劳工政策、竞争政策、国有企业、监管一致性、透明度与反腐败、合作与能力建设、发展、中小企业等 29 个议题达成共识[①]。瘦身后的 CPTPP 仍然是一个全面性、高标准的区域贸易协定。

（二）《欧日经济伙伴关系协定》（EJEPA）

该协定于 2013 年 4 月启动，2017 年初美国特朗普政府退出 TPP 之后，日本与欧盟加快谈判进度，终于在 2018 年 12 月 8 日达成协议。EJEPA 是继 TPP 和 TTIP 谈判之后，西方力图重建乃至巩固传统国际经贸规则等级结构的重要尝试。EJEPA 包括序言、正文 23 章以及 23 个附件，共 470 多页。分别为：总则，货物贸易，原产地规则及程序，海关及贸易便利化，贸易救济，动植物卫生检疫协议，技术性贸易壁垒，跨境服务贸易，投资自由化及电子商务，资本移动支付、转移及临时保障措施，政府采购，反垄断和并购，补贴，国有企业、特权企业及指定垄断企业，知识产权，公司治理，贸易与可持续发展，透明度，良好的监管措施和监管合作，农业合作，中小企业，争端解决，最后条款[②]。内

① 白洁，苏庆义 . CPTPP 的规则、影响及中国的对策：基于和 TPP 对比的分析 [J]. 国际经济评论，2019（1）.

② 漆彤，窦云蔚 . 日欧经济伙伴关系协定：国际贸易投资预测新发展 [J]. 区域与全球发展，2018，2（3）：72-84，156.

容不仅涉及进出口产品的关税减免，还涉及地理标识、原产地标记、监管合作和贸易投资规则等。

（三）《美墨加协定》（USMCA）

特朗普改变奥巴马打造模范自由贸易协定的政策，奉行美国优先和双边主义，先后与墨西哥、加拿大、日本、韩国启动双边贸易谈判。在与墨西哥和加拿大谈判中美国利用单边优势，迫使墨西哥和加拿大接受美国的利益诉求，经过一年多谈判，于2018年11月达成新的《美墨加协定》（USMCA）。USMCA有34个章节，不仅涉及国民待遇与市场准入、原产地规则、海关管理与贸易便利化、贸易救济、投资、跨境贸易服务等传统议题，还对数字贸易、知识产权、金融服务、通信服务、劳工标准、环境标准、中小企业、监管实践、争端解决机制、国有企业与汇率操纵等诸多新领域做出细致的规定。其文本内容、价值导向、实施标准均与TPP高度一致，重合章节多达25个。USMCA的三根支柱：公平贸易、保护数字贸易和知识产权，对国有企业和汇率操纵等不公平贸易做法严加限制，将成为美国政府对外谈判贸易规则的模板，充分体现了美国以高标准引领国际贸易规则发展方向的雄心。

（四）《区域全面经济伙伴关系协定》（RCEP）

该协定的前身是以东盟为中心的五个“10+1”经济伙伴关系协定，即东盟10国分别与中国、日本、韩国、印度、澳大利亚和新西兰签订全面经济伙伴关系协定。东盟担心美国主导的TPP破坏东盟在亚太地区区域合作中的核心地位，于2012年决定启动RCEP谈判，经过8年马拉松式谈判，在2019年11月20日除印度外，其余15国达成共识，并在2020年11月15日签署协定，该协定于2022年1月1日生效。协定包括货物贸易、服务贸易、投资规则、原产地规则、海关程序与贸易便利化、卫生与植物卫生措施、技术法规与合格评定程序、贸易救济、金融开放、电信服务、政府采购、知识产权、竞争政策、电子商务、经济技术合作、中小企业、法律机制与争端解决等20章，已经超出传统的贸易协定内容，体现出全面性与综合性的特点。RCEP是亚太地区经济一体化发展的里程碑，一方面，它将东盟国家与中、日、韩、澳大利亚、新西兰五国自由贸易协定整合，消除“意大利面碗”效应，将进一步促进亚太地区产业链、供应链和价值链向纵深发展。另一方面，它有助于整合亚洲市场并促进该地区的贸易往来，有助于亚洲未来摆脱西方贸易导向，增强其自主性。

表 2-2　当前国际巨型 FTA 协定规模比较（以 2020 年为例）

名称	签署及生效时间	占世界人口比重 /%	GDP		对外贸易		吸引外资	
			规模 / 亿美元	占世界比重 /%	规模 / 亿美元	占世界比重 /%	规模 / 亿美元	占世界比重 /%
TPP	2016 年 2 月 4 日 2017 年 1 月分解	10.89	317 001.23	37.4	91 542.49	25.8	5 166.32	33.9
EJEPA	2018 年 7 月 17 日 2019 年 2 月 1 日	8.32	201 541.35	23.9	118 777.92	33.5	4 023.11	26.1
CPTPP	2018 年 3 月 8 日 2018 年 12 月 30 日	6.59	106 601.39	12.6	53 151.12	15.0	2 758.43	17.9
USMCA	2018 年 11 月 30 日 2020 年 7 月 1 日	6.44	237 489.86	28.0	54 548.19	15.4	3 294.68	21.4
RCEP	2020 年 11 月 15 日 2022 年 1 月 1 日	29.85	259 030.96	30.5	100 960.27	28.5	3 636.52	23.6

数据来源：根据联合国贸发会议数据库数据计算所得（投资额为 2019 年数据）。

（五）美欧《跨大西洋贸易与投资伙伴关系协定》（TTIP）/ 跨大西洋贸易与技术理事会（TTC）

奥巴马政府在启动 TPP 谈判的同时，还与欧盟在 2013 年 6 月启动跨大西洋贸易与投资伙伴关系（TTIP）谈判。其目的是消除美国与欧盟之间关税与非关税壁垒，统一双边贸易与投资中的相关规则和监管标准，加强美国与欧盟在国际经贸规则制定上的协调合作。至 2016 年 12 月美欧进行了 18 轮谈判。特朗普政府时期 TTIP 谈判被搁置。2020 年上任的拜登政府更为重视盟友的作用，重新激活了跨大西洋经贸谈判。2021 年 9 月 29—30 日 TTC 在美国匹兹堡举行首次会议。会议特别强调协调解决全球关键技术、经济与贸易问题，深化跨大西洋经贸关系，并以共同民主价值观制定政策。会议决定在 TTC 下设 10 个工作组展开谈判和协调工作：技术标准、气候和清洁技术、安全供应链、信息和通信技术服务安全性和竞争力、数据治理和技术平台、技术滥用威胁安全和人权、出口管制、投资筛选、中小企业获取和使用数字工具、全球贸易挑战。另外还有四个附件分别涉及投资审查、出口管控合作、人工智能和半导体供应链安全。TTC 强调合作应对非市场、扭曲贸易政策和做法，其针对中国的意图明显。

（六）印太经济框架（Indo-Pacific Economic Framework，IPEF）

美国提出印太经济框架是为了弥补 2017 年退出 TPP 后留下的亚太经贸战略空洞。尽管澳大利亚、日本和新加坡等国家敦促美国重返 CPTPP，但这会影响美国对亚太市场开放，引起进口竞争。所以，美国考虑 TPP 与 CPTPP 的折中方案，将医药用品的知识产权保护、数字贸易、劳动条款、环境规则等美国标准纳入"印太经济框架"，开发符合高劳动力和环境标准的新贸易方法。拜登总统称，IPEF 框架将围绕贸易便利化、数字经济和技术标准、供应链弹性、脱碳和清洁能源、基础设施、劳工及其他共同感兴趣的领域制定标准[①]。IPEF 于 2022 年 5 月 23 日正式启动，计划用 1 ~ 2 年时间完成谈判。IPEF 将谈判重点内容放在提高产业链供应链的安全性与韧性，推动高标准基础设施建设、脱碳和绿色技术发展，在数字贸易、劳工权利和环境等方面制定高标准及有约束力的规则，协调税收和反腐败等四大重要领域，可能在亚太地区形成新的国际规则与经济秩序，与中国争夺"一带一路"国际规则主导权。

与 WTO 等传统区域贸易协定相比，这些巨型区域贸易协定表现出以下特点与趋势。

一是在国际贸易规则重构中体现出"全面性、高标准"的特点。这些区域贸易协定除涉及要求各国减少贸易壁垒，认证、产品测试和动植物检验检疫等传统经贸议题外，还涉及投资规则、数字贸易、知识产权、竞争中立、国有企业、补贴政策、公司治理、生态环保、劳工标准、宏观经济政策与汇率问题等新议题，从边境措施向边境后规则及跨境互联互通扩展。不仅使 WTO 传统议

① 资料来源：https://www.whitehouse.gov/briefing-room/statements-releases/2021/10/27/readout-of-president-bidens-participation-in-the-cast-asia-summit/，2023 年 4 月 30 日查询。

题得到深化，对一些超越 WTO 框架的新议题也制定出新规则，体现了新一代区域贸易协定的全面性①。而且在所有领域追求更高的标准，如在关税减让方面，TPP 致力于将货物贸易关税降为零，CPTPP 将在 10 年内逐步取消 98% 的农业和工业品关税②。EJEPA 规定日本从欧盟进口的产品零关税率达到 94%，而欧盟从日本进口的零关税率达到 99%③，被认为是新一代区域协定中标准最低的。RCEP 在关税减让方面也规定 10 年内降税到零的货物高达 90%。关税减让唯一例外是碳排放税，欧盟决定从 2026 年开始征收碳关税，美日可能跟进。如果是使用清洁能源生产的商品，免征碳关税；如果以煤炭和石油作为能源就会额外征收 20% 以上的碳排放税。这将限制发展中国家的发展空间。

在贸易便利化方面规定了高于 WTO 的增强条款，并简化了海关通关程序，首次在贸易救济章节中纳入"禁止归零"条款，还对反倾销、反补贴及保障措施方面做了详尽规定，以"最佳实践"清单方式提升贸易救济调查的透明度及技术水平。同时还要求在投资、金融、运输、电信、跨境数据流动、教育和人员流动等领域放松管制、消除壁垒，促进服务业深度开放、实现服务贸易自由化，不仅 TPP、CPTPP、EJEPA、USMCA 将谈判议题的重心转移到服务贸易和数字贸易上，RCEP 也为服务贸易和数字贸易领域制定规则。如 RCEP 在自然人跨境流动方面，对投资者、商务人员及其家属承诺一定的居留期限与签证便利，人员流动更加便利；为了适应数字经济发展、降低数字贸易壁垒，RCEP 还纳入了高水平的知识产权和电子商务章节。

二是新一代区域贸易协定具有较强的强制性与排他性的特征。TPP、CPTPP、USMCA 不仅在立法架构上采用分立架构，将纺织品服装贸易、金融服务、电信服务以及透明度等议题单独立法，在市场准入、投资、政府采购等领域采取"清单"准入或活动列明方式，体现了立法的严谨特征，而且不断

① 中国社会科学院世界经济与政治研究所国际贸易研究室.《跨太平洋伙伴关系协定》文本解读 [M]. 北京：中国社会科学出版社，2016.

② 越南正式实施 CPTPP[EB/OL].（2019-01-16）. http://www.mofcom.gov.cn/article/i/jyjl/j/20190102827490.shtml.

③ 日欧经济合作协定将从 2 月 1 日起生效 [EB/OL].（2019-01-03）. http://www.mofcom.gov.cn/article/i/jyjl/j/201901/20190102822637.shtml.

提升国际规则的强制性，即可执行性。具体表现为建立了更强有力的争端解决机制，尤其在投资领域引入了中立而透明的投资者——国家争端解决机制（ISDS）；在协议条款执行机制方面除争端解决机制外，还设立由缔约方组成的各种议题的专业委员会负责监督和协调各自领域协议的执行，使法规执行更有保障，治理结构的约束力更强。

排他性突出地体现在原产地规则和非市场经济条款上。CPTPP、USMCA等多数自贸协定都坚持唯一性的原产地标准和保守的区域价值成分原则，涉及严苛的区域价值含量及劳动价值含量要求，以维护区域内部的利益。如TPP、CPTPP和USMCA都坚持将纺织品“从纱线算起”的全产业链原产地规则。USMCA甚至规定零关税汽车必须75%以上的零件来自北美地区，高于此前NAFTA 62.5%的标准。当地劳动力价值含量为40%～50%。

表 2–3　新一代 FTA 原产地规则（ROOs）比较

协定名称	从百分比计算	特定ROOs	整车ROOs	核心件ROOs	主件ROOs	辅件ROOs	配套文件
中国—东盟自由贸易协定	去非原产材料价值法	无	区域价值含量40%	区域机制含量40%	区域价值含量40%	区域价值含量40%	无
区域全面经济伙伴关系协定	去非原产材料价值法	有	税则改变或区域价值含量40%	税则改变、区域价值含量40%	税则改变、区域价值含量40%	税则改变、区域价值含量40%	无
美墨加协定	净成本法（增值法）	有	税则改变和区域价值含量75% 钢铝区域含量：70% 劳动价值含量：40%~50%	区域价值含量75%，税则改变	区域价值含量70%，税则改变	区域价值65%，税则改变	《美墨加协定执行法案》《统一规定》《临时最终规则》

USMCA通过第32章第10条设立的“毒丸条款”，以价值观和意识形态划线，对缔约国与非市场经济国家的贸易协定谈判施加更加精准的监管及限制，无视WTO的相关规定，要求对非市场经济国家的贸易和投资进行限制。这个“毒丸条款”不仅完全突破GATT（1994）第24条区域协定不得制造更多贸易

壁垒与对外部其他成员造成限制的约束纪律，而且违反了《维也纳条约法公约》第 14 章关于条约不得为第三国创设义务的规定①。2022 年 4 月，美国财政部长珍妮特・耶伦和欧洲中央银行行长克里斯蒂娜・拉加德分别在大西洋理事会和彼得森国际问题研究所公开演讲：耶伦提到“自由但安全的贸易”，拉加德同样认为“国际公司仍将面临在成本最低的地方组织生产的强烈动机，但地缘政治的需要可能会限制他们这样做的范围”②。这两位原本最坚定的多边主义者都已经认识到当今世界的贸易和投资流动的主要驱动力将不再是经济效率，而是对共同价值观和地缘战略兼容性的追求。因此，美国主导的区域贸易协定强化发达国家在价值链中的地位，甚至将非成员排除在美国主导的全球价值链体系之外，保护主义色彩更加浓厚。

三是国际经贸议题与规制的重心从“边境”措施转向“边境内”政策。TPP、CPTPP、EJEPA 和正在进行的 TTC 等谈判，主要围绕新一代贸易与投资规则展开，提高规制融合水平。它们在市场开放、产业政策、技术转让和规制融合等方面达成高度共识，增强规制协调性和规制一体化，降低规制差异对贸易投资的影响③。发达经济体间相互高度开放，其贸易具有明显的产业内贸易乃至企业内贸易的特点，关税谈判早已不是重点议题。它们通过这些巨型 FTA 等新平台将贸易新规则所规范的领域从边境延伸到边境内，在竞争中立、国有企业、中小企业、贸易便利化、投资政策、知识产权、劳工标准、政府采购、环境产品、数据贸易、电子商务、价值链贸易、监管一致性以及透明度和反腐败等非经济议题上形成新规则，力求实质性地提高全球市场的相互开放程度④。这些巨型贸易协定的规则由“边境措施”向“边境内规则”的转换特征颇为

---

① 翁国民，宋丽．《美墨加协定》对国际经贸规则的影响及中国之因应：以 NAFTA 与 CPTPP 为比较视角 [J]. 浙江社会科学，2020（8）：20-29，44，155-156.

② 耶伦与拉加德的演讲意味着全球贸易体系的死亡 [EB/OL].（2022-05-25）. https://www.udfspace.com/article/5216113272446069.

③ 张季风，王厚双，陈新，等．关于日欧 EPA 的深度分析：内容、诉求及影响 [J]. 日本学刊，2018（5）：1-17.

④ 盛斌．迎接国际贸易与投资新规则的机遇与挑战 [J]. 国际贸易，2014（2）：4-9.

显著[①]。

TPP 与 CPTPP 首开先河将国有企业、劳工权利、政府采购、数据流动、透明度与反腐败及监管一致性等写进国际贸易协定，创造性制定了一整套基于全球价值链、以规制一体化为核心，实现放松管制与为公共政策目标加强监管之间平衡的“新一代”国际贸易规则体系，极有可能对全球贸易规则体系的变革产生催化作用[②]。EJEPA 还将公司治理，USMCA 将宏观政策与汇率问题等边境内新议题纳入区域贸易协定。监管一致性可有效推动各国管制的协调性和标准的一致性，促进区域内贸易与投资，提升区域内价值链的整合[③]。竞争政策对反垄断法律和措施要求进行严格规定，涉及面较广，水平较高。以边境内措施协调为主要内容，不可避免地对成员国内体制构成很强的侵蚀性，从而使得成员方能够保留的国内政策自主空间越来越少。这些规则的扩展将对制度异质性国家构成严峻挑战。

四是新一代投资政策出现投资保护“双重性”增强的特点。在投资方面，既重视对引资给予优惠，同时也以“国家安全”为由对其加强审查与限制；一方面，投资规则主要条款的标准与美国 BIT2012 范本相似甚至更高。内容包括投资协定的定义、投资仲裁、特定国家的例外条款。在 TPP 和 USMCA 等协定中，美国要求东道国政府给予外国投资者投入前国民待遇与负面清单管理，制订投资者与东道国投资争端解决机制，保护投资者享受公平待遇的权益。期望通过投资者与东道国间的国际规则约束，有效地保护跨国公司的海外投资利益。投资仲裁条款对提交仲裁申请的条件、双方的权利和义务有严格的规定；对仲裁员的法律知识有着更高的要求，对仲裁庭适用的法律规则进行了明确的规定。对投资与环境、健康和其他管制目的，以及企业社会责任条款等新议题制定了新规则。但是，CPTPP 将投资协议与投资授权引发的争端排除在投资争端解决机制之外。USMCA 在投资仲裁解决机制上出现回归国家化的趋势，增

① HOEKMAN B. “Behind-the-Border” Regulatory Policies and Trade Agreements[J]. East Asia Economic Review，2018，22：243-273.

② 全斌．中国、CPTPP 和国际经贸新规则 [J]. 中国经济评论，2021（4）：92-96.

③ 白洁，苏庆义．CPTPP 的规则、影响及中国的对策：基于和 TPP 对比的分析 [J]. 国际经济评论，2019（1）.

强了东道国对投资争端的治理权限。加强跨国投资税收协调成为规范跨国企业的重要趋势，拜登政府力推对全球跨国企业按照“价值创造地”征税规则征收最低 15% 所得税，该倡议得到 130 多国的响应。G20 集团第 16 次领导人会议表示支持，并督促制定细则以便在 2023 年实施[①]。继避免双重征税之后，国际税收协调必将成为区域投资协定的制度安排，将对国际投资格局产生深远影响。

另一方面，2018 年 8 月美国出台《外国投资风险评估现代化法案》（FIRRMA），2019 年推出的实施细则，在审查对象、内容、程序等方面均做了一定修改，使外国投资委员会（CFIUS）在审查外国投资时所拥有的审查范围更广、权力更大、程序更复杂。美国国会于 2020 年 12 月通过《外国公司问责法案》，该法案要求在美国上市的外国公司的审计机构，必须接受美国上市公司会计监督委员会对其审计工作底稿的检查。2021 年 12 月 2 日，美国证券交易委员会（SEC）出台新规则，要求在美国证券交易所上市的中国公司必须披露其所有权结构和审计细节，即使信息来自相关外国司法辖区。这可能导致中国在美国的 200 多家上市公司彻底退出美国证券市场。欧盟在 2019 年出台《欧盟外商直接投资审查条例》（第 2019/452 号条例），扩大东道主对跨国企业投资的审查权力，以确保欧盟经济安全。RCEP 在强调尽可能给予外资准入机会的同时，强调东道国可以根据国内产业保护与国家安全需要对外资准入进行一定的保留。外资安全审查机制正从传统外资监管体系中保护国家安全的最后一道防线演变为规制市场准入、寻求对等开放、保护产业竞争力、实现国家战略目标的政策工具[②]。处理好投资自由化与外资安全审查的关系对改善营商环境与保护国家安全至关重要。

五是强调“自由 + 公平”贸易，对等开放成为区域贸易投资协定的重要原则。以“自由”与“公平”为由，要求参与国在最惠国待遇、市场准入及国民待遇等方面做出更多承诺来维护自身的利益与诉求，比如，TPP 和 CPTPP 的价

① 马相东．全球企业最低税率对我国的影响 [N]. 学习时报，2022-02-16.

② 漆彤，刘嫡琬．外国投资国家安全审查制度的国际协调：必要性、可行性和合作路径 [J]. 国际经济评论，2021（4）：138-159，8.

值理念包括“自由贸易”“公平竞争”“现代治理”和“可持续发展”，CPTPP的规则特点是广泛涉及国内政策和治理模式，规定所有缔约方坚持对等和无差别待遇原则。TPP与CPTPP首次将国有企业独立成章严格约束，与WTO主要将国企规则运用于国际贸易中有所不同，TPP与CPTPP的国企规则下参与服务贸易及对外投资范畴的国有企业间提供的资助，都将被认为是非商业性资助。USMCA通过“竞争中立原则”来强调规范国有企业行为，使跨国企业在东道国处于有利竞争地位。再如，在市场准入方面，发达国家削减对发展中国家的特殊与差别待遇。特朗普认为美国在WTO受到“不公正待遇”，认为该组织中很多发展中国家享受不公平的豁免待遇或者采取扭曲市场的不公平竞争政策，而WTO对此束手无策，通过掣肘上诉机构法官遴选施压WTO改革。同时根据公平贸易与对等原则与墨西哥、加拿大、韩国、日本重新谈判贸易协定。比如USMCA就规定必须是相同劳工标准下生产的汽车才能享受零关税开放，规定零关税汽车40% ~ 45%的零部件必须是由时薪最低16美元的工人生产的。美韩新贸易协定消除了美国汽车进入韩国市场的障碍。

根据国际经贸规则发展规律，区域一体化与多边贸易体制是推动经济全球化的两只“轮子”。但区域贸易协定对多边贸易体制的影响具有复杂性。一方面，多边贸易体制因各国经济发展水平及制度差异在许多先导经贸议题上难以达成一致，而经济发展程度与制度相近的国家则容易达成共识，成为推行国际经贸新规则的试验场，可满足部分WTO成员追求更高自由化程度的需求。GATT或WTO也逐渐将区域贸易协定的优先议题纳入多边贸易谈判，形成全球通行的经贸规则①。另一方面，区域贸易集团究竟是推动还是阻碍多边贸易体制，要看区域贸易协定对外贸易政策是否对其内部产生激励作用。新一轮区域贸易协定都未能按照GATT第24条规定的不得实质性提高对非成员的关税水平和贸易壁垒的纪律约束自己②。因此，像TPP、CPTPP、RCEP等区域贸易协定形成的经贸规则与WTO规则存在冲突时，会导致世界多边贸易体制边缘化和全球经济治理的碎片化。

① 全毅．区域贸易协定的发展及其对WTO的影响[J]. 国际贸易，2019（11）：52-58.

② 同①.

四、围绕 WTO 改革的博弈与改革方向

与全球经济区域化形成强烈对比的是，近年来 WTO 作为规则制定的谈判场所、规则执行的争端解决机制以及监督各国贸易政策的政策审议机制等三大功能全面陷入瘫痪和停摆状态，世界多边贸易体制面临前所未有的改革压力。

（一）世界多边贸易体制面临的困境

一是谈判功能几近丧失，制定新规则难有作为。2001 年启动的多哈谈判回合旷日持久，最后无疾而终，使得 WTO 规则难以适应国际经贸的发展变化而进行相应的调整、更新和补充[①]。究其原因，除成员利益诉求差异巨大众口难调外，其“协商一致”的决策机制无疑是最主要的制度缺陷。由于 WTO 无力在多边层次上推进执行新国际经贸规则，导致成员各行其是（各种补贴泛滥，通报制度被忽视，单边主义、区域主义盛行）。难以回应经济发展实践的多边协定与僵化的 WTO 机制本身，昭示着 WTO 多边机制亟待改革[②]。因此，改革 WTO 决策机制以打破协商一致的多边谈判僵局成为紧迫的任务。

二是争端解决机制陷入停摆，上诉机构无法运转。争端解决机制被誉为“WTO 皇冠上的明珠”，由于多哈回合的多边贸易规则谈判陷入僵局，美国认为 WTO 已经沦为专注于诉讼的机构，威胁要退出 WTO。出于对 WTO 规则更新受阻的不满，美国从 2017 年开始采取抵制 WTO 上诉机构法官遴选的做法破坏贸易争端解决机制，施压 WTO 改革。由于 WTO 无法控制主要贸易国之间的贸易摩擦，主要贸易国之间的贸易摩擦只能通过双边协商解决，使得 WTO 争端解决机制越来越失去作用。从 20 世纪 80 年代的美日贸易摩擦到 21 世纪中美贸易摩擦都必须借助双边谈判解决贸易纠纷。

三是贸易政策审议机制废弛，监督职能难以履行。许多成员利用 WTO 给予或维持的产业补贴规避市场准入承诺，且未能履行告知义务，WTO 纪律废弛。这使得其他 WTO 成员无法评估其贸易影响，无法了解未被告知的补贴方案的运作情况，存在扭曲市场的大规模补贴和国有企业导致的不公平竞争环

① 廖凡．世界贸易组织改革：全球方案与中国立场 [J]. 国际经济评论，2019（2）：32-43，4-5.

② 翁国民，宋丽．《美墨加协定》对国际经贸规则的影响及中国之因应 [J]. 浙江社会科学，2020（8）.

境。这势必会给其他国家工人和企业造成不公平竞争、破坏国际贸易的正常运行。更为严峻的问题是，当前，世界上单边主义盛行，美国滥用“国家安全例外”（201 条款、232 条款、301 条款）加征关税，为贸易保护主义辩护，使其对开放市场的承诺变得毫无价值。

进入 2018 年，有关 WTO 改革问题被提上议事日程，各主要成员国提交了关于 WTO 改革的方案，这些改革方案包括：美国最早要求 WTO 进行现代化改革，其 WTO 改革主张反映在《2019 年贸易政策议程及 2018 年度报告》以及 2019 年 7 月 26 日发布的《改革世界贸易组织发展中国家地位备忘录》（美国方案）；2018 年 9 月 18 日欧盟公布的改革方案《关于 WTO 现代化的概念文件》（欧盟方案）；2018 年 10 月 25 日加拿大渥太华贸易部长会议发布的《渥太华部长会议关于 WTO 改革的联合公报》（渥太华方案）；2018 年 11 月 1 日美国、欧盟、日本等联合提交的《增强 WTO 协定下透明度和通报要求的程序》（美欧日方案）；2018 年欧盟、中国、加拿大、印度等联合提交的关于打破目前上诉机构法官遴选僵局的两份方案（欧中印方案）；2018 年 11 月 23 日中国商务部发布的《中国关于世贸组织改革的立场文件》（中国方案），阐明了中国关于 WTO 改革的三项原则和五点主张。笔者对各种改革方案和分歧进行过详细对比分析，发现各方几乎在所有改革议题上都存在分歧，在 WTO 改革的问题和改革方向的立场上差异巨大，发达国家和发展中国家对 WTO 乃至国际经贸规则的诉求相差甚远，WTO 改革必然任重道远①。

（二）WTO 现代化的议题与改革方向

目前，WTO 改革涉及其本身体制机制问题，也涉及其经贸实体规则的现代化问题。

其一，WTO 体制机制改革问题主要是谈判决策机制、通报审议与监督机制，以及争端解决机制问题。

首先是 WTO 决策机制问题，为使 WTO 变为一个更加灵活的组织，引入诸边机制成为必然选择。协调一致的决策机制是 WTO 的基本原则，但也是造成

① 全毅．各国 WTO 改革方案比较与中国的因应之策 [J]. 亚太经济，2019（6）．

WTO 决策效率过低的根源。众所周知，随着 WTO 成员的增加，能够在一项规则上达成一致的可能性已经微乎其微，更何况在适应国际贸易新模式的价值链贸易与数字贸易等新议题上，各方利益诉求千差万别，不仅发达国家之间，就是发展中国家之间也难以达成一致。因此,WTO 要在制定新规则方面取得进展，就必须改革其协商一致的决策机制，引入多数投票决策机制和灵活的诸边谈判机制。但必须保持诸边协议的开放性，允许其他成员在条件成熟时加入，反对搞成封闭性集团。

欧盟方案提出以灵活开放的诸边方式打破协商一致的多边谈判僵局。这一立场得到渥太华集团的迎合，指出“应对当代经贸问题、完成悬而未决的未竟工作，对于确保 WTO 的存在价值具有关键意义，这就要求采取灵活开放的谈判方法来取得多边成果”①。渥太华集团除中美两国没有参加，其成员国家具有相当的代表性。实际上，WTO《政府采购协议》以及 2021 年 12 月 2 日包括中美在内的 67 个成员谈判达成的《服务贸易国内规制参考文件》已开先河。如果 WTO 难以就多哈回合谈判议程达成一揽子协定，那么可以像《贸易便利化协定》那样化整为零，分别就《信息技术协定》《数字贸易协定》制定多边或诸边规则。

其次是增强争端解决机制的独立性。争端解决机制是 WTO 最重要的功能，其上诉机构是核心运作机制。美国对上诉机构提出质疑，要求“WTO 争端解决必须充分尊重成员的主权政策选择”，实际上要摘掉“WTO 皇冠上的明珠”。美国利用决策机制协商一致原则掣肘上诉机构法官的遴选和任命，迫使 WTO 陷入瘫痪状态，以此施压 WTO 改革。现在贸易摩擦越来越借助双边或诸边谈判解决争端，WTO 的权威性受到挑战。2020 年 3 月 27 日，中国、欧盟和其他 10 多个 WTO 成员联合发表声明，决定在 WTO 建立多方临时上诉仲裁安排，但仍然需要努力变成多边认可的制度安排②。

美国认为 WTO 沦为诉讼机构，而审查裁决没有体现公正性。渥太华方案回应了美国的关切和诉求，提出对 DSU（Dispute Settlement Understanding）协

① 廖凡．世界贸易组织改革：全球方案与中国立场 [J]. 国际经济评论，2019（2）.

② 裴昱．世贸组织成员推动临时上诉仲裁安排 [N]. 中国经营报，2020-04-06.

议进行修改，对诉讼程序、法官职责和专家组的意见，以及对上诉机构的裁决进行评议等修正案。欧印中方案则进一步提出将上诉机构法官增加 2 名，任期由 4 年延长至 6 年或 8 年（不得连任），改革新任法官的遴选程序，以增强上诉机构及其成员的独立性，提高其工作效率。中国因是遭遇各国诉讼争端最多的国家，因此，最关注争端解决机制的权威性与工作效率。在争端解决机制改革方面，欧盟、中国、印度等联手与美国立场严重对立，美国处于孤立地位。

最后是强化纪律约束与监督机制问题。欧盟方案指出："对成员方提供的补贴缺乏全面信息是当前体制运行中的最大短板之一。尽管《补贴与反补贴措施协定》已经要求成员通报其补贴，但遵守状况不佳且近年来有所恶化，以致截至 2018 年 3 月有半数成员方（90 个）未做任何通报。补贴没有透明度，成员方就无法审查彼此的行动，从而在规制执行上面临重大障碍。这严重削弱了实体纪律的价值。"① 美欧日三方在 2018 年 11 月专门就透明度原则与通报问题向 WTO 提交《增强 WTO 协定下透明度和通报要求的程序》，重申 WTO 各种协定项下必须履行的通报义务，建议设立"通报义务及程序工作组"负责对成员方遵守列明项下通报义务的情况进行年度评估，对成员进行监督和标准化审查，以及授权 WTO 对未遵守通报义务的成员进行惩罚，并提出八项具体惩罚措施，从正反两面为 WTO 成员遵守相关通报义务提供了激励和约束，为 WTO 提供了一套包括限制成员权利、附加额外义务和给予声誉惩戒（点名羞辱）在内的"组合拳"②。因其没有区分"有意违约"和"无力履约"，遭到一些发展中国家的批评。中国明确表示对"美欧日方案"所采取的惩罚性方法，需要考虑发展中国家普遍缺乏履行义务能力的事实，对欠发达国家进行技术性援助增强其履约能力也是 WTO 应考虑的问题。

其二，WTO 实体规则现代化主要围绕两个问题：一是制定新的规则来约束中国的国有企业与产业补贴；与此相联系的问题是发展中国家的特殊与差别待遇。二是制定新的规则来解决服务和投资障碍，包括消除数字贸易壁垒。

中国在 2001 年加入 WTO 时在中国工作组报告中承诺十五年实行市场经

① 廖凡．世界贸易组织改革：全球方案与中国立场 [J]. 国际经济评论，2019（2）：32-43.

② 裴昱．世贸组织成员推动临时上诉仲裁安排 [N]. 中国经营报，2020-04-06.

济改革的过渡期，到 2016 年自动取得市场经济国家地位。但到 2016 年绝大多数国家仍然不承认中国市场经济地位。2017 年 10 月美国商务部出台的备忘录将中国界定为非市场经济国家，其理由是，中国的行为不符合 WTO 协定的宗旨和目标①。美国多次指出中国的经济体制问题，并认为中国的国有企业违反竞争中立获得基于市场的额外优势，质疑中国的贸易政策。同时，美国认为现行 WTO 多边规则无法规制中国的贸易政策问题。因此，在美国主导的 TPP 协定中，首次针对国有企业和指定垄断独立地制定了一套完整的规制。在 USMCA 中不再掩饰对中国贸易政策的不满，专门制定《与非市场经济国家的自由贸易协定》（USMCA 32.10 条款），孤立中国的意图十分明显。美国在各种场合宣称将该歧视性条款作为模板推广到其他贸易协定当中②。2018 年以来、美国、欧盟和日本等西方发达经济体不断协调立场，多次就非市场经济导向的做法和国有企业补贴问题发表联合声明，要求拟定“关于产业补贴和国有企业的新规则”，欧盟方案和美国方案针对中国的意图明显。美国与西方达成的巨型 FTA 和推动的 WTO 实体规则改革似乎主要针对中国问题。目前，非市场经济体制成为中国与发达国家博弈的核心问题之一，“中国议题”成为 WTO 改革争议最激烈的问题，中国面临结构性改革的巨大压力。

最惠国待遇原则和国民待遇原则是 WTO 多边体制的基石，但因多数成员是发展中国家，所以 WTO 将维护发展中国家利益作为制度发展的目标，引入发展中国家差别和优惠待遇，结果发展中国家只承担较少的国际义务，而最终落实最惠国待遇原则和国民待遇原则的只有占四分之一的发达国家，以至于发达国家在遭遇贸易失衡时，感到这一规则是不公平的。美国与欧盟认为，中国加入 WTO 后迅速崛起成为世界第二大经济体和第一货物贸易大国，但中国仍称自己为发展中国家，要求享受发展中国家待遇。因此，美国和欧盟开始强调“自由 + 公平”的贸易原则，推动发展中国家特殊与差别待遇的修改，美国甚至单方面提出重新认定发展中国家身份的问题。2020 年 2 月 10 日，美国提交

① 卢先堃 . WTO 改革项下的体制碰撞与融合 [Z]. 在 2020 年 11 月 11 日上海 WTO 咨询中心纪念中国加入世贸组织 20 周年主题研讨会的发言 .

② 翁国民，宋丽 .《美墨加协定》对国际经贸规则的影响及中国之因应 [J]. 浙江社会科学，2020（8）.

了一份理事会决议草案，要求根据其制定的标准（OECD 成员、世行规定的高收入国家、占全球货物贸易 0.5% 以上）来排除一些国家的发展中地位，并宣布取消包括中国和中国香港在内的 25 个发展中经济体继续享受美国给予的特殊与差别待遇。欧盟也认为三分之二成员自认为是发展中国家实际掩盖了真正需要帮助的少数欠发达国家成员。因此，欧盟提出要对发展中国家进行身份认证，或者制定发展中国家的“毕业”标准。实际上，像中国这样的发展中国家在许多领域已经放弃发展中国家优惠待遇，特别是在农业与服务业领域。中国坚持发展中国家身份主要是政治上的考虑，中国在 WTO 等国际组织中更多地代表发展中国家的利益。

美日欧的政治经济制度基本相同，经济发展水平大致相当，尤其在价值观方面高度相近，在经济发展模式方面也具有共同的主张。从 2018 年 5 月开始，美欧日三方不断协调在国有企业、产业补贴、技术转让、经济发展模式等问题上的对华立场，多次发表共同声明，提出 WTO 改革主张，涉及 WTO 和全球治理走向的重要问题，充分反映了三方的共同意志。特朗普政府搁置美欧 TTIP 后，拜登政府重新激活的美欧 TTC 于 2020 年 9 月 29 日至 30 日在美国匹兹堡举行首次会议。美国官员毫不掩饰要与欧盟组建遏制中国的技术联盟，来延缓中国技术进步的速度。美国政要宣称要与欧盟共同制定科技领域的规则，无论是在 TikTok、人工智能还是网络领域[①]。

现在 WTO 越来越被视为一个僵化的机构，未来 WTO 要想避免被进一步边缘化和解体的命运，必须在以下三个方面进行全面而彻底的改革。其一，通过程序性改革重组上诉机构，提高 WTO 决策效率，确保上诉机构的裁决客观及时，维护 WTO 的权威性和有效性。其二，严明 WTO 纪律和规范约束，重新定义国家安全例外、产业补贴和贸易救济措施，并强化透明度原则、通报义务和审议机制，禁止滥用，遏制对中国的单边和歧视措施。其三，推动 WTO 新议题谈判，达成新的内容涵盖贸易新领域的权利与义务，使之适应 21 世纪的国际贸易发展新形势。

① 美国商务部长：美欧需要联手，放慢中国创新脚步 [EB/OL].（2021-09-29）. https://www.guancha.cn/ internation/2021_09_29_609130.shtml?s=zwyxgtjbt.

（三）WTO 现代化改革路径及推进策略

如何推进 WTO 改革？按照国际经贸规则从双边或区域向多边渗透的一般演变路径，21 世纪新型区域贸易协定以规制融合为特征的新议题与新规则必然会逐渐纳入多边贸易体制谈判。但这是充满博弈的过程。目前在国际经贸规则重构与博弈进程中，发达国家仍处于主导地位。广大发展中国家与其被动接受，不如主动出击，针对发达国家设置的贸易议题，联合提出一揽子改革方案，变被动为主动。

一是推进 WTO 体制机制改革。首先是维护 WTO 争端解决机制的独立性与权威性。如果 WTO 不能有效运行，国际经贸新议题的谈判则难以展开。尽快改革上诉机构法官遴选程序及履职期限，让 WTO 得以顺利运转，比制定新经贸规则更重要。其次是严明 WTO 纪律。透明度义务不仅表现在政策措施的及时通报上，还包括满足政策制定程序和过程的透明度要求，给所有利益相关方表达诉求的机会，应按照部分成员向 WTO 总理事会提交的《提高透明度和加强 WTO 协定下通报要求的程序》文件，切实提高贸易政策审议机制的效率。关于发展中国家的地位与待遇问题，应坚持发展中国家特殊与差别待遇原则，但可以在发展过程中通过谈判承诺与发展阶段相适应的义务，对发展中国家毕业问题则要坚持严格的社会经济发展标准（按照世界银行国民收入标准，联合国人类发展指标等制定具体指标）。

二是实体贸易规则的现代化。发展中国家应更加关注发展问题，将发展议程与新议题结合，体现“自由与公平”原则，联合提出一揽子谈判方案。在具体议题上，“一揽子协议”谈判模式较之双边谈判获利空间更大，更利于达成权利与义务综合平衡的协议。比如，在知识产权方面，TRIPS 片面照顾发达国家知识产权拥有者和提供方的利益，而对技术自由流动和技术使用者的利益关注不够。目前发达国家片面强调知识产权保护，发展中国家可将知识产权规则与国际技术转让规则做一揽子议题，进行谈判。强调技术转让与使用者的权利，任何政府干预企业，强迫技术转让和禁止技术转让都违背 WTO 原则，应鼓励技术自由流动与转让。要求纠正一些成员滥用出口管制措施，阻挠正常的技术合作的做法[①]。在产业政策与补贴问题上，应将工业补贴与农业补贴综合考虑，进行规范。在环境与劳工规则方面应考虑发达国家与发展中国家技术与收入的实际差距，在技术法规与执行标准方面制定相应的差别待遇及发达国家承担的援助义务。在数字贸易规则上，自 2010 年以来，区域贸易协定越来越多地整合了电子商务和数字贸易条款，但发达经济体与发展中经济体仍存在巨大数字鸿沟和立场差异。需要进行国际政策协调，采取更灵活的方法，结合前瞻性、开放性和公平性原则，为数字领域新出现的相关问题提供更为细致的规则，认真考虑风险并应对所面临的挑战。

三是具体针对中国的议题需要深入研究，建设性回应。面对美西方普遍关心的竞争中立、国企补贴、强制性技术转让等问题，中国应抱着积极开放的心态，提出更加坦率的主张，化被动为主动[②]。比如，在国企补贴问题上，中国已经接受竞争中立原则，营造国内国企、民企、外资企业平等竞争的营商环境，但要坚持 WTO 所有制中立，反对以“公平竞争”“竞争中立”为名行所有制歧视之实，避免形成新的对特定所有制贸易与投资的歧视。在非市场经济问题上，中国应强调遵守市场经济的普遍规则，加快制度型开放和结构性改革，与世界经贸规则主流保持一致，但也要求 WTO 尊重世界经济发展模式多样性和包容性。市场经济制度是一个不断发展完善的过程，不能用当今的西方标准来定义市场经济模式。中国政府没有制定任何要求外资转让技术的强制性规定。针对发达国家滥用贸易救济措施特别是反倾销调查中的替代国做法等不公平的贸易实践，要敢于提出针锋相对的改革方案。

目前，WTO 改革各国方案最大的共识就是“没有共识”，尤其美国将经济问题政治化导致问题复杂化。欧洲智库 GPE 认为，目前 WTO 改革最为关键的挑战是，是否可以通过 WTO 改革和新规则制定，在促进不同体制融合的同时，也允许不同体制共存[③]。只有大国间协调立场，在共同的意愿下修改 WTO 规则，

---

① 全毅．各国 WTO 改革方案比较与中国的因应之策 [J]. 亚太经济，2019（6）：110-117.

② 卢先堃．WTO 改革项下的体制碰撞与融合 [Z]. 在 2020 年 11 月 11 日上海 WTO 咨询中心纪念中国加入世贸组织 20 周年主题研讨会的发言．

③ GPE. In Defense of Multilateralism and the Reform of the World Trade Organization[EB/OL]. https://grupuntaceleste.com/en/wp-content.uploads/2019/06/Manifesto-PEG-rev-1203-FINAL-FINAL.pdf.

新的世界多边规则才能得以形成，这将考验决策者的智慧。反之，伴随着区域贸易协定的蓬勃发展，国际经济规则与秩序可能被深度重构，WTO 对全球贸易市场的影响力也将彻底式微。

参考文献

[1] 马克思恩格斯选集（第 1 卷）[M]. 北京：人民出版社，1995.

[2] 朱广娇 . 正确处理好金融专业教育中心的“五种关系”：访中国人民大学学位委员会副主席、中国资本市场研究院院长吴晓求 [J]. 金融博览，2021（10）: 30-32.

[3] 全毅 . 区域贸易协定的发展及其对 WTO 改革的影响 [J]. 国际贸易，2019（11）: 52-58.

[4] 杨泽瑞 .《数字经济伙伴关系协定》对亚太合作的意义 [G]// 太平洋经合研究资料汇编 . 北京：中国太平洋经济合作全国委员会，2020.

[5] 辜学武 . 市场经济是全球化的根本动力 [EB/OL].（2022-06-21）. http://www.ccg.org.cn/archives/ 70711.

[6] 约瑟夫·斯大林 . 苏联社会主义经济问题 [M]. 北京：人民出版社，1979.

[7] 漆彤，窦云蔚 . 日欧经济伙伴关系协定：国际贸易投资预测新发展 [J]. 区域与全球发展，2018，2（3）: 72-84，156.

[8] 中国社会科学院世界经济与政治研究所国际贸易研究室 .《跨太平洋伙伴关系协定》文本解读 [M]. 北京：中国社会科学出版社，2016.

[9] 翁国民，宋丽 .《美墨加协定》对国际经贸规则的影响及中国之因应：以 NAFTA 与 CPTPP 为比较视角 [J]. 浙江社会科学，2020（8）: 20-29，44，155-156.

[10] 张季风，王厚双，陈新，等 . 关于日欧 EPA 的深度分析：内容、诉求及影响 [J]. 日本学刊，2018（5）: 1-17.

[11] 盛斌 . 迎接国际贸易与投资新规则的机遇与挑战 [J]. 国际贸易，2014（2）:4-9.

[12] HOEKMAN B. "Behind-the-Border" Regulatory Policies and Trade Agreements[J]. East Asia Economic Review，2018，22：243-273.

[13] 白洁，苏庆义 . CPTPP 的规则、影响及中国的对策：基于和 TPP 对比的分析 [J]. 国际经济评论，2019（1）.

[14] 马相东 . 全球企业最低税率对我国的影响 [N]. 学习时报，2022-02-16.

[15] 漆彤，刘嫡琬 . 外国投资国家安全审查制度的国际协调：必要性、可行性和合作路径 [J]. 国际经济评论，2021（4）：138-159，8.

[16] 全毅 . CPTPP 与 RCEP 协定框架及其规则比较 [J]. 福建论坛，2022（5）.

[17] 全毅 . 各国 WTO 改革方案比较与中国的因应之策 [J]. 亚太经济，2019（6）：110-117.

[18] 廖凡 . 世界贸易组织改革：全球方案与中国立场 [J]. 国际经济评论，2019（2）：32-43，4-5.

[19] GPE. In Defense of Multilateralism and the Reform of the World Trade Organization[EB/OL]. https://groupuntadeleste.com/en/wp-content.uploads/2019/06/Manifesto-PEG-rev-1203-FINAL-FINAL.pdf.

[20] 陈功 . 逆全球化阶段可能持续十数年或数十年时间 [EB/OL].（2022-06-20）. https://k.sina.cn/article_2880405760_abaf810000100zaqx.html.

第三章

CPTPP 与 RCEP 协定框架及其规则比较

全 毅

提要：TPP/CPTPP 与 RCEP 是亚太地区分别由发达国家和发展中国家主导谈判的两个巨型区域贸易协定。比较分析其框架内容与法规政策对我们认识不同区域集团的商业价值观与利益取向具有重要作用。美国和日本主导的 TPP/CPTPP 体现了发达国家自由、公平且对等的价值取向与保护其竞争优势的利益诉求，而东盟主导的 RCEP 则体现发展中国家寻求贸易、投资自由化与保护发展利益的价值诉求。相对而言，CPTPP 更加重视以规制融合为主要内容的边境内政策协调，具有全面性且高标准的特征，属于新一代贸易协定；而 RCEP 虽然也越来越重视国内规制协调，但更加关注货物贸易与投资便利化，属于传统的区域贸易协定。

关键词：全面与进步跨太平洋伙伴关系协定；区域全面经济伙伴关系协定；规则比较

《全面与进步跨太平洋伙伴关系协定》（简称 CPTPP）与《区域全面经济伙伴关系协定》（简称 RCEP）是亚太地区区域一体化的两条平行路径，其诞生是区域内各种力量竞争与博弈的结果，因而引起学者们的特别关注。学者们对两个协定产生的经济效应及其对国际经贸秩序的影响进行了比较分析，对协定文本与规则的研究也逐渐成为研究热点。张宇燕组织学者对 TPP 协定进行解读，并对比分析我国经贸法规存在的差距①；俞子荣、袁波等学者对 RCEP 文本框架

① 中国社会科学院世界经济与政治研究所国际贸易研究室.《跨太平洋伙伴关系协定》文本解读 [M]. 北京：中国社会科学出版社，2016.

及其议题规则进行解读，并提出国内政策的对接建议[①]。而对这两个协定经贸规则的内容进行比较分析并不多见。本章将对两个协定的立法框架、法规内容进行比较分析，以便更好地把握全球区域一体化发展趋势。

一、法律文本框架比较

将区域贸易协定内容进行归并分类对理解协定脉络非常重要，但要对区域一体化协定的内容进行分类并非易事。学者们根据各自研究目的对区域一体化协定内容提出多种分类法。罗伯特·劳伦斯将区域一体化议题分为浅度一体化议题与深度（也称纵向）一体化议题[②]。他认为，消除关税、海关程序与配额等边境管制措施构成的贸易壁垒，实现跨边境贸易为浅度一体化议题，而消除包括国家管辖的、制约跨境贸易和服务转移的法律和管制政策的行动则为深度一体化议题。按照霍克曼和柯南的定义，“深度一体化作为一种明示的政府行为，旨在通过协调与合作来降低国内管制政策所导致的市场分割效应”[③]。深度一体化还包括促进成员间自由贸易的政策，以及促进生产过程一体化的政策。

赫旦克·霍恩等（Herik Horn et al.）学者对欧盟签署的 14 个区域贸易协定和美国签署的 14 个贸易协定进行研究，识别出它们涵盖的 52 个政策领域，并将这些区域一体化议题划分为 WTO 条款（表示为 WTO+）和非 WTO 条款（表示为 WTO-）。WTO+ 即 14 个受到现有 WTO 相关条款约束的议题或条款；WTO- 即所谓的贸易新规则或新议题，涉及 38 个尚未出现在 WTO 规则内的新议题[④]。但是，这些议题已经在其他区域自由贸易协定的相关条款中出现。

2011 年，WTO 专家组将研究对象拓展至全球 96 个区域贸易协定，涉及全球 18 个贸易集团和国家，如美国、欧盟、中国、东盟、印度、南方共同市场、海湾合作组织等，更具有代表性。该研究沿用了赫里克·霍恩的分析思路，将

① 俞子荣，袁波，等 . RCEP：协定界定与政策对接 [M]. 北京：中国商务出版社，2020.

② 张蕴岭，张丽娟 . 国际贸易治理与变革 [M]. 北京：世界知识出版社，2020：75-76.

③ 东艳，冯维江，邱薇 . 深度一体化：中国自由贸易区战略的新趋势 [J]. 当代亚太，2009（4）：111-136，110.

④ HORN H，MAVROIDIS P C，SAPIR A. Beyond the WTO? An Anatomy of EU and US Preferential Trade Agreements[J]. The World Economy，2010，33：1565-1588.

这些协定包含的议题归类为 WTO 条款与非 WTO 条款。按照 WTO 所采纳的分类标准与定义，WTO+ 贸易政策主要包括工业品、农产品、海关程序、出口税、卫生与植物卫生措施、技术性贸易壁垒、国营贸易、反倾销、反补贴、保障措施、公共补贴、政府采购、与贸易有关的投资措施、服务贸易、与贸易有关的知识产权等。WTO- 贸易政策主要包括两个层面：一是目前在谈的多哈回合议程中多数未达成协议的议题，如扩展的知识产权、竞争政策、政府采购、投资政策、环保标准、电子商务、贸易融资、贸易援助、债务、技术合作、技术转移、能力建设、部门贸易自由化等；二是未在 WTO 的谈判与磋商框架内，只是在双边或区域贸易协定中达成条款或正在谈判中的议题，如劳工标准、出口限制、消费者保护、法律、国内管制一致化、中小企业、公司治理等，如表 3-1 所示[①]。

表 3-1　WTO 关于 FTAs 条款的分类：HMS 方法

分类	涉及的议题或条款
WTO+	工业产品减让、农业产品减让、海关程序、出口税、卫生与植物卫生措施（SPS）、技术性贸易壁垒（TBT）、国有企业贸易、反倾销、反补贴、公共补贴、政府采购、与贸易有关的投资措施（TRIMs）、服务贸易（GATS）、与贸易有关的知识产权（TRIPS）
WTO-	竞争政策、资本流动、投资政策、环境保护、TRIPS 之外的知识产权保护、劳动市场管制、消费者保护、数据安全、农业现代化、促进音像产业发展、采矿业协同发展、反腐败、文化保护、文化合作、国内立法与国际法的对接、创新政策、经济政策对话、教育与培训、能源问题、财政政策、医疗卫生、人权问题、非法移民、反毒品、反洗钱、核安全问题、国际间产业合作、信息传播、政治对话机制、公共行政、区域合作、技术与科研、中小企业、社会事务、统计数据对接、税收、恐怖主义、签证与政治庇护

资料来源：盛斌 . 迎接国际贸易与投资新规则的机遇与挑战 [J]. 国际贸易,2014（2）:4-9.

从全球贸易规则演进规律看，WTO 及其前身 GATT 与区域贸易协定一直是推动全球贸易规则发展的两只“轮子”。区域贸易协定通常具有先导性和引领性，比如，早在 GATT 推动削减货物贸易关税及其非关税壁垒阶段，欧洲经济共同体就开始消除关税，实行共同的煤钢政策与农业政策，协调共同体各成员国的国内政策了。GATT 或 WTO 逐渐将区域贸易协定的优先议题纳入多边贸

① WTO. The Word Trade Report 2011 [A/OL]. https://www.wto.org/english/res_e/publications_e/wtrll_e.htm.

易谈判，形成全球通行的规则。全球贸易规则的发展历程经历了20世纪50年代至70年代削减关税与非关税壁垒阶段（SPS、TBT、反倾销与反补贴），20世纪80年代至90年代协调知识产权、投资政策、环境保护、竞争政策、劳动标准等国内政策阶段，以及21世纪多哈回合将农业、非农产品市场准入、服务业、国内规则、贸易便利化等20个纵向与横向议题纳入多边谈判阶段。但因WTO体制决策机制的缺陷，多哈回合谈判陷入僵局。美国和欧盟等发达国家和地区开始以双边或区域FTA为平台酝酿更高市场开放度和规范性更强的贸易投资规则。美国先后发动《美墨加协定》（USMCA）三边谈判，《跨太平洋伙伴关系协定》（TPP）和《跨大西洋贸易与投资伙伴关系协定》（TTIP）等诸边谈判，并施压WTO改革，谋求重构国际经贸规则主导权。新兴经济体也努力争取与其国际地位相适应的制度性话语权，不甘心在新规则的制定中被边缘化。比如，中国提出共建“一带一路”倡议，俄罗斯构建欧亚经济联盟，东盟推动区域全面经济伙伴关系（RCEP）谈判。由此可见，WTO议题从来就不是一成不变的。因此，将是否属于WTO议题作为分类标准难以把握区域贸易协定的发展脉络。基于以上分析，我们把TPP/CPTPP和RCEP议题分为：传统贸易（包括货物贸易与服务贸易）议题，深度一体化议题，横向一体化议题和其他制度性议题，并对这些议题的内容进行比较分析，如表3-2所示。需要说明的是：张宇燕主编的《〈跨太平洋伙伴关系协定〉文本解读》一书将货物贸易、服务贸易与投资等所有区域贸易协定都涉及的议题作为传统贸易议题，而服务贸易与投资也属于深度一体化议题的范围。本章为行文对称，将服务贸易（与货物相对的非物质贸易）列入传统贸易议题，而将投资列入深度一体化议题。其他制度性议题因内容大致相同，所以省略，没有进行比较分析。

表3-2　两个区域经贸协定内容框架比较

TPP/CPTPP与RCEP共同的20项议题		仅在CPTPP中的10项议题
传统贸易议题		
CPTPP货物贸易及相关内容	RCEP货物贸易及相关内容	
2. 货物贸易	2. 货物贸易	3. 纺织服装
4. 原产地规则	3. 原产地规则	

续 表

TPP/CPTPP 与 RCEP 共同的 20 项议题		仅在 CPTPP 中的 10 项议题
5. 海关管理与贸易便利化	4. 海关程序和贸易便利化	
6. 卫生与植物卫生措施	5. 卫生与植物卫生措施	
7. 技术性贸易壁垒	6. 标准、技术法规和合格评定程序	
8. 贸易救济	7. 贸易救济	
10. 跨境服务贸易	8. 服务贸易	11. 金融服务 12. 电信服务
12. 商务人员临时入境	9. 自然人临时移动	
深度一体化议题		
9. 投资	10. 投资	
14. 电子商务	12. 电子商务	
15. 政府采购	16. 政府采购	19. 劳工 20. 环境
16. 竞争政策	13. 竞争政策	
18. 知识产权保护	11. 知识产权保护	
横向一体化议题		
21. 合作与能力建设	15. 经济技术合作	17. 国有企业与指定垄断 22. 竞争力与商务便利化 23. 发展 25. 监管一致性 26. 透明度与反腐败
24. 中小企业	14. 中小企业	
其他制度性议题		
28. 争端解决	19. 争端解决	
1. 初始条款和总定义	1. 初始条款和一般定义	
27. 管理和机制条款	18. 机构条款	
29. 例外与一般条款	17. 一般条款和例外	
30. 最终条款	20. 最终条款	

CPTPP 脱胎于 TPP，尽管 CPTPP 冻结了 TPP 22 个条款，但完全承袭了 TPP 的立法架构和 95% 的内容，包括 30 个章节，28 个议题。RCEP 作为亚太地区发展中国家发起谈判的区域贸易协定，其基本框架与承诺水平主要在 5 个“东盟 +1 自由贸易协定”投资规划基础上全面整合和升级，内容包括 20 个章节，18 个议题。这两个亚太区域贸易协定既有许多共同内容，也存在许多差

异；关于货物贸易与服务贸易等传统议题是所有区域贸易协定都涉及的内容。比如货物贸易、原产地规则、海关程序（管理）与贸易便利化、卫生与植物卫生措施、技术性贸易壁垒、贸易救济,（跨境）服务贸易、自然人临时移动（商务人员临时入境）；在深度一体化议题方面，两个协定都涉及的议题包括投资、电子商务、政府采购、竞争政策与知识产权保护等边境内措施。在横向一体化新议题方面，合作与能力建设（经济技术合作）、中小企业等议题两个协定均有涉及。争端解决机制、初始条款和总定义、机构条款、例外与一般条款、最终条款等制度性议题两个协定均有规定。以上 20 个议题是 CPTPP 与 RCEP 都涉及的共同议题。但 CPTPP 还包括纺织服装、金融服务、电信服务、国有企业与指定垄断、劳工、环境、竞争力与商务便利化、发展、监管一致性、透明度与反腐败等 10 个议题是 RCEP 没有涉及或独立成章的。即使在共同领域其规则也存在巨大差别，反映了两个协定的商业价值观与利益取向。

二、传统贸易议题规则比较

传统贸易议题包括货物贸易、服务贸易两大主题。尽管服务贸易规则主要涉及一国边境内管理措施，但因跨境服务贸易不仅涉及市场准入，更重要的是涉及出入境管理政策，也可算作以边境措施为主要特色的贸易一体化政策。这部分议题几乎所有的区域贸易协定都会涉及，区别在于标准高低和纪律严明程度[①]。

（一）货物贸易及相关议题

1. 货物贸易规则比较

货物贸易属于贸易协定的传统领域，在货物贸易领域的规则差异主要体现在关税与非关税壁垒的消除和降低程度。CPTPP 货物贸易部分坚持货物关税归零的高目标与高标准，其货物贸易的国民待遇和市场准入章节规定成员国将 99% 的贸易品减让至零关税，并且多数成员在协议生效时零关税贸易品所占比

① 本章法律条款参见《全面与进步跨太平洋经济伙伴关系协定》（CPTPP）文本及《区域全面经济伙伴关系协定》（RCEP）文本。

重就达到 86%；实行更宽的市场准入。为成员国制定了统一标准的关税取消规则，并且任何成员的关税减让承诺的关税优惠都将自动赋予其他所有成员。RCEP 确定最终实现货物贸易零关税产品整体上超过 90%，最迟 10 年内关税需降至零，但保留了一定的农产品配额。因此，CPTPP 市场开放水平要明显高于 RCEP。

值得注意的是，CPTPP 对纺织服装设立专门章节给予规范，取消绝大部分纺织品服装的关税，提出促进区域内供应链和投资融合，列出短缺清单，以允许成员国在使用原产地规则方面的灵活性，其宗旨是保护区域内发达国家的纺织服装业，充分发挥该行业对区域内国家经济增长的贡献。RCEP 没有将纺织服装独立成章，更没有为纺织品服装制定严格的原产地规则。原因在于，纺织服装是 RCEP 发展中成员国的优势产业，且以出口导向为主，没有必要进行保护。

2. 原产地规则比较

原产地规则是决定如何享受俱乐部优惠关税的根本政策，原产地规则不仅反映区域贸易协定的保护程度，也决定区域内贸易优惠的程度，因而具有排他性。CPTPP 特别规定了区域累积原则，即在某一缔约方生产产品时，任一缔约方提供的原材料与其他 CPTPP 缔约方的原材料同等看待，这有利于提高协定优惠关税的利用率。其为保护俱乐部成员，制定了严格的高标准，区域成分价值平均为 40% ~ 55%，而对纺织品实行“从纱线算起”的全产业链原则。因此，TPP/CPTPP 严格的原产地规则筑起了一道区域保护主义高墙。

RCEP 原产地规则更多考虑区域产业链与供应链安全，除税则改变外，还采用了区域累积原则，区域成分价值为 40%，使得产品原产地价值成分可在 15 个成员国构成的区域内进行积累，来自 RCEP 任何一方的价值成分都会被考虑在内，这将显著提高协定优惠税率的利用率。在微量标准规则方面，TPP/CPTPP 规定使用全部非原产国货物不得超过该货值的 10% 的标准，使用全部非原产国原材料价值或重量不得超过该货值或重量的 10%。而 RCEP 相应的规定分别为 15% 和 10%，较 CPTPP 规定宽松。RCEP 丰富了原产地证书类型，除由官方授权的签证机构签发模式外，增加了经核准的出口商声明以及出口商的自主声明模式。

3. 海关管理与贸易便利化比较

海关信息缺乏透明度和可预见性、程序烦琐，使海关法律和程序成为目前国际贸易领域的重要保护措施。通过确保海关法律和法规具有可预见性、一致性和透明度的条款，以及促进海关程序的有效管理和货物快速通关的条款，可以创造一个促进区域供应链发展的环境①。CPTPP 和 RCEP 两个协定的海关制度与贸易便利化措施高度趋同，对通关效率的要求极高，普通货物通关时间限定为 48 小时内，快运货物限定为 6 小时内。

CPTPP 第 5 章海关管理与贸易便利化内容包括海关程序和贸易便利化、海关合作、预裁定、对建议或信息请求的答复、复审和申诉、自动化、快运货物、处罚、风险管理、货物放行、公布和保密性等 12 个条款。其内容可以归结为海关法律、法规和程序的发布，体现为透明度原则。要求在互联网发布，并指定联络点以备缔约方出口商咨询。提高通关效率的货物通关便利化程序，特别是快运商品更快地通关，否则可以借助上诉保证货物放行；对包括税则归类、海关估价、原产地规则和程序在内的预裁定；对违反通关程序的处罚要公正和透明，以避免国家间执行处罚时的利益冲突；以及为实现海关法律和法规的有效执行及提供相关信息的各缔约方之间的海关合作。

RCEP 第 4 章海关程序与贸易便利化内容包括定义、目标、范围、法规一致性、透明度、咨询点、海关程序、装运前检验、抵达前处理、预裁定、货物放行、信息技术的应用、对经认证的经营者的贸易便利化措施、风险管理、快运货物、后续稽查、放行时间研究、审查和上诉、海关合作、磋商和联络点、实施安排等 21 个条款。高于 WTO《贸易便利化协定》水平的增强条款包括：对税则归类、原产地规则和程序以及海关估价的预裁定；为符合特定条件的经营者（授权经营者）提供与进出口、过境手续和程序有关的便利措施；用于海关监管和通关后审核的风险管理方法；等等。比较而言，CPTPP 与 RCEP 在海关制度与贸易便利化规则方面差异不大，反映了两者对货物贸易的同等重视。

---

① 会展业观点 | 贸易便利化会展人必须要关注 RCEP！ [EB/OL].（2021-01-19）. https://www.sohu.com/a/445502236_243993.

4. SPS 和 TBT 规则比较

卫生与植物卫生措施主要指动植物检疫和食品安全领域所采取的卫生措施；技术性贸易壁垒主要涉及标准、技术法规和合格评定程序等方面的措施。CPTPP 在 WTO 规定的基础上进行了改进。CPTPP 强调 SPS 对科学依据和透明度的严格要求，促进了风险分析的使用，允许进口国家对出口国家的食品安全规则系统进行审核，要求向公众发布 SPS 草案，并向利益相关方提供至少 60 日评议期以及两个版本 6 个月间隔期；在 TBT 方面则增加了透明度要求，鼓励各缔约方考虑在制定技术法规、标准和合格评定程序时提供更高的透明度，包括通过使用电子工具和主动寻求与公众进行协商的方式。附录特别规定了七大类产品需要进行的共同规制模式：这是首次针对葡萄酒和蒸馏酒、信息及通信技术产品、药品、化妆品、医疗设备、预包装食品和食品添加剂的专有配方、有机农产品等特定产品的规制拟定了专门的附件，要求在这些产品的贸易管理中采取共同做法，以推动区域内立法路径的一致性。这是与 WTO 文本的不同之处，显示出 CPTPP 文本的精细和规制融合的特点。

而 RCEP 在 SPS 和 TBT 的透明度、等效采用和合格评定结果互认的规定方面基本遵循了 WTO 的规定。只是 RCEP 与 CPTPP 多达 7 个重合成员，其执行的高标准 SPS 和 TBT 可能会给其他缔约方出口产品带来过高的进入门槛，从而削弱其出口产品的国际竞争力。

5. 贸易救济规则比较

CPTPP 和 RCEP 都规定了过渡性保障机制，允许缔约方在特定时间内对因削减关税引发进口激增而导致国内产业受损实施至多可达两年的保障措施。内容包括保障措施、倾销与反倾销。CPTPP 与 RCEP 本章内容与 WTO 相关条款规定相比没有全新的内容，在规则层面没有形成更高标准或者更高的开放程度①。

① 东艳，苏庆义．揭开 TPP 的面纱：基于文本的分析 [J]. 国际经济评论，2016（1）：37-57，5.

（二）服务贸易规则比较

1. 跨境服务贸易比较

跨境服务贸易是 TPP/CPTPP 等新一代贸易协定的重点内容。TPP 还创新了立法体例，不仅将跨境服务贸易与商业存在区别对待，还将金融服务、电信服务独立成章，突出了跨境金融与电信服务贸易的重要性。CPTPP 协议中的跨境服务贸易条款延续了 TPP 的跨境服务贸易条款，其中搁置了服务贸易中的跨境交付、政府采购、知识产权、透明度与反腐败等一般条款以及针对金融服务、电信服务、邮政服务和环境服务的特定部门条款，对跨境服务贸易的规范比现有双边和区域 FTA 更全面和细致。在市场准入、国民待遇、政策透明度方面规定更为严格，主要体现为市场准入彻底采用了负面清单模式，而非服务贸易协定的混合清单制，设置棘轮机制使缔约方开放度“只进不退”。取消数量、股权、高官及董事会成员国籍、资本自由流动等限制。对国有企业采取了无原则的“歧视”对待，强调成员国所享有的各种优惠和利益可以拒绝让成员国的国有企业享有。专业服务首次作为附件被列入条款中，为专业技术人员的跨境服务贸易创造了条件[①]。

RCEP 第 8 章“服务贸易”旨在通过削减影响各国跨境服务贸易的限制性、歧视性措施，为缔约国进一步扩大服务贸易创造条件。该章采用 WTO 服务贸易立法体例，没有将服务贸易的跨境提供、跨境消费、自然人移动与商业存在等四种模式区别对待。市场准入规则、国民待遇、最惠国待遇、本地存在等现代和综合性的规定以及其他承诺，受到缔约方的具体承诺表或不符措施承诺表以及附加承诺的约束。但 RCEP 在市场准入承诺方面都做出了高于各自“东盟 +1”自由贸易协定的开放承诺。不同国家采取了不同的承诺清单模式，其中日本、韩国、澳大利亚、新加坡、文莱、马来西亚、印度尼西亚采用负面清单方式承诺，而中国、新西兰、越南、菲律宾等八国采用正面清单方式承诺，并将在协定生效后 6 年内转化为负面清单。在整体监管中纳入透明度要求，以减少在该地区从事商业活动的不确定性。

① 东艳，苏庆义．揭开 TPP 的面纱：基于文本的分析 [J]. 国际经济评论，2016（1）：37-57，5.

两个协议关于服务贸易投资规则存在较大差异，CPTPP 第 9.16 条投资与环境、卫生和其他监管目标规定：不得阻止一缔约方采取、维持或执行在其他方面符合本章且该缔约方认为对保证其在领域内的投资活动以积极考虑环境、卫生或其他监管目标的方式开展所适当的任何措施；第 9.17 条企业社会责任规定：每一缔约方鼓励在其领土内经营或其管辖的企业资源将该缔约方赞同或支持的企业社会责任的国际公认标准、指南和原则纳入其内部政策重要性；以及对部分规则的公平公正待遇做出详细的规定。而 RCEP 则没有这些方面的规定。

2. 金融服务规则比较

金融服务在 CPTPP 中不仅独立成章，而且将商业存在与跨境金融服务区别处理。商业存在规则主要体现在第 9 章“投资”，采取了国民待遇加负面清单谈判方式；而跨境金融服务主要体现在第 10 章，跨境金融服务涵盖了除商业存在外的跨境提供、境外消费和自然人移动等三种提供方式。在金融服务的“定义”“范围”“市场准入”条款采取正面清单的列举方式，规定了跨境金融服务的具体方面。而在“国民待遇”“不符措施”“例外”等条款则采取负面清单的文本格式，规定了保险和其他金融类型、待遇、最惠国待遇、高官和董事会等核心条款的内容。金融服务的不符措施与例外主要体现在“附件三”中，由现行不符措施（A 节，受棘轮条款的约束）和未来不符措施（B 节，保留未来实施限制措施的自由）构成。该章包含详尽的审慎例外清单，确保金融部门监管者有权采取措施，保护金融系统的安全稳定。

RCEP 在立法架构上没有将金融服务内容独立成章，也没有将跨境金融服务的三种模式与商业存在模式进行区别处理，而是作为第 8 章“服务贸易”的附件 A 加以呈现。RCEP 谈判也采取了正面清单和负面清单的混合模式，但这两种模式分别体现在前面所述的不同国别当中，而不是以市场准入表和不符措施清单加以列明。在采用负面清单的国家其承诺水平与 CPTPP 基本相同，而采用正面清单承诺的国家其承诺水平则相对较低。这表明 CPTPP 与 RCEP 服务贸易的立法架构与开放水平具有较大差异，RCEP 整体开放水平低于 CPTPP。

两个协议在金融服务透明度、监管与争端解决机制方面也存在较大差异。两个协议都对国内法规的公开和可获得性进行规制，但 CPTPP 更加注重法规制定过程的透明度以及利害关系人的参与和评论。在监管方面，CPTPP 更加强调市场监督，而 RCEP 则更加注重政府监督。在争端解决机制方面，CPTPP 针对金融服务的特殊性，“采取了 ISDS 和国家—国家争端机制的双重措施，并通过金融服务具体规则对这两类争端机制做出特殊调整，以强化争诉方国家政府在仲裁中参与权、决定权以及金融服务投资争端解决机制的灵活性”①。RCEP 在争端解决机制中仅规定遵循第 19 章的争端解决办法，只要求仲裁员为金融专业人员，没有针对金融服务贸易的特殊性进行处理。此外，国内审批程序也存在差异，CPTPP 将金融服务行政审批期限设定为 120 天，而 RCEP 将金融服务行政审批期限设定为 180 天，如果在规定期限内没有获得审批，监管机构应在可行的限度内告知该申请人拒绝的理由，并在合理期限内做出决定。CPTPP 要求取消资金流动限制，规定“每一缔约方应允许所有与跨境服务提供相关的转移和支付自由进出其领土且无延迟”，并按照“转移时的现行市场汇率进行”。

值得关注的是，CPTPP 增加了“快速提供保险服务”（11.16）和后台办公功能的行使（11.17）等条款。虽然新增金融服务为金融创新预留了空间，CPTPP 还是要求缔约方制定监管程序以提升持照保险服务商提供保险服务的能力。这些程序包括：允许推出新保险产品，除非这些产品在合理期限内被否决。不要求保险产品获得批准或授权，但向个人销售的保险或强制保险除外；或不限制推出产品的数量或频率。而后台办公功能的行使条款实际上是禁止数据本地化要求的具体落实，虽然 TPP/CPTPP 没有在“金融服务”章节设置禁止计算机设施本地化要求的条款，但禁止计算机设施本地化条款首次出现在电子商务的规定部分。这两个规定对东道国的监管能力提出了挑战。

3. 电信服务规则比较

CPTPP 第 13 章“电信服务”共 26 条，RCEP 电信服务体现在第 8 章附件 B 中，共 25 个条款。从两个协议的内容框架看，它们所涵盖的内容差不多。但从具体条款的谨慎和细致程度分析，CPTPP 的规定更为具体细致，RCEP 的部分条款规定比较粗糙，可执行性差。比如关于电信服务的开放模式，CPTPP 采取了负面清单的承诺模式，这意味着缔约方市场向其他 CPTPP 缔约方服务提

① 张方波 . CPTPP 金融服务条款文本与中国金融开放策略 [J]. 亚太经济，2020（5）：35-42，150.

供者完全开放，但不包括第 10.7 条款的“不符措施”所设立的两个附件，分别为：现有措施，即一方接受该类措施在未来不再加严的义务，并锁定未来任何自由化措施；一方在未来完全保留自由裁量权的部门和政策。在负面清单以外的所有跨境服务，都须符合国民待遇、最惠国待遇和市场准入[①]。

而 RCEP 则采取正面清单与负面清单的混合方式开放。两个协定都对技术更新后新增的电信服务类型进行规制，除对电信网络的接入和使用进行规范和承诺（各成员方承诺做到及时确保其境内的主要电信服务提供者提供主机代管、互联网接入等服务，并且承诺对各项服务都以非歧视、透明和客观的方式进行管理，确保各成员国内的电信网络安全可靠），还对商业移动服务、互联互通参考报价、国际移动漫游、号码携带、主要供应商的共址服务、海底光缆系统、许可证的申请程序以及电信稀缺资源的分配和使用等进行了具体的规范和承诺，内容具体，适应通信技术发展的现状[②]。

在监管方面，两个协定在电信服务章节都要求电信服务的监管机构具有独立性，并保证其所做出的监管决定和所使用的程序是公平的。但 CPTPP 专门设置电信委员会作为专门的监督实施机构，负责监督、审议并持续关注现实技术更新情况，使 CPTPP 电信服务内容实时更新[③]。而 RCEP 没有要求设立由缔约方政府代表组成的电信委员会来保障有关电信服务贸易规则的实施和更新。

4. 商务人员临时入境规则比较

CPTPP 和 RCEP 商务人员临时入境的规定属于服务贸易项下的自然人流动范畴。商务人员临时入境作为一个单独的章节，在增进跨国合作和透明度等方面进行了规定，鼓励各成员方提供临时入境申请信息，促进各成员方商务人员便利通行，该协议成员方几乎都已相互承诺对方的商务人员可以入境，也体现了 CPTPP 成员国为减少服务贸易壁垒，促进服务贸易便利化的决心。各方承诺对于区域内各国的投资者、公司内部流动人员、合同服务提供者、随行配偶及

① 方瑞安．CPTPP 电信服务贸易规则对中国的挑战 [J]. 对外经贸务实，2019（10）：18-20.

② 全毅．CPTPP 与 RCEP 服务贸易规则比较及中国服务业开放策略 [J]. 世界经济研究，2021（12）：30-41，85，132.

③ 同①。

家属等各类商业人员，在符合条件的情况下，可获得一定居留期限，享受签证便利，开展各种贸易投资活动[①]。

三、深度一体化议题规则比较

深度一体化是指消除那些专属于国家管辖的、制约跨境贸易、资本流动和服务转移的法律和管制政策的行动[②]。这些措施主要涉及投资政策、服务贸易、政府采购、竞争政策、知识产权、劳工政策、环境保护等国内政策法规的议题。这些政策在发达国家的推动下，逐渐被纳入 WTO 多边贸易谈判。CPTPP 几乎囊括了所有深度一体化议题，而 RCEP 扩展了“东盟 +1”自由贸易协定的内容，将投资规则、服务贸易、政府采购、竞争政策与知识产权等议题纳入协定，但没有涉及劳工与环境等议题。

（一）投资规则比较

TPP/CPTPP 投资章节的规定非常详细和全面，主要条款的标准与美国 BIT 2012 范本相似甚至更高。CPTPP 中“投资”的含义比较广泛，不仅包括外商直接投资（如企业、股权和建设项目），还包括其他投资者直接或间接拥有或控制等间接投资形式（如资金金融资产、特许权、租赁、抵押和知识产权等）。CPTPP 投资规则的适用范围也非常广泛，不仅针对成员国各级政府所采取的与投资相关的措施，还包括各级政府授权人，即国有企业或其他任何实体所采取的相关措施。CPTPP 投资章节除搁置了 TPP 部分条款，几乎全面接受 TPP 的投资规则，涵盖了投资活动的整个生命周期——从设立或收购，到管理和运营，再到扩张和处置均被包括在内，在国民待遇、最惠国待遇、征收和补偿、业绩要求和转让等核心义务方面制定了高标准。投资保护程度更高：建立更强有力的争端解决机制，引入一个中立且透明的投资者—政府争端解决机制（ISDS），虽然 CPTPP 缩小了 ISDS 的适用范围，但增加了提请仲裁的时限，期望通过投资者与东道国间的国际规则约束，来有效地保护跨国公司的海外投

① 商务部解读《区域全面经济伙伴关系协定》[J]. 中国外资，2020（23）：14-17.

② 东艳 . 全球贸易规则的发展趋势与中国的机遇 [J]. 国际经济评论，2014（1）：45-64，5.

资。此外，本章还包括投资与环境、健康和其他管制目的，以及企业社会责任条款等新议题①。

RCEP投资章节与CPTPP和USMCA在结构和内容上均保持一致。RCEP的投资规则涉及第10章“投资”共18条，随附“习惯国际法”“征收”两个章节附件，以及RCEP附件三服务和投资保留及不符措施承诺表。其涵盖投资自由化、投资促进、投资保护和投资便利化措施四个方面的标准化内容，对“投资”的定义基本沿袭了CPTPP和USMCA的规定，涵盖的范围相当宽泛，既包括股权和债权投资，也包括合同权利、特许经营权、自然资源开采权和动产不动产权利等。RCEP对外国投资准入采取的是准入前国民待遇和负面清单管理模式，东道国可以出于国内产业保护（以负面清单管理方式）和国家安全考虑保留一定的限制外资准入权力。RCEP直接规定投资自由化措施不适用于服务贸易涵盖的范围，但又规定部分义务经过调整后适用于“商业存在”方式。RCEP投资章节对于投资争端解决机制未做出实质性规定，提及了外商投诉的协调处理的独立机制，并明确不受RCEP项下任何争端解决程序的约束或影响。

在市场准入方面，CPTPP自由化程度更高，全面采取准入前国民待遇+负面清单模式，要求成员国除限制或禁止开放的领域，应当以一般自由化措施予以全方位开放，如服务贸易和投资领域。对外国投资企业除禁止业绩要求，还对高管和董事会成员的国籍要求进行限制，以及制定最低标准待遇条款，该条款规定CPTPP成员必须按照国际法原则给予投资提供公平公正的司法待遇和全面的治安和安全保护，以及武装冲突和内乱下的待遇条款与征收和补偿条款规定、资金自由转移规定。值得关注的是有些国家的负面清单中还明确列出对国有企业投资的不符措施。而RCEP使用了正面引导和负面清单相结合的方式，其中各成员国均采取负面清单方式对制造业、农业、林业、渔业、采矿业等5个非服务业领域投资做出较高水平开放承诺②。但在服务贸易领域则采取正面清

① 东艳，苏庆义.揭开TPP的面纱：基于文本的分析[J].国际经济评论，2016（1）：37-57，5.

② 余淼杰，蒋海威.从RCEP到CPTPP差异、挑战及对策[J].国际经济评论，2021（2）：129-144，7

单与负面清单相结合的模式，其开放水平较 CPTPP 低。而实现准入前国民待遇与负面清单开放模式，还是准入后国民待遇和正面清单开放模式是第二代投资政策与第一代投资政策的根本区别，见表 3–3。

表 3–3　投资协定的分类

分类	涉及议题或条款
第一代投资协定	主要围绕赋予外国投资者非歧视性待遇和提供必要的投资保护，包括外资准入与开业、股权限制与业绩要求、投资者待遇、利润汇出、资金转移、投资激励、征用和争端解决等
第二代投资协定	增加了对外国投资者进行必要规制与促进可持续发展的内容，包括投资者义务、企业社会责任、投资便利化、知识产权、竞争政策、公共治理与机构、反腐败、投资者与东道国争端解决、基础设施与公私合营等内容

资料来源：盛斌.迎接国际贸易与投资新规则的机遇与挑战[J].国际贸易,2014（2):4-9.

（二）电子商务规则比较

TPP/CPTPP 电子商务章节强调了贸易的数字性质，其数字贸易概念明确将电脑程序、文本、视频、图像、声音记录，或者其他经数字化编码、生产用于商业销售或分销、可通过电子传输的数字产品，以及个人信息涵盖在内。CPTPP 侧重于数字化交付及服务的相关规则，制定了禁止数据储存本地化要求以及禁止对数字产品征收关税等规则，以促进信息和数据在更大范围内的流动和应用。同时，重视数字贸易中个人客户财务信息、账户信息、企业商业机密等的数据保护等规则，有助于促进区域内数字经济的发展。

RCEP 电子商务章节明确采用“电子商务”概念，侧重于以网络为媒介的传统货物贸易的新交易平台的相关规则；规定了电子认证和签名、在线消费者保护、在线个人信息保护、网络安全、跨境电子方式信息传输等条款。电子商务章节提出了个人信息保护、消费者保护等在全球信息数据自由流动情形下应遵循的目标，同意采纳并维持消费者保护的有关法律以打击欺诈性商业活动，禁止对电子交易征收关税，禁止各成员方为偏袒国内服务提供者而采取歧视措施，鼓励各成员之间的服务贸易使用电子认证和电子签名形式[①]。

CPTPP 第 14.13 条和 RCEP 第 12.14 条都规定不得将计算设施置于本国领土作为从事经营的条件，因而被称为禁止数据本地化条款。但 CPTPP 禁止缔约国要求他人或其他缔约国提供软件中源代码，以此作为进口、销售或使用该软件的条件，强化对大众市场软件源代码知识产权的保护。而 RCEP 没有软件源代码知识产权保护条款，同时又规定各缔约方可以采取认为对保护其基本安全利益所必需的任何措施，其他缔约方不得对此提出异议（无评议权），从而保留了更多的例外权力。

表 3–4　CPTPP、RCEP、DEPA 关于数据跨境流动的条款对比

CPTPP 第 14.11 条 通过电子方式跨境传输信息	RCEP 第 12.15 条 通过电子方式跨境传输信息	DEPA 第 4.3 条 通过电子方式跨境传输信息
1. 缔约方认识到每一缔约方对于通过电子方式传输信息可设有各自的监管要求	1. 缔约方认识到每一缔约方对于通过电子方式传输信息可能有各自的监管要求	1. 缔约方认识到每一缔约方对通过电子方式传输信息可设有各自的监管要求
2. 每一缔约方应允许通过电子方式跨境传输信息，包括个人信息，如这一活动用于涵盖的人开展业务	2. 一缔约方不得阻止涵盖的人为进行商业行为而通过电子方式传输信息。（RCEP 对个人信息则未明确表态）	2. 每一缔约方应允许通过电子方式跨境传输信息，包括个人信息，如这一活动用于涵盖的人开展业务
3. 第 14.17 条第 1 款规定任何缔约方不得将要求转移或获得另一缔约方的人所拥有的软件源代码作为在其领土内进口、分销、销售或使用该软件或含有该软件的产品的条件。第 2 款：就本条而言，需遵守第 1 款的软件限于大众市场软件或含有该软件的产品，不包括用于关键基础设施的软件	RCEP 无此条款（RCEP 对源代码知识产权保护未表明态度）	DEPA 无此条款

① 商务部解读《区域全面经济伙伴关系协定》[J]. 中国外资，2020（23）：14-17.

续 表

CPTPP 第 14.11 条 通过电子方式跨境传输信息	RCEP 第 12.15 条 通过电子方式跨境传输信息	DEPA 第 4.3 条 通过电子方式跨境传输信息
4. 第 14.11 条第 3 款规定本条中任何内容不得阻止一缔约方为实现合法公共政策目标而采取或维持与第 2 款不一致的措施，只需该措施：（a）不以构成任意或不合理歧视或对贸易构成变相限制的方式适用；（b）不对信息传输施加超出实现目标所需限度的限制	3. 本条的任何规定不得阻止一缔约方采取或维持：（1）任何与第 2 款不符但是该缔约方认为是其实现合法公共政策目标所必要的措施，只要该措施不以构成任意或不合理的歧视或变相的贸易限制的方式适用；（2）该缔约方认为对其保护其基本安全利益所必需的任何措施。其他缔约方不得对此类措施提出异议	3. 本条中任何内容不得阻止一缔约方为实现合法公共政策目标而采取或维持与第 2 款不一致的措施，只要该措施：（a）不以构成任意或不合理歧视或对贸易构成变相限制的方式实施；（b）不对信息传输施加超出实现目标所需限度的限制

总之，CPTPP 在数据流动方面致力于拓展市场化的边界，在保护本国数据隐私和更大范围内开放之间倾向于选择后者。此后，美国不仅在《美墨加协定》中将数字贸易独立成章，还与日本签订专门的《美日数字贸易协定》，对数字贸易制定了完整的规则体系。而 RCEP 基于成员国数字化程度同步性差的背景，对于跨境数据流动采取收缩和保留态度，即在确保数据不流失的基础上倾向于低程度的数据跨境流动，为本国监管机构实施监管留出较大空间以确保跨境数据流动的可管制性，从数据通道上进行了主动截断。同时，CPTPP 对服务软件源代码提供较强的知识产权保护，而 RCEP 没有对此进行任何规范。因此，RCEP 对跨境数据流动的自由度设置障碍更多。

（三）政府采购政策比较

WTO《政府采购协议》是一个诸边协议。CPTPP 和 RCEP 都包括了政府采购议题，以促进成员国间商品和服务贸易出口。

CPTPP 政府采购章节规定了政府采购程序公开的相关事宜和缔约国开放国内市场的承诺。在该议题的附件中，CPTPP 首次明确了政府采购的覆盖面和门槛，并以混合清单形式列出了缔约国不同层级的公共实体名称。从多方面强调政府采购的信息透明度，尤其是采购实体应向本国和外国提供者提供必要信息。此外，协定支持市场规则，要求有关缔约国切实保障诚信，防止腐败等违法行为。

RCEP 政府采购章节要求各方就积极开展政府采购法律法规及信息公开交流与合作、提供技术援助和加强能力建设达成共识[①]。东盟及其多个成员国首次在贸易协定中纳入政府采购的相关规则，但协定规定最不发达国家可以豁免在透明度和合作方面的义务。中国加入 RCEP 意味着中国向成员方开放了政府采购，此前，中国在 2018 年博鳌论坛期间已宣布积极考虑加入 WTO 政府采购协定。

（四）竞争政策比较

竞争政策强调在各国的竞争法实施过程中确保程序公正[②]。CPTPP 竞争政策主要内容包括制定有效的政府与主管机关、执法中的程序公正、私人诉权、合作与技术合作、消费者保护、透明度和争端解决机制。其宗旨是通过协议确保各缔约方建立或维持各自国内反垄断的法律体系，为确保禁止商业欺诈活动提供地区性的准则。RCEP 竞争政策确定“竞争”的目标是通过采取和维持禁止反竞争行为的法律和法规，以及通过缔约方在制定和实施竞争法律法规方面的区域合作，促进市场竞争，提高经济效率和消费者福利[③]。追求此类目标将有助于缔约方从本协定中获益，包括便利缔约方之间的贸易与投资。该章要求当事方维护禁止反竞争活动的竞争法律和法规，并确保独立执行，但这一章不包括对国有企业的规定。

两个协议的竞争法规除了立法目标相同，还有许多共同点：（1）强调各缔约方应采用和维持禁止反（限制）竞争活动的竞争法律和法规，并至少设立一个或多个负责执行和实施其竞争法律的主管机制。（2）都强调独立执法的公正性，禁止所有权歧视，即每一缔约方应当以不基于国籍进行歧视的方式适用和实施其竞争法律和法规；每一缔约方应对所有从事商业活动的实体适用其竞争法，而不考虑其所有权（RCEP13.3）。但是，每一缔约方可规定某些免于适

① 商务部解读《区域全面经济伙伴关系协定》[J]. 中国外资，2020（23）：14-17.

② 东艳，苏庆义 . 揭开 TPP 的面纱：基于文本的分析 [J]. 国际经济评论，2016（1）：37-57，5.

③ 钟立国 . RECP 竞争政策条款研究 [J]. 竞争政策研究，2021（1）：31-39.

用其国家竞争法的情况，只要这些免于使用情况（例外）是透明的且基于公共政策目标或公共利益理由（CPTPP16.1.2）。（3）强调执法与裁决的透明度。CPTPP 第 16.7 条强调竞争执法透明的重要性，每一缔约方应向提出请求的缔约方提供其竞争法规政策及实践，以及对其他国家竞争法的免于适用和责任豁免，只要该请求列明特定货物或服务和关注的市场的贸易与投资受到其阻碍的事实。每一缔约方应保证对违反竞争法的最终裁决或命令以书面形式做出，以使利害关系人和其他缔约方知晓的其他方式向公众提供，列出事实认定和认证过程所依据的法律分析甚至经济分析。同时保证向公众提供的决定或命令的版本不包括受其法律保护不得公开披露的机密信息。RCEP 第 13.3 ~ 13.7 条对竞争法律与法规的执法透明度也进行类似的规制。

在差异方面，TPP/CPTPP 竞争法更加强调执法程序的公正性和透明度，保护当事人的权益。其第 16.2 条专门对程序公正进行规范，包括：涉及强制执行的当事人拥有由法院指定律师以代表其本人的合理机会，可以根据所呈证据为其辩护，执行机构的执法过程也要符合透明度要求原则。为保护当事人权益，CPTPP 私人诉权规定，允许个人申请发起对一国竞争机构启动调查，并在确认违反竞争法后，寻求补救损害的权利。认可私人诉权是对一国竞争法律的实施非常重要的补充。而 RCEP 更加强调各国制定竞争法的主权权利与法律法规的差异性，以保护不同发展程度的国家利益，以及执法能力的差异。其 13.2“基本原则”承认缔约方在履行本章权利和义务时强调：（1）每一缔约方拥有制定、规定、管理和执行其竞争法律、法规和政策的主权权利；（2）缔约方在竞争法和竞争政策领域的能力和发展水平存在重大差异。而 CPTPP 则强调援引 1999 年 9 月奥克兰会议《APEC 关于加强竞争与监管改革的原则》等国际准则。RCEP 虽然保证侵权当事人可以获得对该处罚或该救济的审查或上诉权利，但没有就司法程序做出任何规定。

（三）知识产权保护规则比较

TPP 旨在促进创新产品和服务的贸易和投资，对互联网服务、制药等领域做出了新规定，同时规定了强有力的执行体系。CPTPP 对 TPP 知识产权部分的

11 个条款进行了搁置，主要是缩短创新药物的专利保护期和版权期限（从 70 年缩减为 50 年）、缩小了信息保护范围等美国高度关注的事项[①]。但相比 RCEP 具有更高标准：一是 CPTPP 涉及商标的知识产权保护范围较 TRIPS 更为宽泛。CPTPP 保护对象纳入声音、气味商标等非传统商标类型，明确了“域名”“国名”等地理标志应尊重在先商标的规则，保护“已获得权利的在先商标”或“待审查的在先善意申请或注册的商标”。二是 CPTPP 涉及专利的知识产权保护更为具体明确[②]。CPTPP 详细列明每种知识产权的保护标准，并对执行做出严格规定。CPTPP 对涉及专利保护的程序性制度不断细化，如补充了与农用化学品相关的专利保护措施。三是 CPTPP 涉及版权的知识产权保护较 RCEP 更为灵活，涉及网络环境下的知识产权问题，如商标、版权、著作权、软件源代码等的知识产权保护，以及“未固定”表演作品（表演作品经常即时发挥）的保护。

RCEP 知识产权条款涉及第 11 章中的 83 个条款和过渡期安排、技术援助 2 个附件，是 RCEP 内容最多、篇幅最长的章节，既包括传统知识产权主要议题，也体现了知识产权保护发展的新趋势[③]。其规定“知识产权”的含义及范围与 TRIPS 协定完全一致，涵盖著作权、商标、地理标志、专利、外观设计、遗传资源、传统知识和民间文艺等内容，并新增包括数字网络化的著作权和相关权利保护，要求缔约方应当批准和加入《世界知识产权组织版权条约》（WCT）和《世界知识产权组织表演和录音制品条约》（WPPT）这两项“因特网条约”，增加了商标、专利及工业设计等网上的电子申请，域名相关反不正当竞争，数字环境下的知识产权执法等新规定[④]。RCEP 延长著作权保护期限、扩大专利保护范围、扩大商标申请范围、细化权利实施规定。另外出现了关于纺织品外观设计的特别规定和网络公开规定，成为专利法上这两部分内容丧失新颖性的重要判据。知识产权议题是 RCEP 覆盖议题中较棘手的议题之一。减少知识产权所有权的不平衡是一个艰苦的过程，需要系统研究知识产权不平衡的根源。考

① 美国战略与国际研究中心．从 TPP 到 CPTPP[A/OL].（2019-01-18）. https://www.csis.org/analysis/tpp-cptpp.

② 彭德雷，张子琳．RCEP 核心数字贸易规则及其影响 [J]. 中国流通经济，2021，35（8）：18-29.

③ 商务部解读《区域全面经济伙伴关系协定》[J]. 中国外资，2020（23）：14-17.

④ 张乃根．与时俱进的 RCEP 知识产权条款及其比较 [J]. 武大国际法评论，2021，5（2）：1-25.

虑到技术落后国家的利益，RCEP 知识产权保护强度弱于 CPTPP。

（六）劳工政策

CPTPP 第 19 章“劳工”规定了推行严格的、可强制实施的劳动标准。核心条款包括：遵守国际劳工组织关于劳工权利的核心要求，不允许为促进投资和贸易而放宽国内法的劳动标准（不损毁原则），建立相关的争端解决制裁机制[①]。规定缔约国不得为了吸引贸易和投资，弱化本国的劳工法保护。缔约国承诺并维持《国际劳工组织关于工作中基本原则和权利宣言及其后续措施》（1998 年宣言）所述权利（结社自由和有效承认集体谈判权利、消除一切形式的强迫或强制劳动、有效废除童工、消除就业与职业歧视），在此基础上，增加改善劳工条件，包括：消除全部形式的强制劳动和童工，实施劳动法，法律应订明可接受的工作条件（包括工作时长、职业安全和健康），提高低工资工人的公平工资水准的机制和措施等，并首次提出将其转化为各缔约方国内法的要求。同时，CPTPP 限制强迫或强制劳动生产的产品、货物进口，允许将劳工纠纷诉诸争端解决机制，并通过强制性手段解决。规定违反协议义务将实施赔偿、终止优惠待遇、货币评估等制裁措施以保证协议的强约束力。其自由结社与集体谈判的劳工法案难以为东亚国家接受，但也给予越南延迟劳动立法的时间。

（七）环境保护

CPTPP 第 20 章环境共 23 个条款对环境问题进行规制。规定缔约国应打击非法野生动物贸易，包括实施《濒危野生动植物物种国际贸易公约》；打击非法、未报告、无监管捕鱼活动，推动可持续的渔业管理，包括禁止提供不利于渔业资源的补贴，保护濒危物种；保护生物多样性；履行各缔约国在《关于消耗臭氧层物质的蒙特利尔议定书》和《国际防止船舶造成污染公约》下的义务，采取措施控制臭氧层物质遭受的破坏和海洋污染；共同努力应对气候变化和对抗外来物种入侵等。CPTPP 还建立可执行的承诺机制。RCEP 虽然也涉及环境问题，但没有对此专门进行规范。

① 东艳，苏庆义 . 揭开 TPP 的面纱：基于文本的分析 [J]. 国际经济评论，2016（1）：37-57，5.

四、横向一体化议题规则比较

横向一体化议题主要涉及所有缔约方的边界内规则的规制融合问题。这些议题包括发展与合作等竞争能力建设、监管一致性、国有企业、中小企业参与、反腐败与透明度问题等所谓 21 世纪新议题。CPTPP 涉及合作与能力建设、竞争力与供应链贸易、监管一致性、国有企业、可持续发展、中小企业等七个横向新议题，其中引入了大量“规制融合”类的新条款与规则，以促进成员国之间国内监管保持一致性。而 RCEP 仅涉及经济技术合作与中小企业两个横向新议题。这表明 CPTPP 的谈判重点已经转向横向议题，而 RCEP 仍然侧重于传统议题。

（一）国有企业与补贴规则

CPTPP 第 17 章“国有企业与指定垄断”，对国有企业与特许垄断经营进行了规范，包括国有企业定义、范围、非歧视对待与商业考虑、非商业支持、财务透明度以及豁免权与例外等条款。垄断待遇包括指定垄断（私营垄断）和政府垄断（政府所有）两种情形，但不包括政府采购、政府履职提供的服务、中央银行或货币主管机关开展监管或监管活动或执行货币政策和相关信贷政策及汇率政策。缔约方必须保证国有企业和指定垄断经营者购买或出售其垄断货物或服务时应基于商业考虑和非歧视待遇原则，并禁止缔约国政府通过任何国有企业提供非商业援助而对另一缔约国的利益造成不利影响。保证各类企业从事商业活动在使用资源和监管待遇方面保持一致，国有企业必须按照商业考量进行采购和销售，保证不歧视他国企业、产品和服务。

在补贴规则方面，将禁止补贴的主体“公共机构”由政府扩大到国有商业银行并扩大到国有企业，将禁止补贴的领域由货物贸易拓展到服务贸易及对外投资领域，将国有企业间的担保纳入禁止补贴的方式。提高补贴透明度和通报义务要求，如提高信息披露要求，引入反向举证责任并加大处罚力度。对补贴损失认定要求更低，在判断“不利影响”与“损害”时，CPTPP 只需要做出定性判断，较 WTO《补贴与反补贴措施协议》需要涉及同类产品、同一市场、份额变动、价格降低等量化分析的要求更低。设立国有企业与指定垄断委员会负责监督本条款的执行。这是首次在国际贸易协定中独立成章对国有企业和竞争中立问题进行统一规范，对于政府补贴、援助和透明度等关键问题都做出严格规定，因而特别受到关注。WTO 坚持竞争中性与所有制中性的统一，没有对不同所有制区别对待。RCEP 虽然也涉及竞争中性政策，但没有对国有企业与指定垄断进行专门的立法规制。

（二）合作和能力建设

合作与能力建设是当前国际贸易规则中横向新议题之一。CPTPP 第 21 章专门设立章节强调合作与能力建设的重要性，旨在帮助部分落后国家提升履约能力。包括一般条款、合作与能力建设的范围、措施、资源配置以及争端解决机制等五部分的内容。该章节规定缔约方应该在农业、工业和服务部门，促进教育、文化和性别公平，在灾害风险管理方面加强合作与能力建设，通过对话、研讨会、培训、专家咨询、分享最佳实践经验，以及技术和创新提升缔约国的合作与能力建设。

RCEP 第 15 章“经济技术合作”为此设立的目标是缩小缔约方之间的发展差距，并从本协定的实施和利用中实现互惠的最大化。鼓励缔约方探索并开展经济技术合作活动，包括货物贸易、服务贸易、投资、知识产权、电子商务、竞争、中小企业以及缔约方感兴趣的其他事项的能力建设和技术援助。第 5 条工作计划规定，缔约方将在工作计划中优先考虑向发展中国家缔约方和最不发达国家缔约方提供能力建设和技术援助，增加企业获取信息的途径。加强对经济技术合作与中小企业的支持和投入，使 RCEP 各项内容更好地惠及中小企业和发展中经济体。

（三）中小企业

中小企业参与是 WTO 以及其他区域贸易协定尚未出现的内容，TPP/CPTPP 与 RCEP 都设立“中小企业”专章，反映了国际经贸规则发展趋势。为什么国际贸易协定这么重视中小企业呢？因为对于绝大多数国家来说，中小企业历来就是就业与经济增长的重要贡献者。但是由于规模和实力等原因，中小企业在发展中遇到人才、信息、技术、资金以及市场方面的特有困难，特别是在海外市场，多数中小企业的出口能力有限，抵御外部风险的能力较差。这意味着中小企业巨大潜力有待开发。为了帮助中小企业参与国际市场，TPP/CPTPP 和 RCEP 在谈判中提出促进中小企业发展的条款。

CPTPP 第 24 章与 RCEP 第 14 章关于中小企业的立法目标相同，都是鼓励和便利中小企业参与本协定提供的商业机会，主要措施也是促进信息共享与合作，以提高中小企业利用并受益于本协定创造的机会的能力。为促进信息共享，缔约方应通过建立和维持一个可公开访问的信息平台，以及通过信息交流在缔约国之间共享知识、经验和最佳实践。两者的区别（表 3–5）在于：CPTPP 第 24.1 条“信息共享”采取正面列表方式详细列明了需要缔约方合作共享信息的范围，并设立专门的中小企业委员会来监督落实“中小企业”章节确定的义务。

表 3–5　CPTPP 与 RCEP 关于中小企业参与的差异

CPTPP 第 24.2 条中小企业委员会工作事项	RCEP 第 14.3 条合作
1. 确定帮助缔约方中小企业利用本协定项下商业机会的途径	1. 鼓励高效且有效地执行涉及便利性和透明度的贸易规章制度
2. 交流和讨论每一缔约方在支持和帮助中小企业出口商方面的经验和最佳实践	2. 改善中小企业市场准入以及全球价值链参与度，包括促进和便利企业之间的合作关系
3. 举办和推广研讨会、讲习班或其他活动，使中小企业知晓可从本协定中获得的利益	3. 促进中小企业使用电子商务
4. 探索能力建设的机会，以帮助缔约方举办和加强中小企业出口咨询、援助和培训计划	4. 探索缔约国创业计划经验交流的机会
5. 向缔约方推荐刊载于第 24.1 条（信息共享）中所指网站的额外信息	5. 鼓励创新实用技术
6. 确定合适的机会以提高中小企业参与本协定所提供的贸易和投资机会的能力	6. 提高中小企业对知识产权制度的认识、理解和有效使用
7. 便利帮助中小企业参与并有效融入全球供应链计划的制定	7. 推广良好的管理实践和有关制定有助于中小企业发展的法规、政策和计划方面的能力建设
8. 交流信息，以协助监督本协定与中小企业相关的实施情况	8. 共享加强中小企业能力和竞争力的最佳实践
9. 设立中小企业委员会监督落实	9. 没有设立监督执行机构

（四）竞争力与商务便利化

CPTPP 第 22 章“竞争力和商务便利化”是新增章节，旨在优化商业环境，确保本地区供应链的安全与全球竞争力。CPTPP 为缔约方专门就供应链立法，反映了亚太地区以中间品贸易为主的国际生产网络的基本诉求。在最终产品多国贸易与生产的过程中，即便是一国微小的关税与非关税壁垒也会造成极高的运营成本。因此，以准入前国民待遇和负面清单管理的商事制度改革，营造零关税和零壁垒的商业环境可以大幅提高本地企业的国际竞争力。本章内容包括定义、竞争力和商务便利化委员会、供应链 3 个条款。供应链是指以系统集成方式共同经营为顾客设计、开发、生产、销售、分销、运输、交付产品和服务的一跨境企业网络。为维护供应链安全和提升本区域企业营商环境专门设立竞争力和商务便利化委员会负责执行本协定，以促进有利于商业设立、便利缔约方之间的贸易和投资以及促进本自由贸易区内经济一体化和发展。主要措施是以专家研讨会和信息共享的方式，以及推广最佳实践和经验来促进供应链的发展和增强，从而在本自由贸易区内整合生产、便利贸易并降低商业经营成本。

RCEP 在原产地规则中已经关注到本地区供应链安全问题，但没有专门规范成员国保障供应链安全的条款。特别是 CPTPP 与 RCEP 的竞争效应可能破坏 RCEP 非 CPTPP 成员之间的供应链安全。这在今后的谈判中应该予以关注。

（五）发展问题

贸易与发展问题是 WTO《1994 年关税与贸易总协定》关注的重要议题与最终目标，并在其部长级会议中设立了贸易与发展委员会，定期审议多边贸易协定关于最不发达国家成员的特殊规定，促进发展中国家的发展和提高其生活水平，列出了发达国家对发展中国家发展承担的若干义务，并规定为促进缔约国全体发展应当采取的联合行动。CPTPP 第 23 章发展议题内容包括总则，促进发展，基础广泛的经济增长，妇女和经济增长，教育、科技、研究和创新，联合发展活动，发展委员会等 7 个条款。一般条款阐明 CPTPP 的宗旨是通过区域经济的一体化来增加各缔约国的福利、消除贫困、促进广泛的经济增长和可持续发展。

与 WTO 相比，CPTPP 发展议题有两个不同点：一是 CPTPP 强调各缔约方政府通过自身的努力和合作制定政策并采取措施以便最大化利用 CPTPP 协定所创造的机会来促进本国广泛的经济增长和可持续发展，或是政府通过促进公共部门和私人部门的合作来实现发展目标，并没有强调发达缔约方给予发展中缔约方单方面的优惠政策。比如，增加对发展中缔约方初级产品和部分工业品的进口、促进发展中缔约方经济结构多样化以避免过度依赖初级产品出口；发达缔约方单方面给予发展中缔约方关税与其他贸易壁垒的降低或撤销。二是在促进发展的方法与措施方面，WTO 强调发达国家与发展中国家承担“共同但有区别的责任”。而 CPTPP 没有区别发达缔约方与发展中缔约方承担的责任和义务，更加强调政府自我约束和对市场手段的运用，例如政府的透明度、良好治理、对公共设施和公益事业的投资，以及企业家精神的培养，而不是发达缔约方的援助项目。

RCEP 没有将发展问题独立成章，这并不表示其不重视发展问题。实际上，RCEP 在“经济技术合作”一章中已经对援助欠发达成员的发展问题制定了专门条款。而且与 WTO 规则基本一致，让发达成员与欠发达成员承担共同而有差别的责任。

（六）监管一致性规则

CPTPP 第 25 章基本承袭 TPP 第 18 章“监管一致性”的内容，这是首次将监管一致性纳入国际经贸协定。本章的目的是推动缔约国建立有效跨部门磋商和协作机制，通过推行广泛采纳的良好监管实践，促进各国监管政策与措施的一致性，从而确保区域市场上的商业主体享有开放、公平和可预期的监管环境。国内监管包括促进公共卫生和安全、保障环境和人权、促进市场正常运行的制度等，涉及的内容主要是边境后的措施。CPTPP 在供应链贸易、数字经济、可持续发展、中小企业等新领域，通过引入“规制融合”类的新条款与规则，以促进成员之间国内监管的协调与一致性。CPTPP 协定引入监管一致性条款，体现了国内监管等边境后措施日益与贸易协定联系的趋势。越是发达的国家，其监管协调所达成的层次潜力越大。但在异质性的经济体之间达成共识相对困难，因为这会压缩各成员法律政策的自主空间，这是成员国制度与发展水平悬殊的 RCEP 没有制定共同监管规制的主要原因。

（七）透明度与反腐败规则

透明度与国民待遇和最惠国待遇一样是 WTO 根本原则。CPTPP 第 26 章专门对政策法规以及行政透明度进行规范，旨在通过对各缔约国贸易与投资政策的良好治理、控制贿赂和腐败行为造成的腐蚀性影响，确保缔约方的出口商、服务提供商、投资者和其他利益攸关方能及时、有效地获得对贸易与投资制定的法律、法规和其他规则的相关信息，确保各缔约方履行程序的正当权益，督促缔约方反腐败法律的建立和实施，完善相关法律法规以应对政府的利益冲突。透明度条款要求缔约方保证迅速公布有关本协定所涵盖的任何事项普遍适用的法律、法规、程序和行政裁定，或以可以使利害关系人和缔约方知晓的其他方式提供。以便向利害关系人和其他缔约方提供合理机会（正式实施前 60 天时间）对这些拟议措施进行评论，并要求保证行政程序的公正性。CPTPP 与 WTO 关于透明度的区别在于三个方面：一是 WTO 透明度原则散落于 TBT、SPS 等各个具体章节之中，且规定非常详细。CPTPP 不仅在投资、货物贸易、服务贸易、外汇储备和汇率机制等诸多议题里涉及透明度原则，而且独立成章对其进行系统阐述。二是 WTO 有例外，对实施效果会因提前公开而减弱的政策、紧急措施以及对国内法律法规的微小改动不受透明度条款约束。而 CPTPP 没有例外，要求所有政策法规都必须公布。三是 CPTPP 对药品和医疗设备报销过程中的透明度和程序的公正性进行了详细规定，但 WTO 没有涉及。

贿赂与腐败行为具有严重腐蚀性，会严重扰乱市场公平竞争。因此，反贿赂和腐败问题越来越成为构建良好国际经济秩序的重要环节。CPTPP 反腐败条款旨在消除国际贸易和投资中的贿赂和腐败行为，主要包括反腐败的范围和措施、腐败的预防和监督、反腐败法律的运用与执行、遵循的公约和准则以及争端解决。要求公职人员遵守 2007 年的《APEC 公职人员行为准则》和《APEC 商业行为准则：私有部门商业诚信与透明度准则》，以及 2003 年 10 月在纽约通过的《联合国反腐败公约》。打击腐败的措施包括：对影响国际贸易和投资的任何责任人的贪污受贿行为采取刑事处罚、非刑事处罚和经济处分；采取措施（保证企业账户和财务报告受到听证和认证程序的制约）防止会计腐败行为的发生；采取必要措施保护正义一方免受不公正待遇。通过优化选举程序、资产公示、举报便利化，以及建立公务员行为准则、司法独立和鼓励社会力量反腐等措施促进公职人员廉正，防止和预防腐败行为发生。各缔约方承诺加强反腐合作以提高法律实施的效力。因此反腐败规制将被越来越多的区域一体化协定所重视。

五、若干结论

比较分析表明，CPTPP与RCEP文本框架和法规条款存在相当大差异。这些差异反映了缔约方不同的商业价值观、社会经济发展水平与不同的利益诉求。

首先，TPP、CPTPP协定反映了美日等发达经济体的商业价值观和利益诉求；而RCEP更多地反映了亚洲发展中国家的商业理念与利益诉求。

TPP是由美国主导商定的，协定内容充分体现了美国对对等开放与公平贸易的价值理念与利益诉求，从而将自身的竞争优势领域锁定。比如，市场准入、投资与政府采购等领域采取“清单”准入或活动列明方式，充分体现美国“零关税、零壁垒、零补贴”的无差别原则和透明度要求，反映美国自由、公平且对等的国际贸易原则。美国利用新贸易规则为本国企业提供新市场准入机会的同时，试图以更严格的贸易标准或规则增加其他经济体企业成本并削弱新兴经济体的国际竞争力。例如：利用“纺纱前沿”原产地规则削弱其他经济体的纺织业国际竞争力，尽可能减少对美国相关产业造成的冲击；用严格的知识产权保护维持美国科技领先的优势地位。日本牵头商定的CPTPP，虽然搁置了由美国提出的22项条款，但仍然体现美国与日本等发达国家的利益诉求。

RCEP是发展中国家一体化组织——东盟主导的区域贸易协定，更多关注自身发展利益和主权完整，对欠发达国家给予更多特殊和有差别的优惠待遇。因此，在市场准入、投资和监管方面相比于CPTPP的标准较低，保留国家更多的政策自主权，而且RCEP在日本农产品和欠发达国家方面都保留太多例外。

相对于 CPTPP 的全面性，RCEP 没有将劳工标准、环境保护、国有企业与指定垄断、监管一致性、竞争力与商务便利化等新议题纳入谈判，也未能对纺织品和服装、金融服务、电子通信、透明度与反腐败等议题单独制定规则。而高标准的劳工政策和环境保护将削弱发展中国家的成本优势与竞争能力。RCEP 贸易与投资规则标准较低，更坚持对欠发达国家有差别的特殊待遇，照顾了发展中国家的舒适度。

其次，TPP 或 CPTPP 成功地转向以规制融合型为核心的新一代贸易与投资政策，尽管 RCEP 的全面性、综合性特点越来越明显，但仍属于传统自由贸易协定。

CPTPP 包括 30 章 28 个议题，其中货物贸易议题包括货物的国民待遇、市场准入、原地产规则和原地产程序、纺织品与服装、海关管理和贸易便利化、贸易救济、卫生与植物卫生措施、技术性贸易壁垒等 8 个章节，约占全部议题的 28.6%。而非货物贸易的议题包括投资、跨境服务贸易、金融服务、商务人士临时入境、电信、电子商务、政府采购、竞争、国有企业和指定垄断、知识产权、劳工、环境、合作和能力建设、竞争力和商务便利化、发展、中小企业、监管一致性、透明度与反腐败、行政和制度规定、争端解决等 20 个章节，占全部议题的 71.4%。CPTPP 将贸易协定的重心由传统的以市场准入为主的“边境措施”转移到新的以规制协调为主的“边境内措施”，首开先河地将国有企业、劳工权利、政府采购、数据流动及监管一致性等写进国际贸易协定，创造性地制定了一整套基于全球价值链、以规制一体化为核心，实现放松管制与为公共政策目标，加强监管之间平衡的“新一代”国际贸易规则体系，代表了未来国际经贸规则的发展方向，极有可能对全球贸易规则体系的变革产生催化作用①。

而 RCEP 包括 20 章 18 个议题，其中货物贸易议题包括关税和非关税壁垒、原产地规则、海关程序和贸易便利化、卫生与植物卫生措施、标准、技术法规与合格评定程序及贸易救济等 6 个章节，占全部议题的 33.3%；而非货物贸易议题包括服务贸易、自然人临时移动、投资、知识产权、电子商务、竞争、中

① 盛斌．中国、CPTPP 和国际经贸新规则 [J]. 中国经济评论，2020（14）：92-96.

小企业、经济技术合作、政府采购、一般条款和例外、机构条款、争端解决等 12 个章节，占全部议题的 66.7%。虽然 RCEP 增加了知识产权、竞争政策、电子商务等新议题，贸易议题的重心由以市场准入为主的“边境措施”转移到新的以规制协调为主的“边境内措施”，以适应亚太地区价值链分工的深入发展与市场的深度融合趋势，具有全面性、综合性特点；但在标准一致化、竞争一致化和监管一致化方面的规制融合措施涉及不多，对数据跨境自由流动多持保留态度。

最后，CPTPP 对发展中国家仍然具有较强的包容性和适应性。CPTPP 不仅在立法架构上采用分立架构，将纺织品服装贸易、金融服务、电信服务以及透明度等议题单独立法，在市场准入、投资、政府采购等领域采取“清单”准入或活动列明方式，体现了立法的严谨特征，而且提供了更强有力的争端解决机制，尤其在投资领域引入了中立而透明的投资者—国家争端解决机制；在协议条款执行机制方面除争端解决机制，还设立由缔约方组成的各种议题的专业委员会负责监督和协调各自领域协议的执行，使得法规执行更有保障，治理结构的约束力更强。相对而言，RCEP 不仅立法架构因袭了 WTO 的混合架构，规则标准较 CPTPP 为低，而且治理结构也较为松散，其争端解决机制基本沿用了 WTO 框架的模式，更没有就各种议题组成专业委员会负责监督和协调专门议题条款的落实与执行。

CPTPP 以规制融合为主要特色的经贸规则及其无差别原则无疑对发展中国家，尤其是制度异质性国家构成严峻挑战。以边境内措施协调为主要内容，不可避免地对成员国内体制构成很强的侵蚀性，从而使成员方能够保留的国内政策自主空间越来越少（盛斌，2020）。CPTPP 最大受惠者越南与马来西亚并不否认：即便排除了 22 项条款，其国内法规是否能在预定期限内修正以符合 CPTPP 的规定也仍是一大考验。但 CPTPP 缔约方依然可以通过例外与不符措施等保留清单及贸易救济保护本国自主决策与发展权利预留空间，体现 CPTPP 仍然具有一定的包容性和适应性，美国的退出及准入门槛的降低，反而增强了 CPTPP 吸引力。目前，韩国、泰国、菲律宾、印度尼西亚、斯里兰卡和哥伦比亚等都公开表示了加入 CPTPP 的兴趣，中国、中国台湾、英国正式递交了加入

CPTPP 申请书。因此，CPTPP 扩容前景乐观。相反，目前还没有其他国家表示希望加入 RCEP，因此，RCEP 应该与时俱进，提高吸引力。

参考文献

[1] 中国社会科学院世界经济与政治研究所国际贸易研究室.《跨太平洋伙伴关系协定》文本解读 [M]. 北京：中国社会科学出版社，2016.

[2] 俞子荣，袁波，等. RCEP：协定界定与政策对接 [M]. 北京：中国商务出版社，2020.

[3] 张蕴岭，张丽娟. 国际贸易治理与变革 [M]. 北京：世界知识出版社，2020.

[4] 东艳，冯维江，邱薇. 深度一体化：中国自由贸易区战略的新趋势 [J]. 当代亚太，2009（4）：111-136，110.

[5] 东艳，苏庆义. 揭开 TPP 的面纱：基于文本的分析 [J]. 国际经济评论，2016（1）：37-57，5.

[6] 商务部解读《区域全面经济伙伴关系协定》[J]. 中国外资，2020（23）：14-17.

[7] 钟立国. RECP 竞争政策条款研究 [J]. 竞争政策研究，2021（1）：31-39.

[8] 方瑞安. CPTPP 电信服务贸易规则对中国的挑战 [J]. 对外经贸务实，2019（10）：18-20.

[9] 张方波. CPTPP 金融服务条款文本与中国金融开放策略 [J]. 亚太经济，2020（5）：35-42，150.

[10] 彭德雷，张子琳. RCEP 核心数字贸易规则及其影响 [J]. 中国流通经济，2021，35（8）：18-29.

[11] 张乃根. 与时俱进的 RCEP 知识产权条款及其比较 [J]. 武大国际法评论，2021，5（2）：1-25.

[12] 盛斌. 中国、CPTPP 和国际经贸新规则 [J]. 中国经济评论，2020（14）：92-96.

[13] HORN H，MAVROIDIS P C，SAPIR A. Beyond the WTO? An Anatomy of EU and US Preferential Trade Agreements[J]. The World Economy，2010，33：1565-1588.

[14] WTO. The Word Trade Report 2011 [A/OL]. https://www.wto.org/english/res_e/publications_e/wtrll_e.htm.

[15] 美国战略与国际研究中心 . 从 TPP 到 CPTPP[A/OL].（2019-01-18）. https://www.csis.org/analysis/tpp-cptpp.

[16] 全毅 . CPTPP 与 RCEP 服务贸易规则比较及中国服务业开放策略 [J]. 世界经济研究，2021（12）：30-41，85，132.

第四章

CPTPP 与 RCEP 的竞争及中国的应对策略

全　毅　高军行

提要：RCEP 与 CPTPP 是亚太区域一体化发展的最新成果，其地域与成员的重叠性使其成为亚太地区一体化的两条平行竞争路径。区域经济集团的竞争力不仅取决于其经济规模，还取决于所定规则的吸引力和其主导国家的软硬实力。RCEP 的签署及其生效有助于缓解中国面临的地缘政治经济压力。中国领导人已表示中国将积极申请加入 CPTPP 这一亚太地区的新经济合作机制。本章认为，CPTPP 扩容潜力前景乐观。在亚太地区大国博弈日益激烈的情况下，中国加入 CPTPP 具有重要的地缘政治效应，中国应主动对接 CPTPP 的高标准，构建与发达国家制度、规则和标准相协调的高质量市场经济体制。但不可否认的是，中国在加入 CPTPP 的道路上还有许多困难需要克服。

关键词：TPP；CPTPP；RCEP；路径竞争；区域合作

《全面与进步跨太平洋伙伴关系协定》（CPTPP）脱胎于美国主导的《跨太平洋伙伴关系协定》（TPP），CPTPP 虽然比 TPP 的内容有所减少、门槛有所降低，但仍然坚持"全面与进步"的高标准。《区域全面经济伙伴关系协定》（RCEP）是由东盟主导的区域贸易协定，是一个涵盖了中日韩三国、东南亚十国与澳新两国共 15 个成员的巨型贸易协定，其贸易与投资自由化水平低于 CPTPP。这两个巨型贸易协定是亚太区域经济合作的最新成果，形成了亚太区域一体化两条平行的竞争路径，将对亚太区域贸易格局产生深远影响。比较分析这两个区域贸易协定路径的竞争及其影响，对于深化中国对外开放与制定亚太区域合作策略具有重要的参考价值。

一、TPP、CPTPP与RCEP研究评述

亚太区域经济合作与一体化一直是学术界研究的热点问题。目前，学术界对TPP、CPTPP与RCEP等区域贸易协定的研究主要为运用数学模型所做的量化分析和政治经济学理论进行的定性研究。在量化研究方面，国外量化分析TPP经济效应的文献较多。例如，李春顶（L. Chunding）和琼（John）利用一般均衡模型GTAP模型分析TPP对中国的影响，发现TPP将对中国造成负面影响，但中国若加入TPP，则会改善中国与TPP其他成员的总体福利①。派特瑞等（Petri et al.）利用CGE模型采用政策建模和模拟方法量化分析了TPP、CPTPP的短期和长期影响，发现CPTPP对中国的影响较小②。甘内西－库玛（Ganesh-Kumar）和查迪希（Chatterjee）关注了CPTPP对非成员国尤其是大型发展中经济体（如中国、印度）的影响，从规则、资源、技术壁垒以及环境等角度综合分析了CPTPP的冲击程度③。美国彼得森国际经济研究所预测，到2030年，RCEP有望带动中国出口增加2 480亿美元，拉动经济增长1 000亿美元，分别较基线多增长5.0%、0.4%④。

国内的量化研究主要运用GTAP模型分析其经济影响和福利效应。例如，赵灵翡和郎丽华通过构建一个包含23个国家和10个产业部门的GTAP模型来分析TPP和CPTPP对中国的影响，发现TPP和CPTPP对中国的贸易、GDP及福利产生了负面冲击。但中国若加入CPTPP和RCEP，对外贸易状况将得到改善，也有利于中国高端制造业的发展⑤。王孝松和武皖根据GTAP模型计算得出，CPTPP将使中国GDP下降0.07%，进出口和社会福利都会遭受不同程度

---

① LI C D，WHALLEY J. China and the TPP：A Numerical Simulation Assessment of the Effects Involved[J]. NBER Working Paper，2012，5.

② PETRI P A，PLUMMER M G，URATA S，et al. Going It Alone in the Asia-Pacific：Regional Trade Agreements without the United States[J]. PIIE Working Paper，2017：17-10.

③ GANESH-KUMAR A，CHATTERJEE T. Mega External Preferential Trade Agreements and Their Impacts on Indian Economy[J]. Foreign Trade Review，2016，51（1）：46-80.

④ PETRI P A，PLUMMER M G. East Asia Decouples from the United States：Trade War，COVID-19，and East Asia's New Trade Blocs[J]. PIIE Working Paper，2020：20-29.

⑤ 赵灵翡，郎丽华．从TPP到CPTPP：我国制造业国际化发展模拟研究：基于GTAP模型的分析[J]. 国际商务，2018（5）：61-72.

的损失；若中国加入 RCEP，不仅可以抵消 CPTPP 的负面影响，甚至还能实现一定限度的经济增长[①]。张珺和展金永、杨立强和余稳策均使用GTAP模型模拟CPTPP 对中国经济的影响，发现 CPTPP 内部成员国福利将会增加，对中国的 GDP 和其他经济指标将产生负面冲击，从而认为加入 CPTPP 会使中国获益[②③]。关兵和梁一新基于 GTAP 模型分析，认为 CPTPP 对中国经济存在负面影响，特别是对中国优势产业冲击较大，若中国加入 CPTPP 可以抵消其负面影响[④]。刘欣悦和尤宏兵运用赫特尔（Hertel）的 GTAP 模型分别模拟分析了中美参与和不参与 CPTPP 和 RCEP 的八种情形，认为只有中美同时加入 CPTPP，才能最大限度地促进双方经济增长[⑤]。李春顶等在模型中引入内生性贸易不平衡以及贸易成本的结构，并构建了一个多国的全球一般均衡数值模型系统，量化模拟 CPTPP 的经济效应、中国加入的影响以及协定成员扩容的影响。模拟结果发现，CPTPP 的实施不会损害中国的经济利益，相反会对中国的 GDP、进出口贸易、制造业就业、社会福利产生小幅度的正向作用；若中国加入 CPTPP，中国与 CPTPP 成员国的受益将进一步增加。CPTPP 的现有扩容计划会给协定成员带来正面效应但不利于非成员国，而对中国的影响不大[⑥]。

定量研究 RCEP 的文献不多。主要有陈淑梅和倪菊华利用 GTAP 建立的影响模型，模拟结果表明若RCEP成立，大部分成员国的福利都会得到改进[⑦]；马

---

① 王孝松，武睆．CPTPP 建立的影响及中国的应对策略探究 [J]. 区域与全球发展，2018，2（3）：46-71，155-156.

② 张珺，展金永．CPTPP 和 RCEP 对亚太主要经济体的经济效应差异研究：基于 GTAP 模型的比较分析 [J]. 亚太经济，2018（3）：12-20.

③ 杨立强，余稳策．从 TPP 到 CPTPP：参与各方谈判动机与贸易利得变化分析 [J]. 亚太经济，2018（5）：57-64，150.

④ 关兵，梁一新．中国应该加入 CPTPP 吗？基于一般均衡模型 GTAP 的评估 [J]. 经济问题探索，2019（8）：92-103.

⑤ 刘欣悦，尤宏兵．CPTPP 和 RCEP 背景下中国应对区域经济一体化策略研究 [J]. 江苏第二师范学院学报，2019，35（1）：64-71.

⑥ 李春顶，张杰皓，张津硕，等．CPTPP 经济效应的量化模拟及政策启示 [J]. 亚太经济，2020（3）：12-20，149.

⑦ 陈淑梅，倪菊华．中国加入“区域全面经济伙伴关系”的经济效应：基于 GTAP 模型的模拟分析 [J]. 亚太经济，2014（2）：125-133.

盈盈构建了一个包括 25 个国家和 35 个行业的李嘉图贸易一般均衡模型量化评估 RCEP 关税减让的福利效应，得出所有成员国互利虽有改善，但中国贸易条件相对于 RCEP 成员国和非成员国均有所恶化的结论[①]。

在定性分析方面，早期研究 TPP 和 RCEP 的国外文献重点关注协定的建设背景、起因、潜在影响及未来发展方向，并提出了发展建议。如潘（Pan）分析了日本的 CPTPP 战略，包括 CPTPP 的条款、未来的发展方向以及经济影响等[②]。国内重点关注 TPP、CPTPP 及 RCEP 协定对中国的地缘政治经济影响以及中国应对措施等问题。全毅认为，TPP 与 RCEP 作为亚太地区两条一体化路径，存在着天然竞争性，导致东亚发展中国家面临两难选择，对亚太地区经济一体化具有复杂的影响[③]。由于中国参与 RCEP 谈判，中国学者早期研究多关注 RCEP 谈判动因及中国参与 RCEP 谈判的策略[④⑤]。竺彩华认为 TPP 和 RCEP 之间存在较大的互补性，其良性竞争为成员国参与区域经济合作提供了选择[⑥]。汤婧认为 TPP 与 RCEP 存在竞争与合作关系，但目前中国参与 TPP 条件不成熟，应集中精力参与 RCEP 的谈判进程[⑦]。刘威认为 TPP 和 RCEP 之间存在竞争关系，如达成协议将对亚太地区价值链贸易造成严重负面影响[⑧]。唐国强和王震宇则指出 TPP 和 RCEP 的成员存在一定程度重合性，二者是互补关系[⑨]。2017 年特朗普政府退出 TPP 后，学者转向 CPTPP 研究。例如，王海龙和朱京安从经济利益视角分析美国对 CPTPP 的态度，进而推论出 CPTPP 对中国的国家战略、经

① 马盈盈 . RCEP 经济效应的模拟结果 [EB/OL].（2020-11-17）. http://iwep.cssn.cn/xscg/xscg_lwybg/202011/w020201117585041815708.pdf.

② KIM G P. Japan’s TPP Strategy[J]. World Economic Brief，2018，8（7）: 1-6.

③ 全毅 . TPP 对东亚区域经济合作的影响：中美对话语权的争夺 [J]. 亚太经济，2012（5）: 12-18.

④ 全毅，沈铭辉 . 区域全面经济伙伴关系（RCEP）的中国视角 [J]. 国际贸易，2014（6）: 57-61.

⑤ 全毅，沈铭辉，仇莉娜 . 如何构建区域全面经济伙伴关系：中国的视角 [J]. 和平与发展，2017（5）: 86-102，122-123.

⑥ 竺彩华 . 东亚经济合作的新秩序：TPP 还是 RCEP ？ [J]. 和平与发展，2013（2）.

⑦ 汤婧 . TPP 与 RCEP ：中国在亚太区域经济整合新秩序下的挑战及策略 [J]. 全球化，2013（6）.

⑧ 刘威 . TPP 与 RCEP 的竞争性及对中美亚“三元”贸易的影响研究 [J]. 亚太经济，2014（5）: 3-7.

⑨ 唐国强，王震宇 . 亚太自由贸易区：路线图与优先任务 [J]. 国际问题研究，2015（1）: 75-87，140.

济发展以及贸易状况的影响，并提出了政策建议[①]。曹广伟认为 CPTPP 强劲扩张势头势必冲击“双轨竞争”的一体化格局，迫使亚太一体化进程沿着日澳设定的 CPTPP 路径行进；同时，其高标准的投资贸易规则更好地适应了全球价值链的需求，为新一代世界经济规则的制定树立了标杆，促使国际经济秩序朝着有利于发达国家的方向演进[②]。张彦认为在全球价值链遭遇“反攀升压制”的现实背景下，RCEP 区域价值链合作为中国制造找到了“替代方案”[③]。

对 TPP、CPTPP 和 RCEP 规制的研究也是学术热点。张宇燕组织学者解读 TPP 文本规则，并分析了中国法律规则的差距及面临的挑战[④]。鄂志寰认为，RCEP 开放包容的合作框架给全球自贸协议的弹性、灵活性提供了典范，将对国际经贸规则产生深远影响[⑤]。俞子荣等解读了 RCEP 文本框架及其议题规则，并提出国内政策的对接建议[⑥]。盛斌、余淼杰等比较分析了 TPP、CPTPP 以及 RCEP 规则新特征及其对国际经贸规则发展的影响，对中国的挑战及对策[⑦][⑧]。王芳、张生阐述了 CPTPP 的投资规则和投资争端解决机制及其对中国的借鉴作用，协定中允许成员通过换文和“冻结条款”等方式对可以提交投资仲裁的争端范围加以限制，由此提出中国的应对策略[⑨][⑩]。方瑞安分析了 CPTPP 电信服务贸易规则对中国电信服务业的挑战[⑪]。温树英比较了 TPP、CPTPP 等区域协议的金融服务贸易规则的发展趋势，及其对中国金融服务开放与规制建设的作用[⑫]。方元欣则从 CPTPP 数字贸易规则的角度探讨亚太地区数字贸易规则的演变趋

① 王海龙，朱京安．美国重返 CPTPP 的动因及其影响与应对：以中美经贸关系为视角 [J]. 管理现代化，2018，38（6）：47-50.

② 曹广伟．亚太经济一体化视域下 CPTPP 的生成机理及其后续影响 [J]. 商业研究，2018（12）：90-96.

③ 张彦．RCEP 区域价值链重构与中国的政策选择 [J]. 亚太经济，2020（12）：34-36.

④ 张宇燕．《跨太平洋伙伴关系协定》文本解读 [M]. 北京：中国社会科学出版社，2016.

⑤ 鄂志寰．RCEP 对全球经贸治理规则影响深远 [J]. 金融时报，2019.

⑥ 俞子荣，袁波，王蕊，等．RCEP：协定界定与政策对接 [M]. 北京：中国商务出版社，2020.

⑦ 盛斌．中国、CPTPP 与国际经贸新规则 [J]. 中国经济评论，2021（4）：92-96.

⑧ 余淼杰，蒋海威．从 RCEP 到 CPTPP 差异、挑战及对策 [J]. 国际经济评论，2021（2）：129-144，7.

⑨ 王芳．CPTPP 投资规则对中国外资政策的启示 [J]. 区域与全球发展，2018，2（2）：141-153，160.

⑩ 张生．CPTPP 投资争端解决机制的演进与中国的对策 [J]. 国际经贸探索，2018，34（12）：95-106.

⑪ 方瑞安．电信服务贸易规则及对中国的挑战 [J]. 外经贸实务，2019（10）：18-20.

⑫ 温树英．金融服务贸易国籍法律规制的新发展及启示 [J]. 国际经济法季刊，2019（3）.

势[①]。而胡枚玲和张军旗认为，TPP 和 CPTPP 首次纳入规制一致性议题内容，代表了国际经贸协定规制合作的新范式，中国应积极对接规制合作的高水平要求，对国内规制进行“良好规制实践”改革和优化升级[②]。

目前学术界对 TPP、CPTPP 与 RCEP 的量化分析与定性研究不断深入，研究领域从经济影响向国际经贸规则演变不断拓展。虽然有学者认识到 TPP 与 RCEP 的竞争性，并分析了亚太地区一体化两条路径对建设亚太自由贸易区的影响，但美国退出 TPP 是始料未及的。许多中国学者认为美国退出 TPP 给中国加入 CPTPP 带来了机会，苏庆义、王辉耀等认为中国加入 CPTPP 的时机已经成熟[③][④]。本章试图从亚太地区大国之间博弈的视角，探讨CPTPP与RCEP的竞争及中国加入 CPTPP 的可能性及应对策略。

二、主导权博弈与亚太区域一体化路径的形成

亚太地区产业转移与价值链贸易是世界经济最活跃的领域，正在崛起成为世界经济的重心。日益紧密的区域国家间贸易与投资合作推动了区域间合作构想与机制的建立，但该地区美国、日本、东盟和中国等力量中心对区域经贸规则主导权的竞争，却对区域合作机制产生了复杂的影响。跨越太平洋的亚太合作机制与东亚合作机制成为影响跨太平洋经济合作的两条路径。

（一）TPP、CPTPP 与 RCEP 概况

TPP 的前身是新西兰、智利、新加坡、文莱四国 2005 年签署的《跨太平洋战略经济伙伴关系协定》（TPSEP）。2009 年，美国高调宣布加入 TPSEP 谈判，并将其改名为《跨太平洋伙伴关系协定》[⑤]。美国全方位主导谈判，将其作为美国争夺全球贸易规则主导权的主要工具。美国宣称要将其建设成为一个“高标

---

① 方元欣．基于 CPTPP 探究亚太数字贸易规则演进趋势 [J]. 新型工业化，2020，10（4）：120-122，157.

② 胡枚玲，张军旗．论 CPTPP 规制合作的新范式及中国应对 [J]. 国际贸易，2019（10）：35-41.

③ 苏庆义．中国是否应该加入 CPTPP？ [J]. 国际经济评论，2019（4）：107-127，7.

④ 王辉耀．中国加入 CPTPP 的时机正在成熟 [N]. 环球时报，2020-06-11.

⑤ 资料来源：央视网，https://tv.cctv.com/2016/11/13/VIDEpTE184VUkELflQDj9d4b161113.shtml.

准、多领域的 21 世纪新贸易协定”，并利用其推行体现美国战略的经贸规则。2010 年 3 月 15 日启动首轮谈判，历经 5 年马拉松式的 28 轮谈判，TPP 在 2015 年 10 月成功结束谈判，并于 2016 年 2 月正式签署。TPP 成员为美国、加拿大、墨西哥、日本、澳大利亚、新西兰、智利、秘鲁、新加坡、马来西亚、文莱、越南 12 国，是横跨亚洲、大洋洲和南北美洲的巨型贸易集团。以 2020 年为例，其人口规模占全球总人口的 10.9%，GDP 规模占全球 GDP 总量的 37.35%，贸易规模占全球贸易总额的 25.82%，吸引外资总额占全球投资总额的 33.9%。但是，美国内部民主党与共和党对此分歧很大，因此，奥巴马任内 TPP 迟迟无法在国会通过。2017 年 1 月，特朗普上任后立即宣布美国退出 TPP，引起舆论哗然。

美国退出 TPP 后，日本担负起善后工作。在日本的努力推动下，其余的 11 国继续推进 TPP，并于 2018 年 3 月 8 日在智利首都圣地亚哥签订新的贸易协定，并将其更名为《全面与进步跨太平洋伙伴关系协定》。该协定已于 2018 年 12 月 30 日生效。但与 TPP 相比，CPTPP 的经济规模大幅缩减，经济影响力与 TPP 不可同日而语。以 2020 年为例，CPTPP 人口规模只占全球总人口的 6.59%，GDP 规模占全球 GDP 总量的 12.57%，贸易规模占全球贸易总额的比重下降为 14.97%，吸引外资总额占全球投资总额的比重下降为 17.93%。但是，CPTPP 毕竟脱胎于 TPP，其覆盖区域与规则层面的影响依然巨大。

RCEP 起源于以东盟为中心的 5 个“10+1”亚太区域经贸伙伴关系协定。东亚国家担心美国主导的 TPP 会破坏本地区经济一体化发展及自身的主导地位，以及出于整合亚太地区“10+1”区域贸易协定的需要，并减少“意大利面碗”效应，2011 年 8 月，中日两国放弃了关于“10+3”（EAFTA）与“10+6”（CEPEA）的多年争议，共同提出《关于加快实现 EAFTA 和 CEPEA 构想的倡议》，倡导在“10+6”框架下开展区域经济一体化谈判。同年 10 月，两国在东盟经济部长非正式会议上提出关于《区域全面经济伙伴关系协定》的谈判方案，11 月在印尼巴厘岛举行的第 19 届东盟峰会上正式提出组建广域一体化组织 RCEP，并通过了谈判指导文件《区域全面经济伙伴关系谈判指导原则和目标》。2012 年至 2019 年 11 月，历经 8 年 31 轮的艰苦谈判，除印度外，其余

15 国就协议文本达成共识。2020 年 11 月 15 日，东盟十国与中国、日本、韩国、澳大利亚、新西兰共 15 个国家签署协定，规定两年内该协定如果得到东盟中的六国和中日韩澳新中的三国批准即可生效。2020 年，RCEP 成员国的人口规模占全球总人口的 29.84%，经济规模占全球 GDP 总量的 30.52%，贸易规模占全球贸易总额的 28.48%，吸引外资总额占全球投资总额的 23.63%（见表 4–1），RCEP 建成后将是目前世界上最大的自由贸易区。

表 4–1　2020 年 TPP、CPTPP 与 RCEP 成员国的经济规模及其占世界比重

		国别	国土面积（Km^2）及其占比（%）	人口总数（万人）及其占比（%）	GDP 总额（亿美元）及其占比（%）	进出口（亿美元）及其占比（%）	吸引外资总额（亿美元）及其占比（%）
TPP成员国		TPP 12 国	25 489 037 （21.71）	101 779.1 （10.90）	317 001.23 （37.35）	91 542.49 （25.82）	5 166.32 （33.90）
		美国	9 370 000 （6.29）	33 210.3 （4.31）	210 399.84 （24.79）	38 391.37 （10.83）	2 462.15 （15.99）
	CPTPP成员国	CPTPP 11 国	16 119 037 （15.42）	68 568.8 （6.59）	106 601.39 （12.57）	53 151.12 （14.97）	2 758.43 （17.93）
		加拿大	9 984 000 （6.70）	3 741.1 （0.49）	16 433.85 （1.94）	8 047.64 （2.27）	503.32 （3.27）
		墨西哥	1 964 375 （1.32）	12 757.6 （1.65）	10 656.17 （1.26）	8 109.18 （2.28）	329.21 （2.14）
		智利	756 102 （0.51）	1 895.2 （0.25）	2 553.84 （0.30）	1 327.11 （0.37）	114.37 （0.74）
		秘鲁	1 285 220 （0.86）	3 251.0 （0.42）	2 004.79 （0.24）	785.40 （0.22）	88.92 （0.58）
		澳大利亚	7 692 000 （5.16）	2 520.3 （0.33）	13 449.27 （1.58）	4 616.87 （1.30）	361.56 （2.35）
		新西兰	270 467 （0.18）	478.3 （0.06）	2 091.28 （0.25）	760.71 （0.21）	54.27 （0.35）

续　表

		国别	国土面积（Km^2）及其占比（%）	人口总数（万人）及其占比（%）	GDP总额（亿美元）及其占比（%）	进出口（亿美元）及其占比（%）	吸引外资总额（亿美元）及其占比（%）
TPP成员国	CPTPP成员国	日本	377 973（0.25）	12 686.0（1.64）	49 857.58（5.87）	12 767.79（3.60）	145.52（0.95）
		马来西亚	330 803（0.22）	3 195.0（0.41）	3 366.66（0.40）	4 239.83（1.20）	76.50（0.50）
		新加坡	717（0.0005）	580.4（0.08）	3 378.80（0.40）	6 923.64（1.95）	920.81（5.98）
		文莱	5 765（0.0039）	43.3（0.01）	120.16（0.014）	119.50（0.03）	2.75（0.02）
		越南	331 212（0.22）	9 646.2（1.25）	2 688.99（0.32）	5 453.45（1.54）	161.20（1.05）
		菲律宾	300 000（0.20）	10 811.7（1.40）	3 454.75（0.41）	1 544.21（0.44）	49.96（0.32）
		泰国	513 120（0.34）	6 962.6（0.90）	4 996.69（0.59）	4 384.60（1.24）	41.46（0.27）
		缅甸	676 578（0.45）	5 404.5（0.70）	921.02（0.11）	346.39（0.10）	27.6（0.18）
		柬埔寨	181 035（0.12）	1 648.7（0.21）	268.35（0.03）	364.46（0.10）	37.06（0.24）
		老挝	236 800（0.16）	716.9（0.09）	192.77（0.02）	114.85（0.03）	5.57（0.04）
		印度尼西亚	1 913 580（1.28）	27 062.6（3.51）	10 579.13（1.25）	3 049.28（0.86）	234.29（1.52）
		中国	9 600 000（6.44）	143 378.4（18.59）	147 362.5（17.36）	46 474.38（13.11）	1 412.25（9.17）
		韩国	100 210（0.07）	5 122.5（0.66）	16 303.02（1.92）	9 801.31（2.77）	105.66（0.69）
		RCEP 15国	22 530 260（15.944）	230 257.4（29.84）	259 030.96（30.52）	100 960.2（28.48）	3 636.52（23.63）

资料来源：笔者根据联合国贸易与发展会议数据库2020年的数据整理，参见 https://unctadstat.unctad.org/wds/ReportFolders/reportFolders.aspx?sCS_ChosenLang=en，2021-09-20.

注：表中所列的投资数据为2019年，灰色单元格中的国家为RCEP成员国。

（二）两大亚太经济合作机制的竞争态势

TPP 与 RCEP 谈判几乎同时启动。TPP 由美国主导，其经贸规则包括 28 个议题 30 个章节，具有全面性与高标准的特点，照顾了发达国家的舒适性。RCEP 由东盟主导，其经贸规则包括 18 个议题 20 个章节，相对于 TPP 议题与规则的全面性与高标准，其规则涉及议题少、标准较低，照顾了发展中国家的舒适性。这两个协定成为亚太地区自由贸易协定的两大支柱，形成亚太区域经济一体化的两条平行路径，也显示了东盟与美国对亚太区域一体化主导权的争夺。

CPTPP 虽然在规则方面冻结了美国曾提出的 22 个条款，主要涉及知识产权保护与投资方面的内容，但完全继承了 TPP 的立法架构和 95% 的内容，依然具有贸易议题的全面性和规则的高标准。CPTPP 开创先河，将国有企业、劳工权利、政府采购、数据流动及监管一致性等写入国际贸易协定，极有可能对全球贸易规则体系的变革产生催化作用，成为“规则改变者”[①]。因此，CPTPP 依然具有引领 21 世纪国际经贸新规则潮流的重要作用。RCEP 虽然也涉及知识产权、政府采购、竞争政策、电子商务、中小企业等 21 世纪的新议题，但没有涉及国有企业、环境政策、劳工标准、指定垄断与反腐败、监管一致性等发达国家关注的新议题，性质上仍然属于传统的自由贸易协定。

但是，RCEP 的成立对亚太区域一体化发展具有重要意义。长期以来，东亚地区具有较强的经济实力。2020 年中日韩与东盟构成的东亚地区的生产与贸易总额分别占全球生产与贸易总额的 28.68%、26.97%。与北美自由贸易区（分别占 27.98%、15.39%）和欧盟 27 国（分别占 17.87%、29.91%，加上英国分别为 21.06%、32.84%）的经济实力旗鼓相当[②]。但相对于北美有《美墨加协定》形成的经济集团、欧洲有欧盟这个区域一体化程度最高的经济集团，东亚过去一直没有形成独立的经济集团。

因此，RCEP 的成立可以说是亚太区域合作的里程碑，将有助于整合亚洲

① 周小明 . CPTPP 究竟能走多远？ [J]. 中国外资，2018（7）：42-43.

② 以上数据由笔者根据联合国贸易与发展数据库 2020 年的统计数据计算得出，参见 https://unctadstat.unctad.org/wds/ReportFolders/reportFolders.aspx?sCS_ChosenLang=en，2021-09-20.

市场并促进该地区的贸易往来，使亚洲在未来摆脱西方贸易导向，增强自身的独立性，也将推动世界经济形成东亚、北美、欧盟三足鼎立的竞争与发展格局。而在 RCEP 的框架中，东盟十国与中日韩三国首次达成自由贸易协定，其最大影响可能是促使中日韩三国或“10+3”之间的自由贸易协定谈判加快步伐。东亚将以此为起点逐步形成一个轮廓清晰的自由贸易区，就像欧洲和北美那样。而且，RCEP 成立的过程表明在没有欧美参与的情况下亚太地区国家也可以制定重要的国际经贸规则，表明东亚地区的自主性在增强。长期来看，RCEP 或许可以让亚洲在没有欧美参与的情况下制定本区域重要的国际标准。

三、CPTPP 的扩容潜力与 RCEP 的局限性

区域集团的竞争力不仅取决于其经济规模，也取决于其规则的吸引力，还取决于主导国家的软、硬实力。CPTPP 和 RCEP 作为亚太地区的两个巨型经济一体化协定，是否会成为通往亚太自由贸易区（FTAAP）的两条路径？由于其从酝酿到诞生的过程中都存在激烈竞争，CPTPP 与 RCEP 竞争究竟给亚太贸易格局，甚至全球治理带来什么影响，一直都是相关研究关注的热点问题。

（一）CPTPP 具有较大的扩容潜力

美国退出 TPP 是否降低了 CPTPP 的扩张能力？2016 年 11 月 22 日，亚太经合组织（APEC）领导人非正式会议宣言重申 TPP 与 RCEP 都是实现亚太自贸协定（FTAAP）的路径之一。当时 APEC 设计的 FTAAP 建设路径有三种方式：一是 TPP 不断吸收来自 APEC 的新成员，逐渐发展为 FTAAP；二是 RCEP 不断扩大规模，发展为 FTAAP；三是 TPP 和 RCEP 融合成 FTAAP。但 2017 年特朗普新政府改变了奥巴马政府以 TPP 为抓手打造新一代贸易投资自由化样板的目标，退出了 TPP。张珺和展金永指出：“CPTPP 因美国退出丧失了扩张潜力，绕开中美这两个大国，CPTPP 要单独扩容形成亚太自由贸易区的可能性已经微乎其微。因此，必须借助 RCEP 来实现。”[①] 没有美国的 CPTPP，其经济规模缩

① 张珺，展金永 . CPTPP 和 RCEP 对亚太主要经济体的经济效应差异研究：基于 GTAP 模型的比较分析 [J]. 亚太经济，2018（3）：12-30.

减了 24%，但是否就像张珺等学者认为的那样丧失了扩张潜力呢？

首先，美国退出 TPP 后，CPTPP 降低了准入门槛，反而增强了其吸引力。过去，过高的准入门槛、严格的知识产权保护和投资争端解决机制，以及对国家主权的侵蚀，让许多发展中国家望而却步。美国退出 TPP 后，虽然使区域经济合作的市场规模大幅缩小，但准入标准的降低及其治理结构的有效性反而增加了 CPTPP 的吸引力。目前，亚太区域内的泰国、印度尼西亚、菲律宾、韩国、哥伦比亚、中国大陆、中国台湾都表示了积极加入的意愿；区域外的英国和斯里兰卡也表现出浓厚的兴趣。目前，中国大陆、中国台湾、英国都正式递交了加入 CPTPP 谈判的申请书。美国共和党参议员约翰·麦凯恩（John McCain）认为，特朗普政府退出 TPP 是一个重大的战略失误，未来美国政府可能会纠正这个错误[①]。因此，CPTPP 仍然具有良好的扩张能力，其扩容前景比较乐观。

其次，美国退出 TPP 后，日本在区域经济合作中的主导作用凸显。日本不仅在 CPTPP 谈判中起到了关键作用，而且与欧盟达成《日欧经济伙伴关系协定》（EJEPA），俨然成为亚洲自由贸易的旗手——借助自由贸易区之力，全力推行自己的战略目标，为 CPTPP 贸易规则的传播和扩散不遗余力。美欧也为其摇旗呐喊，CPTPP 仍然是发达国家推广其国际规则的重要平台。日本作为 CPTPP 的“领班”和 RCEP 的重要参与者，为了能左右逢源和实现自身利益最大化，会积极推动 CPTPP 扩员。一是为美国重返 TPP 预留空间，CPTPP 确认援用原版 TPP 全部章节内容，并冻结而不是废除其中 22 个条款，主要是对美国重返 TPP 抱有希望。二是积极扩大朋友圈，大力吸收新成员，并为其他国家和单独关税区加入打开窗口。CPTPP 的第五条明确表示：“欢迎对 CPTPP 有兴趣的国家和独立关税区加入，而任何国家或独立关税区得到 11 个成员的同意后，就可以加入 CPTPP。”[②] 与此同时，日本试图阻扰中国加入 CPTPP，以便在

① 美参议员麦凯恩：特朗普退出 TPP 是个重大战略失误 [EB/OL].（2017-05-31）. https://www.chinanews.com.cn/gj/2017/05-31/8237963.shtml.

② 全面与进步跨太平洋经济伙伴关系协定（CPTPP）[A/OL].（2021-01-11）. http://www.mofcom.gov.cn/article/zwgk/bnjg/202101/20210103030014.shtml.

与中国的竞争中居于优势地位。

最后，CPTPP 的规则与治理结构比 RCEP 更具吸引力。笔者对 CPTPP 与 RCEP 两个协定的规则异同进行对比后发现：CPTPP 虽然是由发达国家主导谈判签署的贸易规则，规则更多体现美国等发达国家的商业价值观和商业利益，但是从国际经贸规则演变的趋势来看，CPTPP 规则代表了国际经贸规则发展方向，也体现出立法的严谨性和先进性。尽管 CPTPP 以规制融合为主要特征及实现无差别原则，缺少 RCEP 的灵活性，但也通过例外保留与不符措施，为发展中国家预留了灵活的空间。相反，RCEP 的治理结构松散，如果不能与时俱进，时间会让其失去吸引力。正如全球化智库与北京商务局于 2020 年 9 月 8 日联合举办的服务业扩大开放暨企业全球化论坛上发布的《2020 企业全球化报告——跨国公司在华发展新机遇》指出的那样："CPTPP……既包含经贸实力强的日本、澳大利亚、加拿大等发达国家，也有发展潜力大的智利、马来西亚、墨西哥和越南等新兴经济体，是一个将公平性与包容性较好结合，并对发展中国家较为友好的高标准贸易协定。"①

（二）RCEP 仍需向深度一体化发展

RCEP 是亚洲经济一体化的里程碑。众所周知，由于美国的掣肘以及中日两国的主导权博弈，东亚地区一体化进程一直困难重重，中日韩自由贸易区和东亚经济共同体（中日韩 + 东盟自由贸易区）长期处于停滞状态。美国过去欢迎"亚太"概念，现在是"印太"概念，但不欢迎任何"亚洲"和"东亚"概念。当年日本时任首相鸠山由纪夫试图建立"东亚共同体"，美国就制造普天间机场搬迁问题，推翻了鸠山政府。RCEP 首次将中日韩引入同一个区域贸易协定，代表东亚国家在脱离美国的情况下，搭建自己的正式区域贸易安排，独立地制定国际经贸规则。一方面，它将东盟国家与中日韩澳新五国的自由贸易协定整合起来，将进一步促进亚太地区产业链、供应链和价值链向纵深发展；另一方面，它有助于整合亚洲市场并促进该地区的贸易往来，以及亚洲未来摆

① 郑青亭．中国宣布扩大服务业开放，为世界经济复苏注入信心 [EB/OL].（2020-09-09）. http://news.hexun.com/2020-09-09/202031361.htm.

脱西方贸易导向，增强其自主性。那么，RCEP 作为亚太地区一体化的路径之一，是否具有扩张能力呢？

世界经贸一体化是在广度和深度的动态平衡中发展的。RCEP 生效并不意味着合作工作的结束，而是新合作的开始。RCEP 可以从扩充其成员、提升经贸规则标准两个方面深耕：广度就是对外提升吸引力，增加更多的成员；深度就是推动经贸规则向纵深发展，在横向一体化议题上持续推进。印度作为 RCEP 的创始成员，在 2019 年的关键时刻选择退出。但是，RCEP 明确表示，随时欢迎印度加入，未来 RCEP 还可以吸引更多亚太国家加入。RCEP 是发展中国家主导的区域贸易集团，充分照顾了发展中国家的舒适性，对南亚国家具有吸引力。但其在深度一体化方面不及 CPTPP，缺乏新一代 FTA 贸易与投资问题包含的劳动与环境规则，也没有规定政府开放采购市场，可能对太平洋彼岸的拉美太平洋国家缺乏足够的吸引力，因此 RCEP 需要向深度一体化发展。

在深度一体化方面，RCEP 有许多优先事项需要考虑。RCEP 与 CPTPP 的重合成员多达 7 个，为 RCEP 规则标准向 CPTPP 看齐和靠拢奠定了坚实的基础。目前，应将注意力集中于深度一体化谈判，提升集团内柬埔寨、老挝、缅甸等最不发达国家的能力建设，弥合 RCEP 集团内成员之间的发展差距，增加 RCEP 的吸引力，而不是急于扩大贸易集团成员。

首先，以中日韩 + 东盟为核心的东亚自由贸易区长期难以推进，中日韩自由贸易协定以及“10+3”自由贸易协定首次在 RCEP 框架内形成，为中日韩自由贸易协定和中日韩 + 东盟自由贸易协定奠定了良好的基础。中日韩和东盟国家可以此为起点，继续就更高标准（RCEP+plus）的中日韩自由贸易协定和“10+3”自由贸易协定进行谈判，将建设东亚经济共同体作为亚太区域一体化的核心，逐步形成一个轮廓清晰的东亚自由贸易区。

其次，借鉴 CPTPP 立法架构，将更多深度一体化和横向一体化议题纳入协定，以适应价值链贸易与数字贸易时代的要求，增强区域治理结构的效率和对欠发达国家的包容性。各国可以就共同感兴趣的新一代贸易议题适时启动 RCEP 升级版谈判，比如数字贸易、知识产权、服务贸易、互联互通、国有企业与中性竞争、劳动与环境等领域的经贸规则，保持 RCEP 的持久生命力。研究表明，移除非关税壁垒比降低关税壁垒更能增加 RCEP 的经济与福利潜力[①]。

最后，成立 RCEP 秘书处作为其协调与监督机构，推动 RCEP 协议的落实。RCEP 的治理结构较为松散，没有强有力的争端解决机制。因此，未来应推动尽快建立 RCEP 秘书处，为 RCEP 联合委员会及其附属机构提供秘书和技术支持；推动秘书处开展 RCEP 供应链合作研究，建立信息共享机制，探索供应链稳定措施，形成供应链合作标准，打造开放的供应链合作；加速推进与 RCEP 国家“经认证的经营者”（AEO）互认合作、原产地电子联网、动植物检疫措施的等效性认可、原产地区域累积规则等，以单边行动带动集体行动，提升 RCEP 治理效率。

亚太地区大国不应加剧两个区域贸易集团的竞争，而应让两个区域贸易集团的规则和成员相互吸纳和靠拢，最终形成一个全体亚太国家共同参与的高水准国际贸易多边组织。幸运的是，日本、澳大利亚、新西兰、新加坡、马来西亚、越南、文莱等七国同时加入了 CPTPP 和 RCEP 两大区域贸易组织，它们既是亚太区域经济一体化发展的最大受益者，也应该成为两大区域贸易组织的黏合剂。

四、CPTPP 对中国的负面影响及对 RCEP 的挑战

作为地缘政治经济竞争的产物，CPTPP 对中国经济的冲击有所缓解，但其扩容前景乐观。CPTPP 的扩容将对中国和 RCEP 经贸合作带来严重负面冲击。

（一）CPTPP 扩容后对中国经济负面影响仍不容小觑

一直以来，TPP 充当了美国推行公平贸易和对等开放，推广美国标准、规则，为全球建章立制、应对中国经济崛起的平台。2017 年美国退出 TPP 后，CPTPP 使中国面对的地缘经济压力暂时有所减轻。CPTPP 的 GDP 总量占全球 GDP 总量的比重从 37.35% 降至 12.57%，贸易额占全球贸易总额的比重从 25.82% 降至 14.97%（数据见表 4–1）。中国对 CPTPP 贸易额占对外贸易总额的

① 张珺，展金永．CPTPP 和 RCEP 对亚太主要经济体的经济效应差异研究：基于 GTAP 模型的比较分析 [J]. 亚太经济，2018（3）：12-30.

22%[①]。张珺和展金永运用GTAP模型测算分析，TPP使中国经济遭受较大损失，可使中国GDP降低1.21%，而CPTPP将使中国GDP下降仅0.25%[②]。

派特瑞、翟凡等人采用政策分析建模和模拟方法量化分析了CPTPP及TPP的短期和长期影响，发现CPTPP对中国的影响较小[③]。彼得森国际经济研究所的模型预测，CPTPP可使中国GDP下降0.04%，货物贸易出口下降0.2%，社会福利水平减少100亿美元，影响极为有限。如果CPTPP扩容，将韩国、菲律宾、印度尼西亚和中国台湾吸收为成员，将使中国GDP下降0.2%，社会总福利水平减少530亿美元，货物出口额下降0.9%，减少440亿美元，对中国负面影响将成倍增大。如果英国、美国等大国加入，对中国经济的冲击将进一步增大[④]。因此，CPTPP后续发展对中国的影响值得关注。

（二）CPTPP的排他与竞争效应将给中国部分产业带来严重的负面冲击

CPTPP严格的原产地规则、劳工标准和环境标准，将对俱乐部集团外的国家产生排挤效应。比如，"从棉纱算起"的纺织品贸易将让中国的纺织服装产业面临各种关税壁垒与非关税壁垒，中国作为国际纺织服装生产和出口大国，近40%的产品输往CPTPP以及美英等潜在成员[⑤]。一旦其施行"从棉纱算起"的原产地规则，将迫使中国纺织产业加速向越南、马来西亚和墨西哥转移，对中国纺织服装产业产生强大的冲击效应。再如，汽车高标准零配件比率（满足区域价值成分门槛）虽不及《美墨加协定》（USMCA）区域价值75%的标准严格，也将对非集团成员的相关产品进口产生排挤效应。高标准的投资规则及争端解决机制，将增加CPTPP成员对国际资本的吸引力，产生投资转移效应；严格的劳工标准与环境保护也会让中国对外贸易与投资陷入更多的纠纷。中国企

① 根据2020年中国对外贸易统计数据计算。

② 张珺，展金永．CPTPP和RCEP对亚太主要经济体的经济效应差异研究：基于GTAP模型的比较分析[J]. 亚太经济，2018（3）：12-30.

③ PETRI P A，PLUMMER M G，URATA S，et al. Going It Alone in the Asia-Pacific：Regional Trade Agreements without the United States[J]. PIIE Working Paper，2017：17-10.

④ 袁波．CPTPP的主要特点、影响及对策建议[J]. 国际经济合作，2018（12）：20-23.

⑤ 同④.

业在与 CPTPP 成员进行经贸往来时将受到歧视，比如因产品或服务不符合协定标准而被起诉。因此，中国没有加入 CPTPP，将使中国的相关产品出口面临竞争劣势。虽然美国退出了 TPP，但因美国对华贸易战及制裁已经冲击中国部分出口美国市场的产品。总之，CPTPP 的成立将产生强烈的贸易与投资转移效应，导致亚太地区产业链、供应链与价值链重构与国际贸易格局发生变化。

（三）CPTPP 可能成为发达国家联手重构国际经贸规则的平台，影响中国在国际规则制定中的话语权

TPP 与 CPTPP 成功将贸易协定的重心由传统的以市场准入为主的“边境措施”转移到新的以规制协调为主的“边境内措施”，创新性地制定了一整套基于全球价值链、以规制一体化为核心、实现放松管制与为公共政策目标加强监管之间平衡的“新一代”国际贸易规则体系[①]。TPP 与 CPTPP 包含的 21 世纪新贸易议题如投资、跨境服务贸易、金融服务、商务人员临时入境、电信服务、电子商务、竞争政策、国有企业与补贴政策、劳工、环境、知识产权、监管一致性、合作与能力建设、中小企业、透明度与反腐败等，占全部议题的比重高达 70%，而这些议题与传统的关税减让、海关合作、贸易救济等传统的边境措施差异较大，无不涉及国内法规或政策的调整。

TPP 与 CPTPP 体现了美国的商业价值观与对平等公平的诉求，已经成为美国对外经贸谈判的模板。其不仅被复制到 USMCA 中，而且针对国有企业、数字贸易领域的规则更加具体、细化。但是，由于其愈发重视深层次结构性问题的协调，因而体现出很强的对缔约方国内体制的侵蚀性，从而使得缔约方能够保留的国内政策空间越来越少。这对随后加入的国家而言将失去讨价还价的能力。TPP 与 CPTPP 可能引领国际新规则的形成，导致中国失去制定国际规则的主动权，只能被动接受其他国家制定的规则。因此，中国消极回避美国引领的高标准规制谈判、不参加高标准经贸协定谈判，将不利于发出中国声音，在新规则制定中提出中国方案，造成只能接受既定规则的被动局面。

① 盛斌．中国、CPTPP 和国际经贸新规则 [J]. 中国经济评论，2020（14）：92-96.

（四）RCEP 的签署让中国在与美国的地缘经济竞争中赢得了难得的机会与筹码

一是 RCEP 暂时减轻了中国的地缘政治与地缘经济压力。RCEP 对中国最大的作用就是提升了中国摆脱美国围堵和孤立中国的可能性。RCEP 成立，中日韩之间不仅有投资协定，还有贸易协定，这是经济一体化的第一步，届时要孤立中国就非常困难。前期多数研究成果表明：中国参加 RCEP 可以较好地平衡 TPP 对中国的负面经济效应，减少福利损失。CPTPP 相关研究结论也表明，CPTPP 对中国的负面冲击已大幅降低。根据王孝松和武皖的 GTAP 模型计算结果，CPTPP 将使中国 GDP 下降 0.07%，进出口和社会福利都遭受不同程度的损失；中国若加入 RCEP，不仅可以抵消 CPTPP 的负面影响，甚至还能实现一定程度的经济增长[①]。美国彼得森国际经济研究所预测，到 2030 年，RCEP 有望带动中国出口增加 2 480 亿美元，拉动经济增长 1 000 亿美元，分别较基线多增长 5.0%、0.4%[②]。可见，当前中国加入 RCEP 对中国的经济重要性尤为突出。但也要看到，数量模型方法的根本缺陷在于没有考虑经济规则的政策动态效应，因而无法得出可靠结论。因此，其结论只能作为政策参考，不能作为决策依据。

二是中国获得与日本和美国博弈的筹码。首先，中国在 RCEP 中的地位虽然不像中国国内有些媒体宣传的那样处于主导地位，但相对于日本具有更突出的地位。这主要是中国的经济规模远大于日本，而且与 RCEP 的主导方——东盟的关系更紧密，因此中国能够影响 RCEP 规则的形成。如日本希望将 CPTPP 高标准引入 RCEP 谈判，用它来同化、统一亚洲贸易规则的目标没有达成，而中国的许多政策目标得以实现。其次，RCEP 有利于提升中国在与美国博弈中的地位。RCEP 是亚太区域产业链、供应链等国际生产网络与贸易网络深化发展的结果，澳大利亚、新西兰虽然与美国是价值观盟友，但其利益的重心在亚洲，尤其是在中国。因此，RCEP 是地缘经济对地缘政治的胜利，既有利于保护亚太地区形成的产业链与供应链，也是中国与美国博弈的重要依托。日本、

① 王孝松，武皖．CPTPP 建立的影响及中国的应对策略探究 [J]. 区域与全球发展，2018，2（3）：46-71，155-156.

② 沈铭辉．构建区域大市场，推动制度型开放 [N]. 光明日报，2021-12-25.

澳大利亚、新西兰等国与中国同时参与 RCEP，有助于形成彼此间更加紧密的经济利益，从而有利于其在中美博弈中占据更多的回旋空间，对美国的联合制华战略形成一定的牵制。因此，中国参与构建的 RCEP 无疑为自身发展稳定周边国际环境、参与 CPTPP 谈判增强了信心。

综上所述，中国签署 RCEP 使中国地缘经济博弈的压力有所缓冲，但如果韩国、泰国、印度尼西亚和菲律宾等 RCEP 成员国加入 CPTPP，以及美国重返 TPP，RCEP 则存在被化解或解构的可能。中国仍然面临来自以 CPTPP 为代表的全球贸易与投资新规则及其带来的地缘经济博弈的严峻挑战，特别是台湾问题将成为亚太地区大国博弈的重要筹码。台湾地区一直寻求加入亚太区域贸易一体化，并得到美国与日本等国的积极支持。一旦台湾先期加入 CPTPP，会使台湾继安全领域之后，在经济领域也被纳入美国主导的势力范围，这将成为阻碍中国统一大业的新的关键因素[①]。

五、中国加入 CPTPP 的障碍及推进区域合作的策略

相关分析表明，加入 CPTPP 是中国突破美国包围圈的突破口。中国签署 RCEP 后不久，国家领导人便宣布中国将积极考虑加入 CPTPP，并于 2021 年 9 月 16 日正式递交申请，向世界表明中国扩大开放与深化改革的决心。这对中国来说是一件影响深远的大事。一些专家认为，中国加入 CPTPP 相当于第二次“入世”[②]，特别是准入前的国民待遇与负面管理清单、竞争中性原则，对脱胎于计划管理体制的中国官员的行政理念与管理模式无疑是一场革命。

但是，中国加入 CPTPP 的外部因素自身难以控制，存在很大的不确定性。在此需要探讨中国加入 CPTPP 的路径与策略，以及中国是否需要主动对标 CPTPP 规则进行改革开放？特别是面对国有企业与补贴政策，以及市场经济地位问题，中国社会主义市场经济如何与西方自由市场经济体制协调？这是中国构建高水平开放型经济体制的难点问题。

① 林泉忠．台湾加入 CPTPP，北京为何非阻止不可？[N]. 明报，2021-09-27.

② 从 WTO 到 CPTPP 中国的二次入世 [EB/OL].（2021-09-22）. https://www.huxiu.com/article/458118.html.

（一）中国加入 CPTPP 的外部障碍

CPTPP 尽管没有美国参与，但仍具有很强的地缘政治与地缘经济竞争色彩。

首先，日本将对中国加入 CPTPP 设置障碍。中国与日本的竞争一直是东亚地区一体化的难题。目前，日本对中国加入 CPTPP 态度模糊，但对中国台湾加入 CPTPP 高调表示支持。有专家将日本对中国加入 CPTPP 的态度总结为“一看、二等和三谈”：“一看”中国究竟有多大决心修改国内法律法规以适应 CPTPP 的高标准；“二等”是指从超越多边通商设计的地缘政治视角，日本很期盼中国台湾能够以“台澎金马单独关税区”的身份加入，而且中国台湾加入本身就具有对冲来自中国大陆压力的作用；“三谈”是指在中国加入 CPTPP 已成为不得不接受的事实的情况下，日本需要在该机制内提前布置更多的筹码，以使自己拥有足够的发言权及多边遏制能力[①]。

其次，美国的态度仍对中国加入 CPTPP 具有决定性作用。从 TPP 的诞生来看，有学者认为美国奥巴马政府对中国的战略是以围促变，即先与亚太国家达成高标准的自由贸易协定，促进中国改变经济制度[②]。但现在美国政府表示其对华政策已经不再寻求改变中国现行体制，而是寻求应对中国的方法，即从合围促变转变为联盟脱钩，即团结其盟友孤立中国，挤压中国的发展空间，延缓中国的发展速度。特别是 USMCA 第 32 章第 10 条专门制定了一条与非市场经济国家发展贸易投资关系的“毒丸条款”，规定任何一国要与“非市场经济体”签订贸易协定，必须提前 3 个月通知其他国家，即得到美国同意后才能签署[③]。这意味着，如果加拿大和墨西哥同意与中国就 CPTPP 进行谈判，必须获得美国同意。加拿大与墨西哥的态度成为中国加入 CPTPP 的最大难点。因此，CPTPP 仍然有可能成为美国牵制中国的工具，对中美博弈产生影响。目前，美日欧均

① 笪志刚 . 对中国加入 CPTPP，日本打什么算盘？ [EB/OL].（2021-09-30）. https://opinion.huanqiu.com/article/44yOy0hhoTm.

② 高伯 . 对等开放：中国迈向发达国家的必由之路 [J]. 文化纵横，2021（1）: 65-82，158.

③ Agreement between the United States of America, the United Mexcan States, and Canada[EB/OL].（2019-12-13）. https://ustr.gov/trade-agreements/free-trade-agreements/united-states-mexico-canada-agreement.

拒绝在 WTO 中承认中国是“市场经济体”，在它们准备合围中国之际，中国申请加入 CPTPP 或许是投石问路之举。

（二）中国加入 CPTPP 的国内困难

中国经济制度与发展模式的异质性也是加入 CPTPP 的障碍之一。20 世纪 80 年代，美国在面对日本和德国的竞争压力时，迫使日本进行结构性改革。日本先后提出两个“前川报告”对日本政府主导型经济体制及出口导向发展模式进行改造，构建对外协调性经济体制[①]。中国的社会主义市场经济体制不仅与美欧的自由市场经济体制迥然不同，也与日本等儒家资本主义市场经济体制存在差异。同时，中国在发展模式方面虽然结合自己的特色进行了创造，但仍然是东亚发展模式——政府主导型经济体制的延续，其特点就是政府对经济具有很强的渗透性和干预能力。中国不仅国有经济比重大，而且其也是社会主义经济制度的基础。因此，TPP、CPTPP 专门设计了针对中国经济体制的许多条款。美国对越南的革新社会主义市场经济体制可以网开一面，但对中国却没有那么包容。在中国结构性改革没有满足其高标准的要求时不会同意中国加入 CPTPP。

RCEP 是中国目前参与的最高水平的区域自由贸易安排，但与 CPTPP 等高标准、高质量、高水平的区域贸易协定相比，仍然存在巨大差距。CPTPP 以边境内措施协调为主要内容，不可避免地对缔约方国内体制构成很强的侵蚀性，从而使得其能够保留的国内政策空间越来越少[②]。这给发展中国家，尤其是制度异质性的中国社会主义市场经济制度带来严峻挑战。

在 TPP 中，许多条款都是针对中国体制量身定制的。比如国有企业与补贴政策、竞争中性原则、透明度与反腐败、监管一致性，以及知识产权保护、环境保护、劳工标准、数据跨境流动等新规则，更多代表发达国家利益，这些都给中国国际经贸环境带来挑战。CPTPP 几乎全盘接受这些条款。有学者通过对

① 全毅，金泓汎，等．亚太地区的发展模式与路径选择：基于东亚与拉美发展道路的比较分析 [M]. 北京：时事出版社，2010：126.

② 盛斌．中国、CPTPP 和国际经贸新规则 [J]. 中国经济评论，2020（14）：92-96.

比分析，将中国接受 CPTPP 条款的难易程度列表展示（见表 4-2），可见中国申请加入 CPTPP，体制改革与政策法规调整修订的任务非常繁重。

表 4-2　中国对 CPTPP 条款接受的难易程度

接受难易程度	所在条款
接受难度较大	货物市场准入、卫生与植物卫生措施、跨境服务贸易、商务人员临时入境、电信服务、电子商务、竞争政策、知识产权、劳动标准、监管一致性、国有企业和补贴政策
接受难度较小	技术性贸易壁垒、投资、金融服务、政府采购、环境、中小企业、透明度和反腐败
基本能够接受	纺织服装、原产地规则、海关管理和贸易便利化、贸易救济、合作与能力建设、发展、争端解决机制、管理和机制条款、其他

资料来源：白洁，苏庆义 . CPTPP 的规则、影响及中国对策：基于和 TPP 对比分析 [J]. 国际经济评论，2019（1）：58-76，6.

具体来说，国有企业改革将是最大挑战，因为其关乎中国的基本经济制度。CPTPP 协定要求缔约方不向国企以及在其他缔约方境内生产并销售商品的国企提供非商业性援助。这与中国的国有企业政策存在冲突，因为中国的国有企业发展不仅有商业考量，还有服务国家战略的需求，所以政府不可避免地要给予各类支持①。中国的国有企业在国民经济中始终居于重要地位，以致西方社会迄今不承认中国市场经济的地位②。西方社会甚至连日本市场经济制度都不认可，因为日本经济并未按照西方经济学阐述的普遍规律发展③。因此，美欧日专门针对国有企业制定国际规则，以限制中国经济发展模式的溢出效应。针对中国国有企业的歧视性规则将成为其进入这些国家开展投资贸易的新壁垒。因此，加入 CPTPP 对我国竞争政策、国有经济、市场监管制度等政府主导型经济管理体制提出巨大挑战。

---

① 蔡彤娟，郭小静 . TPP 到 CPTPP：中国面临的新挑战与对策 [J]. 区域与全球发展，2019，3（2）：5-16，153.

② 根据经济合作与发展组织（OECD）的数据，截至 2015 年，中国国有企业的数量为 51 341 家，企业价值 29.2 万亿美元，雇佣近 2 025 万人，占 GDP 比重的 40%。美国联邦层面国有企业共 16 家，企业价值为 216 亿美元，雇佣近 53.6 万人。参见 OECD. The Size and Sectoral Distribution of State-Owned Enterprises[M]. OECD Publishing，2017. http://doi.org/10.1787/9789264280663.cn. 转引自张蕴岭，张丽娟 . 国际贸易治理与变革 [M]. 北京：世界知识出版社，2020：89.

③ 塞缪尔・亨廷顿 . 文明的冲突与世界秩序的重建 [M]. 周琪，刘菲，等译 . 北京：新华出版社，2002：251.

西方的技术移植到中国后不会有任何违和感，但西方的制度和法规移植到中国后则往往水土不服、效果欠佳。除了受历史文化传统的影响，还因为中国实施市场经济的时间太短。两种不同的体制与文化在经济社会交往程度很低的时候不会产生摩擦，但在经济社会交往过密，尤其是贸易严重失衡时就会产生制度冲突（所谓公平竞争就是在同一规则下竞争）。尽管 CPTPP 在知识产权、劳工标准、环境保护、数据跨境流动方面的规则与中国的新发展理念与利益一致，中国改革开放以来在这些方面的法制建设也取得了长足进步，但仍然存在一些差距，且中国熟人社会与关系社会的运行规则使得法律的约束力非常弱。中国目前还难以接受自由结社与集体谈判的劳工权利法案；数据跨境流动涉及国家安全问题也需审慎开放，特别是在政府立法与行政的透明度方面，中国常常以部门内部的行政规章制度代替公开的立法制度，而且法规制定过程也缺乏透明度，这与西方发达国家的契约社会与法治社会相差甚远。因此，TPP、CPTPP 不仅制定了协调统一的经贸规则，而且构建了强有力的争端解决机制，以防止其成员方内执法的不力与不公正。可见，加入 CPTPP 将对中国的行政执法体制构成明显挑战。

（三）中国推进亚太区域合作的策略

笔者认为，无论能否顺利加入 CPTPP，中国都应主动按照高标准的国际经贸规则推动国内体制机制改革，构建高水平的开放型经济新体制。当然，对标高标准的国际经贸规则改革不是要抛弃行之有效的体制机制，而是要吸取其先进的规则，完善中国的市场经济体制与治理体系，形成新的竞争优势。

第一，对标 CPTPP 高标准国际经贸规则，可以通过全面扩大开放形成倒逼国内改革的机制，为供给侧结构改革与制度创新注入活力，从而迈向一个更加开放和现代化的高水平社会主义市场经济体制[①]。通过对外开放促进国内体制改革是中国改革开放的重要经验。最典型的是中国加入 WTO 后通过对标 WTO 规则对国内政策法规的清理和修改，建立了社会主义市场经济的制度框架。但因 WTO 主要涉及边境措施，对国内规制涉及较少，因此 2005 年之后，中国许

① 盛斌．中国、CPTPP 和国际经贸新规则 [J]. 中国经济评论，2020（14）：92-96.

多重大改革措施进展缓慢，以致许多国际通行的市场经济原则难以建立。比如准入前国民待遇与负面清单管理模式、市场公平的竞争中性原则前期都没有引入中国的市场治理体系，造成两种市场经济体制差异过大，难以协调。

中国申请加入 CPTPP 不仅要阻止台湾地区先期加入，也将向世界发出强有力的信号，表明中国在广泛的改革政策中承诺并保持与全球规则的一致性。全球价值链分工的深入发展极大地推动了国际生产体系与市场的深度融合，全球高质量贸易协定已将国际经贸规则的主题转向以规制融合为核心的“第二代”贸易政策，包括标准一致化、竞争一致化和监管一致化[①]。中国亟须构建与国际先进规则相衔接的制度体系与监管模式。中国加入 CPTPP 无疑有利于构建与国际经贸规则接轨的高水平开放型经济体制，从而提高国家经济社会的治理水平，也有利于缓和与外部世界的制度摩擦和突破美国的国际围堵。面对美国的围堵，中国最有效的应对策略就是向全球开放，与美国以外的国家建立更紧密的经贸关系，迫使美国改变对华政策。

第二，CPTPP 是适应价值链与数字贸易时代的新一代国际经贸规则，代表着国际经贸规则的发展趋势。因此，中国仍然要借鉴其立法经验和规则体系，完善国内的市场经济制度。作为世界上“坐二望一”的经济体，中国要再往前走，就理应在规则、规制、管理体制和产业标准等方面，按照发达国家的通行标准打造一个有利于自由贸易的环境，提升与发达经济体水平分工程度，降低与发达国家的经济摩擦与制度碰撞。这也是制度性开放的意义所在。

因此，中国无论能否加入 CPTPP，都可以借鉴其立法经验和规则体系构建高质量市场经济体制，提升现代社会经济治理能力。中国已经与美国开展分阶段经贸谈判，并完成与欧盟的双边投资协定谈判。《中美经贸协议》《中欧全面投资协定》（CAI）和 CPTPP 在市场准入层面采取负面清单，涵盖了制造业与服务业的绝大部分领域；在规则层面涉及国有企业、补贴透明度、强制性技术转让、行政执法、标准制定、环境保护和劳工标准，甚至宏观政策与汇率协调等，这些都是中国改革开放中的难点问题。借鉴 CPTPP 服务贸易立法架构，在服务贸易方面全面推进负面清单模式，以推进中国服务贸易的开放发展。在投

① 盛斌．中国、CPTPP 和国际经贸新规则 [J]. 中国经济评论，2020（14）：92-96.

资领域全面实施纳入前国民待遇加负面清单管理制度，不断扩大开放领域。同时完善投资安全审查制度和外资信用监管系统（包括不良行为企业清单），保护国内产业安全。按照 CPTPP 规则修订和完善中国知识产权法律制度，特别是《专利法》，切实做好知识产权保护工作。吸收 CPTPP 高标准的劳动标准中尊重和保障工人权利的有益成分，推动中国劳动法制建设。借鉴其保护濒危野生动植物和臭氧层的环境规制完善中国的环境立法。在数字贸易领域不应局限于电子商务，要有更长远的眼光制定数字经济新规则。因此，《中美经贸协议》《中欧全面投资协定》以及加入 CPTPP 有利于中国以更高水平的开放倒逼更深层次的改革，有利于激发国内市场的活力，提升国内循环的效率，加快形成更加完善的社会主义市场经济体制，在市场制度方面缩小与西方发达国家的差距。

第三，面对亚太地区大国博弈日趋激烈的现状，区域合作仍然是解套工具和对接平台。争夺国际经贸规则制定主导权是当代大国竞争的重要内容。中国在参与区域贸易协定与规则重构方面似乎总是慢一拍，应当加强对国际经贸新规则发展趋势研究，在参与区域合作与构建国际经贸新规则时要明确本国利益所在，采取斗争加妥协的灵活策略，争取本国利益最大化。当前应重视 APEC 合作平台作用，推进跨太平洋自由贸易区建设，防止 APEC 分裂。首先，CPTPP 与 RCEP 作为亚太地区一体化的两条路径存在明显的竞争。客观分析，CPTPP 更有可能成为通往亚太自由贸易区的路径。因此，中国要利用美国将战略重心转移到印太战略之际，更多重视 APEC 作用，并推动 RECP 与 CPTPP 两条路径的融合，促进扩大彼此的共同成员，并在规则上逐步协调，最终形成一个全体 APEC 成员参与的高标准的亚太自由贸易区。其次，对中国共建“一带一路”倡议所涉地区既有的各种经贸合作机制加以合理利用与改造，将功能性合作转变为综合性合作平台，减少阻力，争取更高的经济和政治效益。如继续在广度一体化与深度一体化方面深耕 RCEP，充分发挥 RCEP 的规则整合效应与政策效应；尽快推动《中欧全面投资协定》的签署与生效；加入《数字经济伙伴关系协定》（DEPA），以及探索与欧亚经济联盟谈判签署经济伙伴协定的可能性等。

第四，中国应创新区域合作理念，调整合作策略。亚太地区美国、中国、日本、东盟对地区合作主导权竞争的权力结构，使得中国的主导战略和引领战略都难以获得成功①。在这种情况下，中国的亚太地区合作政策必须奉行积极主动的融入战略与共治战略，挑战任何一方的核心利益都难以实现政策目标。中国只有积极参与到其他国家或集团主导的区域一体化进程中，才能充分拥有话语权与维护自身利益。否则，在其他国家达成协议后，中国参与就只有被动接受。在规则制定、地缘政治和发展空间的视角下，政治上尊重东盟在印太地区区域合作中的中心地位，推动东盟挑头或者其他友好国家主导，或与竞争国家共同倡导合作议题，可以化解中国主要的竞争者美国、日本、澳大利亚、印度的敌意，用经济手段来瓦解美国的政治战略。

第五，加快国有企业改革，完善社会主义市场经济制度。改革开放以来，中国推动国企改革从放权松绑的承包经营责任制到入世后按照“产权清晰、权责明确、政企分开、管理科学”要求建设现代企业制度，强调国有企业要成为自主经营、自负盈亏、自我发展、自我约束的独立法人和市场竞争主体，中国国企改革的方向是将国家作为投资人与经营管理者分开，从管企业向管资本转型，提高国有企业治理的透明度。2020年6月发布的《国企改革三年行动方案》要求在国企混改、重组整合、国资监管体制改革方面取得积极进展②。

中国可以按照CPTPP关于国有企业的定义，按照其市场地位或竞争程度推进国有企业分类管理，来提高国有企业运营的整体效率。如严格划分国企的公益类和商业类经营领域，除公益类国企外，应保证商业类国企与私企、外企在银行贷款、税收优惠、商事审批等方面拥有同等权利与机会。同时，深化国企混合所有制改革，打造符合现代企业治理的、有竞争力的公司治理体系，增强国有企业的活力。此外，要基于中性竞争原则，完善反垄断法律体系，对市场垄断和行政垄断都要建立约束机制，构建国有企业监管体系，特别是铁路、民航、能源、金融、电信、医疗等行业的监管体制，营造公平的竞争环境。

总体来说，亚太地区是中国对外开放与经济合作的重要对象，维持其和平

① 全毅．后茂物目标时代亚太地区大国博弈与区域合作前景[J]. 国际贸易，2021（10）.

② 政策解读|《国企改革三年行动方案（2020—2022年）》[A/OL].（2021-08-07）. https://gzw.zwgk.jingzhou.gov.cn/36088/202209/t20220926/85087.shtml.

稳定的发展环境是中国的重要利益。CPTPP 与 RCEP 的竞争导致亚太区域经济一体化与产业链供应链合作出现复杂性，特别是美国推动的印太战略意图分裂亚太地区的供应链与价值链体系。中国应推动两条一体化路径的融合发展，维持亚太地区产业链、供应链的稳定，避免亚太地区的分裂。当前应推动 RCEP 深化合作，积极争取加入 CPTPP，最终形成全体 APEC 成员参与的亚太自由贸易区。

参考文献

[1] LI C D，WHALLEY J. China and the TPP：A Numerical Simulation Assessment of the Effects Involved[J]. NBER Working Paper，2012，5.

[2] GANESH-KUMAR A，CHATTERJEE T. Mega External Preferential Trade Agreements and Their Impacts on Indian Economy[J]. Foreign Trade Review，2016，51（1）：46-80.

[3] PETRI P A，PLUMMER M G，URATA S，et al. Going It Alone in the Asia-Pacific：Regional Trade Agreements without the United States[J]. PIIE Working Paper，2017：17-10.

[4] PETRI P A，PLUMMER M G. East Asia Decouples from the United States：Trade War，COVID-19，and East Asia's New Trade Blocs[J]. PIIE Working Paper，2020：20-29.

[5] 赵灵翡，郎丽华 . 从 TPP 到 CPTPP：我国制造业国际化发展模拟研究：基于 GTAP 模型的分析 [J]. 国际商务，2018（5）：61-72.

[6] 王孝松，武皖 . CPTPP 建立的影响及中国的应对策略探究 [J]. 区域与全球发展，2018，2（3）：46-71，155-156.

[7] 张珺，展金永 . CPTPP 和 RCEP 对亚太主要经济体的经济效应差异研究：基于 GTAP 模型的比较分析 [J]. 亚太经济，2018（3）：12-30.

[8] 杨立强，余稳策．从 TPP 到 CPTPP：参与各方谈判动机与贸易利得变化分析 [J]. 亚太经济，2018（5）：57-64，150.

[9] 关兵，梁一新．中国应该加入 CPTPP 吗？基于一般均衡模型 GTAP 的评估 [J]. 经济问题探索，2019（8）：92-103.

[10] 刘欣悦，尤宏兵．CPTPP 和 RCEP 背景下中国应对区域经济一体化策略研究 [J]. 江苏第二师范学院学报，2019，35（1）：64-71.

[11] 李春顶，张杰皓，张津硕，等．CPTPP 经济效应的量化模拟及政策启示 [J]. 亚太经济，2020（3）：12-20，149.

[12] 陈淑梅，倪菊华．中国加入“区域全面经济伙伴关系”的经济效应：基于 GTAP 模型的模拟分析 [J]. 亚太经济，2014（2）：125-133.

[13] 马盈盈．RCEP 经济效应的模拟结果 [EB/OL].（2020-11-17）. http://iwep.cssn.cn/xscg/xscg_lwybg/202011/w020201117585041815708.pdf.

[14] KIM G P. Japan’s TPP Strategy[J]. World Economic Brief，2018，8（7）：1-6.

[15] 全毅．TPP 对东亚区域经济合作的影响：中美对话语权的争夺 [J]. 亚太经济，2012（5）：12-18.

[16] 全毅，沈铭辉．区域全面经济伙伴关系（RCEP）的中国视角 [J]. 国际贸易，2014（6）：57-61.

[17] 竺彩华．东亚经济合作的新秩序：TPP 还是 RCEP？ [J]. 和平与发展，2013（2）.

[18] 汤婧．TPP 与 RCEP：中国在亚太区域经济整合新秩序下的挑战及策略 [J]. 全球化，2013（6）.

[19] 刘威．TPP 与 RCEP 的竞争性及对中美亚“三元”贸易的影响研究 [J]. 亚太经济，2014（5）：3-7.

[20] 唐国强，王震宇．亚太自由贸易区：路线图与优先任务 [J]. 国际问题研究，2015（1）：75-87，140.

[21] 王海龙，朱京安．美国重返 CPTPP 的动因及其影响与应对：以中美经贸关系为视角 [J]. 管理现代化，2018，38（6）：47-50.

[22] 曹广伟.亚太经济一体化视域下CPTPP的生成机理及其后续影响[J].商业研究，2018（12）：90-96.

[23] 张彦.RCEP区域价值链重构与中国的政策选择[J].亚太经济，2020（12）：34-36.

[24] 张宇燕.《跨太平洋伙伴关系协定》文本解读[M].北京：中国社会科学出版社，2016.

[25] 鄂志寰.RCEP对全球经贸治理规则影响深远[J].金融时报，2019.

[26] 俞子荣，袁波，王蕊，等.RCEP：协定界定与政策对接[M].北京：中国商务出版社，2020.

[27] 盛斌.中国、CPTPP与国际经贸新规则[J].中国经济评论，2021（4）：92-96.

[28] 余淼杰，蒋海威.从RCEP到CPTPP差异、挑战及对策[J].国际经济评论，2021（2）：129-144，7.

[29] 张生.CPTPP投资争端解决机制的演进与中国的对策[J].国际经贸探索，2018（12）：95-106.

[30] 王芳.CPTPP投资规则对中国外资政策的启示[J].区域与全球发展，2018，2（2）：141-153，160.

[31] 方瑞安.电信服务贸易规则及对中国的挑战[J].外经贸实务，2019（10）：18-20.

[32] 温树英.金融服务贸易国籍法律规制的新发展及启示[J].国际经济法季刊，2019（3）.

[33] 方元欣.基于CPTPP探究亚太数字贸易规则演进趋势[J].新型工业化，2020，10（4）：120-122，157.

[34] 胡枚玲，张军旗.论CPTPP规制合作的新范式及中国应对[J].国际贸易，2019（10）：35-41.

[35] 苏庆义.中国是否应该加入CPTPP？[J].国际经济评论，2019（4）：107-127，7.

[36] 王辉耀.中国加入CPTPP的时机正在成熟[N].环球时报，2020-06-11.

[37] 全面与进步跨太平洋经济伙伴关系协定（CPTPP）[A/OL].（2021-01-11）.

http://www.mofcom.gov.cn/article/zwgk/bnjg/202101/20210103030014.shtml.

[38] 区域全面经济伙伴关系协定（RCEP）[A/OL].（2020-11-16）. http://www.mofcojiguanzx/202011/20201103016080.shtml.

[39] 周小明 . CPTPP 究竟能走多远？ [J]. 中国外资，2018（7）: 42-43.

[40] 罗宾·哈丁 . RCEP 塑造世界贸易未来 [N]. 金融时报，2020-11-15.

[41] 袁波 . CPTPP 的主要特点、影响及对策建议 [J]. 国际经济合作，2018（12）: 20-23.

[42] 白洁，苏庆义 . CPTPP 的规则、影响及中国的对策：基于和 TPP 对比的分析 [J]. 国际经济评论，2019（1）: 58-76，6.

[43] 蔡彤娟，郭小静 . TPP 到 CPTPP ：中国面临的新挑战与对策 [J]. 区域与全球发展，2019，3（2）: 5-16，153.

[44] 林泉忠 . 台湾加入 CPTPP，北京为何非阻止不可？ [N]. 明报，2021-09-27.

[45] 佟家栋，张俊美 . 亚太经济一体化的规制研究 [J]. 区域发展，2019（1）:3-20.

[46] 盛斌 . 中国、CPTPP 和国际经贸新规则 [J]. 中国经济评论，2020（14）: 92-96.

[47] 张蕴岭，张丽娟 . 国际贸易治理与变革 [M]. 北京：世界知识出版社，2020 : 137-180.

[48] 高伯 . 对等开放：中国迈向发达国家的必由之路 [J]. 文化纵横，2021（1）: 65-82，158.

[49] 全毅 . 中国对外开放的历程与实践创新 [J]. 南海学刊，2021（1）.

[50] 王辉耀 . 中国加入 CPTPP 的地缘政治效应 [N]. 联合早报，2021-10-04.

[51] 从 WTO 到 CPTPP 中国的二次入世 [EB/OL].（2021-09-22）. https://www.huxiu.com/article/458 118.html.

第五章

中国对外开放：理论创新与制度变迁

全　毅

提要：中国对外开放理论与体制在实践中不断发展与升华，经历了从改革开放初期的发挥比较优势发展外向型经济的起步阶段、加入WTO后“引进来”与“走出去”双向开放的开放型经济发展阶段、以“一带一路”引领开放型经济新体制并积极参与全球治理深化阶段以及目前制度型开放与构建高水平开放型经济体制升华阶段。中国特色对外开放理论与实践是推动对外开放与社会主义市场经济体制改革的基本动力，也是我国社会主义建设的主要特色。中国高水平开放型经济新体制建设，应实现系统性改革，构建高标准市场体系；实行制度性开放，构建更高水平的开放体系；对标高标准国际经贸规则，实施自贸区提升战略；高质量建设“一带一路”。

关键词：对外开放；开放经济理论；开放型经济体制；演进逻辑

一、中国对外开放理论与实践演进的阶段性

改革开放是我国社会主义建设史上决定命运的关键一招。习近平总书记在纪念改革开放40周年的讲话中指出：“改革开放是我们党的一次伟大觉醒，正是这个伟大觉醒孕育了我们党从理论到实践的伟大创造。”[①]尽管中国对外开放是根据本国实际的探索实践，但我国对外开放理论认识与政策实践也受到西方经济理论及市场经济规则的强烈影响。因此，我们首先简要回顾西方经济理论中关于开放与保护问题的争论。实际上，西方经济学关于开放还是保护的争辩一直就不绝于耳，形成自由主义经济学与保护主义经济学两种对立统一的经济

① 杨胜群．改革开放是中国共产党的一次伟大觉醒[N]．人民日报，2019-01-30.

理论体系：从15—16世纪的重商主义学派到18世纪的亚当·斯密自由贸易论构成了第一个回合的论战；从1791年美国汉密尔顿发表关税保护论到1817年李嘉图比较利益论形成了论战的第二回合；从1841年李斯特保护贸易论到1933年俄林要素禀赋论形成论战的第三回合；从1936年凯恩斯新重商主义和1960年结构主义（发展主义）到1970年费里德曼新自由主义构成了论战的第四回合。直到20世纪80年代保罗·克鲁格曼提出战略性贸易理论试图为协调自由主义与保护主义建立一个理论基点。随着全球贸易失衡及难民潮出现，到21世纪初以贸易再平衡和反移民的逆全球化保护主义再度兴起，英国脱欧和美国特朗普主义将此推行高潮。目前，西方理论界与政策界都在酝酿新的理论与政策体系，重构国际经贸新规则体系。限于篇幅，本章不对这些西方理论展开论述。说这些理论体系是对立统一关系是因为这些理论都是在西方资本主义市场经济发展过程中形成和发展的，它们提出了一些对立的思想观点与政策主张，但又因势乘便，相互吸取对方理论精华，成为市场经济调解经济社会矛盾的两种手段。但过犹不及，真理往前走一步就成为谬误。所以，每一种理论与政策在实施与实践过程中都会物极必反，相互转换。但并非简单循环往复，而是不断递进上升的过程。这些理论在实践运用过程中，形成了自由贸易的开放政策体系和进口替代的保护政策体系。英国在工业化过程中奉行自由贸易政策，推动贸易全球化。而后起的德国与美国则奉行李斯特与汉密尔顿的产业保护政策。这两种理论与政策实践都对世界经济发展产生了巨大影响。

中国对外开放不论在理论上还是在实践上都与西方的理论与实践存在巨大差异：其一，我国实行对外开放是对历史上闭关锁国深刻反思的结果，而西方国家对外开放是根据自身所处国际分工地位与竞争力实行的对外开放。中国从明代中叶开始实行闭关锁国政策，限制对外贸易与交往。闭关锁国是近代中国愚昧落后的根源。这种闭关锁国的经济基础是自给自足的小农经济。中国实行对外开放政策是对历史教训反思的结果。西方国家以工商和畜牧业为基础的经济很早就形成市场经济规则。资本对利润的追求会驱使资产阶级奔走全球拓展海外市场。这样，产业竞争力强的经济发达国家就会要求实行开放政策，后起的工业国家在国内产业具备国际竞争力后就转而实行自由贸易政策。历史上的德国、日本和美国科技经济崛起后都实行对外开放政策。其二，我国对外开放是在计划经济体制的转轨过程进行的，而西方是在保护贸易的政策中转向对外开放的。计划经济体制基本上是一种封闭性体制，因为计划是以全国为区域单元的，对国外市场无法制定计划安排生产。中国在实行对外开放时不仅面临着产业选择，而且面临着体制转轨任务。制度建设成为对外开放的重要内容。西方国家实行市场经济体制，即便对外实行保护政策，对内也是一种开放型经济体制，生产者按照市场需求安排生产。因此，西方国家从贸易保护转向自由贸易时，只需按照产业发展成熟度选择市场开放的循序，无须进行相应的体制改革。其三，中国对外开放采取渐进式模式，无论区域开放、产业开放，还是体制转轨都采取先局部探索试验再全面放开的模式。这个过程看起来有些缓慢，甚至缺乏公平公正，但这正是中国特色的创造。相比拉美与苏东国家的“休克疗法”，我国成功避开经济危机与政治混乱，创造了改革、稳定与发展的协调推进。尽管中国贸易开放具有特殊性，但中国对外开放与经济发展基本符合要素禀赋理论与比较优势理论等经济学原理，西方的贸易开放理论也能较好地解释中国改革开放创造的经济奇迹，甚至与中国传统的古典贸易理论“淮南子—司马迁定理”高度吻合[①②]。

中国在对外开放过程中始终根据自身经济发展状况和在国际分工中的地位决定对外开放的策略，争取实现利益最大化。在这一进程中，对外开放从理论到实践经历过若干重大飞跃和发展阶段。笔者曾在《改革开放 40 年中国对外开放理论创新与发展》中对邓小平、江泽民、胡锦涛和习近平等领导人对外开放思想的传承与发展进行过梳理和阐述[③]，本章以党的十一届三中全会以来的历届党代会关于开放的论述为主线，结合我国理论界的探索进行考察，可以发现中国对外开放的理论创新与体制改革具有明显的阶段性（见表 5-1）。第一阶段，从 1978 年十一届三中全会确立改革开放的基本国策，到 2000 年我国经济

① 江小涓．中国对外开放的国情特色与时代特点 [EB/OL].（2023-02-10）. https://www.cssn.cn/xszg/xszg_dyj/202209/t20220914_5495784.shtml.

② 张宇燕．中国对外开放的理念、进程与逻辑 [J]. 中国社会科学，2018（11）：30-41.

③ 全毅．改革开放 40 年中国对外开放理论创新与发展 [J]. 经济学家，2018（11）：5-12.

发展模式转型与体制转轨；第二阶段，从2001年我国加入WTO到2012年我国经济体制与国际经贸规则接轨；第三阶段，从2013年正式提出构建开放型经济新体制到2018年提出制度型开放并积极参与全球治理；第四阶段，2019年提出构建更高水平开放型经济新体制，对外开放进入新的历史阶段。

表5-1 中国特色开放经济理论形成过程

历次党代会	关于对外开放的主要论述	深化认识与工作部署
十一届三中全会（1978年12月）	在自力更生的基础上积极发展同世界各国平等互利的经济合作，努力采用世界先进技术和先进设备	对广东、福建两省实行“特殊政策”“灵活措施”，设立深圳、珠海、汕头、厦门四个经济特区，下放经济审批权限，外资税收优惠政策，发展“三来一补”企业
十二大（1982年9月）	实行对外开放，按照平等互利的原则扩大对外经济技术交流，是我国坚定不移的战略方针	1984年开放从广西北海到辽宁大连等14个沿海城市，并在开放城市设立14个经济技术开发区，赋予开发区经济特区优惠政策
十三大（1987年10月）	必须坚持对外开放……闭关自守只能越来越落后。我们必须以更加勇敢的姿态进入世界经济舞台，正确选择进出口战略和利用外资战略，进一步扩展同世界各国包括发达国家和发展中国家的经济技术合作与贸易交流，为加快我国科技进步和提高经济效益创造更好的条件	1988年开放整个沿海地区，实施沿海外向型经济发展战略。1988年6月海南独立建省，设立海南经济特区
十四大（1992年10月）	确立我国改革开放的目标是建立社会主义市场经济体制。对外开放要扩大，形成多层次、多渠道、全方位开放的格局。积极开拓国际市场，促进对外贸易多元化，发展外向型经济。深化外贸体制改革，尽快建立适应社会主义市场经济发展的、符合国际贸易规范的新型外贸体制	1993年11月十四届三中全会《中共中央关于建立社会主义市场经济体制若干问题的决定》提出：让市场在资源配置中起基础性作用。充分利用国际国内两个市场、两种资源、优化资源配置……发展开放型经济
十五大（1997年9月）	对外开放是一项长期的基本国策。完善全方位、多层次、宽领域的对外开放格局，发展开放型经济。以提高效益为中心，努力扩大商品和服务的对外开放，优化进出口结构。积极合理有效地利用外资	2000年十五届五中全会关于“十五计划”的建议再次提出：进一步扩大对外开放，发展开放型经济。指出要充分利用加入世贸组织的发展机遇，首次提出实施“走出去”战略

续　表

历次党代会	关于对外开放的主要论述	深化认识与工作部署
十六大（2002年11月）	中国加入世贸组织标志着对外开放进入新阶段。坚持“引进来”和“走出去”相结合，全面提高对外开放水平。进一步扩大商品和服务贸易。进一步吸引外商投资，提高利用外资的质量和水平。实施“走出去”战略是对外开放新阶段的重大举措	2003年十六届三中全会《中共中央关于完善社会主义市场经济体制若干问题的决定》提出“按照市场经济体制目标及WTO规则，建立一个公平、透明和稳定的涉外经济管理体制”和“完善对外开放的制度保障”的改革任务。2005年十六届五中全会首次提出促进全球贸易和投资自由化与便利化和实施互利共赢的开放战略
十七大（2007年10月）	坚持对外开放的基本国策，拓展对外开放的广度和深度，提高开放型经济水平。把“引进来”和“走出去”更好地结合起来，扩大开放领域、提高开放质量，完善内外联动、互利共赢、安全高效的开放型经济体系，形成经济全球化条件下参与国际经济合作和竞争新优势	2010年10月十七届五中全会《中共中央关于制定国民经济和社会发展第十二个五年规划的建议》提出“完善更加适应发展开放型经济要求的体制机制”，并首次提出“积极参与全球经济治理和区域合作”与“推动国际经济体系改革”的主张
十八大（2012年11月）	全面提高开放型经济水平。适应经济全球化新形势，必须实行更加积极主动的开放战略，完善互利共赢、多元平衡、安全高效的开放型经济体系。创新开放模式，促进沿海内陆沿边开放优势互补，形成引领国际经济合作和竞争的开放区域，培育带动区域发展的开放高地。统筹双边、多边、区域次区域开放合作，加快实施自贸区战略，推动周边国家互联互通。提高抵御国际风险能力	2013年9月习近平主席在二十国集团会议上提出“共同维护和发展开放型世界经济”的新理念。十八届五中全会提出必须顺应我国经济深度融入世界经济的趋势，奉行互利共赢的开放战略，发展更高层次的开放型经济，积极参与全球经济治理和公共产品供给，提高我国在全球经济治理中的制度性话语权，构建广泛的利益共同体

续 表

历次党代会	关于对外开放的主要论述	深化认识与工作部署
十九大（2017年10月）	推动形成全面开放新格局和人类命运共同体建设。要以“一带一路”建设为重点、坚持“引进来”和“走出去”并重，遵循共商共建共享原则，加强创新能力开放合作，形成陆海内外联动、东西双向互动的全面开放新格局。拓展对外贸易、培育贸易新业态新模式，推进贸易强国建设。实行高水平贸易投资自由化便利化政策，全面实行准入前国民待遇加负面清单管理制度，大幅度放宽市场准入，扩大服务业开放，保护外商合法权益。凡是在我国境内注册的企业，都要一视同仁，平等对待。优化区域布局，加大西部开发力度。赋予自由贸易试验区更大改革自主权，探索建设自由贸易港。创新对外投资方式，促进国际产能合作，形成面向全球的贸易、投融资、生产、服务网络，加快培育国际经济合作和竞争新优势。主动参与和推动经济全球化进程，发展更高层次的开放型经济	2019年十九届四中全会全面部署构建开放型经济新体制，提出建设更高水平开放型经济新体制，推动国内规则、规制、管理、标准等制度型开放。2020年5月《关于新时代加快完善社会主义市场经济体制的意见》提出要在产权保护、要素流动、竞争中性深化改革，完善我国社会主义市场经济制度。《中华人民共和国国民经济和社会发展第十四个五年规划和2035年远景目标纲要》提出“积极考虑加入全面与进步跨太平洋伙伴关系协定，推动商签更多高标准自由贸易协定和区域贸易协定”。坚持更大范围、更宽领域、更深层次对外开放，依托我国大市场优势，促进国际合作，实现互利共赢，强调推动规则、规制、管理、标准等制度型开放，建设更高水平开放型经济新体制的目标
二十大（2022年10月）	推进高水平对外开放：依托我国超大规模市场优势，以国内大循环吸引全球资源要素，增强国内国际两个市场两种资源联动效应，提升贸易投资合作质量和水平。稳步扩大规则、规制、管理、标准等制度型开放。推动货物贸易优化升级，创新服务贸易发展机制，发展数字贸易，加快建设贸易强国。合理缩小外资准入负面清单，依法保护外商投资权益，营造市场化、法治化、国际化一流营商环境	推动共建“一带一路”高质量发展。优化区域开放布局，巩固东部沿海地区开放先导地位，提高中西部和东北地区开放水平。加快建设西部陆海新通道。加快建设海南自由贸易港，实施自由贸易试验区提升战略，扩大面向全球的高标准自由贸易区网络。有序推进人民币国际化。深度参与全球产业分工和合作，维护多元稳定的国际经济格局和经贸关系

二、比较优势理论与外向型经济体制构建

（一）沿海地区经济发展战略与工业化道路转型（1978—1992 年）

我国对外开放创造过辉煌的历史，“丝绸之路”就是明证。中华人民共和国成立后，我国和许多民族独立国家一样实行进口替代工业化道路，而且以重化工业为核心构建独立的民族工业生产体系。那时，我国受苏联政治经济教科书和重化工业化道路、发展中国家结构主义经济理论的影响，以及自然经济与闭关锁国的禁锢，认为发展对外贸易的作用在于互通有无、调剂余缺。

对外开放实践要求理论界展开新的探索。邓小平对对外开放的战略地位、战略步骤、开放布局以及开放原则等一系列问题做了清晰阐述，奠定了中国对外开放理论的发展基础。1979 年，邓小平明确指出，“开放是对世界所有国家开放，对各种类型的国家开放”，要学习他们的经验和长处，博采众长，加速我国的现代化建设，“既要利用外国的资金和技术，也要大力发展对外贸易”[①]。理论界与政策界对我国利用外资、发展对外贸易进行了理论研究。当时受计划经济理论的束缚，对开放经济的认识主要是利用国外资金、技术与管理经验，来加快本国经济发展。用学术话语来说就是对外开放的目的主要是解决我国发展过程中资金缺口和外汇缺口的“双缺口”问题（最初由经济学家钱纳里提出）。“双缺口”模型与要素跨国流动国际投资理论，构成了早期的开放型经济发展理论。

改革开放除了引进外国先进生产要素，还引进西方的学术思想。1980 年，西方各种社会思潮及思想理论被翻译介绍到国内。亚当·斯密的劳动分工与自由交易理论、大卫·李嘉图的比较优势理论、赫克歇尔 - 俄林的要素禀赋理论，以及汉密尔顿和李斯特的产业保护理论、奥地利学派的哈耶克自由市场理论、芝加哥学派弗里德曼的自由选择理论、熊彼特的竞争优势理论、保罗·克鲁格曼的战略性贸易理论都被介绍到中国学术界，激活了中国学术思想界的研究热潮。20 世纪 80 年代中期，我国学术界对发展对外贸易与工业化模式展开

① 邓小平 . 建设有中国特色的社会主义 [M]. 北京：人民出版社，1984：20.

热烈讨论，围绕贸易自由和贸易保护，进口替代和出口导向发展战略展开激烈辩论。比较优势理论与出口导向发展战略在我国得到更多传播。多数学者认为发展对外贸易是为了获取比较利益，而不是互通有无与调剂余缺。陈琦伟认为，古典的比较利益理论需要用马克思主义的劳动价值与国际价值理论加以改革和补充。但静态的要素禀赋与比较优势并非必然获得竞争优势，因此利用熊彼特的竞争优势理论改造比较优势分工理论，以国际竞争力导向型战略作为我国对外开放与参与国际分工的理论指导①。1988 年初，王建提出“国际大循环经济发展战略构想”，认为中国为实现产业结构转换和经济高速增长，必须加入国际经济大循环，发展劳动密集型的出口加工工业，解决农村剩余劳动力的出路和从国际市场获取我国经济发展所必需的外汇资金和技术②。同年3月，中央政府采纳该建议，正式提出和实施沿海外向型经济发展战略。这一战略的提出和实施，是我国工业化、现代化进程中经济发展模式的重大调整和创新。

这一时期，党对社会主义经济的认识经历了从计划经济到“计划经济为主、市场调节为辅”（1982 年 9 月）及“有计划的商品经济”（1987 年 10 月）的转变过程。1984 年实行的“双轨制”，即国有企业和集体经济在完成计划任务后，可以进行市场交易，是我国经济体制转轨路径的独特设立。中国进入“计划与市场有机结合——计划调节市场、市场引导企业”的新型经济模式。

在实践上，我国对封闭性的计划经济体制进行了大幅度改革。1979 年 7 月，国务院赋予广东福建特殊政策和灵活措施（更多自主权），设立深圳、珠海、汕头和厦门四个经济特区（1988 年海南建省并开辟为最大经济特区）；1984 年 5 月，开放从广西北海到辽宁大连的 14 个沿海港口城市；1985 年，设立长江三角洲、珠江三角洲和闽南厦漳泉金三角三个沿海经济开放区；1988 年 3 月，将山东半岛、辽东半岛列入沿海经济开放区，实施沿海地区外向型经济发展战略。我国相继出台《中华人民共和国中外合资经营企业法》《中华人民共和国中外合作经营企业法》《中华人民共和国外资企业法》等涉外经济法规。对特区政府、沿海开放城市赋予副省级经济管理权限，采取市场调节手段，允许发

① 陈琦伟 . 国际竞争论 [M]. 上海：学林出版社，1986.

② 王建 . 关于国际大循环发展战略的构想 [N]. 经济日报，1988-01-05.

展多种所有制经济，对外商投资企业所得税减按 15% 征收等。但同时对外商投资企业进行严格的内外销比例限制、股权比例限制和外汇平衡业绩要求。江小娟指出："从 1983 年到 1991 年底，全国人大和国务院颁布了 200 多项涉外经济法规，引入了最基本的市场经济概念和制度框架，对中国随后的市场化改革有重要的先导和启蒙作用。"①

（二）发挥比较利益与出口导向型工业化战略（1992—2000 年）

任何新生事物在起初总是充满争议。1989 年柏林墙倒塌以及东欧苏联剧变引起我国理论与务实界关于市场化改革姓"社"姓"资"的激烈交锋。1992 年，邓小平发表"南方谈话"，强调发展是硬道理，指出计划和市场都是发展经济的手段，打破了计划经济是社会主义和市场经济是资本主义的思想禁锢。党的十四大报告确立我国改革开放的目标是建立社会主义市场经济制度，让市场在资源配置中起基础性作用，是我党关于社会主义认识的飞跃。再次强调要学会两套本领、利用两个市场与两种资源，发展外向型经济。

1993 年，十四届三中全会通过的《中共中央关于建立社会主义市场经济体制若干问题的决定》，提出"要积极参与国际竞争与国际合作，发挥比较优势，发展开放型经济，使国内经济与国际经济互接互补"，首次提出发展开放型经济。曾志兰认为，从外向型经济到开放型经济是中国对外开放思想的创新与飞跃②。但在当时无论是政府文件，还是学术界都是将利用外资、对外贸易和对外投资等"三外经济"作为开放型经济的论述范围。这是中国学者对基于要素禀赋与比较优势的政策激励型开放模式进行反思的结果。从 20 世纪 90 年代中期开始，学术界对区域梯度开放模式进行反思和加入 WTO 的利弊及对策进行系列研究，提出我国对外开放要实现由地区倾斜到产业倾斜、由区域模式向产业模式、从浅层次参与国际循环向纵深国际循环、由单向开放向双向开放的战略转变③。1996 年 7 月江泽民同志指出："'引进来'和'走出去'，是我们对外开

① 江小涓．制度性开放成为中国必然而紧迫的任务 [J]. 经济研究，2021（6）：16-22.

② 曾志兰．中国对外开放思想创新的历程：从外向型经济到开放型经济 [J]. 江汉论坛，2003（11）.

③ 全毅．论世纪之交的中国对外开放 [J]. 亚太经济，1996（4）：33-38.

放基本国策两个紧密联系、相互促进的方面，缺一不可。这是一个大战略，既是对外开放的重要战略，也是经济发展的重要战略。”① 1997年党的十五大报告指出：“完善全方位、多层次、宽领域的对外开放格局……以提高效益为中心，努力扩大商品和服务的对外开放，优化进出口结构。”

实践上，1992 年设立浦东新区，并开放重庆、武汉、岳阳、九江、芜湖等长江流域沿岸五个中心城市，以及郑州、太原、西安、银川、兰州、西宁、乌鲁木齐、成都、贵阳、昆明、南宁、合肥、南昌、长沙、长春、哈尔滨、呼和浩特等 17 个省会城市，沿边丹东、珲春、绥芬河、满洲里、霍尔果斯、瑞丽、河口、东兴等 13 个边境口岸城镇，到 2000 年实施西部大开发战略，基本实现全方位、多层次、宽领域的对外开放格局。1993 年，我国进行企业会计制度改革，实现与国际惯例接轨，提高企业经营透明度。1994 年，我国进行财税体制、价格体制、外贸外汇、投资体制等市场经济改革，废除外汇与价格双轨制，实现价格与汇率并轨，我国计划经济体制转轨取得重大进展。汇率并轨并钉住美元的汇率制度改革促进我国对外贸易迅速发展，中国很快就实现了进出口平衡，并转向外贸盈余。为提高使用外资的质量，1995 年 6 月颁布《指导外商投资方向暂行规定》和《外商投资产业指导目录》，按照鼓励类、限制类、禁止类设立外商投资市场准入目录，吸引外资投向我国亟须发展的出口产业。通过体制改革与政策调整，我国形成了一整套奖出限入的重商主义政策体系。

三、加入 WTO 与外向型经济体制转型

（一）对外开放模式的理论争鸣（2001—2012 年）

2001 年 12 月 11 日，中国加入 WTO 使对外开放进入制度性开放的新阶段。2002 年，党的十六大报告提出实行互利共赢的开放战略，发展开放型经济体系：坚持“引进来”和“走出去”相结合，全面提高对外开放水平；进一步扩大商品和服务贸易；进一步吸引外商投资，提高利用外资的质量和水平；强调

① 江泽民 . 江泽民文选（第二卷）[M]. 北京：人民出版社，2006.

实施“走出去”战略是对外开放新阶段的重大举措。十六届五中全会首次提出促进全球贸易和投资自由化便利化和实施互利共赢的开放战略①。我国对外开放的内涵与外延不断延伸。

理论界对 WTO 多边贸易体制进行深入研究，并对照我国经济体制差距，指出我国体制改革与政策调整的方向。入世前后，中国出版了数百种普及 WTO 的书籍和学习资料，立法机构和行政部门进行了历时数年的文件整理和清理，如此大规模的国内外体制接轨行为在 GATT 和 WTO 历史上都是罕见的。梁小萌认为，加入 WTO 标志着中国对外开放进入一个新的阶段，开放模式将发生质的跨越。从政策开放转向规则开放是中国对外开放的进步②。全毅认为，中国加入 WTO 将加快建立与国际多边贸易体制相衔接与国际惯例相适应的市场经济体制，并依据 WTO 规则提出对我国产业补贴政策进行适应性调整③。中国（海南）改革发展研究院研究报告《加入 WTO 与我国经济改革》提出要在政府职能转变、企业改革、金融体制、基础领域、商业流通、农村市场化、人力资源、市场秩序、法制建设等九大领域加快体制改革步伐④。张幼文以科学发展观为指导，对前期我国政策激励型开放模式导致的劳动力、土地资源等生产要素的市场扭曲，造成粗放型生产与国有资产流失进行深入分析，提出以效益为导向的新开放观⑤。并进一步提出“实现从竞争性优惠政策开放向构建开放型经济体制的制度型开放转变，消除政策引致性市场扭曲，转变经济发展方式，需要按照中国对 WTO 所做的各种市场开放承诺，包括国内体制改革的各种承诺，实质上都是按照现代市场经济的要求建设开放型市场的承诺，建设开放型市场

① 中共中央关于制定国民经济和社会发展的第十一个五年规划的建议 [A/OL].（2005-10-11）. https://www.ndrc.gov.cn/fggz/fzzlgh/gjfzgh/200709/p020191029595993733265.pdf.

② 梁小萌. 从政策开放到规则开放：加入 WTO 后中国对外开放的模式转变 [J]. 探求，2001（6）：18-21.

③ 全毅. 中国入世：体制改革与政策调整 [M]. 北京：经济科学出版社，2001.

④ 王梦奎. 加入 WTO 与中国经济改革 [M]. 北京：外文出版社，2002.

⑤ 张幼文. 树立新开放观，维护国家经济安全 [C]// 上海市社会科学界联合会. 当代中国：发展 · 安全 · 价值——第二届（2004 年度）上海市社会科学界学术年会文集. 上海：上海人民出版社，2004：250-262.

经济体制”。[①] 这些早期开放型经济体制研究具有开创性和启蒙意义。

经济学家林毅夫通过对发展中国家外向型经济发展战略和进口替代战略的得失，以及中国改革开放经济发展的研究，在批判地吸收要素禀赋比较优势理论和中心外围结构主义理论的基础上，提出新结构经济学。他认为，一个经济体只要政府发挥因势利导的有为作用，在市场经济中为企业家消除软硬基础设施的瓶颈限制，要素禀赋结构决定的具有比较优势的产业就会变成国内国际市场上的竞争优势，这个经济体就能迅速发展起来，缩小和发达国家的差距，在一两代人的时间内变成一个高收入经济体[②]。余永定对此进行了补充，他认为，对于所有民族国家，特别是大国来说，按照比较优势参与国际分工是不够的，必须考虑贸易伙伴“踢掉梯子”和国家安全问题，参与国际分工应该与建立相对完整产业体系的努力相协调[③]。正如斯蒂格利茨也指出，国家无须受限于传统的资源禀赋决定的发展方式。

2005 年我国外汇储备突破 1 万亿美元，我国对外贸易摩擦日益增多，国际上施压人民币升值呼声强烈，成为经济成长中的烦恼。2007 年党的十七大报告指出：坚持对外开放的基本国策，把“引进来”和“走出去”更好地结合起来，扩大开放领域，提高开放质量，完善内外联动、互利共赢、安全高效的开放型经济体系，形成经济全球化条件下参与国际经济合作和竞争新优势[④]。学术界对开放型经济概念以及评价指标展开研究。冯苏宝和贾怡君认为，外向型经济与开放型经济是相互联系也有区别的概念。两者都是利用国际资源加速经济发展，区别是开放型经济是外向型经济发展的高级阶段，是外向型经济发展的必然结果。开放型经济是开放度较高的经济体系、运行机制和法律制度，或者说是商品、服务和生产要素能够较为自由地跨越边境双向流动，按照市场规律

① 张幼文．政策引致性扭曲的评估与消除：中国开放型经济体制改革的深化 [J]. 学术月刊，2008（1）: 60-69.

② 林毅夫．论中国经济：挑战、底气与后劲 [M]. 北京：中信出版社，2021 : 92.

③ 余永定．我对新结构经济学的几点看法 [EB/OL].（2022-02-09）. https://user.guancha.cn/main/content?id=690804.

④ 胡锦涛．高举中国特色社会主义伟大旗帜，为夺取全面建设小康社会新胜利而奋斗 [A/OL].（2007-10-25）. http://www.npc.gov.cn/zgrdw/npc/xinwen/szyw/zywj/2007-10/25/content_373528.html.

在世界范围内实现优化配置的一种经济状态[①]。学者们从对贸易依存度、加工贸易增加值、投资依存度、对外投资、进出口结构等指标构建评价开放型经济发展水平与效益的指标体系。这些理论研究为构建开放型经济体制奠定了思想基础。

（二）按照 WTO 规则，深化涉外经济体制改革（2001—2012 年）

加入 WTO，我国对外开放模式进入按照 WTO 规则的调整期，即深度参与经济全球化、全面提高开放型经济水平的新阶段。2003 年十六届三中全会通过的《中共中央关于完善社会主义市场经济体制若干问题的决定》提出，按照市场经济体制目标和 WTO 规则，建立一个公平、透明和稳定的涉外经济体制和完善对外开放的制度保障，逐步消除原先外资外贸导向型的特殊开放政策的扭曲效应，实行内外资两税并轨和反垄断法，调整加工贸易和出口退税政策等[②]。2010 年 10 月，十七届五中全会提出：要完善更加适应发展开放型经济要求的体制机制，并首次提出“积极参与全球经济治理和区域合作”与“推动国际经济体系改革”的主张[③]。在此阶段，我国以双向开放为目标，对照 WTO 国际惯例和入世承诺对国内法律法规进行大幅度调整和修改。中央层面制定、修订和废止了 3 000 余项法律、行政法规和部门规章，地方政府清理地方性政策和法规近 20 万项，使涉外经济法律与加入 WTO 承诺相一致。2004 年 4 月，修订《中华人民共和国对外贸易法》，取消了施行 50 年之久的外贸经营权审批制度，对外贸经营者开始实行登记备案制，同时实施以核准制为主的对外投资管理体制。对外投资政策修改外资三法，逐渐放宽外资股权限制，取消了对外资企业的外汇平衡、当地成分、出口业绩和企业生产计划备案等要求。按照入世承诺将关税总水平从 2001 年的 15.3% 降低至 2005 年的 9.9%，取消进口配额制度

---

① 冯苏宝，贾怡君 . 从外向型经济向开放型经济转型：后危机时代经济特区的发展之路 [J]. 开放导报，2010（5）：19-21.

② 关于完善社会主义市场经济体制的若干问题的决定 [A/OL].（2003-10-14）. https://www.gov.cn/gongbao/content/2003/content_62494.htm.

③ 中共中央关于制定国民经济和社会发展第十二个五年规划的建议 [A/OL].（2010-10-18）. https://zgydata.hinews.cn/126-20210512155932-60968ae4893b3.pdf.

和许可证制度。在服务贸易领域，到 2007 年，中国开放了银行、保险、证券、电信、建筑、分销、法律、旅游、交通运输等 100 个服务部门，占 WTO 分类的 160 个服务部门的 62.5%。在透明度方面，2003 年根据透明度原则制定《中华人民共和国行政许可法》和《中华人民共和国立法法》规范政府施政行为。改革投资体制，通过了《中华人民共和国公司法》，确立企业法人和自然人为投资主体，实现风险与收益平衡。在国有企业改革方面，按照抓大放小标准对国有集体经济进行改革，对大型国有企业进行股份制改造，对小型国有集体经济进行民营化改造，让其成为独立经营的市场主体。2008 年实现外资企业与民营企业的所得税统一，消除国内外企业所得税差别待遇。加入 WTO 极大地改善了我国发展的国际环境和国内营商环境，促进跨国公司和民营经济的高速发展，迎来中国经济发展的黄金期，成为我国以开放促改革促发展的经典案例。

通过经济体制改革基本确立了社会主义市场经济的制度框架，大幅提升了中国经济竞争力，有效抗击了 2008 年爆发的国际金融风险，为我国积极参与国际竞争和全球治理奠定了重要基础。但由于 WTO 规则主要涉及边境措施，对边境内的法律政策涉及不深，以及思想理论上对准入前国民待遇与竞争中性原则认识不到位，我国自 2005 年在市场经济体制改革上的一些重大的改革计划进展缓慢，特别是对外资企业行政审批制度构成事实上的市场准入障碍，以“市场换技术”的策略也成为外国指控中国强制性技术转让的借口，奖出限入的外向型经济发展模式并没有得到根本扭转，双轨制仍然存在于我国经济社会的方方面面，公平公正竞争的市场环境还没有形成。我国外向型经济体制不平衡、不协调、不可持续的问题仍然比较突出，有些体制不适应国际经贸规则变化和自身开放型经济发展的需要，对外经济贸易摩擦越来越激烈，在遭遇外部需求危机时，对出口导向政策的修修补补已无济于事，必须进行根本性的战略创新。

四、开放型经济理论与开放型经济体制构建

党的十八大以来，以习近平同志为核心的党中央准确把握和全面认识中国发展实际，站在百年未有之大变局与两个百年奋斗目标的历史新方位，准确把

握世界发展大势，对标国际投资贸易高标准，实施高水平对外开放，积极主动参与全球经济治理，不断拓展中国对外开放的广度、深度和高度，开创全面对外开放新格局。

（一）开放型经济理论深化（2012—2018 年）

2010 年我国取代日本成为世界第二大经济体，2013 年我国成为全球最大出口国，2009 年成为全球第二大进口贸易国，并于 2006 年成为外汇储备第一大国。2015 年我国对外投资超过引进外资成为资本净输出国家，在 2017 年成为世界第二大对外投资国家。我国要素禀赋与比较优势相比加入 WTO 之前发生巨大变化，中国需要参与全球治理维持稳定可预期的国际经济环境。随着我国对外贸易失衡不断增加，对外贸易摩擦日益激烈，美国等西方国家从 2010 年开始在 WTO 对中国贸易政策与经济体制提出批评，并掣肘 WTO 上诉机构法官遴选，施压 WTO 进行改革。同时通过双边和诸边平台进行谈判，开始新一轮贸易投资规则重构。美国在 2010 年发起跨太平洋经济伙伴关系和跨大西洋贸易与投资伙伴关系谈判。国际经济秩序与经贸规则面临 1994 年以来最大一轮的重构。

为适应国际贸易格局变化和参与国际经贸新规则重构，党的十八报告提出，要适应经济全球化新形势，实行更加积极主动的开放战略，完善互利共赢、多元平衡、安全高效的开放型经济体系。同时，中国也秉持共商共建共享的全球治理观，将继续发挥负责任大国作用，积极参与全球治理体系改革和建设，不断贡献中国智慧和力量①。对党的十七大报告提出的“内外联动、互利共赢、安全高效的开放型经济体系”进行调整，突出多元平衡，既要实现进出口平衡，吸引外资与对外投资平衡，沿海与内陆平衡，中外利益兼顾共赢，又能抗击国际风险冲击。同时也要积极参与全球与区域经济治理，使全球治理体系向更加公平、合理和包容的方向发展。为此，2013 年 11 月十八届三中全会《中共中央关于全面深化改革若干重大问题的决定》首次提出，要实施新一轮高水

① 胡锦涛．高举中国特色社会主义伟大旗帜，为夺取全面建设小康社会新胜利而奋斗 [A/OL].（2007-10-25）. http://www.npc.gov.cn/zgrdw/npc/xinwen/szyw/zywj/2007-10/25/content_373528.html.

平对外开放，努力构建开放型经济新体制。包括：深化贸易投资自由化；形成面向全球的高标准自贸区网络；加快贸易与投资新规则和新议题谈判，尤其是在贸易便利化、投资、电子商务、环境、政府采购等优先领域[①]。2014年底，习近平主席在中共中央政治局第十六次集体学习时再次强调要加快实施自由贸易区战略和构建开放型经济新体制，以适应国际经贸格局的变化。2015 年十八届五中全会再次强调：坚持开放发展，必须顺应我国经济深度融入世界经济的趋势，奉行互利共赢的开放战略，发展更高层次的开放型经济[②]。习近平总书记关于开放发展新论述是中国对外开放理论的发展与升华。这一阶段的中国对外开放理论，已经从关注吸取国际资源促进自身发展转向提供公共产品推动全球发展的深化阶段，即通过高水平对外开放，发挥中国在全球治理乃至人类命运共同体构建中的推动作用，积极为全球化发展贡献中国智慧，逐渐从全球治理的参与者向推动者和引领者的角色转变[③]。

我国理论界以新开放发展理念为指导，研究重点转向开放型经济新体制：站在全球合作共赢的新高度，统筹国内国际两个市场发展，研究如何实现进出口平衡、“引进来”与“走出去”平衡、陆海统筹与东西互济、“一带一路”建设、亚洲投资银行建设策略，构建互利共赢、多元平衡和安全高效的开放型经济新体制。这一时期，理论界（裴长洪、唐海燕、张二震、赵春明、梅新育、全毅、姜荣春等学者）对开放型经济理论及其体制构建的目标任务、新特征和实现路径从学理和应用层面进行了有益探讨。张幼文认为，经济全球化经历了商品贸易全球化阶段、资本流动全球化阶段和要素流动全球化阶段。“国际分工从产业间分工发展为价值链分工，国家差异从产业结构差异转变为要素结构差异，国际分工地位的核心从产业水平转变为要素结构水平，因此，要素升级成为一国提升国际分工地位的根本”[④⑤]。全球价值链贸易时代，产业升级表现

① 中共中央编写组．中共中央关于全面深化改革若干问题的决定 [M]. 北京：人民出版社，2013.

② 中国共产党第十八届中央委员会第五次全体会议公告 [A/OL].（2015-10-29）. http://china.cnr.cn/gdgg/20151029/t20151029_520328336.shtml.

③ 蓝庆新．中国特色对外开放的理论脉络 [J]. 人民论坛，2019（29）：44-45.

④ 张幼文．生产要素的国际流动与全球化经济的运行机制 [J]. 国际经济评论，2013（5）:30-39，4-5.

⑤ 张幼文．世界经济学的基础理论与学科体系 [J]. 世界经济研究，2020（7）：3-16，135.

为生产要素升级。生产要素升级的主要路径是国内自身培育，核心是教育和人才培养，以及购买技术专利和跨国并购获取技术、品牌和销售网络等高级要素。因此，促进生产要素有序自由跨境流动，集聚和培育稀缺性要素，培育国际竞争新优势就成为高质量开放型经济体制的核心目标，是我国新一轮开放型经济转型发展要研究的新的理论问题。

（二）我国构建开放型经济新体制的进程（2013—2018 年）

在实践上，党和政府在构建开放型经济新体制方面进行探索实践。一是设立自由贸易试验区。从 2013 年设立上海自由贸易试验区到 2018 年在国内设立 18 个自由贸易试验区，在广东和北京进行服务贸易开放试验，探索政府职能转变、准入前国民待遇与负面清单管理的商事制度改革、扩大服务业开放、金融市场化与国际化、投资贸易自由化与便利化制度改革。2015 年 8 月 11 日，我国再次进行汇率制度改革，实行以市场供求为基础，参考一揽子货币进行调节、有管理的浮动汇率制度。二是部署开放型经济新体制改革。2015 年 9 月，中共中央、国务院在《关于构建开放型经济新体制的若干意见》中提出，要更加积极地促进内需和外需平衡、进口与出口平衡、引进外资与对外投资平衡、逐步实现国际收支基本平衡，形成全方位开放新格局，实现开放型经济治理体系和治理能力现代化，在扩大开放中树立正确义利观，切实维护国家利益，保障国家安全，推动我国与世界各国共同发展，构建互利共赢、多元平衡、安全高效的开放型经济新体制[①]。并选取 12 个城市和地区进行开放型经济新体制综合试验。三是推动对内对外开放相结合，促进国内区域之间区际开放与协调发展机制建设。2018 年 11 月中共中央国务院出台《关于建立更加有效的区域协调发展新机制的意见》，鼓励探索国内区域援助帮扶与资源产地和消费地区建立各种协作机制，构建流域下游与上游、粮食主产区与主销区、资源输出地与输入地、发达地区与欠发达地区之间，通过多种方式开展区域合作和横向补偿，促进区域之间协调发展。2018 年，习近平主席在亚洲博鳌论坛宣布大幅放

① 中共中央　国务院关于构建开放型经济新体制的若干意见 [A/OL].（2015-09-17）. https://rmzxb.com.cn/c/2015-09-17/582991.shtml.

宽服务贸易市场准入，举办进口博览会扩大进口，营造更好的营商环境，加强知识产权保护，积极考虑加入 WTO《政府采购协议》等开放举措。刘志彪认为，习近平主席 2018 年 4 月在亚洲博鳌论坛提出对外开放举措，标志着中国对外开放的政策取向从过去的创造非均衡竞争优势的政策取向转向以竞争政策为基础的高水平开放阶段[①]。

对外积极参与区域和全球治理，推进“一带一路”建设，不断提出全球化发展的有效倡议和行动方案等。2013 年 9 月习近平主席在 G20 会议上提出“共同维护和发展开放型世界经济”的新理念。2013 年 9—10 月，习近平主席在访问中亚和东南亚国家时，提出共建“一带一路”倡议。2015 年 3 月 28 日，国务院授权国家发展改革委、外交部、商务部发布《推动共建丝绸之路经济带和 21 世纪海上丝绸之路的愿景与行动》，完整系统地阐释共建“一带一路”的内涵与政策。经过几年探索“一带一路”已经从倡议走向实践、从愿景变为行动，进展和成果超预期。我国主导组建起亚投行、金砖国家开发银行、丝路基金及中国与中东欧“16+1”金融控股公司等投融资机构；累计与 150 多个国家、30 多个国际组织签署了 200 多份政府间共建“一带一路”合作文件；与沿线 16 个国家签署或升级了 10 个自由贸易协定，与 21 个沿线国家签署了本币互换协定。在维护 WTO 多边贸易体制的同时，继续推动双边多边或区域、次区域贸易谈判、合作机制建设。2012 年到 2020 年，中国推动中美双边投资谈判和中欧双边投资谈判，达成《中美经贸协定》（第一阶段）和《中欧全面投资协定》共识；推动《中澳自由贸易协定》《中韩自由贸易协定》和 RCEP 谈判，并分别达成协议。中国自由贸易伙伴遍及亚洲、大洋洲、欧洲、非洲和拉丁美洲，覆盖中国对外贸易的 35%。

总体而言，中国开放型经济新体制建设取得巨大进展。在对外贸易体制、外商投资体制、对外投资管理体制、涉外金融体制和市场监管体制，以及参与全球治理等领域改革成效显著。但是，2018 年以来，国际格局百年大变局与新冠疫情对经济全球化影响叠加，中国面临的国际环境急剧变化，主要表现

① 刘志彪 . 逐步转向以竞争政策为基础的高水平开放：中国扩大开放重大举措的评析 [EB/OL].（2018-04-13）. https://idei.nju.edu.cn/17/eq/c26470a530409/page.htm.

为：一是中美战略竞争与博弈加剧；国际经贸增长不确定性、不稳定性增加。美国将中国作为主要战略竞争对手，采取科技围堵、供应链断供、贸易战、舆论战、地缘政治与地缘经济竞争，扰乱中国和平发展环境。二是国际经贸规则重构，但制定国际经贸规则的主导权目前仍然掌握在发达国家手中。近年来成立的几个巨型 FTA，如 TPP/CPTPP、日欧 EPA、USMCA 等具有全面性、高标准、新规则等特征，必然推进国际经贸规则重构以及相关领域新一轮全球化进程，这些领域是我国要扩大开放难以绕过的；而且这些巨型 FTA 规则中有一个共同特征，即“ABC（anyone but China）规则”，首要解决的是新一轮国际经贸规则中的“中国议题”（即非市场经济地位和产业补贴问题）[①]。这些“中国议题”也将成为中国新一轮开放型经济新体制构建的核心议题。三是新冠疫情对经济全球化造成严重冲击，封城与社交距离导致社会消费锐减与生产供应链断链和转移。贸易制裁与疫情导致供应链安全问题促进供应链区域化，加速世界政治经济格局内顾化发展[②]。叠加乌克兰危机对世界地缘政治与地缘经济的冲击，可能加速世界政治经济格局阵营化，尽管中国采取正确的中立立场，但美西方仍然将中国与俄罗斯捆绑，推动美西方与中国、俄东方阵营等形成两个世界对立局面。世界政治经济格局的演化将对中国构建开放型经济体制造成新的难题。

五、制度型开放理论与高水平开放型经济新体制建设

（一）制度异质性构成我国构建开放型世界经济体系的严峻挑战

经济全球化的发展使得不同国家间的经贸交流更加频繁。在经济依存关系不太紧密的情况下，不同国家的制度差异产生的摩擦相对缓和。但随着经济交往的日益密切以及经济依存度的提高，制度的异质性导致的矛盾就会逐步加深。制度异质性矛盾在二十世纪八九十年代美日贸易摩擦中成为两国间最重要

① 张茉楠．中国应加快适应新一轮国际经贸规则演变 [EB/OL].（2020-07-28）. http://chinawto.mofcom.gov.cn/article/br/bs/202007/20200702987126.shtml.

② 全毅．新冠疫情全球化对世界政治经济格局的影响 [J]. 和平与发展，2020（3）：1-17.

和最具争议的外交事件，制度协调成为两国解决经济摩擦的博弈重点①。中美体制冲突实际上从中国恢复关贸总协定地位和加入WTO就已经开始，中国的经济体制一直是加入GATT与WTO谈判的焦点问题。1992年接受市场经济概念，提出中国的改革方向是建立社会主义市场经济体制，总算解决了中国加入WTO的体制异质性问题。中国承诺对财政货币体制、投资体制、国有企业和国家投资企业、技术性贸易壁垒以及市场经济体制进行改革，使之符合《WTO协定》。因此，入世议定书安排15年“非市场经济”过渡期。但是，到2016年，美国与西方国家认为中国从计划经济向基于法治的市场经济的历史转变尚未完成，仍然不承认中国的市场经济地位②。进入2018年，中美贸易摩擦全面爆发，中国与美国西方在WTO的制度摩擦日益激化，中国议题即非市场经济地位和国企与产业补贴问题已经成为WTO改革的焦点问题。

目前理论界对制度摩擦与构建协调性开放型经济体制正在展开深入研究。制度型开放理论认为制度的差异是造成国际经济摩擦的重要因素，为了消除经济摩擦必须逐渐消除制度差异，构建对外协调性的经济体制。这种认识最初是日本在20世纪80年代与美国经济摩擦开始的，日本提出两个《前川报告》（1985年和1987年），宣布日本要进行结构性改革，将日本经济转变为国内需求主导型经济，从质量方面提升国民生活水平；对外构建对外协调性体制，纠正对外不平衡，使日本经济结构与世界经济相协调③。我国思想理论界认为中国对外贸易失衡及经济摩擦也体现为制度性摩擦（东艳，2019）。因此，实现制度型开放，在经贸规则、政府规制、质量标准与监管制度方面按照发达经济体标准打造自由开放的营商环境，构建更高水平的开放型经济新体制是根本对策。

中国实行的是社会主义市场经济制度，与西方自由资本主义市场经济体制差异巨大，与东亚日本式资本主义市场经济体制也迥然不同。中国从计划经济

---

① 东艳．制度摩擦、协调与制度型开放[J].华南师范大学学报，2019（2）：79-86.

② 卢先堃．WTO改革项下的体制碰撞与融合[Z].上海WTO事务中心“碰撞与融合——纪念中国加入世贸组织20周年”主题研讨会，2021-11-11.

③ 全毅．亚太地区发展模式与路径选择[M].北京：时事出版社，2010：126.

向市场经济转型的时间不长，传统计划经济的思想和体制残留较多。同时转型的政治与经济社会风险，尤其是在大国博弈激化的情况下，外来风险与内在风险叠加与激荡。我国运筹谋划国际经贸规则的能力较弱，适应开放型经济高质量发展的法律制度、管理人才、风险控制、安全保障都难以满足现实需要。如何将以公有制为主体的社会主义市场经济制度和以私营经济为主体的国际通行经贸规则相协调是构建开放型经济新体制的难点所在。对中国来说，最大的挑战是如何将共同富裕的社会主义本质要求与市场经济的基本原则相结合，换言之，就是实现东西方两种经济社会制度的融合发展。

根本的问题还是思想理论上的障碍。我国长期将自己视为发展中国家以及对民营经济姓资的偏见。坚持发展中国家身份需要享受特殊与差别待遇。美籍华人学者高柏指出：作为世界上坐二望一的经济体，中国要再往前走，就理应在规则、规制、管理体制和产业标准等方面，按照发达国家的通行标准打造一个有利于自由贸易的环境。实现与发达经济体对等开放，构建高标准的市场经济制度，可有效提升与发达经济体水平分工程度，降低与发达国家的制度摩擦，是我国构建更高水平开放型经济新体制的基本要义。因此，中国对外开放必须实现从政策性开放和商品要素开放向制度性开放的转变，增强中国社会主义市场经济体制与西方发达国家市场经济体制的兼容性与适应性。作为社会主义国家，我国长期不接受准入前国民待遇与竞争中性等非歧视市场经济原则。2018 年，民营经济地位问题再次成为热议话题，说私营经济已经完成历史使命，应当退场。2018 年 9 月 12 日，一篇题为《中国私营经济已完成协助公有经济发展的任务，应逐渐离场》的网络文章把近几年公众对“国进民退”的担忧推向高峰。对此，习近平总书记同年 11 月召开民营企业座谈会，强调“民营企业和民营企业家是我们自己人”，再次平息民营经济姓资姓社的争议。实行社会主义市场经济制度需要对民营企业及其所有者进行基础理论创新，确立民营企业家劳动者的地位，与资本食利者不同，民营企业家的经营管理是一种更为复杂的劳动。

2018 年底中央经济工作会议首次提出“制度型开放”的总体要求，2019 年底十九届四中全会明确提出“推进规则、规制、管理、标准等制度型开放”，构建更高水平开放型经济新体制。这些顶层设计标志着我国对外开放不断向制度层面纵深推进，并由规则为主的制度型开放向规则、规制、管理、标准等更宽领域、更深层次拓展，更加注重国内制度层面的系统性全面开放。这是我国对外开放理论逻辑从重视涉外经济体制回归市场经济本源的再次升华。

（二）制度型开放与高水平开放型经济新体制建设

如何推进制度型开放，建设高水平开放型经济体制？需要理论界探索适应经济全球化与全球治理新形势，以及国内经济转型升级新要求，以加快培育参与和引领国际合作竞争新优势为基础，建立能够推动对内对外开放相互促进、“引进来”和“走出去”更好结合，促进国内外要素与服务有序自由流动、资源高效配置、国内国际市场深度融合、确保经济社会安全运行的新体制机制，以及实现开放经济新体制的推进路径与风险防控方法。

1. 以竞争中性为原则，打造公平的营商环境

制度型开放关键要选准突破口，2019 年 3 月全国两会政府工作报告提出：按照竞争中性原则，在要素获取、准入许可、经营运行、政府采购和招投标等方面，对各类所有制企业平等对待。高尚全认为，这是继 1992 年市场经济改革后，中国未来改革最大突破口[①]。以创造公平竞争环境为宗旨的竞争政策是规范现代市场经济运行的根本大法，在促进经济迈向高质量发展阶段具有基础性地位。中国接受竞争中性原则不仅是营造公平公正的营商环境，也是为了减少对外制度性摩擦。2019 年 3 月全国人大通过的《中华人民共和国外商投资法》吸收了通行的先进外资政策理念与模式，按照内外资一致原则，实现了更高水平的投资保护与投资自由化，特别是准入前国民待遇与负面清单管理制度。2019 年 10 月国务院颁布的《优化营商环境条例》（2020 年 1 月 1 日实施），确立以竞争中性为导向，对国内政府干预企业行为进行规范。同时要按照中性竞争原则修改国内经济法规，废除对民营经济和外资企业具有歧视性的法律法规。

① 高尚全．竞争中性原则：中国未来改革的突破口 [J]. 旗帜，2019.

2. 实行系统性改革，构建高标准市场体系

2020 年 5 月，中共中央颁布的《关于新时代加快完善社会主义市场经济体制的意见》对新时代加快完善社会主义市场经济体制的目标、方向、任务和举措进行了系统设计，是新时代构建更加系统完备、更加成熟定型的高水平社会主义市场经济体制的纲领性文件，特别是实现“产权有效激励、要素自由流动、价格反应灵活、竞争公平有序、企业优胜劣汰”的方针政策，是新时代全面深化改革的行动指南[①]。加快产权保护、资源要素市场化、竞争政策、国有企业等领域的制度创新与改革，打造高标准的市场经济制度体系，推动改革开放向广度和深度进军，使中国特色社会主义制度更加定型，国家治理体系和治理能力现代化水平不断提升。特别是国企改革按照其地位或竞争程度推进分类管理，提高国有企业运营的整体效率。如严格划分国企的公益类和商业类经营领域，除公益类国企外，应保证商业类国企业与私企、外企在银行贷款、税收优惠、商事审批等方面实现同等权利与机会。政府在竞争中性的制度安排下，完善反垄断调查和执法规范，既要保障各种所有制公平竞争，也要防止资本的无序扩张和野蛮生长。准入前国民待遇和事中事后监管要借鉴国际上监管实践的最佳案例，引入监管一致性规则，使我国政府管理体制与国际惯例一致。

3. 实行制度型开放，构建更高水平的开放体系

制度型开放通过制度、政策调整，形成与国际投资、贸易通行规则相衔接的基本制度体系和监管模式，对促进国际规则竞争、加强制度协调具有重要意义。与商品和要素流动的传统开放模式不同，制度型开放更侧重于解决结构性问题。对于“竞争中性与国企改革”“金融保险”“知识产权保护”等有助于中国经济结构调整的外部规则，应当与中国改革进程相结合，通过自主制度型开放来对接新规则。对于国民待遇、质量标准、经营资质、检验检疫、认证认可制度、监管制度、资本市场互联互通则要通过双边或多边协议的对等开放实现相互衔接。根据制度型开放具有改革与开放高度融合及开放政策制度具有系统性、定制化等特征[②]，顶层设计可以将海南自由贸易港和粤港澳大湾区作为制度

① 马建堂．新时代全面深化经济体制改革的纲领性文件 [J]. 管理世界，2020，36（7）：1-5.

② 崔卫杰．制度型开放的特点及推进策略 [J]. 开放导报，2020（2）：36-43.

型开放试验区。前者探索中国特色的自由贸易港建设，为高水平开放型经济体制探索实践；后者作为“一国两制”的前沿地带，探索构建两种制度的融合发展新格局，实现两种经济社会制度的无缝对接，为“一球两制”的融合发展积累经验。

4. 对标高标准国际贸易协定，实施自由贸易区提升战略

2020 年 11 月 30 日，习近平主席在 APEC 领导人非正式会议上表示，中方积极考虑加入全面与进步跨太平洋伙伴关系协定。《中华人民共和国国民经济和社会发展第十四个五年规划和 2035 年远景目标纲要》也明确提出“积极考虑加入全面与进步跨太平洋伙伴关系协定，推动商签更多高标准自由贸易协定和区域贸易协定”。再次强调，要实施自由贸易区提升战略，深化投资贸易自由化，形成面向全球的高标准自由贸易区网络。但当前新冠疫情仍在蔓延导致产业供应链区域化重组，乌克兰危机促进地缘政治关系阵营化，对我国对外开放与开放型经济建设带来严重负面效应。我国与美西方国家经贸谈判更加困难，要求我国在区域或诸边贸易与投资新规则谈判中，主动确立贸易便利化、投资自由化规则、数字经济与跨境电商、知识产权、环境政策、政府采购、透明度与反倾销等优先议题，及早研究这些规则和标准的影响和对策，并在自贸试验区和海南自由贸易港先行试验，进行压力测试，推进建设与其衔接的制度体系，并结合我国自身优势与需求，提出我国的立场和优化选项，推出我国主导的高标准规则体系，提升未来开放的匹配度和主动权，并为全球治理体系贡献中国方案。

5. 高质量建设“一带一路”

“一带一路”是我国推动全球经贸与产业合作的新型平台，我国应以功能性合作促进共建“一带一路”合作向综合性合作平台转变，高质量建设“一带一路”。习近平总书记要求把共建“一带一路”工作思路从“大写意”转向“工笔画”。十九届五中全会提出要推动“一带一路”高质量发展，特别强调绿色、开放、廉洁的理念，强调产业链供应链合作体系，强调以企业为主体、以市场为导向，强调遵循国际惯例和债务可持续原则，即从早期的铺摊子、上项目、求速度转向追求高质量发展，其标准就是实现共建双方经济效益、社会效

益和生态效益的有机统一；彼此短期利益与长远发展的有机统一；双方在政策沟通、规则统一、规制融合、标准互通与共同管理等建制方面取得共识。在未来合作协定中，注重发展、合作、公共卫生议题规则设计，促进相关规则引领，主动建制，同时拓展规制集合。

6. 构建对外协调性体制，逐渐调节对外贸易失衡

我国长期奉行的出口导向型重商主义政策导致严重的经济失衡与贸易摩擦，而对外经济失衡会产生严重的国际摩擦与政治问题。要实现以国内大循环为主体、国内国际双循环相互促进的新发展格局，本国经济与世界经济的平衡，构建协调性对外经济体制是重要保障。目前，宏观政策与汇率机制已经纳入诸多国际贸易协定的框架。2020 年 1 月达成的《中美经贸协议》第五章主要围绕宏观经济政策、汇率问题与透明度展开，双方约定：（1）实现并维持市场决定的汇率制度。（2）避免竞争性货币贬值政策，避免将汇率用于竞争性目的，包括对外汇市场进行大规模、持续、单项干预。（3）提升透明度并避免不可持续的外部失衡的政策；双方应规定时间公开披露国际储备和外币流动性、国际收支金融账户子项数据。（4）就汇率政策和透明度出现的问题建立执行机制，应建立双边评估和争端解决安排，双方无法达成解决方案时，可请国际货币基金组织（IMF）在其职能范围内提供监督和建议。中国应以中美经贸谈判为契机构建对外宏观协调体制。

参考文献

[1] 杨胜群 . 改革开放是中国共产党的一次伟大觉醒 [N]. 人民日报，2019-01-30.

[2] 邓小平 . 建设有中国特色的社会主义 [M]. 北京：人民出版社，1984 : 20.

[3] 陈琦伟 . 国际竞争论 [M]. 上海：学林出版社，1986.

[4] 王建 . 关于国际大循环发展战略的构想 [N]. 经济日报，1988-01-05.

[5] 谢伏瞻，马建堂，江小涓，等 . 中国共产党与中国特色社会主义政治经济学：庆祝中国共产党成立一百周年笔谈 [J]. 经济研究，2021，56（6）: 4-39.

[6] 曾志兰 . 中国对外开放思想创新的历程：从外向型经济到开放型经济 [J]. 江汉论坛，2003（11）.
[7] 全毅 . 论世纪之交的中国对外开放 [J]. 亚太经济，1996（4）: 33-38.
[8] 江泽民 . 江泽民文选（第二卷）[M]. 北京：人民出版社，2006.
[9] 中共中央关于制定国民经济和社会发展的第十一个五年规划的建议 [A/OL].（2005- 10-11）. https://www.ndrc.gov.cn/fggz/fzzlgh/gjfzgh/200709/p020191029595993733265.pdf.
[10] 梁小萌 . 从政策开放到规则开放：加入 WTO 后中国对外开放的模式转变 [J]. 探求，2001（6）: 18-21.
[11] 全毅 . 中国入世：体制改革与政策调整 [M]. 北京：经济科学出版社，2001.
[12] 王梦奎 . 加入 WTO 与中国经济改革 [M]. 北京：外文出版社，2002.
[13] 张幼文 . 树立新开放观，维护国家经济安全 [C]// 上海市社会科学界联合会 . 当代中国：发展・安全・价值——第二届（2004 年度）上海市社会科学届学术年会文集 . 上海：上海人民出版社，2004 : 250-262.
[14] 张幼文 . 政策引致性扭曲的评估与消除：中国开放型经济体制改革的深化 [J]. 学术月刊，2008（1）: 60-69.
[15] 林毅夫 . 论中国经济：挑战、底气与后劲 [M]. 北京：中信出版社，2021 : 92.
[16] 余永定 . 我对新结构经济学的几点看法 [EB/OL].（2022-02-09）. https://user.guancha.cn/main/content?id=690804.
[17] 胡锦涛 . 高举中国特色社会主义伟大旗帜，为夺取全面建设小康社会新胜利而奋斗 [A/OL].（2007-10-25）. http://www.npc.gov.cn/zgrdw/npc/xinwen/szyw/zywj/2007-10/25/content_373528.html.
[18] 冯苏宝，贾怡君 . 从外向型经济向开放型经济转型：后危机时代经济特区的发展之路 [J]. 开放导报，2010（5）: 19-21.
[19] 关于完善社会主义市场经济体制的若干问题的决定 [A/OL].（2003-10-14）. https://www.gov.cn/gongbao/content/2003/content_62494.htm.
[20] 中共中央关于制定国民经济和社会发展第十二个五年规划的建议 [A/OL].

（2010-10-18）. https://zgydata.hinews.cn/126-20210512155932-60968ae4893b3.pdf.

[21] 中共中央编写组 . 中共中央关于全面深化改革若干问题的决定 [M]. 北京：人民出版社，2013.

[22] 中国共产党第十八届中央委员会第五次全体会议公告 [A/OL].（2015-10-29）. http://china.cnr.cn/gdgg/20151029/t20151029_520328336.shtml.

[23] 蓝庆新 . 中国特色对外开放的理论脉络 [J]. 人民论坛，2019（29）：44-45.

[24] 张幼文 . 生产要素的国际流动与全球化经济的运行机制 [J]. 国际经济评论，2013（5）：30-39，4-5.

[25] 中共中央　国务院关于构建开放型经济新体制的若干意见 [A/OL].（2015-09-17）. https://rmzxb.com.cn/c/2015-09-17/582991.shtml.

[26] 刘志彪 . 逐步转向以竞争政策为基础的高水平开放：中国扩大开放重大举措的评析 [EB/OL].（2018-04-13）. https://idei.nju.edu.cn/17/eq/c26470a530409/page.htm.

[27] 张茉楠 . 中国应加快适应新一轮国际经贸规则演变 [EB/OL].（2020-07-28）. http://chinawto.mofcom.gov.cn/article/br/bs/202007/20200702987126.shtml.

[28] 东艳 . 制度摩擦、协调与制度型开放 [J]. 华南师范大学学报，2019（2）：79-86.

[29] 全毅 . 亚太地区发展模式与路径选择 [M]. 北京：时事出版社，2010：126.

[30] 高柏 . 对等开放：中国迈向发达经济体的必由之路 [J]. 文化纵横，2021（1）.

[31] 高尚全 . 竞争中性原则：中国未来改革的突破口 [J]. 旗帜，2019.

[32] 马建堂 . 新时代全面深化经济体制改革的纲领性文件 [J]. 管理世界，2020，36（7）：1-5.

第六章

中国高水平开放型经济新体制框架与构建路径

全　毅

提要：构建开放型经济新体制是我国在国际格局大变局、国际经贸规则加速重构、中国对外经济摩擦加剧以及大国竞争与博弈日益激化的历史背景下，提出的战略对策。高水平开放型经济体制的时代内涵是适应全球价值链分工与数字经济时代以规制融合为核心的国际经贸规则及我国经济进入高质量发展阶段的开放型经济制度安排，是社会主义市场经济的制度建设和治理能力现代化。本章以习近平新时代中国特色社会主义思想为指导，探讨新时代我国对外开放与高水平开放型经济体制建设。

关键词：开放型经济体制；时代内涵；构建路径；制度型开放

一、问题的提出与文献梳理

为适应世界经济格局变化和国际经贸规则新一轮重构，2013 年十八届三中全会提出“构建开放型经济新体制”的时代命题。2020 年“十四五”规划再次提出“构建更高水平开放型经济新体制”的决策。我国理论界与政策界对开放型经济新体制的理论、目标任务、新特征和实现路径从学理和应用层面进行了有益探讨。

（一）关于开放型经济及其体制的理论探索

关于开放型经济的概念，国外文献比较规范，格林沃尔德和昆曼认为，开放型经济是“进口、出口或资本、劳务等生产要素越过边境的活动都没有限制”的经济[①,②]。冯苏宝和贾怡君认为：“开放型经济是与封闭型经济和外向型经济相对应的经济概念，开放型经济与外向型经济都是利用国际分工与合作以解决国内资源要素的匮乏，提高经济发展效率。但开放型经济是外向型经济发展的更高阶段，是外向型经济发展的逻辑结果。”[③]开放型经济类似世界上自由港经济，制度安排上实现四大自由：贸易自由，即解除贸易管制；金融自由，即外汇自由兑换，资金自由进出和转移；投资自由，即自由投资经营；运输自由，即物流国际一体化。孙敬水和林晓炜认为：“开放型经济是指一个国家、国内地区之间依托自身禀赋，以经济开放（对外开放和对内开放）为前提，积极参与国际分工、国内地区分工，各种商品（服务）和生产要素（土地、劳动、资本、技术、信息等）能够有序流动，市场决定资源配置的一种经济形态。”[④]裴长洪和郑文认为：“中国的开放型经济概念可以理解为它以自身的开放实践为基础，以边境开放为基本特征的多层次、宽领域、全方位的经济活动和体制变革过程。”[⑤]

2010 年 10 月十七届五中全会提出“完善更加适应发展开放型经济的体制机制”。2013 年十八届三中全会首次正式提出要构建开放型经济新体制，作为完善社会主义市场经济体制的重要组成部分。开放型经济新体制研究便成为学术界的重点热点问题。张二震和戴翔认为：“开放型经济新体制是实施和实现互利共赢、多元平衡、安全高效的开放型经济体系新战略设想的具体化，是通过进一步全面深化改革而为其提供的制度保障，因而从本质上看是一种新规则、新制度。”从以往的边境开放措施向境内开放措施延伸和拓展，从而以新的规则和制度对接全球经济新规则，是构建开放型经济新体制的本质内涵，也是新体制的新意所在[⑥]。唐海燕认为，开放型经济新体制的新目标有两个方面。一方

① 格林沃尔德．现代经济词典 [M]. 北京：商务印书馆，1983.

② 昆曼．经济学原理 [M]. 北京：清华大学出版社，2001.

③ 冯苏宝，贾怡君．从外向型经济向开放型经济转型：后危机时代经济特区的发展之路 [J]. 开放导报，2010（5）：19-21.

④ 孙敬水，林晓炜．开放型经济的评价体系研究进展 [J]. 国际经贸探索，2016，32（2）：32-47.

⑤ 裴长洪，郑文．中国开放型经济新体制的基本目标和主要特征 [J]. 经济学动态，2014（4）：8-17.

⑥ 张二震，戴翔．关于构建开放型经济新体制的探讨 [J]. 南京社会科学，2014（7）：6-12.

面，要构建适应我国发展开放型经济外部环境新变化的新体制。即构建适应经济全球化进入再平衡时代、全球经济治理进入敏感期、全球贸易体制进入混沌期的对外开放新体制。另一方面，要构建适应国内发展开放型经济内部环境新变化的新体制。即深化改革要回归市场本源、新体制要聚焦国际规制，以开放倒逼国内改革的（现代市场经济）新体制①。裴长洪提出构建开放型经济新体制的基本目标应为提升中国在全球价值链的地位、促进技术创新和结构调整、适应高标准国际经贸新规则，有助于培育新竞争优势和发挥整体优势、有利于加快实施“走出去”战略。他还认为开放型经济新体制应该具有促进服务业开放潜力、促进“外在型经济”成长、适应全球贸易投资自由化新趋势、接近和适应国际经贸新规则、拓展开放型经济战略空间等五大重要特征。姜荣春认为构建开放型经济新体制的理论宗旨是以开放促改革，实现新常态下发展动力的转换。基本内容是开放领域从产品市场转向要素市场，开放部门从制造业转向服务业，单边开放与相互开放相互促进，与国际规则接轨和重构国际规则并重②。全毅提出：开放型经济新体制应包括贸易自由化与便利化的制度安排，投资自由化与便利化的制度安排、金融市场化与国际化制度安排、生产要素自由流动的制度安排以及风险防控与监管能力建设五位一体的框架结构③。裴长洪认为开放型经济新体制主要包括六个方面的特征：一是建立与服务业扩大开放相适应的新体制和新机制；二是建立适应多种形式的贸易投资自由化的新体制和机制；三是建立具备战略纵深和双边、区域合作广泛利益共同体支撑的开放型经济新体制；四是逐步培育与海洋强国相适应的新体制、新机制；五是具有法治化、国际化的营商环境；六是政府管理方式的转变④。

（二）关于如何构建开放型经济新体制的探索

张幼文提出构建开放型经济新体制的思路是通过中国上海自贸试验区等

① 唐海燕．开放型经济新体制“新”在哪里？[J]. 经济研究，2014，49（1）：25-26，69.

② 姜荣春．新时期构建开放型经济新体制的理论宗旨、逻辑主线与主要内容 [J]. 国际贸易，2015（2）：10-16..

③ 全毅．开放型经济新体制的内容框架与实现路径 [J]. 国际贸易，2015（5）：17-25.

④ 裴长洪．中国特色开放型经济理论研究纲要 [J]. 经济研究，2016，51（4）：14-29，46.

举措为全面深化改革和扩大开放探索新途径、积累新经验[①]。黄卫平和黄剑认为建设具有中国特色的自由贸易港是中国新一轮对外开放的重要标志。通过自由贸易港的理念创新、制度创新、管理创新，促进中国从世界工厂的生产环节扩充到价值链的技术环节、服务环节，以高附加值增值活动吸取资源并加强辐射，形成产业的纵深发展[②]。隆国强认为，构建开放型经济新体制可从以下三个领域进行突破：第一，建设若干个自由贸易试验区；第二，抓住对外投资协定的谈判机会，达成中美、中欧投资协定；第三，加快谈判建立高质量的自由贸易区，形成以开放倒逼改革的机制[③]。赵春明认为要从放宽市场准入，特别是服务业开放，扩大企业和个人对外投资，开辟国内自贸试验区和构建国际双边和多边自贸区，加快沿边开放开发等方面构建开放型经济新体制[④]。张二震和戴翔认为应从转变政府职能，厘清政府与市场、社会关系的基础上改革行政审批制度；改革开放型经济传统绩效评价机制；完善促进国际国内要素有序自由流动的体制机制；构建完善国内区域开放格局的有效动力机制，形成优势互补、分工协作以及均衡协调的区域开放格局；构建有利于培育企业国际竞争力的竞争机制等五个方面建设开放型经济新体制[⑤]。

如何建设高水平开放型经济新体制？韩剑认为，制度型开放是我国新一轮自贸区建设的理论逻辑，我国新一轮自贸试验区实施方案已经将知识产权保护制度，竞争政策的基础地位，参与电子商务与数字贸易规则治理，打造法治化、国际化和便利化营商环境，对接高标准国际经贸规则作为试验区建设重要内容[⑥]。卢先堃（2019）则从应对WTO改革和CPTPP等针对中国议题（非市场经济地位与国企补贴）提出中国应增强自身改革的内生动力，构建高质量的市

① 张幼文．自由贸易试验区与开放型经济新体制建设[J]. 学术月刊，2014（1）：11-19.

② 黄卫平，黄剑．中国特色自由港领航新一轮对外开放，中国特色自由贸易港如何成为华丽的“中国名片”？ [EB/OL].（2017-11-27）. http://nads.ruc.edu.cn/xzgd/0fe7c6745e294491b008b3e2524f1e64.html.

③ 隆国强．充分发挥自贸试验区作用，助力加快构建新发展格局[J]. 中国发展观察，2021（22）：7-10.

④ 赵春明．经济全球化新形势下我国开放型经济新体制的构建[J]. 中国特色社会主义研究，2014（1）：58-61.

⑤ 张二震，戴翔．关于构建开放型经济新体制的探讨[J]. 南京社会科学，2014（7）：6-12.

⑥ 韩剑．制度型开放：我国新一轮自贸试验区建设的理论逻辑[J]. 光明日报，2019-08-29（4）.

场经济制度[①]。崔卫杰认为，制度型开放是我国当前对外开放的时代特征，体现了改革与开放高度融合的特点：开放措施由边境向边境内延伸，开放政策制度具有系统性、定制化、企业获得感不强等特征。需要在开放重点领域、产业发展策略、开放平台载体和开放政策上采取更有针对性和时代特色的策略和举措[②]。迟福林和郭达认为，构建开放型经济新体制应该以制度型开放为重点，加快我国经贸规则、市场规制、监督管理、行业标准与国际高标准对接[③]。任泽平等对《中美经贸协定》（第一阶段）对中国法律体系的影响与改革开放进行评论，认为中美经贸谈判和协议形同第二次入世，必然促进国内经济体制发生巨大而深刻的变化[④]。

裴长洪等认为，更高水平开放型经济体制的基本路径和目标是内外开放结合，“引进来”与“走出去”结合，国际国内要素有序流动，国内外市场深度融合，加快培育国际竞争新优势，以开放促改革。具体措施是，第一，提升自由贸易试验区地位，赋予更大改革自主权，稳步推进海南自由贸易港建设；第二，高质量共建“一带一路”，坚定维护中国企业海外合法权益；第三，推进贸易创新发展，推进贸易强国建设，大力发展跨境电商这类数字贸易的新业态、新模式；第四，有序扩大服务业对外开放；第五，稳慎推进人民币国际化，坚持市场驱动和企业自主选择，营造人民币自由使用为基础的新型互利合作关系[⑤]。迟福林和郭达认为，高水平开放就是适应国际发展趋势与国内发展需求，推进以服务贸易为重点的制度型开放。推动我国当前从商品要素开放向规则、标准、管理、规制的制度型开放转变[⑥]。郑永年建议设立粤港澳大湾区制度型开放试验区，作为引领中国“制度型开放”的试验田，以香港合理规则

① 卢先堃：WTO 改革与中国的作用，2019 年 9 月 12 日“WTO 改革与经济全球化趋势主题研讨会”发言。

② 崔卫杰．制度型开放的特点及推进策略 [J]. 开放导报，2020（2）：36-43.

③ 迟福林，郭达．在大变局中加快构建开放型经济新体制 [J]. 开放导报，2020（4）：27-36.

④ 任泽平，罗志恒，华炎雪，等．中美达成第一阶段协议，以第二次入世的勇气推进改革开放 [EB/OL].（2019-12-17）. https://user.guancha.cn/main/content?id=21306.

⑤ 裴长洪．建设更高水平开放型经济体制的新目标 [J]. 财贸经济，2020（12）：10-17.

⑥ 迟福林，郭达．在大变局中加快构建开放型经济新体制 [J]. 开放导报，2020（4）：27-36.

为蓝本谋划大湾区制度型开放，形成接轨国际的规则制度，吸引港澳大企业和居民主动融入祖国发展大局，充分展现“一国两制”和香港规则制度的价值与活力①。

学术界对开放型经济的概念已经形成共识，但对如何构建开放型经济体制还存在分歧，不仅表现在对开放型经济新体制的内涵方面，也体现在如何构建开放型经济新体制的路径方面。在开放型经济新体制内涵与外延方面的分歧在于：是适应国际经贸新规则促进国内经贸规则调整，重点仍然是推进涉外经济体制领域改革；还是回归市场本源，完善市场经济制度与治理能力，重点是以国内市场经济体制改革促对外开放？认识差异决定构建路径的不同：从涉外经济领域构建开放型经济新体制，沿袭过去以开放促改革的路径依赖，从涉外经济体制改革路径建设开放型经济新体制；而回归市场经济原本，强调从市场公平竞争根本规则出发，改革我国市场经济体制内外不平衡，从完善本国市场经济治理的路径构建开放型经济新体制。这些差异体现了制度变迁的诱致性和强制性的路径差异，不仅反映在思想认识上的路径依赖，也反映在体制改革实践中的路径依赖。实际上，世界上对外开放也存在这两种路径依赖：一是本国市场经济较为完善背景下的对外开放；二是本国计划经济转轨背景下的对外开放。目前，我国需要根据对外开放面临的国内外新形势与发展新目标，制定改革开放的新任务。这些研究成果为深入研究开放型经济体制奠定了学理基础，为构建开放型经济新体制提供了基本思路和智慧。

二、我国开放型经济体制的构建过程及面临的挑战

我国对外开放是一个循序渐进不断深化的制度创新与政策调整过程。中国根据开放发展阶段所处的国际分工地位和竞争力确立相应的开放目标，制定相应的开放战略和体制改革任务。我国开放型经济体制的建设经历了加入 WTO 前的外向型经济发展阶段和加入 WTO 后的制度构建阶段。2012 年党的十八大宣布中国特色社会主义建设进入新时代。2013 年 11 月十八届三中全会《中共

① 郑永年. 加快设立粤港澳大湾区制度型开放试验区，引领中国“第三次开放”[EB/OL].（2022-01-17）. https://new.qq.com/rain/a/20220117A0257200.

中央关于全面深化改革若干重大问题的决定》强调，要使市场在配置资源中起决定性作用和深化经济体制改革的前提下，进一步完善互利共赢、多元平衡、安全高效的开放型经济体系，努力“构建开放型经济新体制”①。这是首次提出构建开放型经济新体制的新目标，表明我国对外开放进入更加注重制度建设新的历史时期。

（一）新时期我国开放型经济新体制建设的重要成就

2014 年 12 月 5 日，习近平总书记在加快实施自由贸易区战略集体学习时再次强调：“必须适应经济全球化新趋势、准确判断国际形势新变化、深刻把握国内改革发展新要求，以更加积极有为的行动，推进更高水平的对外开放，加快实施自由贸易区战略，加快构建开放型经济新体制，以对外开放的主动赢得经济发展的主动、赢得国际竞争的主动。”② 2015 年 9 月，中共中央、国务院颁布《关于构建开放型经济新体制的若干意见》，要求构建互利共赢、多元平衡、安全高效的开放型经济新体制③。

为实现构建开放型经济体制的目标，顶层设计和战略部署主要从对内自主开放与对外双向开放两个方面进行重点突破，共同形成我国开放型经济新体制的建设路径。

对内自主开放方面：（1）推动自由贸易试验区建设，探索建设开放型经济新体制的具体实践。从 2013 年起，我国在国内具备条件的省（自治区、直辖市）探索建设自由贸易试验区，分六批建立了 21 个自由贸易试验区，分布于全国 21 个省（自治区、直辖市）的沿海港口、中部中心城市和西部地区沿边口岸，推进贸易自由化便利化、准入前国民待遇和负面清单投资管理制度、改革行政审批制度、金融市场化与国际化改革，转变政府职能和事中事后监管制度改革。2015 年 8 月 11 日，进行人民币汇率制度改革，放弃钉住美元，实现

① 中共中央关于全面深化改革若干重大问题的决定 [A/OL].（2013-11-15）. https://china.huanqiu.com/article/qCaKrnJDaOm.

② 加快实施自由贸易区战略，加快构建开放型经济新体制 [J]. 国际商务财会，2016（5）：67.

③ 中共中央　国务院关于构建开放型经济新体制的若干意见 [N/OL]. 中国青年报，2015-09-18. http://zqb.cy01.com/html/2015-09/18/nw.D110000zgqnb_20150918_9-02.html.

参照一篮子货币的浮动汇率制度。经过自贸试验区的多年试验，2018 年春博鳌论坛期间，习近平主席宣布建立海南自由贸易港，探索建设中国特色的自由贸易港。（2）进行开放型经济体制改革综合试点。2015 年 9 月中共中央、国务院颁发《关于构建开放型经济新体制的若干意见》，选取 6 个城市和 6 个城市新区，开展构建开放型经济新体制的综合试验，力争在两年内完成六项改革任务：一是探索开放型经济运行管理模式，重在厘清政府与市场的关系；二是探索形成各类开发区协同开放新机制；三是探索推进国际投资合作“引进来”与“走出去”新方式；四是探索建立质量效益导向型的外贸促进新体系，服务贸易、货物贸易均包括在内；五是探索金融服务开放型经济新举措，侧重金融企业、服务企业“走出去”；六是探索形成全方位对外开放新格局[①]。（3）推动对内对外开放结合，促进区际开放与协调发展机制建设。2018 年 11 月，中共中央、国务院发布《关于建立更加有效的区域协调发展新机制的意见》，鼓励探索国内区域援助帮扶与资源产地和消费地区建立各种协作机制，构建流域下游开发区与上游生态区、粮食主产区与主销区、资源输出地与输入地、发达地区与欠发达地区之间，通过多种方式开展区域合作和横向补偿；鼓励跨地区之间政府与社会共同出资合作成立产业投资基金，支持产业转移承接平台和承载园区建设，鼓励跨省市共建产业转移合作园区，促进国内区域之间的协同发展。（4）探索事中事后监管体制与安全保障机制。2021 年 1 月 9 日，中国商务部发布《阻断外国法律与措施不当域外适用办法》，2021 年 6 月 10 日，全国人民代表大会颁布《中华人民共和国反外国制裁法》，进一步完善了中国阻断外国制裁的法律规则体系。中国阻断外国制裁法律规则体系的构建是中国基于国家主权和国际法而享有的正当权利，是维护中国企业和个人正当利益的有力法律武器。同时，建立外国企业信用监管制度，实行不良行为企业清单名录。

对外双向开放方面：（1）实施自由贸易区战略，推动双边、多边或区域次区域贸易投资谈判，通过贸易投资一体化制度安排，促进双向开放与区域治理或全球治理。先后达成中韩自由贸易协定、中澳自由贸易协定和 RCEP，并与

① 张倪，许宏强，王海峰，等 . 解码开放型经济新体制综合试点 [J]. 中国发展观察，2016（11）：24-28.

美国达成第一阶段经济与贸易协议，与欧盟就结束双边投资协定文本谈判达成共识。中国正式生效的自由贸易区增至19个，自贸伙伴达到26国，遍及亚洲、大洋洲、欧洲、非洲和南美洲，覆盖中国35%的对外贸易额①。（2）提出共建“一带一路”倡议，倡导共商共建共享的全球治理理念，建构以发展导向为核心的国际经贸新规则。我国已经发起成立的亚洲基础设施投资银行、金砖国家新开发银行、丝路基金及中国与中东欧“16+1”金融控股公司等多项国际公共产品。随着合作的持续推进和深化，相关规则和机制化建设也在逐渐形成。2017年首届“一带一路”国际合作高峰论坛期间,27国财政部门共同核准《“一带一路”融资指导原则》；2019年第二届“一带一路”国际合作高峰论坛期间，全球27家大型金融机构签署《“一带一路”绿色投资原则》。（3）增开内陆地区中欧班列，发展多种联运，构建跨境运输规则体系。中欧班列架起中国内陆城市与“一带一路”共建国家的经济贸易合作桥梁。2019年第二届“一带一路”国际合作高峰论坛期间，中国、白俄罗斯、德国、哈萨克斯坦、蒙古、波兰、俄罗斯七国铁路部门签署《中欧班列运输联合工作组议事规则》。预计未来将有更多互联互通规则从“一带一路”建设中产生②。（4）推动WTO改革，坚持维护世界多边贸易体制的地位和作用。2018年11月23日，中国商务部提交《中国关于世贸组织改革的立场文件》（中国方案），阐明中国关于WTO改革的三项原则和五点主张。积极参与WTO新规则谈判，2015年我国签署《贸易便利化协定》。2021年12月中国与其他66国共同签署《服务贸易国内规制协定》等诸边协议。

新时期我国开放型经济新体制建设已取得丰硕成果，形成了一整套自主和集成制度创新体系。对外贸易体制改革，放宽对外贸易领域的行政管理审批权和海关监管制度改革，形成以国际贸易单一窗口为核心的进出口贸易管理制度，并形成了一系列面向全国的可复制、可推广经验和最佳实践案例；投资体制改革形成以准入前国民待遇和负面清单为基础的外商投资管理制度，2019年

① 商务部 . RCEP将显著提升我国自由贸易区网络“含金量”[EB/OL].（2020-11-15）. https://www.cs.com.cn/xwzx/hg/202011/t20201115_6111470.html.

② 竺彩华 . 市场、国家与国际经贸规则体系重构 [J]. 外交评论，2019，36（5）：1-33，156-157.

3月15日全国人民代表大会通过的《中华人民共和国外商投资法》吸收了国际目前通行的先进外资政策理念与模式，按照内外资一致原则，实现了更高水平的投资权益保护与投资自由化，特别是实行准入前国民待遇以及负面清单制度、编制和公布外商投资指引、保障外商企业平等参与标准制定和政府采购活动等；2019年10月国务院通过《优化营商环境条例》（2020年1月1日实施），确立以竞争中性为导向，对国内政府干预企业行为进行规范。在服务业开放方面，放开旅游养老、建筑设计、会计审计、商贸物流、电子商务等服务业领域外资准入限制。在对外投资管理体制方面，主要通过明确企业法人和自然人投资主体地位，改革涉外投资审批体制，优化对外投资配套服务，完善多边、双边投资保障机制等安排，为中国企业和公民对外投资提供便利条件。金融监管体制通过改革外汇管理体制，鼓励金融创新，形成以自由贸易账户分账核算体系为核心的金融创新及监管制度，为涉外企业贸易投资便利化提供金融服务与支撑①。

新时代我国对外开放形成了全面开放的新特征：一是从引进外资为主转变为引进外资和对外投资并重；二是从扩大出口为主转向鼓励出口和增加进口并重；三是从沿海开放为主转向沿海沿边内陆协同、整体开放；四是从货物贸易为主转变为货物贸易和服务贸易共同发展。五是从融入和适应全球经济治理体系转变为积极参与甚至引领国际投资和贸易规则的制定修订②。这些对外开放新特征标志着中国正从客场全球化向主场全球化转变，中国即将从世界工厂转变为世界消费市场。

（二）制度摩擦：我国构建开放型经济新体制的挑战

我国开放型经济新体制建设尽管取得巨大成就，但与西方市场经济体制相比仍然存在巨大差异。我国实行的社会主义市场经济体制是以公有制为主体多种所有制形式并存的经济制度。这与西方以私有制为主体的市场经济体制具有很大差异。同时我国从计划经济体制转向市场经济体制还很短暂，市场制度还

① 王春丽，宣凯．从外向型到开放型经济的体制跃迁与实践进路[J]．江汉论坛，2021（10）：34-40.

② 黄奇帆．“一带一路”塑造了我国对外开放新特征[J]．大陆桥视野，2018（6）：30-33.

有待完善。比如政府对经济的干预很深，准入前国民待遇原则和竞争中性原则等市场经济的非歧视原则还没有广泛渗透到经济生活中，双轨制还普遍存在，公平竞争的营商环境还未形成。在经济依存关系不太紧密的情况下，国家之间的制度差异产生的摩擦相对缓和。但是随着经济交往的日益密切以及经济依存度的提高，制度差异导致的摩擦就会逐步加深。这一点，在美日经济摩擦的过程中已经充分体现。20 世纪 80—90 年代美日贸易摩擦成为两国间最重要和最具争议的外交事件，制度协调成为两国解决经济摩擦的博弈重点①。目前中美制度摩擦已经取代美日制度摩擦，成为国际经贸的热点问题。中美之间制度摩擦由来已久，早在中国“复关”谈判以及其后的加入 WTO 谈判时就已经出现。美国、欧盟等发达成员当时关注的焦点是“中国对自身经济体制的表述，是否符合关贸总协定的要求”。中国表示其复关和入世的“一贯努力符合其通过经济改革建立社会主义市场经济的目标及对外开放的基本国策”②。中国承诺对财政货币体制、投资体制、国有企业和国家投资企业、技术性贸易壁垒以及市场经济体制的改革将符合《WTO 协定》。但美国和西方对中国体制改革的期望并不止于此，他们认为加入 WTO 将促成中国开放和基于规则的经济体制，并成为“中国民主改革的重要支撑”（George W. Bush，2001）③。但随着中国加入 WTO 十年履行承诺的“蜜月期”过后，中国经济在快速融入全球化进程中实现对发达经济体的巨额贸易顺差。美国开始改变调门，2010 年 5 月美国指责中国自 2008 年以来就有转向“更为限制的贸易体制”的趋势，反映了中国“从中央计划经济向基于法治的市场经济的历史转变尚未完成”④。2012年6月WTO第四次对中国贸易政策审议会上，美国再次批评中国强化政策干预的“国家资

① 东艳 . 制度摩擦、协调与制度型开放 [J]. 华南师范大学学报，2019（2）：79-86，192.

②《中国加入 WTO 工作组报告书》第四段。引自卢先堃：WTO 改革项下的体制碰撞和融合，2021 年 11 月 11 日上海 WTO 咨询中心纪念中国加入世贸组织 20 周年主题研讨会的发言。

③ GEORGE W B. Bush’s Statement on the Ministerial Decision to Admit the People’s Republic of China and Chinese Taipei into the WTO，11 November 2001：https://www.govinfo.gov/content/pkg/ppp-2001-book2/html/ppp-2001-book2-doc-pg1387.htm.

④ Statement by Ambassador Michael Punke，U.S. Permanent Representative to the WTO，at the WTO’s Trade Policy Review of China，31 May 2010：https://geneva.usmission.gov/2010/05/31/tpr-china/

本主义体制"[①]。2017年特朗普政府执政时，中美体制冲突达到白热化。特朗普政府向WTO总理事会提交题为《中国的贸易扰乱型经济模式》的文件，全面挑战中国的经济体制和发展模式，要求就此制定相关规则，遭到中国强烈反对[②]。

目前，体制差异已经成为中国与美国、西方国家摩擦的重要根源。2018年以来，美日欧在针对WTO对中国非市场经济定位问题上不断协调立场，多次针对中国国有企业、产业政策、产能过剩、强制性技术转让、知识产权保护，以及坚持WTO市场经济原则发表共同声明，在国有企业、产业政策和补贴规则、数字贸易规则、劳工规则、竞争中性规则、知识产权、市场经济导向等方面拉大与我国规则的差距与分歧[③]。欧盟在2019年3月的《欧盟对华战略》文件中首次对中国做出"谈判伙伴、经济竞争和制度性对手"的三种定位。2021年2月欧委会发布《开放、可持续和果敢的贸易政策》，欧盟指责中国奉行"独特的国家资本主义模式……从根本上改变了全球经济政治秩序"，表示将应对中国模式的负面溢出效应，并将此作为"重新平衡多边贸易关系的核心"[④]。因此，中国的体制差异已经成为WTO改革的焦点问题。在双边和区域层面，美国主导的TPP/CPTPP首次针对国有企业和指定垄断专门立法，对于政府补贴、援助和透明度等关键问题都规定严格纪律，以限制"非市场经济体制"的溢出效应。USMCA第32.10条更是由美墨加自行界定"非市场经济国家"，对"非市场经济国家"的贸易和投资进行限制。通过设立这个"毒丸条款"，对缔约国与非市场经济国家的贸易协定谈判施加更加精准的监管及限制。无论美国还是日本都积极将国有企业条款向更多的区域协定或WTO改革推广。

但这个问题十分敏感。中国提交的WTO改革方案明确表示："应尊重成员

---

① Statement by Deputy USTR Michael Punke at the WTO's Trade Policy Review of China，12 June 2012：https://ustr.gov/about-us/policy-offices/press-office/speeches/transcripts/2012/june/punke-statement-tpr-china。

② 卢先堃：WTO改革项下的体制碰撞和融合，2021年11月11日上海WTO咨询中心纪念中国加入世贸组织20周年主题研讨会的发言。

③ 叶辅靖．影响我国高水平开放的若干重要问题[J]. 开放导报，2022（2）：7-12.

④ Trade policy Review-An Open，Sustainable and Assertive Trade Policy[R/OL]. European Commission，COM（2021）66 final，18 February，2021：https://eur-lex.europa.eu/resource.html?Uri=cellar：5bf4e9d0-71d2-11eb-9ac9-01aa75ed71a1.0001.02/DOC_1&format=PDF.

各自的发展模式，增加多边贸易体制的包容性。”[①]此后中美在天津会谈时，中国向美国提出三条底线，第一条就是美国不得挑战、诋毁甚至试图颠覆中国特色社会主义道路和制度[②]。因此，一些智库认为，目前WTO改革最为关键的挑战是，是否可以通过WTO改革和新规则制定，在促进不同体制融合的同时，也允许不同体制的共存[③]。从这些年的经验看，不同体制之间的剧烈碰撞如不加以控制，无论是对相关成员还是对WTO都十分不利。对我国来讲，如何将以公有制为主体的社会主义市场经济体制和以私有制为主体的国际通行的经贸规则相协调是构建开放型经济新体制的难点所在。

如何解决这一难点问题？中国与美西方体制差异是否不存在对话的基础？美国拜登总统在2021年9月21日联合国大会发言时表示，美国不寻求“新冷战”，中美之间的竞争没有必要让其上升到冲突。美国安全顾问在2021年11月7日接受媒体采访时也表示美国的目标“不寻求根本性改变中国的制度”，而是“创造条件让两个大国在可预见的未来可在一个国际体系内运作……该国际体系内（双方）共存的条件是符合美国的利益和价值观”，为此今后的规则必须包括“一个开放、公平和自由的国际经济体制”[④]。欧盟委员会亦表示:“问题不在于国家角色的本身。公共干预可能是实现合法目标所必需的，WTO应该适应经济中不同程度的公有制。”[⑤]而TPP/CPTPP并没有要求国有企业私有化，但对国有经济成分企业制定了严格的纪律，以限制其溢出效应。这表明中国与美国、欧盟在国有企业改革和社会主义市场经济体制方面存在积极的对话基

---

① 中国关于世贸组织改革的建议文件[A/OL].（2019-05-14）. http://www.mofcom.gov.cn/article/jiguanzx/201905/20190502862614.shtml.

② 王毅.明确中方对中美关系的三条底线[A/OL].（2021-07-26）. https://www.mfa.gov.cn/web/gjhdq-676201/gj-676203/bmz_679954/1206_680528/xgxw_680534/202107/t20210726_9183479.shtml.

③ In defense of multilateralism and the reform of the World Trade Organization[EB/OL]. Group of Punta del Este（GPE）. https://groupuntadeleste.com/en/wp-content.uploads/2019/06/Manifesto-PEG-rev-1203-FINAL-FINAL.pdf.

④ Sullivan’s remarks suggest softer tone on US-China ties，but ‘world alone are not enough[EB/OL]. Global Times，2021-11-08，https://www.globaltimes.cn/page/2021111/1238448.shtml.

⑤ Reforming the WTO: Towards a Sustainable and Effective Multilateral Trading System[EB/OL].（2021-11-18）. https://trade.ec.europa.eu/doclib/docs/2021/february/tradoc_159439.pdf.

础。笔者认为，要减少对外制度摩擦，促进两种体制的融合发展，首先要在发展中国家身份的思想认识上转变观念。中国作为坐二望一的世界经济大国，要继续往前发展跻身发达国家行列，就必须将市场经济的基本原则与本国社会主义市场经济的具体实践相结合，在市场规则、政府规制、监管体制和产业标准等方面，按照发达国家的通行标准打造一个有利于自由贸易的体制环境①。这也是制度型开放的基本要义。其次要转变国企优先、民营经济退场的思想观念，树立市场管效率、政府管公平的政府治理理念，改革需要回归市场本原，构建公平竞争的高质量市场经济治理体系。改革开放以来，中国在一代人的时间里实现从落后的农业国向世界第二大经济体的工业国的跃升，根本原因是我国选择了对外开放与发展市场经济。中国要实现高质量发展，必须深化改革与扩大开放。2018 年以来，中国提出制度型开放，接受竞争中性原则，构建更高水平开放经济新体制，宣布积极考虑加入 CPTPP 等高标准投资贸易协定谈判，以淡马锡模式加快国有企业改革应该是对国际关切的正面回应，以解决中西方体制差异的协调性问题。

三、高水平开放型经济体制时代内涵与构建路径

党的十九届四中全会提出要推动国内规则、规制、管理、标准等制度型开放，构建更高水平开放型经济新体制，应对日益严峻的国际经贸环境。党的十九届五中全会通过的《中共中央关于制定国民经济和社会发展第十四个五年规划和二〇三五年远景目标的建议》再次明确“坚持实施更大范围、更宽领域、更深层次对外开放，依托我国大市场优势，促进国际合作，实现互利共赢”②。那么，高水平开放型经济体制内涵如何？怎么构建？

（一）高水平开放型经济体制的时代内涵

理论上，开放型经济是一种商品、服务，以及劳务、资本、技术等生产要

① 高柏．对等开放：中国迈向发达国家的必由之路 [J]. 文化纵横，2021（1）：65-82，158.

② 中共中央关于制定国民经济和社会发展第十四个五年规划和二〇三五年远景目标的建议 [A/OL].（2020-11-03）. http://www.qstheory.cn/yaowen/2020-11/03/c_1126693429.htm.

素可以跨国自由流动的经济体系，其开放程度取决于一国在多大程度上参与国际市场。开放型经济体制本质上就是促进和保障商品、要素和服务在国际间自由有序流动，实现生产和消费都国际化的体制机制和制度安排。高水平开放型经济新体制是对以往改革开放成果的继承和创新，将过去较为灵活的政策型开放转变为相对稳定的制度型开放，增强政府行为的规范化和可预见性；是适应全球价值链分工与数字经济时代以规制融合为核心的国际经贸规则及我国经济进入高质量发展阶段的开放型经济制度安排，是我国社会主义市场经济的制度建设和治理能力现代化。

第一，适应全球价值链分工与数字经济时代的国际经贸规则重构趋势。“全球价值链分工的深入发展极大地推动了国际生产体系与市场的深度融合，全球新一代贸易协定都已将国际经贸规则的主题转向以规制融合为核心的新贸易规则。”① 中国亟待构建与国际先进规则相衔接的制度体系与监管模式，改善营商环境与提升国家治理水平。对标 CPTPP 等高标准国际经贸规则体系，无疑有利于融入和构建与国际经贸规则接轨的高水平开放型经济体制，有利于提高国家经济社会治理水平。中国主动按照高标准国际经贸规则推动国内市场体制机制改革，构建更高水平开放型经济新体制。当然，适应高标准的国际经贸规则，也不是被动接受发达国家制定的经贸规则，而是我国主动参与全球经济治理和国际经贸规则的谈判，推动国际经济秩序向更加公平合理的方向发展。对标高标准国际经贸规则改革更不是要自废武功，抛弃行之有效的体制机制，而是要吸取其先进立法特色与规则严密的治理结构，完善我国经济法规与治理体系，形成新的制度优势。

第二，适应我国迈向高质量经济发展阶段与高水平市场经济治理效能的要求。通过对外开放促进国内体制改革是中国改革开放的重要经验。中国加入 WTO 后通过对标 WTO 规则对国内政策法规进行清理和修改，建立了社会主义市场经济的制度架构。中国经济在告别要素驱动型高速增长阶段，向创新和效益驱动型高质量增长模式转型时，需要实现要素资源的优化配置，保障要素自由流动和要素价格的竞争机制，增加资本、技术、知识、数据和人才的供给

① 盛斌．中国、CPTPP 和国际经贸新规则 [J]. 中国经济评论，2021（4）：92-96.

能力。中国已经是全球最大贸易国和第二大对外投资国，迫切需要稳定的国际贸易与投资市场。加快培育国际竞争新优势，不仅要求在商品和市场要素层面上对外开放，还要求在制度层面上对外开放，构建更高标准的开放型经济新体制。党的十九届四中全会出台《关于新时代加快完善社会主义市场经济体制的意见》明确对内要建设高标准的市场经济制度，对外要构建与国际先进规则相衔接的开放型经济新体制，制度型开放就成为必然而紧迫的任务。在制度型开放阶段，规则、规制、管理和标准等领域要实现开放与改革的高度融合，开放即改革，改革即开放[①]。对标高标准国际经贸规则，通过全面扩大开放形成国内改革的倒逼机制，为供给侧结构改革与制度创新注入活力，从而迈向一个更加开放和现代化的高水平社会主义市场经济体制[②]。

第三，适应我国面临日趋复杂多变的发展环境以及构建双循环新发展格局的要求。在中美战略竞争加剧与博弈长期化、国际经贸环境不确定不稳定增加的背景下，2020 年党中央提出将构建以国内大循环为主体，国内国际双循环相互促进的新发展格局作为一项长期的国策。双循环新发展格局需要加快形成对内对外统一的规则制度体系。当前中国的市场体系仍存在规则制度不够统一，要素流动不够畅通，地方保护和市场分割等突出问题，需要强化顶层设计，实施规则领域的“国际规则国内化、国内规则一体化、国内规则国际化”三化战略：率先对接 RCEP 与 CPTPP 规则推进国际规则国内化，提升国内市场经济制度的治理效能。高水平开放型经济体制是以制度型开放为基础的市场经济体制，首先，是构建适应以国内大循环为主体以及国内国际双循环相互促进的新发展格局的更高水平开放的制度环境。我国亟须将“三零”标准与竞争中性原则贯穿到经济法规与政府监管体系中去，消除地区之间、部门之间、城乡之间的梗阻现象，形成国内统一大市场，让商品与要素自由流动。其次，结合自身制度优势与巨大市场规模，形成国内市场统一的高标准规则制度体系。以国内规则一体化畅通国内大循环，形成极大的制度性优势和生产力优势，为外循环提供动力和保障，推动中国规则走向世界，形成新的国际规则。

---

① 崔卫杰．制度型开放的特点及推进策略 [J]. 开放导报，2020（2）：36-43.

② 盛斌．中国、CPTPP 和国际经贸新规则 [J]. 中国经济评论，2021（4）：92-96.

第四，构建对外协调性新体制，形成既能缓解对外经济摩擦也能确保国家经济安全的制度安排。中国发展模式虽然结合自己的特色进行创造，但仍然是东亚发展模式——政府主导型出口导向型发展模式的延续和发展。20 世纪 80 年代，美国与日本贸易摩擦激化时，日本先后提出两个“前川报告”对日本政府主导型经济体制及出口导向型发展模式进行改造，构建以扩大内需提升国民生活品质，消除对外贸易摩擦的对外协调性体制。2020 年初中美达成第一阶段《中美经贸协议》，其中第五章围绕宏观经济政策和汇率问题展开。但我国要吸取日本开放资本账户和金融过度自由化改革导致泡沫经济与金融败战的教训。在与美国等发达国家进行贸易投资协定谈判时，要坚持权利与义务平衡原则，充分利用国际条约的例外保留与不符措施清单，保留国家自主政策空间。在根据国际经贸规则进行结构性改革，构建开放型经济新体制的过程中，需要构建高效安全的监管制度。对因市场开放遭受损失的国内弱势产业与弱势群体需要构建贸易调整援助制度，完善开放收益的再分配与损失补偿机制。

（二）六位一体的开放型经济新体制构建路径

笔者认为，我国高水平开放型经济新体制应构建六位一体的制度框架：以制度型开放引领贸易、投资、生产要素及安全保障能力等领域的规则、规制、标准、管理与国际高标准规则对接，实现国际规则国内化和国内规则一体化。同时还要积极参与全球治理，将国内规则国际化，为全球治理提供高质量的中国方案和公共产品，构建开放型世界经济体系（见图 6–1）。基本路径是通过内外两条路径来实现，即外部路径通过与国际经贸主流规则接轨，促进国内法律法规政策的调整；内部路径通过市场化改革，构建高质量的市场经济体制，提升市场治理效率。

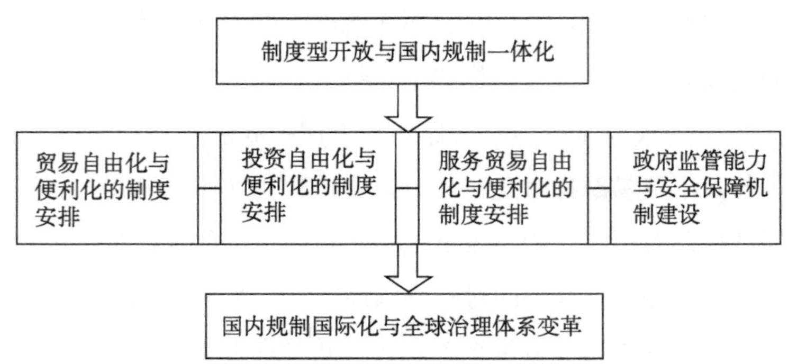

图 6-1　六位一体的开放型经济新体制框架

第一，以制度型开放引领我国高质量社会主义市场经济体制与治理体系现代化。“制度型开放”是 2018 年底中央经济工作会议以来关于对外开放新理念、新思路、新举措的一个重要表述[①]，标志着中国对外开放自加入 WTO 实现规则开放之后进入新历史阶段。制度型开放是一种双向开放，既要引进国际经贸先进规则、规制、标准和管理制度，促进国内市场经济制度的完善，增强我国社会主义市场经济制度与国际主流市场经贸规则的一致性和兼容性；也要以国内规则变革推动国际规则重构，实现国内规则国际化，推动国际规则重构，提升中国话语权，为中国打造国内国际双循环新发展格局探索出更精准的适配机制，加快构建更高水平的开放型经济新体制，消除制度型摩擦的根源。制度型开放最佳试验区是粤港澳大湾区，探索两种社会经济制度（“一国两制”）融合发展，实现两种制度的无缝对接，为解决我国与美西方制度摩擦积累经验。

制度型开放的目标是构建与国际通行规则相衔接的市场经济制度体系与监管模式，“包括健全外商投资准入前国民待遇 + 负面清单管理制度，促进内外贸易法律法规、监管制度、经营资质、产品与服务质量标准、检验检疫、认证认可制度的相互衔接，深化境内外资本市场互联互通等”[②]。在“国民待遇”“竞争中性”“规制融合”“标准共通”“监管一致”方面，对标当前新一代国际经贸高标准的新规则，对国内市场准入制度、产业补贴政策、市场竞争政策、行

① 盛斌．中国、CPTPP 和国际经贸新规则 [J]. 中国经济评论，2021（4）：92-96.

② 范恒山．中国实施高水平对外开放的若干重要特点 [J]. 社会治理，2021（12）：48-49.

业法规与质量标准、监管制度进行全面改革，实现贸易畅通、公平竞争、标准互通、监管一致。当前，中国亟须以竞争中性原则加快国有企业与补贴政策改革，根据公益性与商业性对国有企业进行分类管理，除公益类国企之外对所有国企、民企、外资等各类市场主体一视同仁，营造公平竞争的市场环境。同时要求 WTO 改革时坚持所有制中性原则，避免造成新的所有制歧视。我国要加快经济的数字化和绿色化转型，强化数字经济与绿色低碳领域的标准制定，并将这些国内规则推向 WTO 或区域合作组织。

第二，以贸易自由化和便利化改革促进国内国际市场一体化，实现进出口均衡发展。贸易自由化和便利化可以通过自主性开放和对外签署高标准贸易协定来实现。对内探索以“三零”规则为标准大幅度消减关税和非关税壁垒，改革与国际规则不相适应的补贴方式。我国应根据本国产业比较优势以及资源稀缺程度确定货物贸易与服务贸易的自由化水平。比如，2018 年，我国再次自主大幅下调关税水平，使我国整体关税水平从 9.9% 降低至 7.5%，扩大进口零关税产品覆盖率。加快培育外贸新业态新模式发展，进一步打破大宗商品内外分割的商业经营体制，促进内外贸一体化发展。

对外通过签署高标准双边和诸边贸易协议协商彼此降低关税和非关税壁垒。比如我国在 RCEP 承诺在 10 年内将对 90% 以上的进口商品实现零关税。中国积极争取加入的 CPTPP 零关税率更是高达 99%。通关便利化更是将通关时间锁定为 48 小时，而快件等紧急商品为 6 小时。在全国推广“贸易单一窗口”通关制度与货运自由，开放外籍轮展开离岸物流服务，大幅提高通关效率与贸易便利化程度。通过降低贸易物品的关税和非关税壁垒，以及完善通关制度，实现进出口商品自由而快捷的跨境流通。继续办好广州出口商品博览会，鼓励国内企业将技术、品牌和渠道优势向国外延伸；办好上海进口商品博览会和海南消费品博览会，引导外贸企业为国内市场提供高品质商品和服务。

第三，以投资自由化和便利化推动“引进来”与“走出去”均衡发展，促进国内国外资源优化配置。投资自由化与资本跨境自由流动可以通过自主开放和构建双边或多边投资贸易协定来实现。具体路径可通过加强国内自贸区与区域自贸区的“双自联动”，高效统筹国际与国内两个市场及两种资源实行先行先试的渐进式改革来进行探索，提高双向开放水平。对内赋予自贸试验区更大改革自主权，对标高标准国际经贸新规则，进行商事制度的协同系统化改革，差异化创新，实现国际规则国内化。对外加快推进高标准区域投资贸易协定谈判，形成开放倒逼国内改革的机制，为推动国家治理能力现代化提供创新变革动力，构建与国际经贸相衔接的高标准开放体系。

签订双边或区域投资协定可在优化我国投资环境的同时，对等要求其他国家开放市场，解除对中国企业投资的限制①。实现统一的对内对外投资管理体制，如将投资项目审批制和核准制改为准入前国民待遇负面清单市场准入和登记备案制度。“引导我国企业开展更高层次、更宽领域的国际产能合作，构建根在国内、面向国际的产业链、供应链、价值链体系，完善面向全球的生产、服务、投资与创新网络，提升参与全球产业链的控制能力，供应链营运能力，促进国际国内产业链紧密衔接、要素双向流动、资源优化配置。”②

第四，以服务贸易自由化与便利化促进生产要素跨境自由流动，提升要素配置效率。实现贸易投资自由化之后，必然要实现服务贸易的自由化，特别是推动金融服务、电信服务与专业服务的开放，促进资本、技术、生产、信息（数据）、服务等生产要素快速跨境自由流动。对内需要打破城乡、区域、行业对要素的分割和垄断；对外需要消除国内外跨境自由有序流动的制度障碍。我国服务贸易发展滞后，长期存在巨额逆差。服务业竞争力弱的根源在于对外开放不够，政府管控过多，无法引进新业态和理念，抑制了服务业的创新发展。扩大服务业对内对外开放可以引入竞争者，将有利于促进企业竞争与服务创新，提高我国服务业的供给水平与服务质量。

对内应加快对民间开放金融、电信、教育、医疗等政府垄断性行业和公共服务领域，鼓励民间资本参与这些领域的国企所有制改革，或采取国有民营的方式，充分发展民营金融机构、电信服务企业、民办教育、民营医疗机构。我国需要引入金融、电信、数字贸易、专业服务等领域的国际规则，修改和完善国内相关法律规章。如对《中华人民共和国对外贸易法》进行更新和扩展，对

① 张楠，李陈．中国开放型经济战略理论的演进与发展 [J]. 宁夏社会科学，2016（2）：100-103.

② 王晓红，高水平开放促进高质量发展 [J]. 开放导报，2020（1）：1.

跨境提供、境外消费、商业存在和自然人流动等服务模式分别确立法律框架，对服务行业的跨境服务贸易则需要专门制定《跨境服务贸易法》以解决境外消费、跨境提供、自然人移动等服务贸易模式指导性法律的缺失问题。对外自贸谈判中合理设定服务业对外开放水平，利用审慎例外与安全例外灵活设置清单模式，预留未来政策空间，防范各种可能的风险。我国已经正式申请加入CPTPP和DEPA谈判，亟须引入服务贸易市场准入负面清单管理模式，扩大对内对外开放服务业市场准入。中国对自然人流动态度十分谨慎，开放程度普遍低于其他发展中国家。一是在WTO/GATS，仅对55%的部门自然人移动做出承诺，远低于其他发展中国家平均高达80%的开放承诺[①]。只有在中韩自由贸易协定中自然人流动承诺水平达到与CPTPP相当水平。二是对国内公职人员出入境严格管控。出入境审批程序、签证手续烦琐，境外驻留时间限制过严。要探索商务人员跨境自由流动、外国人在华工作与永久居留法律规范，以及出入境管理法，允许雇佣外籍劳工，简化签证服务和驻留手续，做好签证服务。尤其要建立国外技术移民制度，出台《移民法》引导全球先进资源要素，如技术研发、智力资源等进入我国。建设以能力与贡献为核心评价标准的人才评价机制，构建内外籍人才机会均等的人才发展环境。同时要放宽国内公职人员出入境公务限制，特别是国有企业管理人员和科研教学人员到境外调研和交流等公务活动的限制。

第五，以安全高效的政府监管为开放型经济稳健发展提供制度保障。得益于中国开放的渐进式路径设计以及其制度的行政动员能力和执行力，我国在应对亚洲金融危机、国际金融危机以及中美贸易摩擦、新冠疫情等重大风险实践中的风险管控是卓有成效的。面对多重风险叠加和不确定性增多的国际环境，对正确处理发展与安全关系提出更高要求。对外开放必须坚持底线思维，注重防范化解重大风险挑战。在全面实现准入前国民待遇与负面清单的市场准入制度后，必须保持发展与安全之间的平衡，构建安全高效的事中事后监管体制，以应对可能遭遇的安全风险。

对内要完善保障措施与贸易救济制度，建立贸易调整援助制度，处理好国

① 资源来源：《中国入世承诺议定书》附件9服务贸易承诺减让表。

内收入分配问题，对因市场开放而遭受损失的企业和产业工人进行援助；建立外资安全审查制度，控制外资恶意并购，维护我国战略性产业安全；完善反垄断调查和执法规范，维护公平竞争的市场环境，防止跨国公司对国内市场的垄断，维护国内产业的安全；服务贸易开放过程中最大的安全风险来自投机资本的攻击、网络虚假与恶意信息传播，必须筑牢金融拦鲨网和网络安全防火墙，加强对资本跨境流动与网络数字传输的监控；我国 2012 年开始建设的人民币跨境支付系统（CIPS）不足以应对美国控制的 SWIFT 的挑战，中国要摆脱美国金融制裁威胁，必须联合其他国家构建一套不受美国控制的国际结算系统，为外国投资人民币提供安全工具；建立供应链安全评估与风险防范机制，加强因外交事件、技术封锁（断供）、金融危机、重大突发事件等因素引发的供应链安全问题预警，对重点行业、重点地区开展压力测试，全面检验我国产业供应链的稳健性。对外要建立国际技术安全清单管理制度，对敏感科学技术的研发和产品实现保密和禁止出口，保障科研技术专家的人身安全；根据《中华人民共和国反国外制裁法》建立国外不可靠实体清单制度，对违反市场经济规则、非法制裁我国以及威胁我国安全的外国企业进行反制裁措施；完善海外投资保护与领事保护制度，提高我国涉外法律的执法水平和司法水平，强化涉外法律服务。除完善投资争端解决机制外，还要完善海外财产与人身安全保险制度，及充分发挥华侨华人社会网络、行业协会、民间社团等非政府组织的社会保障职能，弥补政府海外利益保护机制的不足，通过政府与社会机制的协调与合作，有效维护中国企业与公民的生命财产安全。同时要规范我国企业对外投资行为，引导我国跨国公司的合规经营。

第六，以提供高标准高质量公共产品推动全球经济治理体系变革。习近平总书记强调：我国应坚持共商共建共享的全球治理观，中国坚持权利和义务相平衡，主动承担与自身能力和地位相适应的国际责任和义务，提供高质量的全球治理公共产品，形成开放、包容、协调的全球治理机制和规则体系。

首先，我国以共建“一带一路”倡议为引领，高质量建设“一带一路”。2020 年 11 月党中央提出要推动“一带一路”高质量发展，特别强调“绿色、开放、廉洁的理念，强调产业链供应链合作体系，强调以企业为主体、以市场为导向，强调遵循国际惯例和债务可持续原则”①。未来应以发展为导向，注重发展、经济合作、公共卫生议题规则设计，促进相关规则引领，推动我国与“一带一路”共建国家制定双边或诸边经贸规则，为我国优势产业与沿线国家开展产能合作创造长期稳定的机制化营商环境。其次，要积极推动 WTO 改革和构建高标准区域贸易协定，完善全球与区域治理体系。党的十九届五中全会强调“实施自由贸易区提升战略”②，明确要“积极考虑加入全面与进步跨太平洋伙伴关系协定，推动商签更多高标准自由贸易协定和区域贸易协定”③。我国应主动倡导 WTO 贸易投资自由化与便利化、知识产权保护、国有企业与产业补贴、反倾销、跨境电商（数字贸易）、服务贸易、环境保护等议题进行修改规则的谈判，要求增加 WTO 对发展模式的包容性。鉴于新冠疫情后供应链区域化加速发展，要求我国在构建双循环发展格局过程中准确研判区域价值链的塑造条件及其影响，高度重视基于新一代自贸区的机制性安排。顺应全球价值链重构趋势，调整自由贸易区实施策略，加强国内各部门协调，做出更加灵活的谈判安排，积极探索与发达国家签订高标准投资贸易协定，参与区域治理的变革。同时，我国要以“更加开放负责任的态度参与全球气候变暖、保护生物多样性、重大公共安全事件防控等领域的国际协调与合作，推进能源转型、生态环保、绿色发展、消灭贫困、应急管理等治理方面的开放合作”④。

参考文献

[1] 格林沃尔德 . 现代经济词典 [M]. 北京：商务印书馆，1983.

[2] 昆曼 . 经济学原理 [M]. 北京：清华大学出版社，2001.

① 江小涓 . 制度性开放成为中国必然而紧迫的任务 [J]. 经济研究，2021（6）：16-22.

② 中共中央关于制定国民经济和社会发展第十四个五年规划和二〇三五年远景目标的建议 [A/OL].（2020-11-03）. http://www.qstheory.cn/yaowen/2020-11/03/c_1126693429.htm.

③ 中华人民共和国国民经济和社会发展第十四个五年规划和 2035 年远景目标纲要 [A/OL].（2021-03-13）. https://www.gov.cn/xinwen/2021-03/13/content_5592681.htm.

④ 杨丹辉 . 新发展格局下中国高水平对外开放的实现路径 [J]. China Economist，2021，16（3）：84-112.

[3] 汪洋．构建开放型经济新体制 [N]. 人民日报，2013-11-22.
[4] 唐海燕．开放型经济新体制“新”在哪里？ [J]. 经济研究，2014，49（1）：25-26，69.
[5] 裴长洪，郑文．中国开放型经济新体制的基本目标和主要特征 [J]. 经济学动态，2014（4）：8-17.
[6] 张二震，戴翔．关于构建开放型经济新体制的探讨 [J]. 南京社会科学，2014（7）：6-12.
[7] 赵春明．经济全球化新形势下我国开放型经济新体制的构建 [J]. 中国特色社会主义研究，2014（1）：58-61.
[8] 隆国强．充分发挥自贸试验区作用，助力加快构建新发展格局 [J]. 中国发展观察，2021（22）：7-10.
[9] 姜荣春．新时期构建开放型经济新体制的理论宗旨、逻辑主线与主要内容 [J]. 国际贸易，2015（2）：10-16..
[10] 全毅．开放型经济新体制的内容框架与实现路径 [J]. 国际贸易，2015（5）：17-25.
[11] 高虎城．适应新常态、实现新作为、加快构建开放型经济新体制 [J]. 求实，2015（21）：23-26.
[12] 孙敬水，林晓炜．开放型经济的评价体系研究进展 [J]. 国际经贸探索，2016，32（2）：32-47.
[13] 康永信．开放型经济新体制与我国自贸区建设 [J]. 未来与发展，2016，40（10）：1-5.
[14] 裴长洪．中国特色开放型经济理论研究纲要 [J]. 经济研究，2016，51（4）：14-29，46.
[15] 张倪，许宏强，王海峰，等．解码开放型经济新体制综合试点 [J]. 中国发展观察，2016（11）：24-28.
[16] 黄卫平，黄剑．中国特色自由港领航新一轮对外开放，中国特色自由贸易港如何成为华丽的“中国名片”？ [EB/OL].（2017-11-27）. http://nads.ruc.

edu.cn/xzgd/0fe7c6745e294491b00b63e2524f1e64.html.
[17] 张幼文．自由贸易试验区与开放型经济新体制建设 [J]. 学术月刊，2014（1）：11-19.
[18] 刘志彪．逐步转向以竞争政策为基础的高水平开放：中国扩大开放重大举措的评析 [EB/OL].（2018-04-13）. https://idei.nju.edu.cn/17/eq/c26470a530409/ page.htm.
[19] 任泽平，罗志恒，华炎雪，等．中美达成第一阶段协议，以第二次入世的勇气推进改革开放 [EB/OL].（2019-12-17）. https://user.guancha.cn/main/content?id=21306.
[20] 全毅，张婷玉．我国自由贸易试验区转型升级方向与发展路径 [J]. 经济学家，2021（10）：100-109.
[21] 石静霞．中美经贸协议的 WTO 合规性：管理贸易 VS 自由贸易 [J]. 国际贸易评论，2020（1）.
[22] 迟福林，郭达．在大变局中加快构建开放型经济新体制 [J]. 开放导报，2020（4）：27-36.
[23] 崔卫杰．制度型开放的特点及推进策略 [J]. 开放导报，2020（2）：36-43.
[24] 裴长洪．建设更高水平开放型经济体制的新目标 [J]. 财贸经济，2020（12）：10-17.
[25] 高柏．对等开放：中国迈向发达国家的必由之路 [J]. 文化纵横，2021（1）：65-82，158.
[26] 黄奇帆．"一带一路"塑造了我国对外开放新特征 [J]. 大陆桥视野，2018（6）：30-33.
[27] 江小涓．制度性开放成为中国必然而紧迫的任务 [J]. 经济研究，2021（6）：16-22.
[28] 郑永年．加快设立粤港澳大湾区制度型开放试验区，引领中国"第三次开放"[EB/OL].（2022-01-17）. https://new.qq.com/rain/a/20220117A0257200.
[29] 王丹．全球自贸协定中的"监管一致性"与中国的因应 [J]. 河北法学，2017，35（5）：76-86.
[30] 庞金友．百年大变局与中国方案 [J]. 学术前沿，2019（7）：21-31.
[31] 杨丹辉．新发展格局下中国高水平对外开放的实现路径 [J]. China Economist，2021，16（3）：84-112.

第七章

以中美经贸政策协调为契机构建国际协调性体制

东　艳　全　毅

摘要：构建对外宏观协调体制是高水平开放型经济新体制的有机组成部分，是中国实现多元平衡开放型经济目标的重要制度保障。本章基于“目标—主体—机制”的框架，分析国际协调模式的演进和变迁。当前各国政府主要通过双边、区域合作以及国际组织的协调，对国际经济活动进行管控、干预或调节，避免各国经济失衡与摩擦的激化。中国应构建适应新发展格局的开放型经济新体制，通过对外宏观政策协调，促进国内结构性改革，消除对外经济失衡，通过制度约束化解对外经济冲突，将中国国内市场化改革与对外开放结合，继续挖掘经济增长的制度红利。

关键词：国际政策协调；贸易政策；中美贸易；国际溢出；国际协调性体制

一、引言

2022 年 1 月，习近平主席在世界经济论坛视频会议的演讲中指出：“现在，大家有一种共识，就是推动世界经济走出危机、实现复苏，必须加强宏观政策协调。”构建对外宏观协调体制是高水平开放型经济新体制的有机组成部分，是中国实现多元平衡开放型经济目标的重要制度保障。国际经济协调是在国际经济联系日益紧密的情况下，为了减少一国单边经济政策所引发的具有负外部性的溢出效应，各国政府通过双边、区域合作以及国际组织协调等方式，对国际经济活动进行联合管理、调节或干预[①②③]。一国经济的结构以及制度体系存在差异，各国政府依据本国的经济发展状况所制定的经济政策通常以本国利益最大化为目标函数，各国之间的经济政策存在差异，而世界市场的发展使各国经贸联系日益紧密，一国经济所制定的政策会对另一国经济产生影响，为了消除负外部性，国际经济政策协调已经成为“二战”后与全球化发展相伴的一个显著特征。

传统的国际经济政策协调主要强调财政和货币政策等宏观经济政策的国际协调，财政政策和货币政策通常对市场的干扰比较直接，因此各国进行相关政策协调的需求较大。贸易政策协调属于国际微观经济政策的协调。国际分工模式的新变化使国际经济协调的模式也发生了深刻的变化。大国竞争的加剧使国际经济协调从双边利益最大化向限制追赶者的发展空间转变，国家安全等新的变量进入了以国家为视角的国家加总福利函数。“维护国家安全”成为主要经济体对外经贸政策及构建国际经贸新秩序的战略工具。全球价值链的纵深发展使国家之间的合作进入产品内合作阶段，与此对应的制度协调从边境的以关税和非关税壁垒为主的政策向各国国内政策的协调及监管一致性转变。与微观领域的协调对应，当前国际宏观经济政策协调也强调各国中长期的产业层面的结构性调整。从这一角度看，传统的国际宏观协调与国际微观协调在当前已经具有一定程度的融合性，都注重与一国国内的制度体系、运行机制相关的制度协调。

中美政策协调对维护两国经济稳定、亚太经济稳定，预防冲突，促进国际贸易体系发展具有重要意义。从 20 世纪 80 年代至今的 40 年间，中美经贸合作不断深化，双边协调机制也经历了从中美商贸联委会、中美战略经济对话，到中美签署第一阶段经贸协议[④]的过程，双边协调从对话、协商进入冲突与谈

① FISCHER S. International Macroeconomic Policy Coordination[J]. Social Science Electronic Publishing, 2007.

② 雷达，朱文晖 . 论贸易政策的国际协调 [J]. 世界经济，1993（6）：42-46.

③ 孙杰 . 宏观经济政策国际协调导论：理论发展与现实挑战 [M]. 北京：中国社会科学出版社，2021.

④ 比如 2020 年 1 月 15 日中美双方达成的《中华人民共和国政府与美利坚合众国政府经济贸易协议》。

判阶段。在中美竞争合作的格局已经确定的情况下，避免短期的激进式冲突缓冲机制，促进渐进式调整的冲突缓冲机制，激发构建长期合作潜能，促进中美在不断协调中走向动态平衡。

本章以“目标—主体—机制”为分析框架，探讨中国对外协调体制的构建。第一部分为引言；第二部分分析国际经贸政策协调的传统模式；第三部分研究国际宏观政策协调模式转换的动力及趋势；第四部分讨论我国国际协调新体制构建；第五部分为总结。

二、国际经贸政策协调的传统模式

（一）协调的目标

内部化单国经贸政策产生的负外部性，是国际经贸政策协调的最主要动因。国际经贸政策有时会引发负溢出效应，特别是在经济危机发生期间，单边的贸易政策，如加征关税、实施配额等将对其他国家产生影响，当这些政策溢出效应存在负的溢出时，则构成了协调的基础性。在1929—1933年的世界经济大萧条中，一些国家采取“以邻为壑”的贸易政策引发了全球贸易的显著下滑。20世纪30年代经济危机时期，美国率先采用“以邻为壑”的贸易保护主义来应对危机。1930年，美国国会通过斯穆特－霍利关税法，将美国平均关税大幅提升至59%的高位，导致其他国家只能被动跟进使用报复性关税。最终，在美国的拖累下，全球经济付出了惨重的代价。1929—1934年末，全球贸易额缩水了三分之二，严重延缓了世界经济复苏的进程。在缺乏经贸政策协调时，各国以自身利益最大化来确定其关税水平等贸易政策；当存在经贸政策协调时，各国根据共同目标函数的加权平均，来协同确定关税等贸易政策。只有通过合理的政策协调才能避免单边政策对全球生产、福利的负面影响。

第二次世界大战后，为避免冲突，重新构建有助于世界经济稳定增长的国际经济环境是各国的共同目标，从而构建以美国为主导、以国家政府作为治理主体的布雷顿森林体系等国际经济治理机制。1947年达成的《关税与贸易总协定》（GATT）是国际经贸政策协调的代表性机制。基于最惠国待遇和对等原则，第二次世界大战后，多边贸易体系经历了多轮成功的关税减让谈判，各国通过国际集体行动来防止单边行动所带来的潜在的负效应，由此促进了全球贸易自由化进程。然而，正如斯泰格（Staiger，2021）所指出的，“GATT 的实质目标并不是贸易自由化，而是内部化单边贸易政策的负外部性”[①]。从这一角度看，贸易政策国际协调与宏观经济政策、气候变化政策等领域的国际协调的目标具有一致性，即通过国际集体行动来避免单边行动所带来的潜在的负效应。2008 年国际金融危机引发国际协调体系的变革，促进了 G20 等国际协调机制的创建。2009 年在全球贸易出现负增长的情况下，贸易保护措施增加，这些措施包括贸易禁令、出口补贴、滥用贸易救济等。此外，由大宗商品价格下跌、金融危机所引发的融资受阻等也促进了贸易增速下滑，例如，2008 年金融危机时，大宗商品价格波动明显。以现价美元计价大宗商品价格指数 2008 年达到峰值水平 298.6，同年 12 月底跌至谷底 186，导致以货币单位衡量的贸易额下降。在这种情况下，迫切需要加强国际协调，由此引发 G20 等国际协调机制的创建。

国家间利益的重新分配是国际经贸政策协调的直接目标。通过政策调整来弥补在贸易合作中一国特定部门（如进口竞争部门）或国家整体在开放过程中面临的福利损失。国际经贸政策协调包括减少国际经济中存在的扭曲，如关税引发的贸易条件效应所带来的扭曲，由于较低的环境标准或劳工标准等使一国企业获得的特定的产业竞争力；加强市场准入限制使本国产业的市场规模提升到效率水平；加强知识产权保护，控制竞争对手技术赶超速度等；防止由于贸易条件效应导致的关税战升级引发的“囚徒困境”等。国际协调的目标是通过调整取得福利改进，即调整带来的收益大于现有成本。需要注意的是，随着制度协调程度的加深，国内制度的自主控制权可能遭受侵蚀。

同时，国际经贸政策协调体现并影响国家间权力分配。大国竞争条件下的协调通常是缓解冲突的手段。当一些大国放弃在多边体系框架下进行协调的时候会采取单边手段对国际贸易进行干预，例如，美国将“301 条款”纳入《1974 年贸易法》及其后的修正案。第 301 条规定，美国总统有权单方面执行

① STAIGER R W. A World Trading System for the Twenty-First Century[J]. NBER，2021.

美国在国际贸易协定下享有的权利，并对某些所谓“不公平”的外国做法作出反应。这相当于采用单边权利以替代性执法来替代多边贸易的争端解决机制，而国际协调则可以避免大国采取单边行动。在权力转移的过程中，新兴国家的崛起与在位的主导国家相对实力的下降，导致了现行的国际经济体系面临调整和冲击。在这一过程中，实力的相对调整与权力转移通常以贸易冲突的形式来实现。为了避免冲突升级，减少潜在贸易战的影响，主要经济体需要加强国际经济的协调与合作。

（二）协调的主体

国际经贸政策协调的直接主体主要是各国政府，政府是国家利益的代表。各协调的主体间是否具有平等的关系？在国际经济学理论中，大国与小国的单边关税政策的效果具有显著的差异。国际贸易理论中，小国是国际市场价格的被动接受者，小国的贸易政策，如自身关税调整等对世界市场的价格基本没有影响；大国的经济政策则具有较强的外部性，大国可以将贸易成本转嫁到国外的出口商，对全球经济产生负的外部性。在此情况下，进行国际贸易政策的协调，构建区域贸易协定或全球的贸易协定具有重要意义。

国际权力转移引发以国际经贸规则重构为特点的国际经贸政策协调。霸权的重要表现之一就是制定国际规则，并通过执行规则在国家间建立秩序[①]。在权力转移的过程中，国家实力的相对变化使利益分配格局发生调整，从而引发国际经贸治理体系的变迁。19 世纪英国面临美国和德国经济竞争时，曾经采用单边主义贸易政策来维护其在全球的领导力。第二次世界大战后，美国取代英国成为全球的主导力量，并构建了包括国际贸易体系在内的一整套治理体系，通过开放的多边主义，维护美国在全球经济的影响力。在随后的经济发展过程中，欧洲一体化、石油冲击、日本高速发展，以及中国崛起，对美国的实力接连带来冲击或挑战，也对美国在国际贸易秩序中的地位产生影响（见图 7–1），逐步引发美国国际贸易治理理念和方式的调整，表现出“巨人萎缩综合征”。美国在 20 世纪 80 年代面临日本冲击时采取的单边贸易政策与英国面对权力衰

① GILPIN R. War and Change in World Politics[M]. New York：Cambridge University Press，1981：24.

落时的行为相似[①]。在产业结构升级过程中，日本的产业竞争力逐步向美国逼近，日美经济从互补关系过渡到竞争关系。美国利用对贸易规则的控制权，通过多边和双边配合的方式打压日本发展。在GATT乌拉圭回合谈判中，美国要求日本加强农业、服务业，以及政府采购市场开放，避免对外国供给者的歧视，同时，美国在其《1974年贸易法》“301条款”的基础上增加“超级301条款”，对日本进行制裁，并与日本通过结构性协定谈判来设定对日本的专属规则[②]。

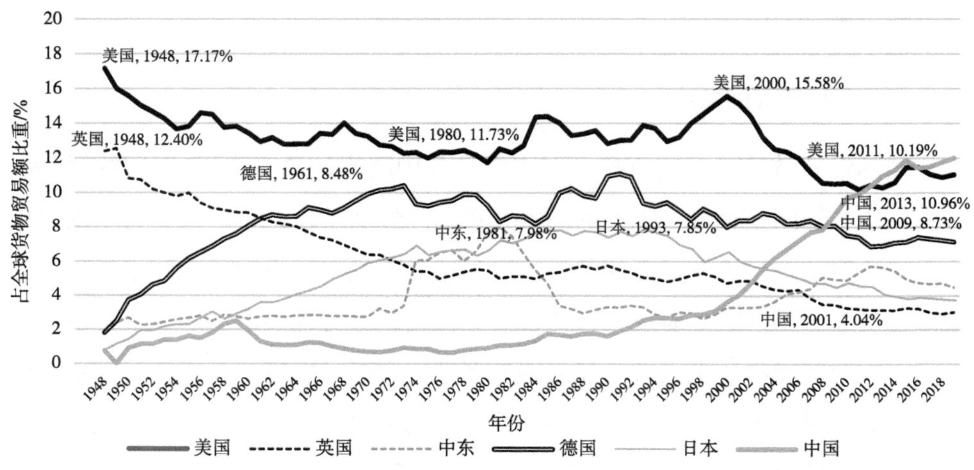

图7-1　1948—2018年世界主要经济体货物贸易占全球比重的变化

数据来源：根据WTO数据计算绘制。

厂商、行业协会、消费者等是影响国际协调的微观单位。在国际协调过程中，国家作为国家利益的代表，其行为是最大化其目标函数，这一目标函数是平衡国内利益集团而加总取得的。格罗斯曼和希普曼（Grossman and Helpman，1995）基于政治经济学模型，分析了两国商谈自由贸易协定过程中的政治经济考量[③]。在两种情况下一国同意进行自由贸易协定谈判，一种情况是总量的目

① 诺贝尔经济学奖获得者，贾格迪什·巴格瓦蒂在1991年的文章中，提出“巨人萎缩综合征”，参见BHAGWATI J. The Diminished Giant Syndrome：How Declinism Drives Trade Policy[J]. Foreign Affairs，1993，72（2）：22-26.

② 东艳．制度摩擦、协调与制度型开放[J]. 华南师范大学学报（社会科学版），2019（2）：79-86，192.

③ GROSSMAN G M，HELPMAN E．The Politics of Free Trade Agreements[J]. American Economic Review，1995，85（4）：667-690.

标，即一国的总收益超过损失；另一种情况是从普通选民视角，即当普通选民获得可观的福利收益，而受自由贸易政策协定影响的利益集团没有形成强有力的游说团体。

大国的国内政治对国际经济关系具有重要影响。不论是在多边层面如乌拉圭回合的贸易谈判，还是在区域贸易协调层面如北美自由贸易协定的谈判，以及在双边协调层面如中美贸易的协调等，大国的国内利益集团都对协调结果产生了重要的影响。传统的观点认为政府作为国家的代表，其目标函数为国家经济利益的最大化，具体来讲就是消费者剩余、生产剩余和关税收入的加总最大化，但实质上作为一个抽象的利益代表，国家政策是由国内政治和制度因素所决定的博弈的结果。国际贸易政策的协调作为一个政治过程，它反映的是各国国内集团利益的平衡，并不一定带来国家加总的福利最大化。

（三）协调的机制

国际经贸政策协调主要通过相互作用的机制来实现。根据制度经济学的观点，制度包括正式的制度约束和非正式的制度约束。正式的制度约束如规则、法律以及机制等，而非正式的制度约束如一些行为的准则、自我施加的行为模式要求等。在正式的制度方面，国际贸易协定通常包括三方面的内容：一是实质性义务条款，二是允许的例外条款，三是实施机制。各国规定了达成一致的贸易干涉的技术性的水平，以及各国可以采用的特定保护及豁免等范围，实施机制的设置则保证了贸易协定的有效实施。

第二次世界大战后的国际协调机制大致经历了以下三个阶段的发展与演变。第一阶段：第二次世界大战后形成以联合国为核心（包括国际货币基金组织、世界银行、布雷顿森林体系）的国际治理体系。受到现实主义理论的影响，国家行为体对国际治理常常持有工具理性的态度，民族国家作为国际体系中的重要行为体，根据国家实力状况参与全球治理活动，联合国等政府间治理组织主要以霸权大国为主导，国际协调形成的国际治理呈现国际组织框架下的霸权国家主导国际治理的特征。第二阶段：自 20 世纪 90 年代“冷战”结束后全球化快速发展。多边贸易协调机制不断完善，区域贸易协调日益深化，美国与欧盟、美国与日本的双边协调机制不断完善。但更多的全球贸易、环境、安全等全球挑战日益凸显。第三阶段：自 2008 年国际金融危机尤其是 2018 年中美经贸摩擦以来，伴随着国际权力转移与国际格局的“东升西降”带来新一轮治理竞争加剧，原有国际治理体系的滞后性与不确定性问题凸显，国际组织的发展呈现区域化和碎片化的趋势，进入了深度调整阶段。当前，中美竞争长期化格局已定，全球化呈现回调趋势，新冠疫情与全球气候变迁对原有国际秩序造成了新一轮冲击，国际经贸政策协调的模式需要深化调整。“二战”后至今的国际治理体系演进如表 7-1 所示。

表 7-1 “二战”后至今的国际治理体系演进

阶段	时间 / 年	重大标志性事件
初步形成期（1945—1990 年）	1945	美苏英法中签署《联合国宪章》，联合国成立；国际货币基金组织、世界银行、布雷顿森林体系建立
	1976	在石油危机、美元危机背景下，七国集团（G7）成立
	1989	东欧社会主义国家社会制度根本转变
迅猛发展期（1991—2008 年）	1991	俄罗斯联邦在联合国正式取代苏联地位
	1999	亚洲金融危机结束，二十国集团成立，发展中国家的全球治理地位提高
	2001	中国加入世界贸易组织
	2008	全球金融危机爆发，多边治理失败
深度调整期（2009 年至今）	2009	国际组织改革推进缓慢，波折不断
	2013	“一带一路”倡议、RCEP、CPTPP 等区域合作发展迅速
	2016	英国公投脱欧、欧洲一体化受挫
	2018	美国提出“美国优先”战略，退出 TPP，挑起中美贸易摩擦，逆全球化思潮兴起
	2020	全球意识形态加剧，多边合作面临挑战

资料来源：东艳，朱铭铮 . 国际治理的演进与变革 [D]. 北京：中国社会科学院，2021.

世界大国在国际协调中发挥重要作用。全球经贸治理的制度安排模式的决定大体以参与协调国家经济实力分布为基础。第二次世界大战后，美国通过推行多边贸易体系和国际协调构建有利于本国的全球贸易体系。美国在战后全球经济治理中占据中心地位。20 世纪 70 年代后，由于美国经济实力的相对下降、布雷顿森林体系瓦解，美元难以继续维持国际货币地位，无力独自提供多数援助。所以国际发展援助的治理安排也开始呈现多极化格局。为有效应对此类问题，解决世界经济和货币危机，协调各国宏观经济政策，西方国家开始组织七国集团（G7），回归传统的“大国协调”方式来应对全球挑战。尽管美国在全球发展治理中的地位有所下降，但美国依旧是国际协调的主要推动者。美国领导的乌拉圭回合谈判体现了多边协调的原则，并促进了世界贸易组织的建立。20 世纪 80 年代，发达国家服务贸易快速发展，贸易中的假冒商品问题日益严重。在 1993 年结束的乌拉圭回合谈判中，服务贸易、知识产权问题被美国等发达国家作为新议题引入谈判，该回合最终达成了《服务贸易总协定》（GATS）、《与贸易有关的知识产权协定》（TRIPS）。1995 年世界贸易组织（WTO）成立，其目标是通过“建立国家间全球贸易规则的国际组织，确保贸易流动的流畅性、可预测性和最大可能的自由化”。

三、国际宏观政策协调模式转换的动力及趋势

（一）协调的目标逐渐转向避免经贸冲突爆发

国际经贸政策协调的目标逐步转向避免贸易冲突的爆发。进入 21 世纪，美国占全球货物贸易的份额逐步下降，在多边贸易体系中的主导地位受到冲击，国家间竞争格局的变化引发经济民族主义的重现。从体现美国竞争力的综合指标看，当前，美国在市场规模、创新能力、商业发展、金融体系等方面仍居于全球前列。哈佛商学院对毕业生的调查表明，认为美国竞争力稳定或上升的人数与认为下降的人数相当。然而，从产业竞争角度看，美国面临较大的挑战。目前，美国的制造业综合竞争力排在全球第五名，位于德国、日本、中国和韩国之后 。2019 年，美国以制造业增加值占全球比例和制造业出口占全球比例表示的全球影响力指标为 10.19%，仍然位居前列。目前美国中高技术制造业的生产水平还有一定的优势，但是中国中高技术制造业产品产业竞争力日益加强，对美国的挑战愈加明显。而从服务业发展的情况来看，美国服务出口和进口额仍居全球首位，中国服务贸易的影响力逐步提升。根据联合国商品贸易统计数据库（UN Comtrade）公布的数据，2010—2019 年美国服务出口和进口

占全球的比重分别下降 5.58 个和 4.86 个百分点，而同期中国服务进口占全球的比重上升了 1.72 个百分点，出口服务占比下降了 1.08 个百分点[①]。

中美经贸政策国际协调的重要背景是大国竞争，双方的目标函数与传统理论观点提到的国家短期静态利益最大化有所不同，而转向长期动态利益最大化。从在位国角度来看，以往单边贸易政策目标是实现本国利益的最大化，现在单边贸易的目标在很大程度上是减缓主要竞争对手的发展速度，消减对本国的冲击。在贸易政策协调过程中，其贸易合作协调的目标也并非两国通过政策的合作使双方共同目标函数收益最优化，而是通过协调减缓竞争对手的发展速度。双方协调的目标也不仅是贸易政策的协商而是约束对方的发展速度，服务于两国在经济实力逐步接近的过程中通过协调形成竞争合作的新格局。20 世纪 90 年代后全球价值链的快速发展，使生产要素的效率得到了极大限度的发挥，显著提升了全球整体技术进步的速度。技术创新是经济增长的主要动力，中美两国在经济领域的竞争体现在未来经济发展的速度及质量上，从生产要素来看，具体体现在技术创新领域的竞争加剧。中美协调的模式在一定程度上体现了两国对未来全球化发展的目标设计。以安全为导向的、以自身利益为目标的全球产业链的回缩政策一定限度上削弱了全球化发展的速度。

美国希望削弱中国在经济增速方面对本国造成的竞争压力，这超越了贸易领域的问题，具体表现在引发经济增长的技术创新动力上，如通过减少竞争领域的合作来限制技术溢出和技术转让，通过限制高技术人才的流动来阻碍竞争者的技术追赶速度，通过规则构建来维护自己在技术创新领域的优势地位。从国内政治角度分析，美国的领导人希望能平衡国内各利益集团的利益诉求，维护其政权的稳定性。而中国则希望在竞争的大格局下保持经济的基本稳定，维护稳定的外部环境，防止竞争引发的“囚徒困境”使双方的福利水平面临绝对的下降，通过协调将本国的经济增长速度维持在一定的水平上，以时间换空间，形成未来长期增长的潜力。因此，中美协调的目标首先要致力于促进全球技术进步和全球化的稳定发展，共同维护世界经济的稳定增长，解决全球面临的气候变暖、发展速度减缓等重要的共同问题。

① 数据来源：https://www.wto.org/english/res_e/statis_e/tradeserv_stat_e.htm。

（二）大国竞争及制度差异造成协调主体间的结构性矛盾

大国竞争引发协调主体间权力性结构的调整。在对国际经济政策协调的分析中，需要“找回国家”，研究国家目标函数的变化。在对美国对外经济政策的研究中，传统的占主导的观点是“以社会为中心”的理论（society-centered approach），该理论认为形成相关政策的主要驱动力是其国内利益集团等次国家的行为主体。其分析方法没有涉及贸易政治中非经济行为者，如人权组织、环境组织的利益诉求。更为重要的是，该方法假定政治家没有独立的贸易政策目标，在贸易政治中不发挥自主决策作用，政府被视为各利益集团博弈的平台。这与当前的现实情况存在较为显著的差异。而“以国家为中心”的理论（state-centered approach）则认为，国家决策者干预经济所确定的目标，独立于国内利益集团狭隘的自身利益所关注的问题。埃文斯等（Evans et al., 1985）认为，“以国家为中心”的理论缺乏微观基础[①]。因此，在研究国际经济协调时，需要对霸权国家的战略目标、原则和策略进行深入分析[②]。

美国对待国际经贸规则从自由主义逻辑向现实主义逻辑转移，威廉·J. 吉尔（William J. Giu）认为美国的发展是建立在牢固的保护主义之上的，而非现代经济学家所认为的自由贸易之上[③]。2017 年 3 月，特朗普在演讲中阐释其“买美国货，雇美国人”的主张时，提到要重拾亨利·克莱（Henry Clay）的主张[④]。亨利·克莱是经济民族主义的代表人物之一，1812—1815 年美英战争结束后，美国对英国工业品依赖的状况依旧没有改善，亨利·克莱在 1818 年提出构建“美国体系”。亨利·克莱在 1824—1825 年的数次讲话中，逐步阐述了

① 参见 EVANS P B，RUESCHEMEYER D，SKOCPOL T. Bringing the State Back In：Strategies of Analysis in Current Research[M] Cambridge：Cambridge University Press，1985。通过对美国特朗普贸易政策行为的观察，可以对此问题提供一些拓展和深化分析。

② 高程分析了奥巴马时期美国的相关理念和做法，本书则重点对特朗普政府时期的相关理念和做法进行探讨。参见高程 . 从规则视角看美国重构国际秩序的战略调整 [J]. 世界经济与政治，2013（12）：81-97，158-159.

③ 关于经济民族主义在美国早期历史发展的讨论，参见王晓德 . 美国早期历史上的经济民族主义及其影响 [J]. 南开学报，2006（1）：18-26.

④ 资料来源：https://heavy.com/news/2017/03/donald-trump-louisville-rally-photos-pictures-crowd-size-pics-kentucky-supporters-how-many/11/。

经济民族主义的形式和实质，其核心思想是通过高关税保护美国刚起步的制造业及农业，由此创造就业机会。美国贸易代表办公室发布的2017年贸易政策议程报告中，明确提出“在贸易政策方面保留其主权权力，采取行动捍卫其国家利益”。特朗普政府基于“经济安全即国家安全”的新国家安全观，一方面，采取一系列国家主导式“管理贸易”行为，如对其他国家的钢铝征税、信息产业等领域加紧对外打压，强调中美“脱钩论”等，为其以国家安全之名行保护主义之实的贸易政策提供借口；另一方面，在国际经贸规则重构中融入安全理念[①]。迈克尔·马卡米特（Michael Magcamit）基于“民粹主义安全化”(populist securitization）模型的分析指出，民粹主义领导人意欲提升国家在国际体系中的相对收益和位置，但如果在没有足够国家权力的情况下就去追寻现实主义外交政策，则可能会带来显著风险。为此，民粹主义领导人通过“民粹主义安全化”方式，并以此作为制定、实施和辩护其现实主义外交政策的渠道，说服选民相信其外交政策的主要目的是保护国家和公民的利益[②]。

与此同时，欧美发达国家主导的全球治理规则和贸易体系遭遇全球金融危机和全球疫情等一系列变革因素的冲击，国际话语权持续减弱，而中国、印度等发展中经济体的国际影响力随着经济实力的上升而持续增强，权力中心呈现东移趋势。发达经济体和发展中经济体对国际话语权的争夺已经从传统的贸易规则体系向投资自由化、市场开放度等更深层次、更高标准的维度转变，尤其近年来，对数字经济、服务贸易、5G等高精尖前沿技术领域的规则制定和主导权争夺愈演愈烈。非政府组织、跨国公司、行业协会在全球经贸治理中的影响力提升，全球贸易治理的力量出现分化。全球治理中的公正性和权威性受到挑战。例如，“良好棉花发展协会”（BCI）号称是“最大的棉花可持续发展非营利组织”，该组织通过制定“环保标准”等相关标准，要求会员必须使用其认可的符合标准的棉花，才能使用“良好棉花发展协会”标识，这些所谓的行

① 详细的讨论参见赵海.中美经贸冲突中的国防技术与供应链安全因素[M]//东艳，徐奇渊，等.直面中美贸易冲突.北京：中国社会科学出版社，2021.

② MICHAEL M. Explaining the Three-Way Linkage between Populism, Securitization, and Realist Foreign Policies：President Donald Trump and the Pursuit of “America First” Doctrine[J]. World Affairs, 2017, 180（3）: 6-35.

业标准，已经对国际经济和政治格局产生显著影响。

政策协调的主体理念存在一定的差异。当前，贸易协定已经成为美国和欧盟推动输出价值观的有力工具。美欧等西方国家强调所谓的价值观差异，构建盟友组成的联盟，以多边主义之名，行单边主义之实。拜登政府的国家安全战略将民主价值观放在突出的位置。2021 年 3 月，拜登签署《重塑美国优势——国家安全战略临时指南》(以下简称《临时指南》)，提出践行并捍卫以美国生活方式为核心的民主价值观，将其作为美国持久的核心利益之一。《临时指南》声称当今世界处于重要转折点，自由与专制两种不同前景正展开激烈较量，美国要“重振民主”，需要对内践行、对外捍卫美国价值观，团结全世界“民主”国家，挫败对“自由社会”的威胁。《临时指南》还提出贸易政策要服务所有美国人，而不只是少数特权阶层，在贸易政策中要体现美国价值观，包括加强劳工权利、平等机会和环境管理。欧盟将促进人权和民主纳入其对外行动的所有领域。中国提倡以构建人类命运共同体为目标，主张全球治理应致力于实现民主的治理，国家、国际组织、区域组织、非政府组织等将以平等身份，共同承担解决全球性问题的责任；实现有规则的治理，全球性规则是治理过程的权威来源，规则的制定与施行是各国及不同组织共同参与的结果。全球治理是一种诉诸共同利益与价值的治理，维护全球利益是全球治理主体的共同责任；全球治理还是一种实现协商与合作的治理，维护全球秩序和利益，必然要超越暴力和冲突，依赖协商、对话和合作。

与此同时，国际协调主体日益多元化。随着全球化的深入发展，跨国公司驱动的全球贸易和国际投资呈现爆发式增长，全球主义得到广泛传播，越发广泛的国际问题有待解决，全球化进程中存在的三大矛盾——全球公共物品需求上升与供给不足之间的矛盾、国际规则约束与国家自主性之间的矛盾以及国际制度非中性与全球治理民主化的矛盾，促进了国际协调的深化。国际组织、非政府组织、跨国公司等在国际协调中发挥了重要作用。

（三）国家安全考量引发协调机制内涵和结构发生变化

美国通过构建所谓的“以规则为基础”的贸易体系，来实现“以权力为基础”的贸易治理。小布什、奥巴马、特朗普、拜登等采用的贸易政策表面上看风格迥异，但实质上都致力于通过多边、区域和双边协调等方式重塑国际经贸规则来遏制中国在国际规则体系中的权力增长，由此制约中国经济发展。2001年，布什政府提出“竞争自由化”贸易政策，提出对全球贸易秩序进行改造。美国继而逐步转向区域贸易协定等平台，利用其他国家经济高度依赖美国的特点，继续推进高水平知识产权等规则，挽救其在多边领域的失利。美国试图与其他成员国通过签订自由贸易协定、双边投资协定等方式，推行美式价值理论和贸易规则。奥巴马时期着力打造TPP、TTIP等跨地区的区域贸易协定，倡导建立面向21世纪的、高水平的贸易协定。特朗普政府虽然退出TPP，并威胁退出WTO，但并未退出规则竞争，反而是以退为进，借助关税武器化、加强双边贸易协定谈判等方式，改变美国权力弱化的现实情况，力图维系美国在国际贸易体制中的收益和主导力。

当前，WTO依然是最重要的多边贸易协调机制，但其有效性有所减弱。在国际权力转移的进程中，国际治理体系也在不断地演进与变革。从第二次世界大战后的美苏争霸到全球治理蓬勃发展，到此后深度调整的变局，国际政治的复杂性日益增加，国际治理的参与主体不断丰富，治理需求也不断增强，因此，国际治理体系发展的不确定性与有效治理的挑战性也日益增强。坚持真正的多边主义，需要继续维护以联合国为核心的国际体系和以国际法为基础的国际秩序，同时，也需要适应全球政治经济格局发展的新特点，把握全球化的趋势，促进全球治理机制的创新发展。

在全球经贸协调方面，WTO作为国际贸易的多边主义平台承担着主要的引领作用，然而自多哈回合谈判陷入僵局以来，WTO的多边对话陷入僵局，WTO改革呼声日渐高涨。对此，美国提出就具体议题和共同利益成员进行WTO多边体系下的诸边谈判，而中国也在积极推动“贸易投资自由化与便利化协议”的联合倡议声明，将投资等相关议题引入WTO，以期建立包括贸易和投资的完整的全球经贸治理体系，诸边谈判将是未来一段时间WTO框架下全球贸易治理的主要模式。

基于国家安全考量的技术联盟对传统区域经贸合作机制产生冲击。拜登上任后，通过构建印太经济框架、美欧贸易技术委员会等，加紧构建对中国进行围堵的经贸新机制。

四、我国国际协调新体制的构建

从20世纪80年代至今的40年间，中国参与国际经贸合作不断深化，中国与一些主要贸易伙伴的经贸摩擦也逐渐增强。中国需要构建新发展格局的制度型开放体系，构建适应以国内大循环为主体，国内国际双循环相互促进的开放型经济新体制。同时，通过对外宏观政策协调促进国内结构性改革，消除对外经济失衡，通过制度约束化解对外经济冲突，将中国国内市场化改革与对外开放结合，继续挖掘经济增长的制度红利。

（一）构建适应新发展格局的制度型开放体系

实现“十四五”规划和2035年远景目标，构建以国内大循环为主体、国内国际双循环相互促进的新发展格局，是基于新发展阶段、依据新发展理念提出的中国经济发展的重大战略举措。构建新发展格局要求实现国内要素市场和产品市场畅通循环，“供给端”构建高水平自立自强产业创新体系，“需求端”形成超大规模的有效国内需求市场。新发展格局的本质特征是实现高水平的自立自强，其核心要义是统筹发展与安全，关键在于经济循环的畅通无阻。

国内结构性改革是促进经济活力，应对外部摩擦的关键。在美日贸易摩擦发展的历史上，日本借助美日贸易摩擦的外部压力推动国内进行必要的经济结构改革，从而促进了整个经济开放模式的调整。1989—1990年，美日结构性障碍谈判构建了美日制度协调的新框架。美日结构性障碍谈判涉及的问题具有广泛性和综合性，日本市场自身的封闭性和不透明性成了美国关注的重点。美国对日本政策的目标是希望日本规范市场竞争行为，避免日本政府的过度干预和企业的排他性，并在储蓄投资模式、土地政策、流通问题、排他性的商业行为、企业集团、价格机制等领域进行调整。文化差异引发的经济组织模式方面的异质性是日美制度协调重点关注的内容。如日本产业组织中存在独特的企业集团组织形式，企业集团由不同行业的企业组成但是通过交叉持股相互关联。

1993年下半年至1995年克林顿时期美日贸易谈判采用了结果导向型的贸易协调机制。在综合经济协议谈判框架中，美国不仅关注日本具体行业的壁垒，更关注宏观结构等综合性问题，形成了政府采购规制改革、竞争力、汽车及零部件等部门的开放、直接投资、供求关系、知识产权，以及技术准入等领域的综合经济协调机制。

制度型开放是为实现新发展格局，通过深层次、多领域的国内结构性改革，建立促进高质量要素跨国流动，加强技术创新能力，并有助于提升以国内市场为主体的全球资源配置效率的制度体系，从而实现国内外规则规制管理和标准等领域对接的全方位的系统性制度变迁。中国的制度型开放需要以我为主，发挥制度创新对经济高质量发展促进新发展格局形成的支撑作用。在制度性开放的过程中一方面要对标高标准国际经贸规则，另一方面需要根植于中国经济发展的实践，并立足于微观企业主体对市场环境的需求，创造适应中国经济发展的有活力的、公平的、开放的竞争环境。

制度型开放通过国内外的经济交流来促进国内制度的完善，包括国际规则的国内化、国内规则的国际化以及内外制度的折冲化三个方面。在国际规则的国内化方面，对照CPTPP等高标准规则体系进行国内的制度调整是制度型开放的主要内容。在国内制度的国际化方面，制度型开放的主要目标是构建促进畅通循环的协调机制、产业协同发展机制、提升创新动能的科技机制、增加安全发展的保障机制。中国应该积极参与全球数字经济贸易和发展等领域的规则构建，促进体现世界普遍生产力发展水平的包容性发展理念。在内外制度的折冲化方面，竞争政策、环境政策、国家安全政策、劳工政策等领域的国内外制度竞争是需要重点关注的领域。在此方面特别需要关注开放和风险的关系。

（二）构建适应国际竞争的对外协调新机制

当前中国对外经济政策协调的主要对象是美国，作为全球前两大经济体，中美经贸摩擦主要通过双边形式来进行协调，区域和多边是促进双边谈判的补充机制。从现实发展来看，亚太区域经济合作的竞争和多边贸易体系框架下谈判的矛盾本源也来自中美摩擦，因此解决中美双边核心问题是稳定全球经贸发展的重要机制，也是稳定中国对外宏观经济环境的关键。中美双边协调机制经历了从中美商贸联委会、中美战略经济对话，到相当于贸易战休战协定的中美第一阶段经贸协议签署的过程，双边协调逐步从对话、协商，进入冲突与谈判阶段。中美经贸协调机制所面临的目标与以往有哪些不同？双边协调如何适应两国经济实力的动态变化？在传统的经贸协调模式的基础上，需要进行哪些机制创新？

当前中美的经济政策协调的主要目标，是双方在缺乏信任的基础上，通过制度性的约束，形成有一定约束力和可信性的承诺，避免短期的冲突，维护中长期合作，解决面临的突出的全球性共同挑战[①]。中美政策协调是避免短期冲突的缓冲剂。例如，2018 年美国对华加征关税后，美国采取了关税排除政策。中美在半导体、大容量电池等关键产业的竞争持续升级，关税排除可以为美国提升关键产业竞争力赢得时间。美国希望通过重建生产和创新能力，加强与中国的竞争，强化相关领域的供应链安全。通过对中国进口产品的关税排除，为美国关键产业的基础设施投资、研发和政策调整争取时间。

中美两国协调需要化解主体间结构性矛盾。中美协调兼具对称性协调与非对称性协调的特点。从对称性协调方面来看，两国作为世界前两大经济体，中美双方在谈判中的地位，由一方的弱势向逐渐平衡转变。两国贸易政策对全球均有显著的外溢效应，双方在制定协调政策时，需要考虑对方的反应函数。从非对称协调方面来看，中国与美国在市场监管体系、制度等方面存在显著差异。经济全球化使国家间的交往从商品要素交换向生产一体化演进，在更紧密的交往中，制度异质性的国家间的制度矛盾逐步显现。在当前全球化深化发展背景下，监管协调成为双边协调的重要目标，如何实现监管一致性，同时维护各国对国内政策的自主权力，是双方协调面临的重要挑战。

中美协调需要统筹基于规则的协调模式与基于结果的协调模式。多边贸易体制、区域贸易协定、诸边贸易协定等是基于规则的协调模式，如 GATT 及 WTO 主要是依据关税的承诺和最惠国待遇的条款，通过约束关税的形式要求各国实际实施的关税不超过约束关税率，对非关税措施、服务贸易、投资等领域

① 东艳．中美经贸关系：探索新平衡 [J]. 中国外汇，2017（9）：12-15.

相关规则规定相应的行为准则。关贸总协定为各国提供了一个交流论坛和为全球贸易的均衡发展构建了一定的行为准则和实施机制（Staiger，1995）。管理型贸易（managed trade）是基于结果导向型的贸易政策，包括自愿出口限制、自愿进口扩张等，其动机是调整经济中形成的市场失灵所导致的利益分配格局的差异。这一政策体现的基本思想是：当各国通过确立规则而形成的市场结构无法达到最优的分配结构时，需要通过一个世界政府来干预经济的运行过程，管理型贸易的主要目标是对贸易流向和贸易失衡进行直接调整。基于结果的协调模式所达成的贸易协定和传统的以构建完善的自由竞争为目标的贸易协定有明显差异。当面临危机时，国际协调达成一致的可能性增加，而压力减缓后，协调的难度加大；越接近冲突爆发的临界值，越容易进行协调。

中美需要重建一个制度性的框架来进行交流，减少误解。2009 年启动的中美战略与经济对话为中美双方就事关两国关系发展的战略性、长期性、全局性问题而进行的战略对话搭建了平台，特朗普政府时期及其后，这一制度设计已经停止发挥作用。当前中美已经从合作的蜜月期过渡到矛盾期，中美之间协调的主要模式从对话进入谈判阶段。构建交流平台最基础的作用是发挥信息交流功能，可以及时反馈各方在双边合作中所遇到的问题，通过定期的交流减少误解。协调机制的构建有助于提升市场信心，增强确定性。在回顾入世 20 年的成就时，可以看到，在加入 WTO 之前，中国每年都要和美国进行谈判，在入世之后，通过签订相关协定，中国构建了一个相对稳定的外部环境，促进外资企业的投资等逐步增加。近年来，中美关系发展有很大的不确定性是中国面临的重要外部风险，但是 2021 年中美之间双边的贸易增长依旧保持较高增速，通过分析数据可以看出，中国和美国签订的第一阶段贸易协定对中美关系发展具有稳定剂的作用，表明双边协调是解决中美经贸摩擦的正确途径。中美第一阶段协议给剑拔弩张互征关税的形势按下了暂停键，避免了贸易摩擦的进一步升级，有利于在谈判中缩小分歧，形成一定程度的共识。

中美协调需要采取渐进主义策略逐步推进。在国际贸易协定的谈判中，无论是多边协调还是区域和双边协调，大多采取渐进的模式。如在多边贸易体系下，通过多轮的贸易自由化谈判逐渐达到目标。区域经济合作也经历了由浅度的一体化到深度一体化的过程，如《北美自由贸易协定》向《美墨加协定》的深化，中国与新西兰自由贸易协定达成升级版。目前中美贸易谈判也采取了相应的模式，从第一阶段协定起步，向第二、第三阶段不断演进。渐进式调整的模式可以减轻谈判的压力，使国内改革可以循序渐进地推进，使国内经济的相关部门具有一定的调整空间。作为一个序列博弈，对如何设计好不同阶段的谈判内容具有重要的战略意义。每一阶段的谈判内容也受国内政治的影响，如在中美第一阶段协定谈判过程中较多地关注了特朗普政府时期的结果导向的量化目标，这些目标的合理性需要在双方协调过程中不断地调整和完善。

中美协调需要寻找共识。中美双边谈判的内容逐步由多边贸易协定下的标准框架向美国最关注的突出问题转变。数字经济与数字贸易、供应链弹性、出口管制、劳工标准、脱碳化与清洁能源、税收和反腐败、基础设施等是当前重点议题。中美未来的协调很大限度上将聚焦中国国内市场运行方面的规则，这方面存在一定限度的难点。然而，如果通过合理的协调，能减少国内政策扭曲，形成各国一致的市场运行规则，提升中国经济运行效率，则相关的改革对于中国来讲是福利增进型的。中国加入 CPTPP 的过程实际上也是和美国的市场运行机制，以及高标准国际经贸规则进行对接的过程。2022 年 4 月，中国全国人大常委会批准国际劳工组织《1930 年强迫劳动公约》和《1957 年废除强迫劳动公约》，表明中国在劳动者权益保护方面取得积极进展。中国积极推进加入《全面与进步跨太平洋伙伴关系协定》《数字经济伙伴关系协定》充分体现了主动调整，在国际层面的协调可以说非常有利于构建稳定的经济环境。尽可能地体现中国企业的利益诉求，防止在国际经贸规则重构的过程中，形成其他经济体的包围圈。

五、结语

国际金融危机以来，世界经济格局发生了重大变化。特别是在新冠疫情、乌克兰危机的冲击下，全球化已经发生了显著的回调。经济全球化的重塑既蕴含了全球价值链的重塑，也包含了国际经贸秩序的重塑，同时基于经济基础产业格局变化和基于上层建筑治理模式调整相互作用，导致发达国家与新兴经济体之间的制度异质性矛盾激化。在此背景下，国际经贸政策协调的重要性和难度显著增强。国际协调的目标从常态性地减少负外部性向紧急状态下的避免冲突转变；国际协调主体间的矛盾和竞争不断加强；国际协调机制的理念和模式不断调整，将国家安全、价值观等纳入了传统的经贸合作考量。

对于中国来说，适应世界经济新发展，积极构建国际协调新体制，具有重要现实意义。中国与西方国家间的制度协调是当前中国对外协调的核心环节。制度协调是经济政策协调的最高阶段，其中，短期调整包括财政政策协调、货币政策协调、关税政策协调，中长期调整则包括规则、规制、管理和标准等制度的协调。

国内制度型开放是进行国际协调的重要基石。构建新发展格局是具有全局高度的发展战略举措。中国需要通过制度型开放，实现“以外促内，以内促外，内外并举，内外并重”的制度创新，破除制约国内外循环畅通的制度障碍，构建国内外产业发展的协同机制，提升创新动能的科技研发机制，促进市场效率提升的协同管理机制，以及助力安全发展的保障机制。

参考文献

[1] 东艳 . 中美经贸关系：探索新平衡 [J]. 中国外汇，2017（9）: 12-15.

[2] 东艳 . 制度摩擦、协调与制度型开放 [J]. 华南师范大学学报（社会科学版），2019（2）: 79-86，192.

[3] 高程 . 从规则视角看美国重构国际秩序的战略调整 [J]. 世界经济与政治，2013（12）: 81-97，158-159.

[4] 王晓德 . 美国早期历史上的经济民族主义及其影响 [J]. 南开学报，2006（1）: 18-26.

[5] 赵海 . 中美经贸冲突中的国防技术与供应链安全因素 [M]// 东艳，徐奇渊，等 . 直面中美贸易冲突 . 北京：中国社会科学出版社，2021.

[6] 雷达，朱文晖 . 论贸易政策的国际协调 [J]. 世界经济，1993（6）: 42-46.

[7] 孙杰 . 宏观经济政策国际协调导论：理论发展与现实挑战 [M]. 北京：中国社会科学出版社，2021.

[8] FISCHER S. International Macroeconomic Policy Coordination[J]. Social Science Electronic Publishing，2007.

[9] GROSSMAN G M，HELPMAN E. The Politics of Free Trade Agreements[J]. American Economic Review，1995，85（4）：667-690.

[10] STAIGER R W. A World Trading System for the Twenty-First Century[J]. NBER，2021.

[11] GILPIN R. War and Change in World Politics[M]. New York：Cambridge University Press，1981：24.

[12] BHAGWATI J. The Diminished Giant Syndrome：How Declinism Drives Trade Policy[J]. Foreign Affairs，1993，72（2）：22-26.

[13] STAIGER R W. International rules and institutions for trade policy[C]// GROSSMAN G M，ROGOFF K. Handbook of International Economics，1995（3）.

[14] SKOCPOL T. Bringing the State Back In：Strategies of Analysis in Current Research[M]//EVANS P B，RUESCHEMEYER D，SKOCPOL T. Bringing the State Back In. Cambridge：Cambridge University Press，1985.

第八章

我国构建区域协调发展与共同富裕的机制探索

全 毅 曾志兰

提要：推动区域协调发展实现共同富裕是我国重大发展战略。以共建“一带一路”倡议为转折点，我国区域发展战略经历了从效率优先、倾斜发展到兼顾公平、均衡发展的转变过程。借助共建“一带一路”倡议的实施，推动形成陆海联动、东西互济、全面开放新格局以及区际开放与区域协调发展，实现共同富裕，可避免西部地区成为经济发展的断裂带。中央政府需要统筹协调“一带一路”建设与国内区域协调发展，顶层战略要从立法规范、组织协调、载体平台、区域开放、对口援助、资源地与消费区投资开发、利益补偿、社会市场、收入分配与转移支付等方面，构建区域之间协调发展与共同富裕的体制机制。

关键词：区域协调发展；区际开放；共同富裕；协调机制与政策

我国区域协调发展战略经历了从对外开放发展外向型经济，到对内对外开放构建国内国际双循环新发展格局两个历史阶段。无论是沿海开放，还是沿边开放的思路都是眼睛向外的外向型经济发展战略。2013 年我国提出共建“一带一路”倡议也是将对外开放与合作重点方向转向“一带一路”，仍然是对外开放。2018 年中美博弈加剧，国际国内形势发生重大变化，2020 年我国将构建以国内大循环为主体，国内国际双循环相互促进的新发展格局作为总体发展战略，将国内区域开放与协调发展作为我国最基本国策，这是我国区域发展战略从效率优先向协调均衡的重大调整。国内区际开放构建高质量市场经济体制是实现区域协调发展与共同富裕目标的重要保证，也是构建高水平开放型经济新体制的重要路径。

一、我国区域发展战略从效率优先到均衡发展

（一）我国区域协调发展的三个阶段

改革开放以来，我国区域发展战略从效率优先向协调均衡的转变，已经经历了三个阶段，开始探索建立区域协调发展的新机制。2020 年进入区域均衡协调发展的新时期。

1. 东部地区的率先发展

中国对外开放是从东部沿海地区开始的，重点面向亚太地区的发达国家和地区，让东部沿海地区率先发展。待东部发展起来后国家再投入更多力量加强西部基础设施建设和经济发展，让先发展起来的东部地区拿出更多的力量帮助内地和西部地区发展。这是中国改革开放总设计师邓小平提出的“两个大局”战略，即让一部分人和地区先富起来，然后采取先富帮后富，实现共同富裕的设想。然而实现从非均衡发展向均衡发展并不是一个自然演进过程。1992 年我国开放重庆、岳阳、武汉、九江、芜湖等沿江 5 个中心城市，以及郑州、合肥、南昌、长沙、西安、成都、贵阳、昆明、南宁、兰州、银川、西宁、乌鲁木齐、太原、呼和浩特、长春、哈尔滨等内陆 17 个省会中心城市，以及丹东、珲春、绥芬河、黑河、满洲里、二连浩特、霍尔果斯、伊宁、喀什、瑞丽、河口、凭祥、东兴等 13 个沿边口岸城镇；还先后在内陆一些大中城市设立 15 个保税区、49 个国家级经济技术开发区和 53 个高新技术产业开发区[①]。1997 年国务院决定将重庆设立为中央直辖市打造西部地区发展龙头。我国逐步形成东部沿海地区—内地中心城市—沿边重点口岸城镇对外开放梯度开放开发格局。我国区域发展差距逐步扩大，1978 年，东部地区 GDP 最高的上海人均 GDP 为 2 498 元，西部地区 GDP 最高的青海省为 428 元，相当于上海的 17.1%；GDP 最低省份贵州为 175 元，相当于上海的 7%。但我国西部地区的西藏、青海、宁夏，以及东北地区的黑吉辽都处于人均收入前 10 位，比东部沿海省份福建、浙江、山东更高。到 2000 年，东部地区 GDP 最高的上海人均 GDP 达到 3.45

① 熊娜．资源匹配、现实操作与后续境况：由我国区域发展战略观察 [J]. 改革，2011（4）：60-68.

万元，西部地区 GDP 最高省份新疆为 0.75 万元，仅相当于上海的 21.7%；GDP 最低省份贵州为 0.266 万元，相当于上海的 7.7%。东部地区沿海省份的福建、浙江、山东都进入全国前 10 位。东西部发展差距不断扩大。

2. 促进区域经济合理布局与协调发展

根据改革开放总设计师邓小平中国发展的“两个大局”战略部署，在 20 世纪末西部开发开放要提上议事日程。1999 年 11 月，中央经济工作会议正式提出实施西部大开发战略。2000 年 10 月 26 日，国务院正式发布《关于实施西部大开发若干政策措施的通知》，决定从 2001 年开始实施西部大开发战略。此后相继提出实施中部崛起战略和振兴东北老工业基地战略，以控制我国区域发展差距的持续扩大。为落实西部大开发、东北振兴计划、中部崛起等区域开发战略——这三个都是由中共中央和国务院同时发布的文件，规格是最高的，中央设立了国家级协调机构，然后是“东部率先跨越”，这个发展规划没有国家级协调机构。这种部署体现了国家对振兴落后地区的重视。国家在基础设施、学校教育方面加大对西部地区的投资力度，以改善西部地区的发展环境。同时实施东部发达地区与中西部落后地区对口帮扶政策，开放开发西部地区的资源与市场，引导外资及东部企业向中西部投资。我国西部地区基础设施（青藏铁路、西气东输、西电东送工程完成）与人力资源开发在一定程度上得到的改善，经济增速开始加快，特别是资源富集省区如内蒙古经济增速超过东部地区。我们以人均 GDP 衡量区域发展差距。到 2010 年西部大开发战略实施十年后，东部地区 GDP 最高的上海人均 GDP 为 7.32 万元，北部地区 GDP 最高省份内蒙古人均 GDP 为 4.70 万元，相当于上海的 64.2%；西部地区 GDP 最低的贵州为 1.64 万元，相当于上海的 22.4%。东西部地区人均收入差距稍微有所收敛。

3. 实施区域协调发展战略

2010 年党中央、国务院出台《深入实施西部大开发战略的若干意见》，明确到 2020 年西部地区要建立现代产业经济体系、实现全面脱贫奔小康的目标。2010 年，我国在中西部地区设立八大国家级承接产业转移示范区，促进沿海地区产业向中西部地区转移，重构国家产业链和供应链。2012 年我国劳动力市场出现“刘易斯拐点”，沿海地区纺织产业出现劳工荒。一些企业开始向海外或中西部地区转移，寻找原料与劳动力便宜的地区投资兴业。2013 年中央政府决定将纺织服装产业作为新疆维吾尔自治区的战略产业和就业平台，提出到 2023 年这 10 年内解决 100 万劳动力转移问题。2015 年 6 月国务院发布《关于支持新疆纺织服装产业发展促进就业的指导意见》（国办发〔2015〕2 号），引导东部地区纺织服装产业向新疆转移。党的十八大以来，我国开始突出重大区域发展战略的引领作用。2013 年 9 月和 10 月间，习近平主席在访问中亚四国和东盟国家时，提出共建“丝绸之路经济带”和“21 世纪海上丝绸之路”两个倡议，“一带一路”西进战略逐渐成形，是我国经济再平衡战略。这既是国内经济转型升级的需要，也是中国对外开放战略的一次重大调整。随后，中央出台京津冀协同发展战略、长江经济带发展规划、自由贸易试验区、粤港澳大湾区发展规划、长江三角洲一体化总体规划。共建“一带一路”倡议以“六大经济走廊”建设为骨架，连接京津冀协同发展区、长江经济带、粤港澳大湾区以及沿海各港口的自由贸易试验区，形成以沿海、沿江和沿线经济带为主的纵向和横向经济轴带，塑造主体功能有效约束、生产要素有序流动、社会基本公共服务均等化、资源环境可持续的区域协调发展新格局。以“六大经济走廊”建设为抓手，我国加快了内地与沿边地区通道等基础设施建设步伐。2018 年 11 月，中共中央、国务院发布《关于建立更加有效的区域协调发展新机制的意见》，鼓励探索国内区域援助帮扶和资源产地与消费地区建立各种协作机制，促进国内区域之间的协同发展。到 2020 年，我国东部地区人均地区生产总值最高的北京为 16.76 万元，西部地区人均地区生产总值最高的重庆为 8.00 万元，相当于北京的 47.7%；西部地区人均地区生产总值最低的甘肃为 3.41 万元，相当于北京的 20.35%，我国东西部区域发展差距又有所扩大。这种反复说明缩小区域收入差距任重道远。

（二）我国区域协调发展政策检讨

我国西部大开发战略与区域协调发展战略取得巨大成效，使我国整体上实现脱贫奔小康的社会目标。但是，我国区域发展差距收敛效果还很不明显。我们将31个省（自治区、直辖市）（不含港澳台地区）以10个为单元划分为高中低三个方阵。如表8-1所示，1978年我国区域发展差距并不明显，东北三省和西藏、青海的人均GDP都处于第一方阵。从2000年以来的20年间我国各省区市人均GDP的变化看，位于第一方阵前10位的除了重庆和湖北，几乎都是东部沿海省市；位于中间方阵第11至第20位的内蒙古、陕西、安徽、湖南、四川、辽宁、河南、宁夏和江西主要位于中部地区；位于第三方阵的第21至第31位的新疆、西藏、云南、青海、贵州、广西都属于西部地区省份，而河北、山西、吉林和黑龙江分别从第一方阵和第二方阵掉入第三方阵。也就是说，西部大开发战略实施以来，西部地区只有重庆从第二方阵上升到第一方阵；内蒙古、陕西、四川排名分别从第三方阵的第24、28、25位上升到20位以前的第11、12、16位；而其他地区如新疆、西藏、云南、青海、贵州、广西等均在第三方阵20位以后。值得注意的是，广西兼有沿海与西部的区位优势，改革开放40多年以来在国内经济发展始终不温不火处于第24至30位；而河北、山西、吉林和黑龙江从第一方阵和第二方阵落入第三方阵，使得继东西部差距之后出现南北差距问题。虽然我国已经实现了消除绝对贫困和区域性整体贫困的新时代脱贫攻坚目标，但收入差距的绝对数据还在扩大。1978—2020年全国各省市人均地区生产总值排名如表8-1所示。

表8-1　1978—2020年31个省（区、市）人均地区生产总值排名

单位：万元

地区	2020年		2015年		2010年		2005年		2000年		1978年	
	排名	人均地区生产总值	排名	人均地区生产总值	排名	人均地区生产总值	排名	人均地区生产总值	排名	人均地区生产总值	排名	人均地区生产总值
北京	1	16.76	2	10.87	3	7.02	2	4.59	2	2.41	2	0.129 0
上海	2	15.94	3	10.35	1	7.32	1	5.15	1	3.45	1	0.249 8
江苏	3	12.73	4	8.89	4	5.20	5	2.45	6	1.35	6	0.043 0
福建	4	11.05	7	6.86	10	3.74	9	1.86	7	1.16	23	0.027 3
浙江	5	11.04	5	7.81	5	4.98	4	2.77	4	1.35	15	0.033 1
广东	6	9.61	8	6.84	7	4.36	6	2.44	5	1.28	11	0.036 8
天津	7	9.01	1	16.39	2	7.04	3	3.57	3	1.79	3	0.116 0

续 表

地区	2020 年		2015 年		2010 年		2005 年		2000 年		1978 年	
	排名	人均地区生产总值	排名	人均地区生产总值	排名	人均地区生产总值	排名	人均地区生产总值	排名	人均地区生产总值	排名	人均地区生产总值
重庆	8	8.00	12	5.29	14	2.74	18	1.098	19	0.52	25	0.026 3
湖北	9	7.33	13	5.10	13	2.76	16	1.14	13	0.72	16	0.033 2
山东	10	7.26	10	6.58	8	4.11	7	2.009	9	0.95	18	0.031 6
内蒙古	11	6.84	6	7.21	6	4.70	10	1.63	16	0.58	17	0.031 7
陕西	12	6.35	15	4.84	15	2.68	23	0.99	28	0.45	21	0.029 1
安徽	13	6.07	28	3.18	26	2.06	28	0.867	22	0.48	27	0.024 4
湖南	14	6.04	18	4.33	19	2.42	20	1.04	17	0.56	22	0.028 6
海南	15	5.86	17	4.61	21	2.36	19	1.087	14	0.68	19	0.031 4
四川	16	5.80	23	3.71	24	2.10	26	0.906	25	0.48	26	0.026 2
辽宁	17	5.77	9	6.72	10	4.00	8	1.898	8	1.12	4	0.068 0
河南	18	5.70	22	3.93	22	2.34	17	1.135	18	0.54	28	0.023 2
宁夏	19	5.64	14	5.07	17	2.61	21	1.024	24	0.48	10	0.037 0
江西	20	5.50	24	3.69	23	2.12	24	0.944	23	0.48	23	0.027 6
新疆	21	5.47	19	4.21	18	2.48	14	1.31	12	0.75	19	0.031 3
西藏	22	5.43	26	3.33	28	1.69	25	0.911	27	0.46	9	0.037 5
云南	23	5.04	29	2.92	30	1.57	29	0.783	26	0.46	28	0.022 6
青海	24	4.95	16	4.73	20	2.40	22	1.00	21	0.51	7	0.042 8
贵州	25	4.92	31	1.98	31	1.32	31	0.505	31	0.26	31	0.017 5
河北	26	4.77	20	4.09	12	2.81	11	1.478	11	0.76	13	0.036 4
山西	27	4.73	25	3.53	26	2.03	15	1.25	20	0.51	12	0.036 5
吉林	28	5.57	11	5.45	11	3.12	13	1.335	15	0.68	8	0.038 1
广西	29	4.46	27	3.18	24	2.06	27	0.879	29	0.43	30	0.022 5
黑龙江	30	3.65	21	3.94	15	2.61	12	1.443	10	0.86	5	0.056 4
甘肃	31	3.41	30	2.63	29	1.60	30	0.748	30	0.38	14	0.034 8

资料来源：根据公开资料整理。

众所周知，我国区域发展差距出现固化的原因，首先是区域要素禀赋差异。我国西部地区自然环境差，地广人稀，基础设施建设效用低，人力资源开发成本高，远离消费市场导致运输成本高和市场信息缺乏。自东北端的漠河到西南端腾冲一线被称为胡焕庸线，是我国自然地理分界线。东南一侧是江河平原地形，雨量充沛、小桥流水、人口密布；西北一侧是高山荒漠与草原地形，干旱少雨、大漠孤烟、人烟稀疏。历史上农耕文明很难突破胡焕庸线的限制向西部发展，在工业文明时代人类进入海洋时代，海洋运输成本远低于陆路运输成本，导致人类经济活动更加向沿海地区集中。铁路、公路与航空运输的发展也没有突破胡焕庸线的限制，促进我国区域之间的均衡发展。

2000 年，胡焕庸线东南侧国土面积为全国的 43%，人口却占全国总人口的 94.2%，贡献全国经济总量的 95.7%；而西北侧占全国国土面积的 57%，而人口只占中国的 5.8%，贡献全国经济总量的 4.3%。西部大开发地区覆盖的广西、云南、西藏、贵州、四川、重庆、陕西、宁夏、甘肃、青海、新疆、内蒙古等 12 个省市区，多数位于胡焕庸线的西北一侧，总面积达到 685 万平方公里，约占全国土地面积的 71.4%，2020 年人口总和约占全国的 25%，GDP 总和约占全国的 20%。说明发展差距仍然巨大，实现共同富裕道阻且长。

其次，我国区域开放与开发政策的过于泛化、缺乏效率，也导致我国区域协调开发政策效果欠佳。我们对 2000 年以来出台的十大区域发展战略或规划进行过梳理。我们假设进入国家级区域政策的次数越多，得到的好处越多。我们发现一个奇怪现象，得到好处最多的省份居然不是西部落后地区，而是上海、浙江、广东和重庆——除重庆处于中西部外，其余都是中国最富的东部地区。如果加上各种地方发展战略上升为国家支持的区域发展战略，那么东部地区得到的优惠政策就更多。比如沿海海洋经济示范区、海峡西岸经济区、深圳中国特色社会主义先行示范区等。由此可见，中国越是富裕的地方，得到的优惠政策越多。这个结果让人很吃惊：过去倾斜性的优惠政策变成了新的平均主义。其根源在于我国区域开放开发政策的马太效应：越是经济发展得好，地方政府的寻租能力就越强，就越是容易得到国家优惠政策的青睐和扶持。笔者认为，区域发展战略应实现由效率导向向公平导向的真正转变，区域政策的目标就是缩小地区发展差距，实现共同富裕。因此，中国区域发展政策应该有战略规划，不是由地方政府寻租和竞争，谁想要就给谁政策。

2020 年以来，我国区域协调发展战略进入新时期。为应对 2018 年以来中美战略竞争加剧，满足美国围堵与国内经济转型升级的需要，中国外部发展环境的恶化迫切需要改变以往的出口导向发展模式。2020年我国政府正式将构建以国内大循环为主体，国内国际双循环相互促进的新发展格局作为一项长期发展战略。而国内大循环应以发挥国内区域比较优势、区际开放、产业转移和产业链供应链重构为主要抓手。2020年5月17日颁布的《中共中央 国务院关于新时代推进西部大开发形成新格局的指导意见》，提出："到2035年，西部地区基本实现社会主义现代化，基本公共服务、基础设施通达程度、人民生活水平与东部地区大体相当，努力实现不同类型地区互补发展、东西双向开放协同并进、民族边疆地区繁荣安全稳固、人与自然和谐共生。"① 国家第三轮西部大开发明确到2035年，我国各区域基本公共服务、基础设施通达程度、人均国民收入实现均等化的共同富裕目标。这是促进内部大循环的重要举措。

二、我国区域协调发展与共同富裕的新思路

共同富裕的基本含义是实现国民收入与社会公共服务的均等化。如何实现共同富裕？这不仅要解决国民财富的公平分配与社会公正问题，还要处理好区域合理分工与协调发展问题。笔者认为，中国要实现协调发展和共同富裕，在国土开发的顶层设计方面，要对发展落后的中西部地区在基础设施建设、文化教育、公共卫生等公共服务均等化，产业发展规划、人力资源开发、对内对外开放以及发展国际国内贸易方面给予更多政策倾斜支持，构建起区域之间生产要素有序、自由流动与转移的机制，同时调整收入分配制度，实现效率与公平的均衡目标。中央政府的区域开发规划与政策必须体现地区差异，符合民族地区的协调发展和扩大内需的战略需求，有效缩小区域发展差距，实现区域之间协调发展与共同富裕。

（一）实现西部大开发与"一带一路"的协调发展

在国家战略层面，西部大开发与区域协调是内循环，"一带一路"是外循环。构建以内循环为主体，外循环相协调的国内国际双循环新发展格局，需

① 中共中央 国务院关于新时代推进西部大开发形成新格局的指导意见[A/OL].（2020-07-02）. http://www.mofcom.gov.cn/article/b/g/202007/20200702980318.shtml.

要处理好国内区际开放与对外开放、国内产业转移与国际产能合作，国际国内产业链、供应链和价值链重构与分工布局的问题。因此，我国区域协调发展战略与“一带一路”建设协同发展是缩小东西部发展差距和实现共同富裕的重要路径。

一是加快西部地区开放发展既是我国实现均衡发展、缩小区域差距的需要，也是扩大内需市场，实现以内循环为主体外循环相协调新发展格局的必然要求。在构建双循环新发展格局过程中，西部大开发是内循环，“一带一路”是外循环。东部地区和国内资源向中西部地区的投入转移是中国扩大内需，以及把根留住、避免产业空心化的重要途径。目前，我国经济发展基本形成了东部地区进入创新驱动阶段，一些低端与过剩产能需要转移；中部地区进入要素驱动发展阶段，产业发展需要提质增效；西部地区还处于资源驱动阶段，需要加速进入工业化的发展格局①。在目前构建以国内大循环为主体、国内国际双循环相互促进新发展格局的背景下，各地应发挥比较优势，重构东中西部产业链、供应链和价值链，形成国内梯度分工、产业有序转移和全国统一市场，在中美经济摩擦持久化的情况下可以增强我国经济增长的韧性与回旋余地。

二是全国统一市场与区域分工体系的形成是区域协调发展的重要前提。我国西部地区主要是少数民族集聚地区，东中西部国内经济一体化发展，对于消除地域发展差距和民族贫富差异，维护国家安全和长治久安具有特别重要的意义②。东中西部区域发展差异及贫富差距的消除对于民族融合至关重要。我国东部地区劳动密集型加工产业进入难以维持阶段后，曾经提出“腾笼换鸟”的产业转移战略，因此，东部地区边际产业早已开始向外转移。2010 年我国在中西部地区设立八个国家级承接产业转移工业园，将我国东部地区部分产业转移到原材料资源比较丰富的中西部地区，将东部地区产业链向内地延伸，提升我国参与国际分工的产业层次，实现更好的经济效益。比如，从新疆输出棉花每吨需要补贴 400~500 元运费，增加了运输成本。国家从 2014 年将新疆承接纺织

① 资料来源：张培刚发展经济学系列讲座（26）：张燕生解读十九大后中国经济发展前景，www.pkcjjh.org。2017-12-27.

② 全毅 . 丝绸之路经济带建设与西部大开发：协同发展 [J]. 青海社会科学，2016（4）：19-26.

服装产业转移与发展作为国家战略，推动东部地区的纺纱、织造产业转移至新疆地区，形成与东部地区新分工体系，以实现更好的经济效益。

三是“一带一路”建设使西部地区从对外开放的末梢变为前沿地带。在西部地区比如云南、新疆、黑龙江生产直接出口更接近丝绸之路市场。我国中东部企业在西部地区投资企业，既能促进西部地区开发，又能为拓展外部市场建立生产基地，构建面向欧亚大陆的区域生产网络和分工体系。目前我国东部地区一些纺织服装企业到新疆伊犁地区的伊东工业园区投资设厂，生产用于销往中东和欧洲的服饰产品。比如江浙和华北的服饰企业在霍尔果斯口岸生产中亚的民族服饰和东欧俄罗斯的手套与皮草。我国西部地区是中国与中亚过渡地带，语言文化多元化；我国哈萨克族、维吾尔族、塔吉克族等都是跨境而居的民族，他们与中亚文化有着千丝万缕的联系。笔者认为，西部地区可以为中东部地区企业开拓中亚市场和进入中亚投资提供服务，比如中东部地区企业可以积极参加新疆举办的亚欧博览会、亚欧商品博览会和宁夏举办的中阿经贸合作论坛、世界回商大会、伊斯兰商品博览会等，开拓俄罗斯、东欧、中亚、西亚及阿拉伯世界市场①。

四是“一带一路”建设不能越过西部地区，必须优先考虑西部地区发展。“一带一路”以“五个联通”和“六条经济走廊”构建全方位、网络状、系统性对外开放格局。我国西部地区从中国的边沿地带变成对外开放的前沿平台，如新疆发展定位为丝绸之路经济带核心区，云南发展定位为面向南亚、东南亚开放的辐射中心，广西发展定位为西部陆海新通道等。引导我国企业通过西部地区走向“丝绸之路经济带”将为西部大开发提供前所未有的历史机遇。但是，目前东部地区许多失去比较优势的传统产业并没有搬迁到中西部地区，而是直接搬迁到21世纪海上丝绸之路沿线国家。究其原因，营商环境除了税收优惠和劳动力廉价，还需要综合考虑接近市场、产业配套等多种因素。

1. 西部地区远离消费市场导致运输成本高且信息不灵

西北地广人稀，交通建设成本高，铁路、公路密度比较低，运距远，物流成本高，相关快递行业亏损严重。远离消费市场产生的运输成本高和信息不

① 全毅．丝绸之路经济带建设与西部大开发：协同发展[J]. 青海社会科学，2016（4）：19-26.

灵，对市场反应不灵敏。企业必须将设计以及高端产品放在内地沿海地区，以便根据市场动态调整生产和销售策略。劳动力便宜、土地租金低廉难以抵消高昂的运输费用。如果是出口加工型企业，则原材料和产品的运输费用会成倍增加，企业效益可能更差。再说企业搬迁还需要付出巨大的沉入成本。因此，出口导向型企业选择外迁，而不是内迁。

2. 西部地区产业聚集效应不明显，产业链条短、产业生态不完整，造成企业经营成本难以下降

我国内地，尤其是西部地区因远离消费中心难以形成产业集聚效应，过去三线建设时期的老工业在改革开放之后，不仅在沿海地区工业产品冲击下逐渐消失，而且在承接沿海地区产业转移方面也因缺乏科学发展规划和经济效益过低，难以吸引相关配套产业的整体迁移。以新疆纺织业为例，新疆石化产业缺乏化纤产业，制约混纺产品发展，服装产业缺乏辅料、纽扣、拉链等配套产业，影响服装生产成本和时效。

3. 劳动力素质低

许多沿海企业认为从内地招聘员工要比内迁建厂更有效率。西部地区少数民族居住区因语言不通、生活习俗不同与生产技能不足，低中高技术劳动力都非常稀缺。部分企业存在招聘的员工组织纪律性较差、培训时间长、成本高、难度大以及员工生产效率低、熟练程度低、流动频繁、稳定就业率差等问题，使企业无法保证产品质量和生产工期，短时期内劳动力潜力难以转化为实际生产力。

如何引导东部企业向西部地区转移？需要加强顶层设计，制定切实可行的政策与措施。

（二）优化区域协调发展与实现共同富裕的政策设计

优化我国区域开发开放布局，实现东中西部协调发展与共同富裕是值得认真研究的重大课题。

一是将中西部开发开放与“一带一路”建设统筹协调。“一带一路”建设是以“五个联通”和“六大经济走廊”为主要抓手，其中基础设施互联互通是基础，产能合作和人文交流是支撑。西部地区交通能源等基础设施建设与教育医疗等社会发展的规划要与“一带一路”建设及发展规划相对接。推进西部大开发与“一带一路”建设的融合，提升西部地区整体开放水平。

推进西南地区与东盟互联互通，产能合作与产业发展对接。目前，西南地区中缅油气管道已经修通，中老铁路即将通车，西部陆海新通道正在建设。我国最早提出复兴南方丝绸之路——孟中印缅经济走廊，其中中缅经济走廊是关键。滇缅通道是我国西南内陆地区走向印度洋和西亚非洲的最便捷通道。现在中缅经济走廊中的咽喉工程滇缅铁路建设困难重重，但打通滇缅通道及建设中缅经济走廊对我国西南开放开发具有重要战略价值。

推进西北地区开发与“丝绸之路经济带”融合。其中，中巴经济走廊建设作为旗舰工程，中国已经取得瓜达尔港经营权，中巴经济走廊中的铁路、高速公路、电力、通信等设施建设也都会大规模展开。中巴铁路和油气管道可能因复杂的地质环境与高寒气候条件难以实现，但高速公路与空中航线要加强互联互通。中巴经济走廊必须与喀什等南疆的开发建设紧密协调，这是事关西域安全的重大战略问题。南疆环形铁路及公路交通建设及其与青海甘肃的连接是应该优先规划与建设的事项。

中国与中亚互联互通，中亚通往新疆的四条油气管道已经修建，但铁路和公路还需要提升等级。目前，俄罗斯普京总统提出大欧亚经济伙伴关系，是将俄罗斯主导的欧亚联盟与上海合作组织对接，实际上是与中国的丝绸之路对接。中国应将建立中国—欧亚联盟经济伙伴关系谈判提上日程，以确保中国北线能源供应以及市场环境的稳定。所以，“丝绸之路经济带”建设要与我国西部大开发战略相衔接，让西部地区成为贯通欧亚大陆的桥梁。

推进东北老工业基地振兴与“一带一路”建设的融合。东北地区振兴要以草原丝绸之路和中蒙俄经济走廊为抓手，加快推进基础设施的投资合作与互联互通，选择交通枢纽城市共同建设产业合作园，加快构建东北对外开放的通道、平台和布局，实现中蒙俄三国共同的农业和牧业政策目标，以发展生产性服务业市场开放为重点，形成振兴东北的新动力[①]。

① 中国区域经济 50 人论坛 2018 年年会召开 [EB/OL].（2018-04-02）. http://www.ce.cn/xwzx/gnsz/gdxw/201804/02/t20180402_28691208.shtml.

推进中部地区崛起与“一带一路”的融合。依托新欧亚大陆桥和南北大通道，发展欧亚班列运输，以及武汉（鄂州货运空港）、郑州、成都、重庆、乌鲁木齐等国际航空港，打通“一带一路”沿线主要城市的陆上和空中通道；加强中部地区在钢铁、工程机械、装备制造、化工、光电一体化等领域与“一带一路”共建国家和地区的合作。

二是丝绸之路产能合作规划，要与西部地区产业发展规划相衔接。共建“一带一路”倡议为中西部地区内引外联、辐射周边地区创造了软硬环境，使得中西部地区成为推进“一带一路”和向西开放的核心区。由于我国区域之间无论自然环境、经济社会资源、人文社会环境，还是经济发展程度及其与周边国家和地区的关系都存在巨大差异。统一政策会因地区差异难以执行或导致政策效果出现天壤之别。因此，国家顶层设计、规划发展、战略部署、政策设计必须从当地条件出发，因地制宜。

我国东西部农业生产条件差异巨大，胡焕庸线是我国农耕文明与草原文明的天然分界线，南北气候温差大，物产不同，可以根据气温带和雨量带形成东西南北区域农牧业分工体系，形成水稻、棉花、小麦、玉米、畜牧的天然地带。比如东南部地区适宜发展水产养殖和蔬菜种植业，而西部和东北地区适宜发展畜牧加工业与果品加工业。我国西部和东北地区畜牧业和特色水果等农牧业资源丰富，食品加工、纺织服装、皮革加工、果品加工、肉类加工及乳品加工都需要大力发展，以充分开发当地的农牧业资源①。比如新疆棉花产量占我国棉花产量的87%，世界棉花产量的20%。但新疆纺织服装产业不是支柱产业，仅占国内纺织业总产值的2%左右，新疆发展纺织服装产业潜力巨大。除内蒙古鄂尔多斯羊绒业比较知名外，其他地区毛纺业仍然是需要大力发展的产业。但广大西部地区缺资金和技术，以及管理和营销经验。所以，应将新疆承接和发展纺织服装产业作为国家战略进行顶层设计。

东北地区与西部地区矿产资源丰富，许多城市也因矿产开发而兴。比如大庆、玉门、克拉玛依等城市就因石油而兴，攀枝花因铁矿与钢铁工业而兴，宁夏的金昌、白银等市因金属矿而兴，内蒙古的鄂尔多斯也因煤矿和其他稀有金

① 全毅．丝绸之路经济带建设与西部大开发：协同发展[J]．青海社会科学，2016（4）：19-26.

属矿而兴，青海柴达木盆地盐矿、锂矿资源丰富。但这些城市亟须发展金属深加工的制造业，实现经济结构多元化。像西安、成都、重庆、兰州、绵阳、乌鲁木齐、昆明、南宁、柳州等制造业基础较好的城市，应大力发展装备制造业，为西北地区的加工工业提供更好的技术装备。新疆、青海的盐矿和稀有金属资源丰富，可以发展成为我国盐化工和锂电池等新能源产业的重要基地。西部地区油气资源丰富以及进口的油气资源亟须延长产业链，建设成为我国能源工业与石化工业的战略基地。

西部地区生态脆弱，需要搞好生态建设和水土保持，绿化生态环保产业也是亟须发展的产业，我国在西部大开发过程中实行退耕还林、退耕还草政策，生态环境、生活环境已经得到极大改善。青藏高原是我国许多江河发源地，高寒的气候使得土地的生产力极低，生态环境保护是重中之重。需要构建东西部资源与生态补偿机制，强化西部地区生态保护，以及生态旅游和绿色农牧业发展。

东北地区工业基础较好，主要是按照苏联标准建设的，改革开放以来我国转向西方技术标准。东北工业振兴不仅需要解决体制机制问题，还要解决转换技术标准问题，利用信息化、智能化和物联网技术改造东北的制造业基础。由于东北工业生态不适应新生企业的成长，所谓投资不过山海关，东北工业要化解传统体制机制的顽疾，首先要进行混合所有制和股份制改造，引入外资与民营等新兴力量增强生产活力，对难以改造的企业实施破产法，然后将传统企业资产通过市场化途径，完成民营化过程。

三是将发展特色农牧业与乡村振兴结合起来。“西部许多地区是生存环境恶劣的地区，对于这些地区的农牧民需要采取整体搬迁。要让这些农牧民搬得出、稳得住、能致富，产业发展是关键。西北地区广大农牧区具有丰富的特色农产品和畜牧业，西北地区是我国长绒棉、哈密瓜、葡萄、西瓜、西红柿、核桃、香梨、杏仁、枸杞等特色瓜果生产宝地。但种养、加工、储存、运输等生产技术和加工行销技术需要开发，提高经济效益。”[①] 因此，落实习近平总书记在海南考察时乡村振兴必须发展特色产业的讲话精神，推动这些地区的特色

① 全毅．丝绸之路经济带建设与西部大开发：协同发展 [J]. 青海社会科学，2016（4）：19-26.

产业。

我们的调查发现，从2013年实施的新疆纺织服装产业振兴计划，促进国内纺织服装产业向新疆转移，2014—2020年，全疆纺织服装企业数量从560家增加到3 328家，新增2 768家，其中内地到新疆投资企业1 034家①，基本形成较完整的产业链，涵盖纺纱、化纤、织布、印染、服装服饰、家纺、针织品、产业用纺织品等生产领域，建成阿克苏、库尔勒、阿拉尔、石河子、伊犁（江苏）等五个纺织产业基地，与国内东部地区形成分工协作，产生显著的比较经济利益；对促进农牧区劳动力转移，增加农牧民收入产生积极作用，对就业减贫贡献巨大。2014—2020年全疆纺织服装产业累计新增就业70.65万人，每个就业者每月能增加收入2 000 ~ 5 000元。我国东部农产品加工企业投资新疆的水果保鲜技术和食品加工，促进新疆果酱、果汁、果醋、果酒、果脯等特色食品的发展。东部地区也为西部地区特色农产品投资电子商务与订单农业，促进了新疆、宁夏、青海等地的哈密瓜、葡萄酒、枸杞在国内外的市场营销，产能和产值成倍增长②。

四是将区域协同开放作为共同富裕的关键举措。我国边疆地区因边界的屏蔽效应，长期处于落后状态，自1992年实施沿边对外开放，创新对外合作模式，打造对外开放新高地以来，沿边地区先后开设边境互市贸易区，鼓励发展边民免税贸易；2000年西部大开发战略正式实施，主要是促进西部地区生态环境修复和基础设施建设，推进边境经济合作区（包括出口加工区、进口加工区、保税物流园区）建设，发展边境旅游购物，活跃边境经济。2010年中央政府实施第二轮西部大开发战略，提出构建现代产业体系，在中西部地区建设国家级产业转移示范园区，采取对口援助，促进东部地区产业向内地转移等举措。2013年提出共建“一带一路”倡议以来，提出建设六大跨境经济走廊，促进陆海联动、东西互济全面开放新格局的形成，在我国沿边重要口岸建设跨境经济合作区，跨境基础设施互联互通，边境金融货币互换。重点建设丹

① 牛方，梁莉萍．中泰纺织集团：做最强“链长”，引领新疆纺织迈向新高度[J]. 中国纺织，2021（26）：84-85.

② 全毅．关于新疆承接纺织服装产业转移与发展的调研报告[J]. 改革内参，2021.

东、和龙、珲春、绥芬河、同江、黑河、满洲里、二连浩特、阿拉山口、霍尔果斯、塔城、喀什、吉隆、瑞丽、磨憨、河口、凭祥、东兴等18个边境经济合作区（含跨境经济合作区）。这些开放政策在实现富民兴边过程中发挥了重要作用。

三、完善区域协调发展与共同富裕机制及政策体系

区域协调发展是实现共同富裕的重要途径。习近平总书记在十九大报告中提出:“强化举措推进西部大开发形成新格局，深化改革加快东北等老工业基地振兴，发挥优势推动中部地区崛起，创新引领率先实现东部地区优化发展，建立更加有效的区域协调发展新机制。”[①]中共中央、国务院在2018年11月18日发布《关于建立更加有效的区域协调发展新机制的意见》，为新时代区域协调发展的机制建设提供指南。

（一）构建我国发达地区与欠发达地区的协调机制

第一，针对我国欠发达地区区域特征制定欠发达地区开发特别法。法律制度层面的协调机制是根本，借鉴发达国家经验，通过立法程序保障对欠发达地区的开发援助。我国分别于2016年3月25日制定了《长江经济带发展规划纲要》，2021年10月8日颁布了《黄河流域生态保护和高质量发展规划纲要》，成为我国两个最大江河流域性的区域发展指南。我国还应该根据我国区域特征和功能定位，制定区域发展指南和协调机制。如制定《东北老工业基地振兴法》《西北沙漠地区开发法》《青藏高寒地区开发法》《云贵高原开发法》和《黄土高原开发法》，以及《内陆山地与革命老区开发法》，并制定专门的《西部地区教育与人力资源开发法》和《西部植树法》，对这些地区的功能区划分、开发目标、公共设施建设、教育培训发展、生态环境保护、特色产业振兴、水土矿产资源利用与保护、移民安置及城镇建设、政府财政转移支付办法、税收政策以及组织实施保障措施等做出法律规范。

第二，重视区域协调发展领导组织协调机构建设。从顶层设计看，中央

① 决胜全面建成小康社会，夺取新时代中国特色社会主义伟大胜利[A/OL].（2017-10-27.）. http://www.xinhuanet.com/politics/19cpcnc/2017-10/27/c_1121867529.html.

政府应设立振兴东北地区老工业基地、西北地区开发与社会稳定、西南地区开放开发、中部地区崛起四个副总理级的专项工作领导小组及各地区开发厅，负责协调该区域的社会经济发展目标、开发规划、政策措施的制定与落实，中央与地方对口援助开发事宜。中西部地区发展应该以缩小全国人均收入差距为目标，达到东部地区人均收入平均水平；以实现教育、医疗、社会保障、基础设施等公共服务均等化为目标，达到东部地区人均水平；以全国区域合理分工与全国统一市场为目标，利用信息化、智能化和网络化等现代数字技术发展，强化对西南、西北、东北、中部等区域特色产业数字化改造。构建中央政府财政转移支付与地方投入合作机制，增强地方政府的积极主动性。

第三，构建区域产业转移与分工体系的载体平台。从2010年开始，中央政府正式实施产业结构调整与产业转移政策，国家先后在华北设立晋陕豫黄河金三角承接产业转移示范区；在华中设立安徽皖江城市带承接产业转移示范区、湖南湘南承接产业转移示范区、湖北荆州承接产业转移示范区、江西赣南承接产业转移示范区；西南地区设立四川广安承接产业转移示范区、重庆两江承接产业转移示范区、广西桂东承接产业转移示范区等八个承接产业转移示范区，基本都在中部地区。2013年以来在新疆建设石河子、阿克苏、阿拉尔、库尔勒四个承接纺织产业转移的综合纺织服装产业园。伊东工业园江苏纺织服装产业园产业集聚效果显著。建议在西部地区的新疆、青海、云南、贵州、甘肃、内蒙古等省区中心城市或重要口岸增设国家级承接产业转移示范区，将阿克苏、库尔勒、阿拉尔、石河子、伊东纺织工业园升级为国家级纺织服装产业转移示范区，强化国内纺织服装产业转移与区域分工协作的指导。抓住“一带一路”互联互通建设机遇，将边境经济合作区和西部交通枢纽口岸和城市打造成为出口加工与进口资源加工基地和双循环重要节点，健全国内国际双循环产业链。这些产业园区将国内产业梯度转移与区域协调发展和转变发展方式统筹结合，以便增强中国经济发展的韧性。

第四，构建我国西部资源地区与消费地区间的合作机制。区域对口援助是我国社会主义市场经济制度的独特优势，是实现协调发展与共同富裕的制度设计。中央政府要求东部九省市对口帮扶西部地区，以及东部22个国家级经济技术开发区对口帮扶 17 个边境经济合作区。这是根据邓小平国家发展东西部地区分两步走，先富帮后富的战略规划安排的东西部区域对口帮扶机制，取得了一定成效。但区域不平衡与不充分问题依然比较突出。目前在完善发达地区与欠发达地区协调发展机制方面：一是要完善各地方展开对口援助帮扶的政府间合作与协调机制。常态化推介招商项目与产品消费需求信息，促进消费地区向原料产地的投资开发与提供市场信息和订单支持，建立地区间企业联谊会与产业协作机制，实现信息共享与市场开放。二是要健全对口援助干部与人才交流机制。现在交流干部三年任期太短，建议延长至一个五年发展规划。三是加快构建资源富集区与其他使用区的产业开发援助机制，比如西气东输，西电东送等要完善市场价格和贸易补偿机制；粮食主产区与主销区的产销加工运输投资开发机制；畜牧肉禽主产区与发达城市消费区之间的产销开发机制；流域上游与下游生态保护地区与受益地区的生态补偿机制。四是要争取国内外龙头企业集团到中西部地区合作共建工业园，构建区域之间产业链、供应链和价值链分工体系，提升国内经济运行效率。构建产业分工体系，促进国内区域产业链建构与统一市场的形成。

第五，完善区域协调发展的社会市场机制。从理论上讲，在市场机制作用下，劳动力和资本的自由流动会实现要素收入的均等化。因为低收入劳动者会自动流向高收入地区，低收入行业劳动者会向高收入行业转移，富裕地区的资本会自动流向资本短缺地区。但是，由于我国户籍制度的阻隔，以及全国资本市场利率的控制，地区之间、城乡之间与部门之间生产要素流动存在梗阻现象。因此，推动国内区际开放，对我国经济持续发展意义尤其重大。一是培育和发展人力资源市场与资本市场。要改革户籍管理制度，实现居民证制度，彻底打破城乡户籍隔离，也要实现社会保障的全国均等化，打破区域之间和体制内外的人口流动藩篱。金融市场要放松管制，逐步实现利率市场化，让资本在区域间合理流动。二是建设区域特色商品交易中心。要打破地方保护主义，大力发展区域性的大宗农产品市场和流通体系，比如西南地区的热带水果、咖啡、烟草与橡胶市场（商贸与期货中心），新疆的瓜果、棉花与纺织品市场（商贸中心），华北的小麦、玉米与棉花市场，东北的大豆、玉米与稻米市场

（商贸中心）等，打通农产品主产区与主销区的信息与流通渠道，让广大中西部地区资源与东部消费市场密切联系起来。

第六，完善财政转移支付与收入分配制度。2018 年以来，中央财经委员会第十次会议上专门研究区域协调发展与共同富裕的重大问题。如“打好三大攻坚战的思路和举措”“全面建成小康社会补短板问题”“研究黄河流域生态保护和高质量发展问题”“推动成渝地区双城经济圈建设问题”“畅通国民经济循环和现代流通体系建设问题”“扎实推进共同富裕问题”等关乎国计民生的重大问题[①]。中央政府将区域协调发展与改善收入分配问题作为实现共同富裕的关键举措。在高质量发展过程中正确处理效率与公平的关系，构建初次分配、再次分配和三次分配的基础性制度安排，逐渐实现共同富裕。在调节收入分配方面，采取提高低收入群体收入、节制高收入群体收入，扩大中等收入群体范围，培育橄榄型社会结构。调节区域收入分配差距主要是完善财政转移支付制度，提升落后地区政府，提高行政司法、教育培训、公共交通、社会治安等公共服务能力，完善先富帮后富的对口援助制度，鼓励高收入阶层和企业履行社会慈善和社会责任等基础性制度安排。

（二）区域协调发展背景下实现共同富裕的政策建议

我国目前的东西部协调发展措施，主要通过对口支援开发进行，即让东部发达地区定点支持西部落后地区。实施财政转移支付政策，提高西部地区政府改善基础设施和提供公共服务的能力。但如何发挥政策导向，引导国内外市场力量参与西部开发更为关键。因此，西部大开发战略需要新思路和新政策。

第一，打破区域壁垒实现区际开放提升区域分工与经济效益。2020 年以来，为应对中美关系剧变及国际疫情蔓延，我国推出以国内大循环为主体，国内国际双循环相互促进的发展新格局。从以“国际大循环”为主体的外向型经济发展战略到以“国内大循环”为主体的国内国际双循环发展战略是我国经济发展战略与发展模式的重大调整。这意味着我国从为出口排除一切障碍的对外开放

① 蔡迩一．中央财经委第十次会议研究“扎实促进共同富裕”主题释放丰富重要信息 [N]. 北京青年报，2021-08-17.

政策，向扫除地区保护、行政壁垒、培育国内消费市场的国内区际开放政策转变[①]。对中国这样幅员辽阔的国家来说，拓展区际互动开放具有重大意义。根据国际经济学原理，一国参与国际经济交易的目的在于从国际分工中获取比较利益，而大国内部区域之间，也存在巨大的比较经济利益，区域分工可代替部分国际分工。因此，对内开放是提升国家整体经济效益和对外开放的基础。如前所述，中国不同地方都有自己的要素禀赋与比较优势，从地理区位、要素禀赋、劳动力素质到产业布局和成本优势。在相互开放与竞争过程中发现自身比较优势，找到发挥比较优势的商业模式和具备融入市场体系的能力，就能进入经济增长快车道，保持中国经济持续发展的活力[②]。

第二，顶层战略在统筹考虑“一带一路”建设与西部大开发时，优先考虑西部地区的发展问题。具体来说，就是互联互通规划应优先建设国内通向比邻国家的基础设施建设。2020 年 5 月中共中央、国务院颁布的《关于新时代推进西部大开发形成新格局的指导意见》要求全面贯彻新发展理念，提出以共建“一带一路”为引领，加大西部开放力度，包括积极参与“一带一路”建设；强化国内开放大通道建设；构建内陆多层次开放平台；加快沿边地区开放发展；发展高水平开放型经济；拓展区际互动开放与对口援助。国家应针对我国东北、西北和西南、中部地区各自资源禀赋与比较优势制定产业发展规划，以及推进政策与措施，构建具有区域特色的现代经济产业体系。产能合作优先考虑我国西部地区产业发展需要，科学谋划国内区域分工与引导产业转移。比如，我国东部地区轻纺工业非常发达，鼓励企业西进，特别是新疆是我国棉花与畜牧业主产区，具有承接纺织服装产业的巨大潜力，充分发挥区域间比较优势，构建与东部地区的产业分工体系。

第三，中央与地方财税政策设计应满足促进区域产业转移的需求。促进东部地区产业向内陆西部转移，需要转变思路，东部沿海地区加工贸易产业可能因沿海与内地的物流成本过高无法转移到中西部地区，但可以将东部地区的资金、技术和营销经验与西部地区的优势资源相结合，培育面向当地市场和返销

---

① 全毅．中国对外开放进程与实践创新 [J]. 南海学刊，2021，7（1）：2-12.

② 同 ①.

东部地区和销往丝绸之路沿线国家市场的特色产业[①]。这需要设计区域差异化的财税政策，对于投资于西部地区的国内外企业，继续提供土地使用优惠与厂房租赁费用减免（提供产业园与标准化厂房）；继续向转移企业提供税收减免政策（减免5年，所得税按15%征收），提供资本补贴（按资本投入的25%补贴）或搬迁成本补贴；政府要提供重要原材料输入与输出运输补贴，以减轻企业交通运输成本；加大对西部地区特色优质农牧产品选育、资源产业深度开发科技攻关的投入；政府采购应向西部地区企业倾斜，比如军工产品、各种制服等；实行特殊的人力资源开发政策，开展对口教育培训援助，充分利用和整合现有各类职业教育培训资源，加强国家通用语言教育和产业工人素质教育，强化职业技术培训。实施以企业为主体的岗前、在岗培训，提高职业培训的针对性、实用性、有效性，打造稳定的高素质产业工人队伍。对企业从事雇佣西部地区员工异地培训、增加就业给予奖励，实现税收减免和直接进行财税补贴。这些政策应给予西部地区中心城市和沿边开放开发试验区与枢纽口岸，要避免优惠政策“撒胡椒面”现象。

第四，中央政府要推出更多的兴边富民政策，创新对外经济合作模式。一是加快口岸开放步伐，创新跨境经济合作模式。可在沿边地区的重点口岸如珲春、绥芬河、满洲里、二连浩特、霍尔果斯、喀什、瑞丽、河口、东兴等国家一类口岸城市设立跨境经济合作区，实行边境互市贸易政策的转型升级，要充分发挥“沿边重点口岸的聚集效应，允许沿边重点口岸、边境城市、经济合作区在人员往来、加工物流、旅游等方面实行特殊方式和通关、签证政策”[②]。二是支持内陆城市开辟空港自由贸易区或陆港自由贸易区。我国内陆中心城市如武汉、长沙、郑州、重庆、成都、昆明、西安、乌鲁木齐等陆路交通与航空枢纽城市“设立铁路港自贸区和空港自贸区，增开国际客货运航线，发展多式联运，形成横贯东中西、联结南北方对外经济走廊。推动内陆同沿海沿边通关协作，推广属地单证、口岸放行的通关模式，实现口岸管理相关部门信息互换、

① 全毅．丝绸之路经济带建设与西部大开发：协同发展 [J]. 青海社会科学，2016（4）：19-26.

② 中共中央关于全面深化改革的若干重大问题的决定 [A/OL].（2013-11-15）. https://china.huanqiu.com/article/qCaKrnJDaOm.

监管互认、执法互助”①。三是完善金融支持政策。建立开发性金融机构，大力发展金融中介组织，为民间资本与开放型经济实体的对接搭建平台。提高西部地区直接融资比例，支持符合条件的西部贫困地区企业优先公开发行上市、新三板挂牌、发行债券、并购重组等再融资渠道。

第五，振兴东北老工业基地与“三线建设”时期形成西部战略生产项目。东北曾经是新中国工业发展的摇篮，东北振兴的核心是推进国有企业改革以及建设市场经济体制。东北适合发展大工业与专业化的大农业，重要的是东北人计划经济思维浓厚，市场经济意识薄弱，只有树立新的开放发展理念，引入竞争机制，才能加快振兴步伐。新中国成立后，为了战略纵深和建立战略后方，在“三线建设”中就将东北地区，甘肃兰州，四川重庆、攀枝花和绵阳，湖北武汉和十堰，贵州安顺与六盘水，青海格尔木，新疆克拉玛依等列入工业建设布局重镇，新中国成立之初奠定国家新工业基础的156个重点项目中就有20个落户兰州。今天在注重打造西部“生态环境友好型城市”的同时，切莫忽视这些“三线建设”基地在整个大后方安全稳定中所担负的战略保障功能；西部开发在注重引进新兴产业、高新技术产业和绿色经济的同时，不仅不能削弱反而要强化在“三线建设”期间已形成的装备生产能力。

第六，发挥市场机制决定性作用，市场主体要做好战略布局。对口援助可能存在对口地区优势资源难以匹配的问题，难以形成优势互补。需要充分发挥市场机制的作用，主要是实现信息公开与市场开放。地方政府要在构建开放型经济体制、打造内地开放与沿边开放新高地方面积极作为，营造良好的营商环境。要改革政府行为方式与管理理念，切实减少政府审批事项，全面落实准入前国民待遇与负面清单管理制度。地方政府要筑巢引凤、放水养鱼，把增加就业与发展经济放在首位。要让投资企业有钱可赚、有事业做，做好招商引资和事中事后服务工作，为企业纾困解难，以事业留住企业、留住人才。

企业在配置投资布局与成本控制方面具有比政府调控更好的优势。溢达纺织在1995年就根据企业战略在新疆布局棉花品种研发与种植，以及纱线纺

① 中共中央关于全面深化改革的若干重大问题的决定[A/OL].（2013-11-15）. https://china.huanqiu.com/article/qCaKrnJDaOm.

织等上游产业，而将织布、印染、服装制造等环节放在广东和东南亚国家，利用新疆优质长绒棉资源提升企业竞争力。而在织布、印染及其服装加工放在沿海的广东甚至海外，以供应全球市场。中国沿海企业可以从企业发展战略考虑在内地和沿边地区进行供应链重构。沿海地区的边际产业应把根留住，将研发、设计、营销等核心业务留在沿海及内地中心城市，以国内市场为目标的生产环节可以转向中西部地区，延续产业发展第二春，如果以海外市场为主的可以转向东南亚，甚至非洲地区，以及欧美等国家市场。构建内地原材料、沿海地区设计与海外制造销售的产业链、供应链和价值链分工体系，做好国际国内市场布局。以纺织服装产业为例，东部企业一般将产业上游的原材料生产向新疆转移。比如，江苏红豆集团将棉花、纺纱、织布等环节转移至新疆，将坯布运到江苏进行印染并进行成品生产。越来越多的企业将纱线与织布甚至印染和服装等生产环节转移至新疆。产品在国际国内市场销售，参与国内国际市场双循环。

参考文献

[1] 国务院关于实施西部大开发若干政策措施的通知 [A/OL].（2000-10-26）. https://www.gov.cn/gongbao/content/2001/content_60854.htm.

[2] 中共中央　国务院关于深入实施西部大开发战略的若干意见 [A/OL].（2017-10-30）. https://www.waizi.org.cn/law/4314.html.

[3] 决胜全面建成小康社会，夺取新时代中国特色社会主义伟大胜利 [A/OL].（2017-10-27.）. http://www.xinhuanet.com/politics/19cpcnc/2017-10/27/c_1121867529.html.

[4] 吴爱军，彭艳，陈勇 . 湖北荆州承接产业转移调研报告 [M]// 吴传清 . 长江经济带产业蓝皮书：长江经济带产业发展报告（2018）. 北京：社会科学文献出版社，2018.

[5] 全毅 . 丝绸之路经济带建设与西部大开发：协同发展 [J]. 青海社会科学，

2016（4）：19-26.

[6] 中共中央　国务院关于建立更加有效的区域协调发展新机制的意见 [A/OL].（2018-01-22）. http://www.mofcom.gov.cn/article/b/g/201901/20190102828923.shtml.

[7] 全毅 . 我国沿边地区开放型经济体制的基本内容与构建路径 [J]. 云南大学学报，2021，20（4）：110-120.

[8] 黄河流域生态保护与高质量发展规划纲要 [A/OL].（2021-10-08）. https://www.gov.cn/zhengce/2021-10/08/content_5641438.htm.

[9] 中共中央　国务院关于新时代推进西部大开发形成新格局的指导意见 [A/OL].（2020-07-02）. http://www.mofcom.gov.cn/article/b/g/202007/20200702980318.shtml.

[10] 中共中央关于全面深化改革的若干重大问题的决定 [A/OL].（2013-11-15）. https://china.huanqiu.com/article/qCaKrnJDaOm.

第九章

我国自由贸易试验区制度型开放与提升战略

全　毅　王春丽

提要：自由贸易试验区承担着为国家试制度的战略任务。我国自贸试验区自设立以来，在商事制度改革、服务业扩大开放、构建高质量市场经济体制方面取得巨大成就，但也存在重招商引资与经济增长，轻制度创新与软件建设等问题，制度创新的质量有待提升。未来各自贸试验区应主动适应国家双循环新发展格局与改革开放新形势新任务制定自贸试验区提升战略，重点突出制度集成创新，加快推动制度型开放，构建高水平开放型经济新体制，打造我国国内国际双循环的前沿地带。

关键词：自由贸易试验区；制度型开放；国际经贸规则

自由贸易试验区作为新时代改革开放的新高地，稳步扩大制度型开放，既是我国推动新一轮对外开放格局的必然选择，也是推进自贸试验区战略性提升的重要内容。我国自贸试验区自设立以来，本着为国家试制度的战略任务，在政府职能转变、商事制度改革、深化对外合作、构建开放型经济新体制方面取得了巨大成就，但对标改革开放的大局以及国际新一轮经贸新规则，仍存在诸多不足和问题。在目前中美博弈加剧、新科技竞争日益激烈的背景下，构建以国内大循环为主体，国内国际双循环相互促进的新发展格局，如何推进自贸试验区制度型高水平开放发展是值得深入研究的问题。

一、自由贸易试验区实施制度型开放的成效评估

党的十八大以来，为了加快构建开放型经济新体制和推进制度型开放，我

国从东到西、从南到北先后设立了21个自贸试验区、67个片区，全方位的对外开放格局基本形成。各自贸试验区大胆探索、勇于突破，为构建开放型经济新体制提供了可靠改革经验。根据2020年商务部统计数据，自贸试验区改革经验已先后分六批在全国范围或特定区域内推广制度创新成果260项，其中集中复制推广143项，总结印发供各地借鉴的“最佳实践案例”43个，各部门自行复制推广的改革试点经验74项[①]。

（一）自贸试验区探索实践的改革成效

1. 以贸易便利化为重心的贸易监管制度改革成效显著

与国际协定相比，自贸试验区在贸易便利化方面的探索实践更加微观和详细，直接服务于区内贸易企业[②]。贸易便利化措施改革基本上以上海自贸试验区为蓝本，其创新措施体现在：一是探索“一线放开、二线管住”的通关监管模式创新，二是建设“国际贸易单一窗口”服务模式创新，三是推动海关特殊监管区域整合优化措施等[③④]。但各地自贸试验区结合地域经济发展，探索实行了一些地区特色措施，比如福建自贸试验区建立了闽台通关合作机制；广东自贸试验区试行粤港澳认证及相关检测业务互认制度；天津自贸试验区进行京津冀海关区域通关一体化和检验检疫通关一体化改革，探索融资租赁贸易便利化措施。目前，国际贸易单一窗口已经在全国31个省份推广实施，标志着我国国际贸易单一窗口国家版已经覆盖全国。在推动国际贸易单一窗口建设方面，对标新加坡经验，再造通关业务流程，打造国内领先、贸易功能齐全的贸易综合服务平台，实现国际贸易主要环节、主要进出境商品和主要运输工具三个全覆盖，为外贸企业提供“一站式”全链条服务。货物分类监管建立了以信息化系统监管为主、海关现场监管为辅的货物状态分类监管制度的基本架构，符合世

① 商务部召开关于自贸试验区第六批改革试点经验网上专题新闻发布会[EB/OL].（2020-07-11）. https://www.gov.cn/xinwen/2020-07/11/content_5525925.htm.

② 葛顺奇，沈玉昊. 贸易便利化措施比较及中国自贸试验区的实践[J]. 国际经济合作,2017（4）:4-9.

③ 匡增杰. 加快推进中国（上海）自由贸易试验区海关监管制度创新[J]. 经济体制改革,2015（4）: 65-69.

④ 盛斌. WTO《贸易便利化协定》评估及对中国的影响[J]. 国际贸易，2016（1）: 4-13.

界自贸园区货物状态分类监管制度建设的基本方向[①]。总体而言，贸易便利化的改革取得显著进展，通关效率大幅提高，进出口货物整体通关时间从 33 小时压缩至 3.12 小时。但目前改革措施多集中于海关手续简化与现代海关技术应用等操作层面，尚未触及深层次的体制机制改革，改革效果与国际标准仍有较大差距。

2. 以负面清单为核心的投资管理商事制度改革取得巨大进展

准入前国民待遇原则和负面清单的管理方式有利于规范和约束政府行为，为企业创造稳定、透明、可预期的营商环境。我国从 2013 年设立上海自由贸易试验区，开始实施外商投资准入负面清单与准入前国民待遇管理制度，进行商事制度改革。中国自贸试验区负面清单内容不断精简，限制措施从 2013 年的 190 项缩减为 2020 年的 30 项。2013 版负面清单与《外商投资产业指导目录》相比，对外开放的领域并没有实质性的增加，只是分类编排的调整[②]。2014 版特别管理措施大幅缩减为 139 项，但基本格式与国际通行标准仍有很大差别[③]。总之，2013 版、2014 版比较谨慎，负面清单内容繁杂，透明度、开放度不够，缺乏可操作性。2015 版开放度和透明度显著提高，负面清单缩减为 122 项，格式更接近国际通常做法，表述方式更加完善，方便投资者认定投资范围是否属于负面清单，但仍保留较多的股权限制措施。2017 版负面清单缩减为 95 项，最大亮点在于除关联并购以外，凡是不涉及准入特别管理措施的外资并购，全部由审批改为备案管理[④]。2018 版负面清单“特别措施列表”缩减为 45 项，开放的产业范围更加广泛，金融行业调整力度较大。2019 年 3 月我国颁布的《中华人民共和国外商投资法》，市场准入全面采用准入前国民待遇与负面清单管理制度。2020 年 6 月我国颁布《外商投资准入特别管理措施》和《自由贸易试验区外商投资准入特别管理措施》，其中全国外商投资准入负面清单由 40 条缩

---

① 上海对外经贸大学课题组．全国自贸试验区体系中改革开放举措异同比较研究 [J]. 科学发展，2016（2）：86-95.

② 胡加祥．上海自贸试验区三周年绩效梳理与展望 [J]. 东方法学，2017（1）：141-152.

③ 聂平香．中国实施负面清单管理面临的风险及对策 [J]. 国际经济合作，2015（1）：66-71.

④ 刘一展．自贸试验区负面清单管理模式与政府治理能力现代化 [J]. 国际经济合作，2018（4）：45-50.

减为33条，自由贸易试验区外商投资准入负面清单由37条缩减为30条。我国营商环境持续优化，在世界银行营商环境的排名迅速从70多位提升至31位，营商环境取代优惠政策成为吸引投资的重要竞争力。

3. 自贸试验区金融开放与市场化改革探索成效有限

服务贸易与金融市场化和国际化改革是自贸试验区的重要任务。上海自贸试验区包括陆家嘴金融片区，在金融领域改革中发挥了领头羊作用，其他自贸试验区在复制推广上海经验的基础上，也形成了自身特色，如天津自贸试验区在融资租赁产业领域的金融创新，广东自贸试验区的粤港澳金融合作，福建自贸试验区则突出两岸金融合作，浙江自贸试验区则围绕油品全产业链发展诉求创新投资监管、贸易便利和金融服务等全套制度[①②]。自贸试验区金融改革主要聚焦在自由贸易账户、离岸金融、人民币国际化等方面。在金融开放方面，自由贸易账户分账核算是自贸试验区金融开放最关键的环节，既实现了与国外市场的融通，也达到了与境内市场有限渗透的目的，符合审慎监管理念，[③,④]在人民币自由化领域，自贸试验区在资本项目可兑换、人民币跨境使用、外汇管理等方面先行先试的改革对推动人民币国际化具有重要作用[⑤,⑥]。经过这些年的实践探索，自贸试验区已在资本项目可兑换、金融市场开放、人民币国际化等领域取得了一系列创新成果，基本形成了宏观审慎和风险可控的金融监管体系[⑦]。但是，从沪粤津闽四大自贸试验区开展的金融创新案例来看，自贸试验区金融创新呈现总量多、范围广、区域特色明显的特点，但可复制推广的金融创新措

① 卜永祥．中国区域金融改革的探索与展望 [J]. 金融与经济，2017（9）：4-14.

② 赵爱玲．自贸区发展路径正凸显差异化 [J]. 中国对外贸易，2019（2）：18-19.

③ 裴长洪．中国自贸试验区金融改革进展与前瞻 [J]. 金融论坛，2015（20）：3-8.

④ 陈一鼎，等．上海自贸试验区金融机构发展态势剖析与问题透析 [J]. 上海经济研究，2015（9）：95-102.

⑤ 裴长洪，付彩芳．上海国际金融中心建设与自贸区金融改革 [J]. 国际经贸探索，2014（11）：4-18.

⑥ 周汉民．我国四大自贸试验区的共性分析、战略定位和政策建议 [J]. 国际商务研究，2015（4）：36-46.

⑦ 沈玉良，彭羽，李墨丝，等．上海自贸试验区运行三周年评估研究 [J]. 科学发展，2017（2）：50-62.

施有限，各地自贸试验区创新立法呈现碎片化的趋势①。但在核心和竞争性领域的负面清单，金融市场的进一步开放、利率市场化、人民币跨境双向流动等重要领域的改革还远没有完成。

4. 以政府职能转变为核心的事前事后监管制度改革取得突破性进展

目前我国自贸试验区可分为政府主导型、企业化治理型以及“政府＋企业”复合式三种管理模式。从前三批自贸试验区来看，只有广东、上海等片区设立了独立的法定机构，实行企业化治理，河南、辽宁片区由片区管委会作为治理主体，实行政府主导型，其他地区则由自贸试验区管委会和开发公司共同治理，实行“政府+企业”复合型模式②。虽然中国自贸试验区行政体制改革在合署办公、法定机构等方面实现了创新，但自贸试验区的机构设置和改革权限缺乏充分的法律授权，只是作为当地政府的派出机构。比如将上海自贸试验区管委会界定为派出机构，容易导致体制机制不顺、责任主体不明等问题③。目前我国自贸试验区管理模式呈多元化发展，但市场治理作用仍然有待提升。

自贸试验区加快政府职能转变的改革主要集中在“放管服”三个方面：简政放权、放管结合、优化服务是政府职能转变的核心任务。在简政放权方面，自贸试验区减政改革主要是以前置审批制度为核心的商事制度改革，建立起注册资本认缴登记、先照后证、证照分离、多证合一、审批注册单一窗口等新商事管理制度。从 2019 年起国务院常务会议要求向自贸试验区下放省级管理权限，提高自贸试验区的自主权及办事效率。各自贸试验区所在省级政府纷纷列出清单，赋予自贸试验区省级经济管理权限。在放管结合方面，由事前审批的前置监管向登记备案后的事中事后监管制度转变。自贸试验区对入区货物建立了“双随机、一公开”抽检制度和以信用为核心的市场监管制度，根据企业年报对企业经营业绩进行评级。构建综合执法制度与社会共治体系。在优化服务方面，全面推行“一窗通办”改革，实现群众、企业进一扇门，排一个号，到

① 程翔，杨宜，张峰．中国自贸试验区金融改革与创新的实践研究：基于四大自贸区的金融创新案例 [J]. 经济体制改革，2019（3）：12-17.

② 蔡小慎，王淑君．我国自由贸易区政府治理模式比较 [J]. 经济体制改革，2018（4）：45-49.

③ 王丽英．论中国（上海）自由贸易试验区管委会的法律地位 [J]. 海关与经贸研究，2015（6）：95-101.

任一窗口，办所有事情。任意一个窗口均可“无差别受理、同标准办理”所有便民服务事项。目前自贸试验区政府职能领域改革的问题主要表现为权力下放不足、法治和公平关注度不高、公共服务覆盖面窄。

5. 自贸试验区成为引领区域经济发展的新高地

我国自贸试验区设立以来，推动以负面清单管理为核心的投资管理等商事制度改革、以贸易便利化为重点的贸易监管制度创新、以资本项目可兑换和金融服务业开放为目标的金融制度创新，以政府职能转变为导向的实施中事后监管制度创新以及在构建开放型经济新体制方面取得巨大成就。实现了以“放管服”为主旨的政府职能改革，建立了以负面清单为主体的外商投资管理制度，促进了以贸易便利化为核心的贸易功能拓展，推动了以金融开放服务实体经济为目标的金融制度创新，带动了地区经济发展。2022 年，自贸试验区以不到全国 4‰ 的国土面积，贡献了全国 18.1% 的利用外资总额和 17.8% 的进出口。制度创新红利持续释放，目前已累计向全国复制推广制度创新成果 278 项，各自贸试验区自行复制推广的制度创新成果达千余项。服务国家战略成效显著，2019 年，沪苏浙在全国率先签署自贸试验区联动发展战略合作框架协议，创新推动长三角一体化战略实施；2021 年，京津冀建立自贸试验区联席会议机制，致力于持续深化京津冀协同发展；2022 年，鲁豫晋蒙陕川甘青宁沿黄河流域 9 省区共同成立黄河流域自贸试验区联盟，积极打造黄河流域改革创新试验区和对外开放先行区，加快推进黄河流域生态保护和高质量发展。为构建更高水平开放型经济新体制和推动高质量发展提供了强劲动力。为我国构建更高水平开放型经济新体制、实现高质量发展奠定了良好基础，正逐步成为新发展阶段的示范者和引领者。

（二）自贸试验区改革开放存在的问题与困难

尽管我国自贸试验区制度型开放取得了一些成绩，但与我国构建高质量社会主义市场经济体制与社会治理现代化的要求相比仍然存在许多问题。

第一，自贸试验区缺乏自主权与容错机制，制度创新协调成本高。制度创新要突破各种法律法规及部门规章的刚性约束。目前全国人大常委会除了授权国务院在上海、广东、天津、福建自贸试验区具有暂时调整有关法律规定的行政审批的决定权外，其他自贸试验区均未获得这种授权。自贸试验区多项改革创新举措的事权在中央相关部委，相关管理部委在决定开放范围和力度时，需要进行更加全面深入的权衡。由于全国人大授权不够，需要相关部委授权，各自贸试验区部分任务需要“跑部协调”，客观上存在协调成本过高的现象。因此，要突破现有法规和部门规章需要付出较高的协调成本。当前所有自贸试验区大部分工作和精力都围绕各种协调工作。这些协调的层次既包括地方与中央部委的协调，也包括自贸试验区与省（直辖市）直机关的协调，以及自贸片区与当地政府部门之间的协调。同时，自贸试验区进行制度创新要承担较高风险，容错机制不完善，缺乏专门的法规保护。如放宽市场准入门槛，面临“放开容易、监管难”的问题，难以避免履职风险，如不进行科学免责，不利于自贸试验区改革探索。

此外，因政策的协调性差，政策不配套，许多改革探索没有收到预期效果。比如港口国际船舶登记中心需要相应的税收优惠配套；国际旅游岛需要免税购物政策配套；土地空间区域狭小难以承载高质量的制度创新，比如利率市场化，需要众多金融机构与市场主体的博弈；许多建设项目中面临土地资源限制和生态环境政策造成土地供给不足。由于中央政策规定过于原则，相关政府部门对负面清单管理制度还不适应，没有制定相应的实施细则，致使许多政策迟迟难以落地。比如平潭“一线放宽、二线管住”的境内关外特殊监管政策就因为没有实施细则而没有落地。

第二，功能定位出现偏差，深层次的体制机制创新有待突破。地方政府“GDP 至上”思维未能得到彻底扭转，仅将自贸试验区和其他经济功能区等同为实现经济增长的重要工具和引擎，忽视制度创新这一核心功能。由于自贸区协调成本过高，以及试错风险大，造成自贸试验区制度创新意愿不强、动力不足，制度性的重要创新数量较少。制度创新拘泥于碎片化的、非关键的制度微调，相当比例属于程序性（简化程序如多证合一、缩减时间、降低费用等）或者技术性的（如网上办理、提交电子文件、通过信息系统实现监管等），而属于政策性、体制性的重要创新（如证照分离改革、自由贸易账户、减少审批事项、人才流动制度等难度大、意义大的关键性制度创新）数量较少，而且实际落地并发挥巨大市场效果的体制机制创新并不理想①。比如商事制度改革将事前审批制度改为登记备案制度，但企业在投资经营具体项目上仍需要逐项审批，而且不同片区监管部门之间缺乏协调以及执行标准不一致，导致一些优惠政策难以实际落地。再如自贸试验区在货物监管上尚未完全实现“一线彻底放开”；国际贸易“单一窗口”建设因国家授权界定不清、法律地位于法无依、部门事权整合困难等原因难以深入推进②。

第三，政府职能转变与改革困难重重，简政放权流于形式。自贸试验区在政府职能领域改革方面仍然面临很多共性的问题：一是改革权限受困，即因为各层级政府事权划分不顺制约了自贸试验区改革权限；二是改革协同受阻，即部门条块分割与部门本位主义影响综合执法、综合监管体系的协同治理；三是改革保障缺位，即高阶位法制缺乏制约了制度创新的合法性；四是改革主体单一，社会力量参与自贸试验区治理相对薄弱③④。为减少审批层级，提高自贸试验区的自主权及办事效率，自贸试验区所在省级政府纷纷列出清单，赋予自贸试验区省级经济管理权限。如河南省对自贸试验区首批下放了455项省级管理权限、湖北省首批下放了61项省级管理权限。我国自贸片区的人员编制多为20人左右，往往缺乏人手专门研究省级权限的落实问题。不少事项下放后流于形式，未能对相关事项增加人员编制、提供专项经费予以保障，甚至只能开设远程受理窗口，提供代收件及简单咨询服务。有些省直部门在下放权限时，未考虑自贸片区实际需要，导致一些核心权限并未下放，而下放的部分权限自贸片区并不需要，简政放权流于形式。

① 盛斌．中国自由贸易试验区的评估与展望[J]. 国际贸易，2017（6）：5-12.

② 尹红，陈利强．破解中国自贸试验区国际贸易“单一窗口”制度难题研究[J]. 海关与经贸研究，2018（5）：66-80.

③ 蒋硕亮．中国（上海）自贸试验区制度创新与政府职能实现方式转变[J]. 哈尔滨工业大学学报（社会科学版），2015（4）：7-12.

④ 刘祺，马长俊．自贸区“放管服”改革的成效、困境及对策[J]. 新视野，2020（1）：37-42.

二、我国自贸试验区现行制度与 CPTPP 规则的差距

未来五至十年是我国现代化建设及改革开放的关键时期。我国现代化建设面临着中美竞争加剧、国际经贸规则重构、全球治理体系变革的巨大外部压力。CPTPP、USMCA、TTC、IPEF 等美国西方推动的高标准区域经贸协定正在相继达成协定，形成货物—服务—投资“三位一体”的国际经贸新规则体系。这些区域经贸协定具有全面性与高标准、排他性与保护性、对等开放与公平贸易、边境内规制融合、以价值观和意识形态划线阵营化为核心等重要特征。我国明确表示要积极推动加入 CPTPP 和 DEPA 等高标准国际经贸协定，表明中国对外实行高水平开放，对标国际经贸高标准规则，构建高质量市场经济体制的决心。我国虽然加入 RCEP，但 RCEP 仍然是传统的区域贸易协定，我国现行经贸规则与高标准国际经贸规则相比存在巨大差距。

（一）贸易与投资规则需要放松管制

为了实现制度创新和扩大开放，“十四五”规划和党的二十大报告对我国推行制度型开放进行了顶层设计。我们需要从这几个方面对自贸区现行制度进行审视，从中发现自贸试验区现行制度与高标准国际规则之间的差距，以此作为今后战略提升的目标与改革发展的方向。

1. 对标货物贸易高标准开放压力较大

高标准贸易便利化实行更加开放的市场准入，而我国自贸试验区仍未全面开放市场准入。在关税取消和免除方面，当前我国自贸试验区适用的最惠国关税税率中零关税产品的税目仅占 8.42%；虽然加入 RCEP 后，我国自贸试验区与 RCEP 成员国之间最终 90% 的产品实现零关税，但与 CPTPP 高达 99% 的零关税率相比，我国自贸试验区还有较大的关税取消和免除空间。相较于 CPTPP 取消对再制造货物的关税和限制性措施，我国自贸试验区对再制造货物的市场准入仍有限制，如严格禁止进口属于《禁止进口的旧机电产品目录》的再制造货物。高标准贸易便利化要求对进出口货物进行税则归类以及对原产地规则等做出预裁定；同时鼓励成员方就海关估价、关税减免和关税配额等做出预裁

定。我国自贸试验区只对商品税则归类做出预裁定①。高标准贸易便利化要求海关公布货物放行时间，特别是易腐货物规定在最短时间内放行。但我国自贸试验区没有公布平均放行时间，对快速通关的商品也存在随机性。

2. 投资规则自由化程度有待提升

虽然我国自贸试验区已参照国际惯用的高标准投资规则实施“准入前国民待遇＋负面清单”监管模式，但是我国负面清单管理模式与高标准国际投资贸易规则还有差距，存在难以衔接的问题。一是我国负面清单仍然偏长，2021 版外资准入特别管理措施仍有 27 条，在限制措施数量方面仍远超美国、加拿大和墨西哥。产业分类依据未能采用国际通行标准，容易引起投资争端；投资市场准入主要体现在制造业部门，而对服务贸易部门开放不够。在对服务业的特别管理措施方面，仍有 8 类 22 项，涉及物流、教育、文化、医疗、商务、电信、数字技术和数字内容服务等领域。二是 CPTPP 在“业绩保护”章节提出任何缔约方对其投资者的投资设立、获得、扩大、管理、经营、运营、出售或其他处置，不得施加或强制执行任何业绩要求，或强制要求做出任何业绩承诺或保证。三是与国际法律条文相比，我国外商投资相关法律包括负面清单制度，具有政策透明度不足、缺乏稳定性及操作性不强等缺点。与美墨加协定（USMCA）相比，我国负面清单结构较为简略，在“说明”部分解释不详细；内容制定上未能为中国预留相对弹性的外资管理空间，如我国特别管理措施的立法依据主要是一些行政法规，如以“某些行业的开放由某些法律法规另行规定”为内容条款，此类条款具有相当大的不确定性②，导致外商投资风险的增加。

3. 跨境服务贸易领域的限制性措施尤其复杂

作为高标准国际经贸规则，CPTPP 不仅设置单独章节规定了跨境服务贸易，并在规定内容上涵盖了三种服务提供模式，包括跨境提供、境外消费和自然人流动。与之相比，《海南自由贸易港跨境服务贸易特别管理措施（负面清单）》作为国家出台的首张跨境服务贸易负面清单，是我国自贸试验区探索服务业扩

① 王中美．对标国际开放度最高标准深化上海自贸试验区改革 [J]. 科学发展，2018（1）：61-73.

② 李震．中国国内服务贸易规则体系完善的建议 [J]. 海关与经贸研究，2020（1）：12-22.

大开放的最新实践。该清单共 11 类 70 项特别管理措施，对跨境服务贸易开放只涉及商业存在和自然人移动，对跨境交付与境外消费几乎没有涉及。因此，目前我国自贸试验区的服务业引资主要集中在影视、旅游等领域，而民生服务领域推进有限。同时，由于受现有政策约束较大，对负面清单已经放宽市场准入的金融、文化、电信等领域的相应外商投资难以有新突破。如服务业国际投资（即商业存在）领域仍然需要申请许可证，所谓的“旋转门”问题仍未解决，导致部分试验任务因制度制约难以落实，如在医疗、教育、金融等敏感行业的开放措施无法落地。

4. 数字贸易规则与国际先进规则存在明显差距

一是存在歧视性待遇。《美日数字贸易协定》、《全面与进步跨太平洋伙伴关系协定》（CPTPP）、《数字经济伙伴关系协定》（DEPA）制定的规则要求实现数字产品零关税和非歧视待遇。尽管我国自贸试验区法律并没有对境外数字产品明确规定歧视性内容，但基于意识形态安全考虑，在具体政策措施方面存在歧视性待遇[①]。二是数字知识产权保护滞后。CPTPP 对源代码知识产权进行保护，明确提出“不得将要求转移或获得另一方的人所拥有的软件源代码作为在其领土内进口、分销、销售或使用该软件或含有该软件的产品的条件”[②]。而我国自贸试验区在现行数字知识产权保护领域的制度创新不足，导致数字产品侵权盗版问题突出、软件对源代码著作权保护不足、对数据资产的价值保护仍是空白等问题。三是本地化限制仍未放开。国际先进规则将数据跨境自由流动置于优先地位，并要求取消本地化储存限制；而我国自贸试验区将公共政策目标和信息安全置于数据跨境流动的优先地位，对数据本地化的要求也未取消。

（二）标准与管理开放程度有待提高

1. 标准开放程度亟待提高

从内在特性看，标准制定需要遵循“协商一致”原则，制定透明度和国际化环境符合标准化开放程度提升的内在需求。在 CPTPP、RCEP 等自由贸易协

① 王晓红．加入 CPTPP：战略意义、现实差距与政策建议 [J]. 开放导报，2022（1）：7-21.

② 全毅．CPTPP 与 RCEP 服务贸易规则比较及我国服务业开放策略 [J]. 世界经济研究，2021（12）.

定（FTA）中，关于标准的规则逐步增强、清晰。为提升自身在国际标准化组织中的话语权，美国高度重视发挥区域标准合作的作用，欧盟标准化战略也强调要强化欧盟在全球标准方面的领导力。无论是 TTIP/TTC 还是 TPP/IPEP，美国都聚焦国际经贸领域的标准制定与国际协调。但我国自贸试验区采认国际标准和标准国际化程度都比较低，这主要与我国当前整体标准开放程度较低有直接关系。一方面，我国国际标准采用率仅为 29.55%（2018 年底），远低于发达国家 50% 以上的高水平。另一方面，我国标准国际化率更低。以我国标准化程度最高的机械行业为例，我国机械行业标准存量超过 10 000 条，居各行业之首。但目前国际主流标准包括日本工业标准（JIS）认证、美国保险商试验所（UL）认证以及欧盟电子电气设备的三大环保指令认证，都没有将中国机电行业标准列入其中。中国在国际电工委员会（IEC）、国际标准化组织（ISO）和国际电信联盟（ITU）中的参与度和话语权也严重缺失。

2. 市场公平竞争环境亟待完善

CPTPP 与 USMCA 从竞争政策、国有企业和指定垄断两个部分，分别在竞争法限制竞争商业行为、确保竞争法执行的程序公正、透明度及国有企业、非歧视待遇和商业考虑、非商业援助、损害、透明度等方面有所约定，以此规范区域内国有企业参与市场竞争需要遵循竞争中性原则，防止非市场行为损害市场经济公平运行。然而，我国自贸试验区内的国有企业在参与市场竞争时仍有“非中性”的表现，在市场准入、项目招标、政府监管、财税补贴、政府采购、信贷融资等方面仍存在诸多不平等竞争，不仅财政补贴、隐性担保、信贷债券等各类资源均向国有企业倾斜，而且市场准入限制、政府干预导致的行业垄断事实存在，市场主体的歧视性待遇和不公平竞争也存在。虽然近年来，我国推动国资国企体制机制改革实现重大突破，但国有企业仍然享受各类资源的倾斜和接受政府多项优惠政策和财政补贴，这不仅与 CPTPP 的禁止非商业援助原则、欧盟框架中的控制国家（政府）对国有企业的援助制度相抵触，也不利于推动我国国有企业与市场经济深度融合，增强国有企业作为微观市场主体的活力。

3. 人力资源跨境流动限制仍然较多

CPTPP 和 RCEP 鼓励自然人（包括商务人员和专业人员及其家属）的跨境

自由流动，要求缔约方提供自然人跨境流动的便利入境签证，为从业资格互认提供便利。在从业资格证书互认方面，CPTPP 成员国之间相互承认服务提供者的身份资格和工作经验。RCEP 也规定加强有关专业资格机构之间的对话，鼓励缔约方或相关机构在教育、考试、经验、行为和道德规范、专业发展及再认证、执业范围、消费者保护等领域制定互相接受的专业标准和准则。但由于我国对自然人流动态度十分谨慎，开放程度普遍低于其他发展中国家。比如在 GATS 项下的自然人移动，中国有 45% 的部门未做出承诺，其他发展中国家的平均开放水平高达 80%。我国自贸试验区在外籍人员跨境流动方面仍有较多限制，签证手续烦琐复杂，开放程度普遍低于其他发展中国家。同时，我国的人才评价制度更适合本土人才，对外籍人才的能力评价机制尚未建立。我国自贸试验区对外籍劳工社会保障机制也付诸阙如。关于外籍人才在中国自贸试验区内的落户政策、社保政策、医保政策目前没有统一的标准文件出台，对于短期在华工作的外国人缺乏法律保护及社会福利支持，我国自贸试验区在专业人员赴华培训，签证手续简化，为海外青年提供创业咨询、支持与辅导等方面的服务还需加强。

4. 知识产权保护规则仍需完善

CPTPP 涉及商标的知识产权保护较《TRIPS 协定》更为宽泛：保护对象扩展到声音、气味商标等非传统商标类型，明确“域名”“国名”等地理标志应尊重在先商标的规则；保护标准更为明确具体，列明每种知识产权的保护标准，并对执行做出严格规定。我国知识产权保护存在侵权犯罪成本低、刑事制裁轻、维权成本高、诉讼周期长、对侵权违法者处罚轻等问题。我国自贸试验区内企业知识产权意识淡漠，多数企业没有配置知识产权管理部门和专业人员。商标、专利和著作权等知识产权的行政管理机构分属于工商管理、知识产权、文化旅游部门，容易造成管理混乱。中国现行法律制度存在许多漏洞，例如商标保护未将气味商标纳入保护范围，也没有对应的法律保护已经使用的未注册商标，植物保护对育种者新品种保护范围也比较狭隘。当前，自贸试验区在知识产权保护领域积累了许多可复制推广的成果经验，但主要集中在综合管理、公共服务、协作交流等领域，并未探索深层次的立法改革。

建设自贸试验区是中国特色社会主义进入新时代，党中央、国务院审时度势，从统筹国际国内两个大局的高度做出的重大决策。它以对标国际先进经贸规则为导向，以制度创新为核心，适应我国对外开放由政策激励型向制度型迈进的需要，具有更高水平对外开放的时代特征。随着“放管服”改革向纵深推进和政府行为的规范化，需要将过去灵活性较高的政策性开放转变为相对稳定的制度型开放，以制度、规则、规制、标准等形式将这些改革固定下来，增强我国改革开放政策的透明度和可预见性。制度型开放可以定义为通过跨越国境的贸易投资规制与生产中的管理与标准融合来降低生产与服务合作中的制度摩擦与协调成本。其外延包含对外开放和对内开放两个层面，对外开放更强调与高标准国际经贸规则对标推动制度创新，对内开放更强调国内规则、规制、管理与标准的一体化构建国内统一大市场。因此，制度型开放既是自贸试验区提升战略的基本内容，也与新一轮开放的时代特征相吻合。

三、我国自贸试验区制度型开放与提升战略的总体思路

2023 年 6 月 1 日，国务院印发《关于在有条件的自由贸易实验区和自由贸易港试点对接国际高标准推进制度型开放的若干措施》（国发〔2023〕9 号），强调在具备条件的自由贸易试验区对接相关国际高标准经贸规则，稳步扩大制度型开放。未来自贸试验区应结合国家新战略和自身优势，根据对标高标准国际经贸规则的制度型开放要求制定自贸试验区实施方案。增加政策透明度，着力营造市场化、法治化、国际化一流营商环境，减少对外资和民营企业的准入限制，提高招商引资的质量和水平。

（一）对标国际高标准经贸规则推进规则规制开放

新一轮国际经贸规则重构主要通过“边境后”措施将规则制定由经贸领域向非经贸领域延伸，并将规则覆盖范围扩大到成员国境内的竞争政策、法律法规和市场制度等方面。对此，我国自贸试验区要积极把握国际先进经贸规则的重构趋势，立足于市场化、法治化、国际化和便利化推进制度创新，强化生产要素聚集和市场配置能力，将营商环境建设从基本的政府职能转变调整至更高

层次的公平竞争市场环境层面，努力营造一流市场化、法治化、国际化的营商环境。

1. 推进货物贸易便利化改革

一是延展“单一窗口”功能，并提高通关效率。加快推进跨境贸易各环节对企业服务项目的信息化建设，做实做优跨境贸易一站式、全链条服务。学习新加坡、美国及瑞典等国际先进的国际贸易“单一窗口”经验，推动国际贸易“单一窗口”数据元标准化建设，将通关流程全覆盖，打通所有关节，有效详细统计各类货物通关时间，提高通关透明度和企业可预见性。国际先进的“单一窗口”均启用世界海关组织的数组模型，且有专门部门负责数据元标准化工作。自贸试验区如能寻求权限突破，则可在国内率先启动“单一窗口”数据元标准化工作。二是探索企业自主申明原产地规则。借鉴 CPTPP 加强成员国海关间的执法与联络、估价、风险管理等交流与合作，逐渐取消官方签发原产地证书的做法，探索建立由企业自主申明原产地，并由政府加强事后核查的制度，简化货物关税归类、海关估价及关税减免等预裁定程序。三是构建“一线放开”与“二线管住”的贸易监管制度。要对保税区和保税港区围栏以内实现一线真正放开，关检退居二线，免除海关与检验检疫机构的查验，增加对企业的吸引力。简化“一线申报”，除法律法规要求必须进行申报的外，境外货物进入自贸试验区海关特殊监管区域，即“一线”，企业可直接提货、发货，免于向海关申报。取消和最大限度简化境外货物进入“一线”的贸易许可，与境外地区之间进出的货物除需要口岸检疫检验或必须验核许可证件的货物，包括履行国际公约条约协定，或者涉及安全准入管理的货物以外，企业无须向海关申报，海关径予放行。四是真正消除关税壁垒，最大限度实施零关税。零关税可以真正降低境内加工增值企业的成本。建议阶段性和趋势性地实施零关税和减免进口环节税，在试验的基础上评测风险、把控危机。例如：率先对先进设备、先进零部件的进口实施零关税和减免进口环节增值税的政策；率先取消维修产品和再制造产品的进口限制和进口关税，继续寻求政策突破，落实进口二手航材、二手汽车、医疗设备免税政策，发展保税维修产业；率先对优质消费品，如衣服、化妆品、药品等的进口实施零关税，提升百姓生活品质；做好进料加工贸易与 RCEP 原产地规则对接工作，发展保税加工业。

2. 推进投资规则改革

一是完善投资领域负面清单管理。缩减负面清单开放市场准入，逐步取消制造业领域的准入限制，大幅消减服务业领域的限制性壁垒。列明负面清单措施对应的法律依据，确保这些市场准入管理措施的合法性。实行更加灵活的管理措施，探索实行承诺式准入等方式。明晰外资准入条件，对于“相对控股”“中方控股”等模糊概念予以明确，压缩“特权”空间，减少有争议的表述；引入法规调整听证程序，保证外商合理期待。二是要实质性减少许可事项。在转变政府行为方式与管理理念方面探索减少行政审批事项的改革实践，真正从减少企业商业运营中的成本、障碍和风险等方面去改进管理方式和政策影响。树立“非禁即入”和准入即准营的市场准入理念，切实减少政府审批事项和“玻璃门”现象，比如将核准制改为备案制。三是强化透明度原则和事中事后监管制度。建立与外商投资自由化便利化相适应的法律保障和行政执法体系，提高法律执行力和执法透明度，包括法律、法规以及行政规范应遵守的程序正当性原则。全面落实准入前国民待遇与负面清单管理制度，将前置审批转变为事中事后监管，紧密关注国际投资安全审查相关的法律及案例，完善外国投资安全审查制度。四是推进争端解决机制与先进规则衔接。建立完备的外商投资投诉工作机制，将关注领域扩展至人权、环境、法治、知识产权等公共政策议题。提高适用国际条约和惯例的司法能力，准确适用国家条约和惯例。在执行层面，引入投资者—东道国争端解决机制和国际仲裁制度。

3. 推进跨境服务贸易规制开放

一是参考 CPTPP 跨境服务贸易负面清单制度，对照《海南自由贸易港跨境服务贸易特别管理措施（负面清单）》，制定《中国自贸区跨境服务贸易负面清单》，以负面清单的方式对自贸试验区内的跨境服务贸易开放做出安排，大幅提升跨境服务贸易市场准入的自由化程度，对接国际高水平的经贸规则。二是重点探索金融保险、教育文化、医疗养老等服务领域对外开放。在金融保险领域，加快探索在自贸试验区实行国民待遇加负面清单的管理模式，率先实行金融开放的负面清单，并对此进行压力测试。重点探索离岸贸易与对外投资的跨境金融服务。参照国际标准化货物进出口和过境的程序，探索资金流、货物流与订单流分离情况下离岸贸易业务模式，提升转口转卖业务金融服务的自由度和便利性，为具有真实贸易的离岸贸易提供便捷的结算及贸易融资服务[①]。结合自由贸易账户的功能拓展，逐步放松跨境投资方面的政策限制，探索总额管理模式，方便企业、机构或资本所有者对外投资。在教育领域，探索取消教育培训机构中外合作办学以及教学管理人员的国籍限制。除义务教育与宗教教育外，其他均开放外资独资经营。扩大学历学位互认，特别是加强与美国、欧盟、金砖国家、新加坡、中国台湾的合作，扩大高等教育学历学位互认范围[②]。开展跨境国际（丝路）远程教育合作，支持“一带一路”共建国家的高端教育人才来我国学习交流。建议采取海南自由贸易港的相关模式，对本科以上中外合作办学项目采取省部联合审批，或将审批权下放给当地。在文化领域，探索分类分级管理方法，大力发展文化贸易，在推动出版业“走出去”的同时，也探索“引进来”，在中方控制经营主导权和内容终审权的前提下，允许外商在自贸试验区投资院线服务及电影、电视节目、出版物、演出团体等业务，外资和内资依法平等进行内容审查。在医疗领域，探索医疗领域按照中欧 CAI 承诺，取消外资独资医疗机构及医务管理人员国籍限制，在等级评定、专科建设、职称评定、科研立项等方面与国内医疗同等待遇，在外资控股、外籍医生引进、境外人员就医、新药试用、医疗器械使用等领域争取先行先试。在养老领域，目前，负面清单并未对养老服务进行限制，自贸试验区可尝试引入外资从事养老服务。做好养老需求状况调查，规划布局养老机构建设用地，制定扶持计划等，增强对外资的吸引力。

4. 先行先试数字贸易规则

结合国家数字经济创新发展试验区建设，加紧研究适合我国自身情况的跨境数据流动规则，进一步加大数字贸易规则的压力测试力度。一是争取自贸区在“数字经济”“电子支付”和“跨境电商”方面标准的制定权和影响力处于

---

① 贺小勇．率先建立与国际运行规则相衔接的上海自贸试验区制度体制 [J]. 科学发展，2020（3）：44-52.

② 王晓红．加入 CPTPP：战略意义、现实差距与政策建议 [J]. 开放导报，2022（1）：7-21.

国际领先地位，探索中国特色的跨境数据流动规则体系。建议在安全可控的前提下分层次、分领域探索跨境数据流动，在数据自由流动方面对标 CPTPP，采用"原则 + 例外"的模式，探索对个人信息、重大数据进行分类管理，对健康、职业、个性等敏感数据实行跨境传输评估许可，对非敏感数据允许其自由流动及非本地化存储。二是落实增值电信服务开放措施。建议自贸试验区率先探索增值电信外商独资经营开放措施，同时试点相应的事中事后监管措施，为积极稳妥推进增值电信业务进一步对外开放做准备[①]。

（二）推进标准与管理对外开放，打造国际化营商环境

在对标高标准国际经贸规则的过程中，自贸试验区还应聚焦以规制融合为核心的第二代贸易投资政策，实现标准与管理开放，营造标准一致化、竞争一致化与监管一致性的营商环境，提高政府服务水平，提升社会各界在自贸试验区建设中的获得感。

1. 加快推进标准开放进程

推进标准制度型开放、增强中国在国际标准制定中的话语权、维护多边主义经贸规则，对服务新发展格局、内外贸一体化以及国内统一大市场建设都具有重大意义[②]。一是提高国际标准的采标率。国际标准作为一种经贸规则具有打开市场、形成垄断和自我保护的功能。因此，我国应高度重视采用国际先进标准转化为本国产品和服务质量标准，大幅提升我国产业发展水平。率先试点开放各类专业服务标准与从业资格互认，便利高端生产要素的跨境流动及提供服务。二是支持我国技术先导企业参与国际标准制定。积极支持我国先进企业、行业协会参与国家标准制定，并将我国先进标准推向海上丝绸之路沿线发展中国家作为标准国际化与"走出去"的重点对象。如我国新能源企业可联合铁路运输机构解决新能源电池（特别是锂电池）铁路运输安全标准的制定，并向中

① 贺小勇．率先建立与国际运行规则相衔接的上海自贸试验区制度体制 [J]. 科学发展，2020（3）：44-52.

② 王宁，安佰生，朱聪．"多边经贸规则与中国标准化开放"研究会会议综述 [J]. 国际经济合作，2022（4）：88-91，95.

欧班列推广。坚持共商共建共享原则，吸收各国先进的标准体系，共同制定高质量标准体系。我国应在集成电路、生物医药、智能新能源、数字经济等新领域，吸引跨国公司把更高水平的研发活动转移到自贸试验区并参与我国标准制定，增强我国企业国际标准制定话语权。

2. 要推动科研与技术服务开放，提升市场主体的创新发展能力

自贸试验区要先行先试，优化政策供给和制度设计。一是自贸试验区要率先探索产学研力量组建创新联合体，构建以企业为主体的技术创新体系，推动关键核心技术的联合攻关。二是吸引跨国公司在自贸试验区设立研发设计机构。跨国公司作为我国创新体系的组成部分，要在知识产权保护和标准制定方面深化改革，吸引跨国公司把更高水平的研发活动转移到我国境内。要通过应用更加先进的技术手段，推进航运物流、融资租赁、数字贸易等新业态新模式发展，培育国际服务贸易优势品牌和产业聚集区。三是加强知识产权保护。在保护标准、保护范围、犯罪行为、量刑制裁等方面对标 CPTPP 的标准。提高对专利的保护水平，探索自贸试验区版的知识产权法规，以法律法规取代不稳定的政策，以集成创新取代浅表和碎片的制度创新。提高重点产业的知识产权保护标准，在集成电路、生物医药、智能新能源、数字经济等领域扩大保护，支持创新。引导企业建立统一的知识产权管理部门，强化企业知识产权意识。提升市场主体的创新发展能力。

3. 要通过深入对接国际要素市场，搭建集聚海内外人才协同创新平台，吸引海内外英才为企业创新发展提供智力支撑

一是打破传统科研机构的体制机制和管理模式，探索建立与国际接轨的科研管理与运行机制，加快建设与国际接轨的世界一流新型研发机构，鼓励和支持新型研发机构引进海外学术带头人及科研团队，推动自贸试验区持续产出世界级研究成果。二是要建立健全公开公正的科技成果与人才评价机制与资质认可，充分体现对知识、技术与人才内在价值的创新激励和保障机制。要持续推动国际人才资质互认有序放宽，探索与国际人才评价标准接轨的原创理论、技术发明、技能操作等各类专业人才评价标准与认证认可体系。鉴于自贸试验区作为改革创新高地，建议自贸试验区全面开放国际专业人才的跨境自由流动与资格互认（优先放开内地与港澳台地区的互认），打造国际化的人才竞争高地。三是要探索外籍人才引进和使用的技术移民制度。比如《中华人民共和国外国人永久居留管理条例》规定“担任副总经理等职务以上或具有副高级职称以上”“连续任职满四年”等，严格限制只有少数外国人符合永久居留申请条件。自贸试验区应降低“绿卡”申请门槛，对外籍高端人才实行“一卡通”制度，取消已获工作签证的外籍人员就业限制及实行国际执业资格互认，以及给予其配偶与子女临时入境驻留权利。同时在社会保障、医疗服务、子女就学方面实行国民待遇。放宽我国国企干部出境管制，按照商务人员待遇办理出国护照和签证。四是对境内外高端人才实行简税制，提高个人所得税起征点标准，5 000元起征点太低，45% 税率太高，要按照 5%、10% 及最高税率 15% 三档征收，对其取得的各类补贴、奖励免征个人所得税，提升自贸试验区劳动者获得感。

4. 推进竞争规则开放与国有企业改革

自贸试验区要率先构建各类所有制经济成分公平竞争的制度环境。一是设立公平竞争委员会作为自贸试验区政府职能部门。统一规划设计完善国企信息披露制度与监管一致性，完善公平竞争的审查、投诉和处罚机制建设，做到竞争执法公正。要基于中性竞争原则，率先对市场垄断和行政垄断建立约束机制，完善对国有企业垄断认定、非商业援助界定等规则，营造公平的竞争环境。二是深化国有企业改革，对国有企业进行功能界定与分类管理：建议对自贸试验区内注册的企业进行国有企业界定，将界定为国有企业的企业分为商业类和公益类，对标高标准国际经贸规则，进一步深化我国国有企业的功能界定和分类改革。对公益类国有企业要明确其提供公共产品和服务的特殊义务，参照高标准国际经贸规则，仅对满足公共需求的非商业活动成本给予补偿；对商业类国企则要完善政府投资与注资机制，完善国企补贴纪律，接受高标准国企补贴规则约束。三是加强公平执法建设。引入良好国际监管实践，对政府采购、国有企业经营进行监管，对国内外权利人平等对待，保证国企、私企、外企在银行贷款、税收优惠、商事审批等方面拥有同等权利与公平机会，确保各种所有制企业得到公平公正的待遇，保证公正有序的竞争与营商环境。

四、探索我国自贸试验区差异化发展路径

根据我国沿海型、边境型和内陆型自贸试验区差异化的功能定位、区位优势、产业结构，有针对性地深入探索具体的国际经贸新规则进行帕累托改进，提高资源的产出与配置效率，建设各具特色的自由贸易园区，促进沿海、内地与沿边地区自贸试验区差异化发展。

（一）沿海地区自贸试验区以自由贸易港为目标

沿海地区港口资源丰富，是我国经济重心，近代以来成为辐射国内外的能量发射中心。从沿海地区的区位优势与要素禀赋来看，沿海地区自由贸易港可以分为海岛型自由贸易港、港城融合型自由贸易港和工贸结合型自由贸易港。自由贸易港建设是将现有的自由贸易试验区政策进一步扩大开放，以实现“六大自由”，主要包括：贸易自由，即解除贸易管制；金融自由，即外汇自由兑换，资金自由出入和转移；投资自由，即自由投资、经营；运输自由，即物流国际一体化；执业自由，即居民择业自由化；信息流通自由，即开放互联网。在自由经济区除了武器、毒品、色情等管制类产品和少量奢侈品，以及具有颠覆破坏性的文化活动外，其余全部放开，实行贸易自由化、投资自由化、金融自由化和运输自由化政策，真正实现“零关税、零壁垒、零补贴”政策。还应该赋予这些自由港财政税收、海关管理、国际仲裁、经济发展规划、劳动就业、社会保障等事务管理权限。

1. 海岛型自由贸易港

沿海岛屿众多，具有区位优势与土地面积的是海南岛、舟山岛和平潭岛，岛屿经济发展的唯一出路就是开放。早在 2011 年 11 月，中央政府就赋予平潭“一线放开、二线管住、人货分流、分类管理”的海关特殊监管政策，但是因相关部门没有制定实施细则，平潭自由贸易港政策迄今没有得到全面落实。2018 年海南经济特区成立 30 周年时，习近平总书记宣布将海南自由贸易试验区扩大至全省，并探索建立中国特色自由贸易港。2020 年 6 月中共中央、国务院印发《海南自由贸易港建设总体方案》，赋予海南自由贸易港 60 条政策，全面实施“一线放开、二线管住、岛内自由”的自由贸易港政策。2021 年 6 月

10日全国人大通过《中华人民共和国海南自由贸易港法》，为海南探索建设有中国特色的自由贸易港提供了法律保障。目前，中央政府应将平潭综合实验区参照海南自由贸易港政策予以落实。因海南自由贸易港不以发展转口贸易和国际金融中心为方向，难以为国内经济增加强大动能。因此，应立足于现实条件和国家战略科学决策，综合考虑区位优势，探索建设若干个港城融合型自由贸易港。

2. 港城融合型自由贸易港

邓小平当年设想在内地再造几个香港，就是选择内地区位条件和经济腹地都比较好的地区实行贸易自由、投资自由、金融自由和运输自由等类似香港的自由经济政策，打造新的国际贸易与国际金融成长中心，推动人民币国际化，为中国经济走向国际市场和国际资源进入国内市场服务。华南地区有香港国际自由港，无论是深圳还是广州都距离香港太近，实际上因广州港与深圳港的崛起，近年来香港已经从全球第三货柜大港降为全球第七。如果再造自由港容易引起区域竞争资源。目前“一国两制”实践遭遇严峻挑战。当务之急是做好两种经济社会法律制度的全面对接与融通共生。珠江三角洲自贸试验区应聚焦于探索“一国两制”的对接与融合，即探索社会主义市场经济制度与自由市场经济制度的融合发展路径，为中国“一国两制”的融合对接积累经验。比较符合条件的只有上海和大连。上海和大连国际自由港以转口贸易和国际金融中心为目标，应赋予人民币自由兑换以及离岸交易中心的功能，探索自由贸易港离岸业务税收制度，包括税种、税率、双重征税规避等要素；同时设计离岸业务税收监管制度，包括专用账户制度、认证制度、预约定价协议制度等，实施有效防范侵蚀税基和利润转移的监管[①]。

上海市在国家发展战略中的定位是建设国际贸易中心与国际金融中心。充分发挥上海地处中国南北海运中心和沟通长江黄金水道的区位优势，将上海打造成中国连接世界的枢纽港。目前，上海自贸试验区已经包括陆家嘴金融片

① 闫奕荣，黄梓衍．陕西自由贸易港区建设政策建议：以台湾自贸港区和韩国自贸港区为例 [C]// 西安交通大学“一带一路”自由贸易试验区研究院，中国（陕西）自由贸易试验区工作办公室．中国（陕西）自由贸易试验区发展论坛暨内陆型自由贸易试验区建设创新发展研讨会论文集．2018：9.

区、金桥开发区、张江高科技产业园和洋山港临港新片区，共240.22平方公里。2019年中央政府赋予上海自由贸易试验区临港片区50条特殊政策，实际上包含自由贸易港政策的六大要素。下一步应将上海浦东新区作为整体纳入自由港建设规划，实行境外投资经营便利、货物自由进出、货币自由兑换、资金流动便利、运输高度开放、人员自由执业、信息快捷联通的自由港政策。

立足经济发展的南北平衡问题，提高大连在国家战略中的地位，打造大连北方国际自由港。大连地处东北亚中心，经济腹地广阔，可以辐射中国东北、华北地区、环渤海地区，以及蒙古、俄罗斯、朝鲜半岛和日本等东北亚地区。近代以来大连是日俄两国争夺的战略要地，具有不冻深水良港，地理位置优越，是建设国际自由贸易港的理想选择。而且，大连处于辽东半岛南端，作为境内关外地区的管理成本较低，只需要在金州开发区进出东北的铁路和公路通道修建关闸，即可实现整个城市的封闭式管理。当年苏联取得中国东北权益后就想将大连辟为国际自由港。因此，可将大连定位为东北亚运营中心，将其打造成北方的“香港”①。

3. 工贸结合型自由贸易港

中国沿海首批开放的14个港口城市都设有经济技术开发区和出口加工区，后来又增设境内关外的保税港区。主要利用进口原材料关税减让等优惠政策吸引国际产业链龙头企业落地聚集，实现以本土产业与扩大对外贸易为目标的工贸结合发展模式。这些城市在我国对外开放与经济发展过程中发挥过巨大作用。因此，我国沿海开放城市的自贸试验区应转型升级为工贸结合的自由贸易港，整合出口加工区、保税港区、经济技术开发区等政策功能，在园区探索政府监管与企业管理运营的运作模式，提升自贸试验区的生产效率。

（二）沿边地区自贸试验区以跨境经济合作区为目标

边境型自贸试验区与沿海和内陆型自贸试验区具有截然不同的特点。沿边地区的经济资源具有跨境或跨境配置的特点，但因受到边境的屏蔽效应而难以形成跨境经济体系。因此，沿边开放型经济与沿海地区和内陆地区开放型经济

① 全毅．“一带一路”倡议与沿海地区开放新战略 [J]. 福建论坛，2019（12）：106-114.

体系的最大差别，就是沿边地区的开放开发政策措施，无论是贸易、投资、道路联通、通关程序，还是跨境运输、人员往来等都需要毗邻国家之间达成共识和协定，必须要得到毗邻国家政府和民众的配合与合作方能收到实效[①]。

中国沿边开放从1992年开放沿边14个口岸城镇和边境经济合作区开始，目前已经发展为72个边境口岸和17个边境经济合作区（包括边境互市贸易）、边境开放综合试验区、喀什与霍尔果斯两个边境经济特区，以及云南、广西沿边金融改革试验区，都属于我国单边开放。2013年习近平主席提出共建“丝绸之路经济带”与“21世纪海上丝绸之路”倡议，倡导“政策沟通、道路联通、货物畅通、资金融通、民心相通”之后，加强与邻国双边政策沟通，将互联互通与通关制度协调，将共建跨境经济合作区与跨境经济走廊提上议事日程。

1. 西南方向

2013年以来，中国分别与越南、老挝、缅甸达成共建跨境经济合作区以及中老经济走廊、中缅经济走廊的双边政府备忘录，规划在中越东兴—芒街、凭祥—同登、河口—老街、中老磨憨—磨丁、中缅瑞丽—木姐跨境经济合作区，但目前仍处于各自建设阶段。比如，广西自贸试验区崇左片区和云南自贸试验区红河片区。今后应探索由两国境内自建向跨境共建自由贸易区转变，实现“一线放开、二线管住、境内关外”的自由贸易区海关监管模式，构建“两国一区、境内关外、区内自由、封闭运作”的共同管理运作模式，实行货物贸易、服务贸易和投资自由的开放政策，并成为由两国商务部与毗邻地方政府组成的共同协调推动机构，将其打造成两国经济走廊和双循环发展格局的重要节点。

2. 西北方向

上海合作组织的经贸合作功能在逐渐加强，上海合作组织银行的成立将成为该组织转型为经济合作组织的标志。中国与巴基斯坦于2006年签署《中巴自由贸易协定》，并于2015年达成共建中巴经济走廊的共识，成立中巴经济走廊推进委员会具体落实中巴经济走廊计划，现已投资160多亿美元建设多个重大项目。中哈两国自2004年达成共建霍尔果斯国际经济合作中心（5.28平方

① 全毅．沿边地区开放型经济新体制的基本内容与构建路径[J]. 云南大学学报，2021（4）：110-120.

公里），自封关管理以来，已经成为中国边境发展最快的跨境经济合作区，带动两国合作中心附近产业园区的发展。此外，吉木乃、塔城等边境经济合作区应探索由境内自建转向跨境共建经济合作区的新途径。

3. 东北方向

在中朝边境辽宁和吉林两省分别提出构建丹东—新义州、和龙—罗先跨境经济合作，并修建了跨境公路大桥等基础设施。但因朝鲜没有开放边境贸易而搁浅。2016 年 6 月中俄蒙元首在中亚城市塔什干签署了《建设中蒙俄经济走廊规划纲要》和《中华人民共和国海关总署、蒙古国海关与税务总局和俄罗斯联邦海关署关于特定商品海关监管结果互认的协定》等合作文件。同年 9 月 13 日，国家发展改革委公布《建设中蒙俄经济走廊规划纲要》，标志着“一带一路”框架下的第一个多边合作规划纲要正式启动实施，为两国边境共建中俄珲春—哈桑跨境经济合作区、绥芬河—博格拉尼奇、黑河—布拉戈格维申斯克、满洲里—外贝加尔斯克等跨境经济合作区，以及中蒙二连浩特—扎门乌德跨境经济合作区奠定了政治基础。目前，黑龙江黑河片区和绥芬河片区应在前期探索的基础上展开跨境共建自由贸易区的实践。

（三）内陆地区自贸试验区以陆港自贸区为目标

我国内陆自贸试验区既没有沿海邻近海港的区位优势，也没有沿边的跨境合作条件，交通干线是其发展的基础。实际上，我国内陆许多自贸试验区位于交通枢纽的中心城市，比如北京、武汉、郑州、西安、成都、重庆、昆明、乌鲁木齐等，铁路、航空、航运、高速公路等基础设施建设为自贸试验区发展成陆港型自由贸易区奠定了良好的交通运输基础。我国内陆自贸试验区可以划分为兼有航运和铁路交通便利的港口型城市如武汉、重庆、合肥、哈尔滨、长沙等；拥有铁路与航空交通便利的陆港型城市如北京、郑州、西安、昆明、乌鲁木齐等。境外自贸试验区发展路径表明，不同区域特点和功能定位均会对其管理模式产生影响，因此这些自贸试验区在区域规划与制度创新方面可进行差异化探索。

1. 内河港型自由贸易区

应综合考虑内河航运与铁路运输优势，发挥其辐射面广的优势，制度创新应围绕免税商品、货物转港转运、仓储物流、包装分装等商贸物流，并带动加工制造业发展。武汉、重庆、哈尔滨、长沙、合肥等临江城市，规划发展临港工业区与陆港工业区，做好交通、产业、空间布局一体化战略规划。探索铁路、公路与河港联运标准化建设。在产业规划方面要做好承接沿海地区向内地产业转移，适应国内经济大循环的价值链、供应链重构需要，实现长江经济带的联动发展与整体效应。这些城市也是我国科教重镇与研发基地，具有发展高科技产业的坚实基础。要在人才的引进和使用方面探索新经验。

2. 铁路港型自由贸易区

应利用其铁路、公路交通干线重点发展中欧班列运输业，带动物流运输业与加工制造业发展，我国内地几乎所有中心城市，甚至地级城市都通铁路和高速公路。北京、郑州、乌鲁木齐、昆明、武汉等属于全国铁路运输的枢纽城市和中欧班列的起始港。目前中欧班列存在的主要问题：一是陆运单据缺乏国际法的保障，影响中欧班列的可持续发展；二是各管一段的运输标准差异导致运输成本高昂。陆港自由贸易区在交通运输方面重点探索中欧班列跨境运输的标准与制度设计。中国需要与跨境经济走廊相关国家合作建立国际陆运标准体系，使我们提出的各项解决方案都能得到世界的广泛认可并引领中欧班列相关规则制度的建立。中欧班列要想发挥更大的作用，需在中国国际商会等国际组织中推动相关工作进程，引领制定国际惯例。积极推动相关国家的合作，赋予铁路运单货权功能并固化一票到底（海关单证、检疫单证、国际道路运输证件等单证互认）模式①。

3. 空港型自由贸易区

北京、郑州、西安、昆明、武汉、成都具有国际空港优势，利用国际空港快捷特点与公铁交通系统发展旅游和快递产业，以及将科研实验中心和研发机构作为空港腹地，带动高科技产业的发展。比如，北京、武汉、郑州、西安、成都可以发展成为我国的科技研发与高科技产业经济特区。创新通关管理

① 张燕玲．创新中欧班列的思考与建议 [N]. 证券日报，2018-10-13.

模式，依托电子口岸公共平台，深化国际贸易单一窗口制度改革，将机场货站关口前移，采取“舱单归并”“大包过机”的通关方式，推行陆空联运新模式，降低企业物流成本，促进“一带一路”国际贸易发展。在空港自贸区管理制度方面，宜建立企业化的管理运作机构，以克服官僚主义弊端。

综上所述，面对全球经济衰退与竞争加剧的严峻形势，在自贸试验区转型升级与自由港建设中需清醒地认识到转型升级需要进行长期持续的探索与更新，对内加快夯实经济基础，以高水平开放、全面深度改革对接国际高标准经贸规则；对外加大“接轨”和“融入”力度，深化国际自贸区合作，参与和引领国际高标准经贸规则体系重构，建设更高水平的开放型经济新体制。

参考文献

[1] 全毅，张婷玉．我国自由贸易试验区转型升级方向与发展路径 [J]. 经济学家，2021（5）.

[2] 全毅．国际经贸规则重构与 WTO 改革前景 [J]. 经济学家，2023（1）: 109-118.

[3] 刘一展．自贸试验区负面清单管理模式与政府治理能力现代化 [J]. 国际经济合作，2018（4）: 45-50.

[4] 葛顺奇，沈玉昊．贸易便利化措施比较及中国自贸试验区的实践 [J]. 国际经济合作，2017（4）: 4-9.

[5] 匡增杰．加快推进中国（上海）自由贸易试验区海关监管制度创新 [J]. 经济体制改革，2015（4）: 65-69.

[6] 上海对外经贸大学课题组．全国自贸试验区体系中改革开放措施异同比较研究 [J]. 科学发展，2016（2）: 86-95.

[7] 卜永祥．中国区域金融改革的探索与展望 [J]. 金融与经济，2017（9）: 4-14.

[8] 赵爱玲．自贸区发展路径正凸显差异化 [J]. 中国对外贸易，2019（2）: 18-19.

[9] 王丽英．论中国（上海）自由贸易试验区管委会的法律地位 [J]. 海关与经贸

研究，2015（6）: 95-101.

[10] 周汉民 . 我国四大自贸试验区的共性分析、战略定位和政策建议 [J]. 国际商务研究，2015（4）.

[11] 蔡小慎，王淑君 . 我国自由贸易区政府治理模式比较 [J]. 经济体制改革，2018（4）: 45-49.

[12] 尹红，陈利强 . 破解中国自贸试验区国际贸易“单一窗口”制度难题研究 [J]. 海关与经贸研究，2018（5）: 66-80.

[13] 李震 . 中国国内服务贸易规则体系完善的建议 [J]. 海关与经贸研究，2020（1）: 12-22.

[14] 王晓红 . 加入 CPTPP：战略意义、现实差距与政策建议 [J]. 开放导报，2022（1）: 7-21.

[15] 贺小勇 . 率先建立与国际运行规则相衔接的上海自贸试验区制度体制 [J]. 科学发展，2020（3）: 44-52.

[16] 全毅 . CPTPP 与 RCEP 服务贸易规则比较及我国服务业开放策略 [J]. 世界经济研究，2021（12）.

[17] 王中美 . 对标国际开放度最高标准深化上海自贸试验区改革 [J]. 科学发展，2018（1）: 61-73.

[18] 王宁，安佰生，朱聪 .“多边经贸规则与中国标准化开放”研究会会议综述 [J]. 国际经济合作，2022（4）: 88-91，95.

[19] 闫奕荣，黄梓衍 . 陕西自由贸易港区建设政策建议：以台湾自贸港区和韩国自贸港区为例 [C]// 西安交通大学“一带一路”自由贸易试验区研究院，中国（陕西）自由贸易试验区工作办公室 . 中国（陕西）自由贸易试验区发展论坛暨内陆型自由贸易试验区建设创新发展研讨会论文集 . 2018 : 9.

[20] 全毅 .“一带一路”倡议与沿海地区开放新战略 [J]. 福建论坛，2019（12）: 106-114.

[21] 全毅 . 沿边地区开放型经济新体制的基本内容与构建路径 [J]. 云南大学学报，2021（4）: 110-120.

第十章

加强对外开放过程中科技与产业风险防控能力建设

林发彬

提要：中国科技产业在对外开放中“两头在外”，核心技术和关键零部件、品牌和销售都依赖外部市场，容易受到外部冲击和干扰。美国对华经济脱钩对中国科技产业安全构成严重威胁。中国需要构建以国内大循环为主体的科技产业风险防范机制，提高科技产业风险控制能力。同时从完善自主创新体制机制，培养科技人才队伍，提高对自身产业和产业链、供应链存在风险的评估和预判能力，建立外国投资安全审查制度、国际敏感技术安全管制清单制度、外国企业信用管理（不良行为清单）制度等方面有效提升我国科技与产业风险控制能力。

关键词：科技与产业安全；全产业链生产；风险防控能力；供应链韧性

在对外开放过程中，我国经济已经全面参与国际分工与协作并深度融入全球化的进程。中美战略竞争加剧，单边主义、保护主义以及 2019 年底至今新冠疫情的蔓延导致全球供应链、产业链解体，经济全球化遭遇逆流。在此背景下，我国科技与产业安全问题备受关注。学者们从不同角度对我国对外开放过程中科技与产业存在的不安全因素和可能出现的风险进行了独特分析，并提出了很多具体的建议和意见。但迄今为止，由于人们对科技与产业安全的理解还存在着很大的分歧，所以对防范科技与产业风险的建议也众说纷纭。本章对我国科技与产业安全的内涵、在对外开放过程中我国科技与产业安全面临的扰动进行分析，提出建立以国内大循环为主体依托的科技与产业风险防范机制，并对如何有效提升我国科技与产业风险控制能力进行探讨。

一、对科技与产业安全内涵的理论认识

1. 三种不同的产业安全观

经济安全是国家安全的基础，而产业安全则是经济安全的核心。然而，迄今为止，产业安全并没有形成一个统一的、权威的定义。研究者都是根据各自的理解与研究的需要对产业安全下定义。目前，有以下三种不同的产业安全观获得了广泛认可。一是强调竞争力的产业安全观，认为产业安全从本质上讲是产业竞争力问题。一般而言，竞争力强的产业不会存在产业安全问题。因此，从长远来看，持续提升产业竞争力才是维护产业安全的治本之策。二是强调控制力的产业安全观，认为产业安全是指本国对关系国计民生的产业拥有控制权。“本国”二字可理解为“本国国民”“民族资本”或是“国家”。三是强调生存与发展权的产业安全观，认为产业安全就是要维护经济体内部产业生存与发展不受根本威胁的状态和能力。

以上三种不同的产业安全观尽管在表面上存在差异，但在本质上都是强调本国产业发展的自主性，因此是相辅相成的关系。在上述基础上，国内学者还进一步提出了产业链安全，即在开放经济条件下，一国在产业链的关键环节具有掌控能力和国际竞争力，能够有效保障本国重点产业的生存及持续发展。需要说明的是，并不是所有的产业都会存在产业安全问题。从国家宏观层面来看，只有“战略产业”缺乏国际竞争力，不受本国控制，或其生存与发展受到威胁，才有所谓的产业安全问题。其中，“战略产业”是各国根据自身对“战略”计划或产业的理解来界定的。一般认为国内基础设施包括电信、交通运输、能源和供水等行业，以及农业是对一国生存至关重要的战略产业。由于我国的技术总体相对落后，西方国家对输出到我国的技术进行限制，因此装备制造业和高技术产业也是我国的战略产业[①]。

① 卜伟．我国产业外资控制与对策研究 [J]. 管理世界，2011（5）：180-181.

2. 科技安全与产业发展不可分割

社会上习惯将科学与技术连在一起，统称为科学技术，简称科技。实际上二者既有密切联系，又有重要区别。科学关注的是事物的本质、原理、规律，科学研究的首要目的是揭示自然界和人类自身的奥秘，改变、拓展人类对自然界及人类自身的认识；技术则主要是指建立在科学发现基础上的新方法、新发明，技术开发的主要目的是研制出新工艺、新设备、新材料、新品种、新产品等[①]。根据索洛提出的新古典增长模型，技术进步是外生给定的，以一个固定的比值来增长。一旦经济处于稳定状态，生活水平的长期上升（即人均产出的增长率）只取决于技术进步的比率。在罗默提出的内生技术变化的增长模型中，由人力资本和技术水平组成的“知识”被作为要素投入生产，不仅产生了正外部性，还实现了规模报酬递增，从而使经济实现了持续增长。因此，科技是现代经济增长的重要源泉。

科技作为生产要素其实是嵌入以制造为核心的产业发展之中的。也就是说，制造业发展是支撑工业特别是科技创新发展的核心和关键。大卫·J. 蒂斯（Teece，1986）认为“没有那些必要的制造及相关能力的创新性企业可能无法生存，即使是他们最擅长创新”[②]。一个已经工业化的国家，一旦放弃了制造业，就可能会完全丧失其技术优势和创新力。作为制造业大国，我国目前已经在可控核聚变、石墨烯应用、量子通信、超级电池、智能机器人、生物生命科学等领域成了赶超者[③]。制度学派和许多评论家忽略了科技进步与产业发展密不可分的特点，片面地认为我国在到达技术前沿以后无法创新。这似乎意味着，在科技的高级发展阶段，我国科技领域面临的风险更多的是丧失竞争优势。但事实并非如此。19 世纪的美国、“二战”前的日本、德国和俄国以及“二战”后的韩国和新加坡无不是先模仿后随着产业发展而不断创新，最后站到了科技前沿。

---

① 柏木钉 . 陈景润的成果怎么转化（科技杂谈）[N]. 人民日报，2016-02-01（20）.

②TEECE D J. Profiting from Technological Innovation : Implications for Integration，Collaboration，Licensing and Public Policy[J]. Research Policy，1986（6）：185-219.

③ 文一 . 伟大的中国工业革命：“发展政治经济学”一般原理批判纲要 [M]. 北京：清华大学出版社，2016 : 131-156.

我国当前还处于第二次工业革命的进程中，需要通过科技进步对能源、信息、通信、计算、动力、材料等产业进行自主升级。然而，我们对包括光刻机、芯片、操作系统、手机射频器件、激光雷达、核心工业软件、核心算法等在内的部分工业关键核心技术缺乏自主性。这些关键技术一旦被“卡脖子”，损害的就是经济发展中的正常产业链条和产业生态。因此，不能把科技安全与产业发展完全分割开来看。当前，我国的科技风险主要是关键核心技术被人“任意拿捏”，使得本国产业很难进行自主性发展。

二、我国科技与产业安全在对外开放过程中面临的扰动因素

（一）我国科技与产业在对外开放中嵌入“双层循环”

在经济全球化背景下，资源与生产国际化程度提高、市场开放度加大。各国为了追求互利共赢，它们之间的贸易、投资关联性增强，同时也强化了竞争关系。这种竞争因为遵循共同的游戏规则，所以不是你死我活的关系。美国拥有强大的科技创新能力，且在知识产权的保护、资本市场的效率、创新的激励以及对人才的吸引等方面有压倒性的优势，因此在经济全球化竞争中更容易获取更多的收益。但是，这并不意味着其他国家就失败了。总的来说，这种合作与竞争对各国都有利，尤其是使发展中国家看到了科技进步、产业升级的希望。

20 世纪 80 年代以来，我国通过提供超国民待遇的税收政策、土地政策和生产经营管理方面的优惠等，大规模吸引制造业的外资企业来华投资，并由此将国内的产业链逐渐嵌入全球产业链，尤其是嵌入东亚地区内部的产业链。美国的制造业经过数次转移，产业链已不够完整，制造硬实力也不足。而我国则成为唯一拥有联合国产业分类中所有工业门类的国家，具有大规模制造的能力。进入 21 世纪之后，美国的创新能力须结合我国大规模制造的能力，才能把创意真正产业化。于是，全球经贸形成“双层循环”结构[①]，如图 10–1 所示。其中一层循环表现为：以美国为代表的西方国家进行创新和提供高端服务，非洲国家提供原材料，通过我国进行生产制造，然后产品全球销售。另一层循环

① 施展 . 溢出：中国制造未来史 [M]. 北京：中信出版社，2020.

则是美国主导的全球资本循环。显然，美国在“双层循环”结构中处于优势地位，而我国的产业链“两头在外”，核心环节的技术和关键零部件、精密元器件在外，品牌和销售也在外，其价值的实现大多落在国外市场。

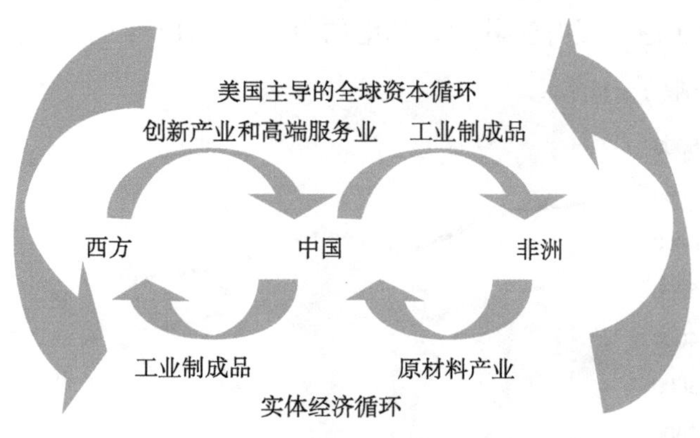

图 10-1　施展提出的“双层循环”结构

（二）美国对华“脱钩”战略举措对我国科技与产业安全的扰动

当前经济全球化的价值共识正在消失。美国对华“脱钩”战略举措是为了对我国的全产业链掐头去尾，使其无法运行，最后则无法实现价值。因此，我国科技与产业在对外开放中面临的国际环境日趋复杂，不稳定性、不确定性明显增加。具体来看，目前我国科技与产业安全面临的扰动主要来自以下三个方面。

1. 在产业领域，美国对华加征关税和出口管制，导致中国输美产品价格上升、关键技术和中间品进口受限，影响了中国的产业竞争力和供应链稳定性。同时，美国也推动了部分跨国公司将生产线从中国转移至其他国家或地区，尤其是在高产品复杂度和专利密集型行业，如计算机及电子产品、电气设备、机械等。这些行业是中国制造业的重要组成部分，也是中国未来产业升级的关键领域。如图 10-2 所示，2017—2022 年，中美货物贸易总额在 2018 年的贸易战后有较为明显的下滑，之后连续三年保持增长的势头。2022 年，中美货物贸易总额达 6 906 亿美元，创下历史新高。但是从占比上看，中国占美贸易总额的比重由 2017 年的 16.3% 降至 2022 年的 12.9%。中国已经不再是美国最大的贸易伙伴国，2021 年、2022 年连续两年位列加拿大、墨西哥之后。单从美国进口端上看，中国份额下降也较为明显，由 2017 年的 21.4% 降至 2022 年的 16.4%，下降了 5 个百分点。与此同时，加拿大、墨西哥及越南等国家在美国进口端的份额在稳步提升。其中，越南的份额从 2017 年的 2% 上涨至 2022 年的 3.9%，几乎翻了一倍。

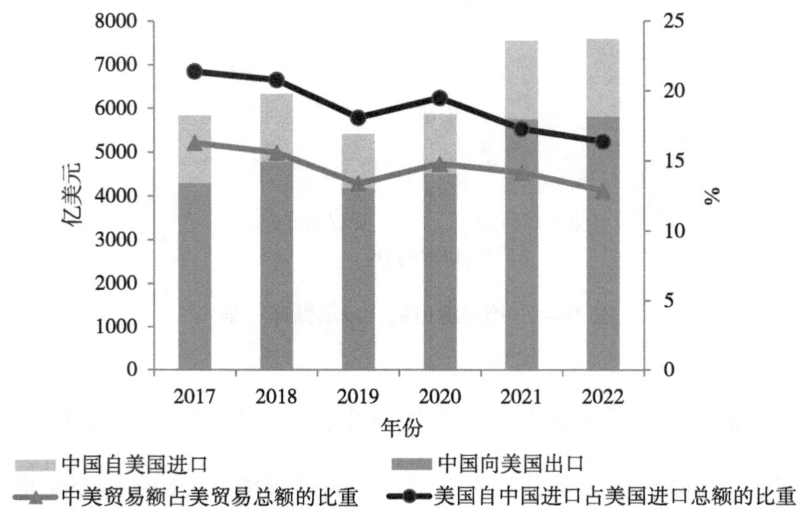

图 10-2　2017—2022 年中美货物贸易额及占比

数据来源：中国海关、美国国际贸易委员会（USITC）。

2017—2022 年，美国自中国进口份额在 40% 以上的品类数量大幅减少（高瑞东，2023）。2017 年，美国自中国进口份额占比达到 40% 以上的细分品类为 19 个。自 2018 年中美贸易摩擦以来，数量开始显著下滑，2019 年下滑至 13 个，2022 年进一步下滑至 9 个。具体来看，美国自中国进口商品的份额由 2017 的 40% 以上降至 2022 年的 40% 以下，商品类别主要分布在：动物产品（5，–23%）①，皮革制品（42，–32%），木材制品（46，–20%），纺织制品（58，–19%；60，–20%），鞋帽饰品（64，–17%），玻璃陶瓷（70，–7%），机电器具（85，–12%），仪器仪表（92，–4%），家具玩具（94，–18%）。从中国在美国资本品和中间品进口份额上看，这一数字也出现了显著下降，从 2017

① 括号中 5 代表细分类别的编号，–23% 表示 2022 年该细分类别较 2017 年变化幅度。下同。

年的17.6%持续降至2022年的12.1%[①]。资本品和中间品贸易反映了一国在国际分工和全球产业链中的地位，其占比下降表明中美两国产业链正在“脱钩”。这会对中国出口企业和相关行业产生影响，尤其是依赖美国市场的企业。

2. 在科技领域，美国通过出口管制、投资限制、电信许可证和设备授权、签证限制、金融制裁、技术交易规则等措施（见表10-1），阻止中国获取和使用美国的先进技术和知识产权以及与美国进行科技合作和交流。这一政策旨在打击中国在人工智能、5G通信、半导体、生物医药等战略性新兴领域的发展潜力和创新能力，削弱中国在全球科技竞争中的地位。同时，美国也试图通过与盟友和伙伴国的政策协调与合作，形成一个以美国为核心的科技联盟，孤立和遏制中国的科技崛起。拜登上台后，美国对华科技政策虽然在某些方面延续了特朗普时期的限制措施，但也有一些不同之处。与特朗普政府相比，拜登政府在科技领域对华政策表现出以下特点。

（1）针对特定技术和研究领域划定边界，采取更严密、更大力度的封锁，即所谓“小院高墙”策略。该策略最初是由美国智库“新美国”（New America）的高级研究员萨姆·萨克斯（Samm Sacks）在2018年率先提出的，根据这个策略，政府需要确定与美国国家安全直接相关的特定技术和研究领域（即“小院”），并划定适当的战略边界（即“高墙”），“小院”之外的其他高科技领域，则可以重新对华开放。

（2）拜登政府也试图采取一些更为协商和合作的手段，以减少中美之间的紧张关系，并通过对话达成互利共赢的解决方案。因此，拜登政府的对华科技政策与特朗普政府略有不同，但整体上仍旧呈现出一种相对强硬的立场。

（3）加强美国自身在新兴科技领域的投资和研发，以保持其全球领先地位。拜登政府已经提出了一系列旨在促进美国科技创新能力的计划和措施，例如“无尽前沿法案”“美国创新与竞争法案”“基础设施投资与就业法案”等。这些法案涉及人工智能、5G无线通信、量子信息科学、无人驾驶汽车、网络安全和生物技术等关键领域，为这些领域提供了数百亿美元的资金支持，并鼓

① 倪淑慧，崔晓敏．中美双边经贸关系：“再创新高”背后，“脱钩”悄悄进行[N]. 中国日报，2023-02-24.

励私营部门、学术界和地方政府参与其中。

（4）与盟友和伙伴国进行政策协调和合作，共同实现遏制中国科技发展的目标。拜登政府重视维护多边机制和跨国联盟，在科技领域也积极推动与欧盟、日本、澳大利亚等国家和地区建立或加强合作机制，例如美欧贸易与技术理事会、“四方安全对话”等。这些合作机制旨在制定统一或协调的标准、规则和原则，以应对中国在全球科技治理中所发挥的影响力。

表 10–1　美国目前的技术限制工具箱

措施	2017 年之前的工具箱	2017 年之后与中国有关的工具箱
出口管制	国际武器贸易条例；出口管理条例（包括商业管制清单、实体名单、视同出口限制、外国直接产品和最低限度规则）	出口管制改革，管控新兴和基础技术；收紧军事最终用途（MEU）限制；增加实体名单列表；收紧对华为的外国直接产品规则；取消部分许可例外；结束对香港特别行政区的优惠待遇
投资限制	美国外国投资委员会（CFIUS）	CFIUS 活动增加；通过外国投资风险审查现代化法案；创建非 SDN 名单；通过了“外国公司问责法案”
电信许可和设备授权	运营商证书；海底电缆登录许可；射频设备授权	创建了 FCC 的涵盖列表；Team Telecom 正式成立；中国运营商和电缆登录许可证被拒绝或吊销；安全设备法以国家安全为由禁止使用射频设备
签证限制	《移民法》	对涉及军民两用技术的研究生和研究人员实行签证禁令；限制部分华为员工
进口限制	反倾销税；反补贴税；337 关税	301 关税；征收钢铝关税
金融制裁	《国际紧急经济权利法》《国家紧急状态法》；特别指定国民清单（SDN）；全球马格尼茨基法案	美国参议院通过“创新与竞争法”，将强制对中国行为者进一步制裁
技术交易规则	《国际紧急经济权利法》《国际紧急状态法》	在 TikTok、微信等平台尝试“应用禁令”（后被撤销）；限制大容量电力系统订单（后被撤销）；颁布信息和通信技术或服务供应链安全规则
联邦使用和支出限制	多种工具组合	无人机使用和购买受限；2019 年《国防授权法》第 889 条限制政府和承包商使用中国技术；颁布“删除和替换”规则
法律执行	联邦调查和起诉	起诉非传统案件

资料来源：乔恩·贝特曼．中美技术脱钩：战略和政策框架 [R/OL]. https://saasd.org.cn/2022/05/06/ 报告 / 中美技术脱钩：战略和政策框架 /.

3. 在金融领域，美国通过限制或禁止中国企业在美上市、交易或筹资，以及对中国企业实施金融制裁或“长臂管辖”，干扰或破坏中国与全球金融市场的联系。这一政策意在打击中国企业的信誉和市值，剥夺中国企业获取海外资本的渠道。其中，对“中概股”（指在海外上市且在中国注册的公司）实施审计、信息披露和交易等方面的要求，威胁将其从美国交易所摘牌。自 1992 年以来，许多中国企业通过在美国上市来融资，尤其是互联网领域的企业。然而，这些企业也面临着美国政府和做空机构的打压。2020 年底，特朗普政府签署了“外国公司问责法案”（Holding Foreign Companies Accountable Act，HFCAA），要求外国公司连续三年通过美国公众公司会计监督委员会（Public Company Accounting Oversight Board，PCAOB）的审计，否则将被禁止在美国交易所上市。由于中国法律法规要求审计底稿等档案存放在境内，这与美国法案存在冲突。因此，“中概股”存在集体退市的巨大风险。

此外，对涉及芯片、人工智能、量子计算等敏感技术领域的中国企业实施金融制裁或“长臂管辖”，阻止美国企业和个人对其进行投资或合作。拜登政府计划在 2023 年 8 月中旬前签署一项行政命令，限制美国对中国的投资，以防止美国资本和专长加速中国军事现代化并威胁美国国家安全。根据该行政命令，美国企业将需要向政府通报对中国科技公司的新投资，并且某些交易将被禁止。这些投资限制将针对美国私募股权、风险资本和合资在中国的投资，以及某些形式的技术转让和合资企业。该行政命令涵盖的多数投资将要求必须通知政府，而不是逐案审议并由委员会来批准、修订或封阻某项交易。

三、建立以国内大循环为主体依托的科技与产业风险防范机制

党的十九届五中全会通过的《中共中央关于制定国民经济和社会发展第十四个五年规划与二〇三五年远景目标的建议》提出“加快构建以国内大循环为主体、国内国际双循环相互促进的新发展格局”。新发展格局是基于美国加紧对华“脱钩”，我国科技与产业在对外开放中所嵌入的“双层循环”难以为继提出的。国内大循环就其主要方面来说，是以国内市场作为发展的出发点和落脚点，同时以全产业链生产和国内资本市场作为链接。我国的市场呈阶梯

状分布，而全产业链生产和国内多层次的资本市场也具有无可替代的优势。它们对我国防范科技与产业风险都具有十分重要的作用。具体而言，首先，国内市场阶梯状分布为科技与产业自主升级提供了可能。中国城乡之间存在明显的差距，东部和中西部地区经济发展也不平衡，以及在市场经济发展过程中阶层收入分化明显（以反映居民部门收入差距的基尼系数来衡量，2022 年还处在 0.474 的较高位置）。受此影响，中国的市场呈阶梯状分布，不仅仅是处于传统的从低端到中高端，甚至是在更为高端的奢侈品市场，消费者需求也已经完全覆盖[①]。

从微观层面上看，处于低端市场的消费者对产品价格较为敏感，企业进入门槛低，竞争较为激烈，存在着持续的成本控制压力；而处于中端市场及高端市场的低端部分的消费者对产品的质量和性能则更为敏感。这类市场高质、高价，利润水平通常较高。随着企业在低端市场的盈利水平越来越低，必然会有一些完成了一定资金、技术能力积累的本土企业逐渐向中、高端市场迁移。颠覆式创新理论则指出，当产品出现“性能过度”的时候，新兴企业可凭低端的技术，从低端大众市场切入，最后可实现对拥有高端技术的在位企业的逆袭[②]。

芯片制造是当前“补短板”中的重中之重。按照目前的标准，28 纳米是成熟制程与先进制程的分界线，28 纳米及以上工艺称为成熟制程，而 28 纳米以下工艺称为先进制程。目前先进制程的关键设备 EUV（极紫外光）光刻机仍掌握在美国、荷兰等国家手中，出于国家安全的考虑还被限制出售给中国。但用于成熟制程的 DUV（深紫外光）光刻机则不受影响。也就是说，中芯国际等国内晶圆代工厂，只能发展成熟制程。中国芯片制造业在工具、材料和生产技术方面明显落后。但除此之外，最大的问题是市场。中国是全球最大的芯片消费国，其消耗量约占全球的 36%，每年对芯片的进口额远远超过了原油。其中，高通、英特尔和三星等芯片制造商占据了中国大量的市场份额。在国内市场份额不足、持续盈利相对困难的情况下，资金成了中芯国际扩大规模、持续研发投入的“拦路虎”。因而在市场份额不足、技术差距，以及制造成本劣势上，

① 郭斌 . 大国制造：中国制造的基因优势与未来变革 [M]. 北京：中国友谊出版公司，2020 : 38-42.

② 李善友 . 第二曲线创新 [M]. 北京：人民邮电出版社，2019 : 82-84.

就形成了一个恶性循环。现在的情况有所改变。由于美国对华企业进行无理的制裁和打压，中国 28 纳米及以上的芯片存在巨大的市场缺口，加之国家投入大量的扶持资金，无疑会给中芯国际等国内晶圆代工厂带来巨大的经济收益。中芯国际虽然于 2020 年 10 月被美国列入实体清单，但其业绩却反而随着全球的“芯片荒”而一路高歌。中芯国际 2021 年的年报显示，运营收入 356.31 亿元，同比增长 29.7%，实现净利润 107.33 亿元，同比增长 147.7%。这是中芯国际有公开财务数据以来的最好业绩。目前，物联网、电动车、中高端模拟等增量市场存在结构性产能缺口，射频、微控制器、电源管理等应用平台需求依然旺盛。中芯国际在年报中表示，接下来公司会下大力气增加技术创新的比重，着重提高产品的质量。因此在市场需求的支撑下，他们的产品完全有可能沿着市场阶梯走向高端制造。

其次，全产业链生产为科技与产业创新提供了强大平台。全产业链生产指的是单一产品的生产总过程。以打火机为例，整个产品看似简单其实具有复杂的工艺，所要生产的零部件包括机壳、防风罩、面阀、引火簧、海绵垫、滤芯、按手、打火石、调火环等几十个元器件，涉及几十种不同的加工设备。由于我国工业门类齐全，工业人口规模庞大，因此全产业链生产为我国所特有。从特点上看，全产业链分工极为细小而专业，中小企业是其中不可或缺的一环。在技术创新上，我国的中小企业贡献了全国 70% 以上[①]，并且全产业链生产在空间集聚后有利于展开专业化分工，形成低成本竞争优势。湖南邵东就发挥产业集聚的优势，全产业链生产打火机，现在每年产量能超过百亿只，占世界打火机市场的 70% 以上。经过四十多年的发展，我国众多地区已经涌现出此类具有鲜明特色的产业集聚群，如东莞的电子产业群，汕头的玩具产业群，廊坊的家具产业群等。从产品覆盖的范围来看，我国全产业链生产能力从打火机到无人机，从 BB 弹到核导弹，产品一应俱全。在全产业链生产模式下，即便是中、高端产品也同样具有成本竞争优势。如在挖掘机市场上，根据英国工程机械咨询公司 Off–Highway Research 公布的数据，2020 年三一重工的挖掘机海

① 刘鹤主持召开国务院促进中小企业发展工作领导小组第一次会议 [A/OL].（2018-08-20）[2022-04-17]. https:// www.gov.cn/guowuyuan/2018-08-20/content_5315204.htm.

外销量全球排行第一，占据了全球挖掘机市场份额的 15%。

近年来，全产业链生产正获得包括 5G 基建、特高压、城际高速铁路和城市轨道交通、新能源汽车充电桩、大数据中心、人工智能、工业互联网等在内的新型基础设施的支持。新型基础设施具有公共产品的特性，它是以信息技术为载体，能将全国各地、各行业的生产者、消费者连接起来，极大降低了社会交易成本、提高交易效率。此外，我国政府还持续改善营商环境，在 2020 年世界银行营商环境评估中位列第 31 位，营商环境改善幅度连续两年全球排名前十。事实上，这都为科技与产业创新提供了强大的平台。由于零部件配套齐全，研发的产品能快速、低成本生产出来得到市场检验。如在无人机领域，大疆掌握全球份额的七成。日本经济新闻分析大疆的最新机型发现，约八成零部件（按金额计算）采用通用产品（即将在智能手机和个人电脑等其他产品上得到使用、容易采购的零部件转用于无人机），仅为竞争对手约一半的低成本和技术实力成为其竞争力的源泉。

再次，国内资本市场为科技与产业创新提供助力。我国当前不仅是产业资本大国，同时也是商业贸易大国。贸易盈余滚滚流入国内，带动了人民币的大量增发。若以 M2 来衡量金融规模的体量，2022 年末美国的 M2 总量是 21.42 万亿美元，以美元兑人民币 6.7114 的汇率计算，大约是 143.8 万亿人民币。而中国 2020 年末的 M2 总量为 266.43 万亿人民币，是美国 M2 的 1.85 倍。这一现象表明，中国已由资本短缺进入资本过剩的时代。与此同时，国内资本市场已经形成主板、创业板、科创板、新三板和区域板等多层次的市场格局，并且加大了改革的力度。2018 年港交所修改了上市条例，允许内地企业以第二次上市的方式在港交所挂牌上市。在美上市的阿里巴巴、网易、百度、携程等多家内地科技企业已先后赴港二次上市。2020 年 4 月 30 日，证监会发布《关于创新试点红筹企业在境内上市相关安排的公告》（证监会公告〔2020〕26 号），为有意愿在境内主板、中小板、创业板和科创板上市的红筹企业提供更为便捷的路径。该公告显著降低了红筹企业回归 A 股的门槛。显然，通过满足企业不同成长阶段的融资需求，国内多层次的资本市场正积极推动资金、技术和人才向创新领域涌动，助力增强科技与产业创新实力。

最后，为建设全国统一大市场，为科技创新提供动能。构建依靠国内大循环防范科技与产业风险的机制还面临以下问题：（1）国内市场潜力未充分释放，消费需求不强劲。中国居民收入水平和消费能力还需要进一步提升，消费结构和消费环境也要进一步优化和改善。（2）国内要素市场不畅通，资源配置效率不高。我国在土地、资本、人才等要素市场上还存在一些体制机制障碍和政策壁垒，影响了要素的自由流动、价格反应和竞争公平。必须深化要素市场改革，打破地区之间的利益藩篱和行政垄断，促进形成工农互促、城乡互补、协调发展、共同繁荣的新型工农城乡关系。要推动土地、劳动力、资本、技术等要素的自由流动、平等交换、高效配置，激发各类市场主体的创新活力，提高经济社会发展质量和效率。具体来说，要推进土地要素市场化配置，建立健全城乡统一的建设用地市场，深化产业用地市场化配置改革，鼓励盘活存量建设用地，完善土地管理体制。支持探索土地管理事权下放，赋予试点地区更大土地配置自主权。放开放宽除个别超大城市外的城市落户限制，推动公共资源按常住人口规模配置。推进劳动力要素合理畅通有序流动，加快畅通劳动力和人才社会性流动渠道，完善技术技能评价制度，加大人才引进力度。支持事业单位通过特设岗位引进急需高层次专业化人才。支持探索灵活就业人员权益保障政策。探索建立职业资格证书、职业技能等级证书与学历证书有效衔接机制。要推进资本要素市场化配置，完善股票市场基础制度，加快发展债券市场，增加有效金融服务供给。要加快发展技术要素市场，健全职务科技成果产权制度，完善科技创新资源配置方式。支持事业单位科研人员按照国家有关规定离岗创新创业。加强知识产权保护和运用，支持重大技术装备、重点新材料等领域的自主知识产权市场化运营。

四、提升我国科技与产业风险控制能力的对策

产业链包括了原材料生产加工、技术研发设计、中间品制造、产成品装配流通、终端消费和回收循环等多个环节。其中，科技创新能力是核心环节，否则全产业链就无法自我演进。因此，有效提升科技与产业风险控制能力，避免“断链”风险、确保全产业链生产的创新性，需要加强自主创新能力，进一步

增强发展主动权。

（一）加强自主创新，突破关键核心技术的瓶颈

科技是产业发展的重要支撑，也是应对外部风险的关键手段。当前，我国在芯片、操作系统、发动机、精密仪器等领域仍存在一定的技术缺口，需要加大研发投入，加强人才培养，加快成果转化，提高自主可控能力，避免被“卡脖子”。

第一，完善知识产权制度，建立和健全我国技术标准体系，高度重视创造和依法获得原创性技术专利，不断加强知识产权保护。要做好引进技术的二次创新与集成创新，打破发达国家的技术封锁与技术讹诈。如果我们在引进技术或国外技术的基础上进行二次创新，形成新的专利，我们就可以提高谈判能力和反制手段，进行交叉许可，与竞争对手形成战略联盟。

第二，培养工匠精神，对已经掌握的产业和技术做到极致，争取在全球产业链分工中占据不可替代的位置。跨国公司也是我国创新体系的重要组成部分，需要与之建立一种唇亡齿寒的关系。通过国内市场的巨大虹吸力和订单刺激，吸引跨国公司把更高水平的研发活动转移到我国境内。尤其是要扩大引进美国民用高科技制造业。当前，我国制造业在软硬环境上均具有较大优势，美国新兴民用科技工业仍然有很强的动力将工厂设在中国，且没有受到过多政治阻力，比如特斯拉新能源汽车。

第三，努力扩大科技创新合作的伙伴朋友圈。以国内大循环为主体，不代表我们要闭门造车。促进“双循环”格局也不意味着我国对外开放战略的转向。相反，我国应超越民族主义心态和格局，打造人类命运共同体，坚持扩大开放，以国内超大规模市场为基础，保持对外国的经贸吸引力，积极参与全球治理。只有“得道多助”，我们才会吸引各国政府和民心的支持，扩大科技创新合作的伙伴和朋友圈。

（二）切实加强科技人才队伍建设

科技竞争是人才竞争，是科技制度的竞争。只有激发科技人才创造力的制

度与文化环境，科技人才才能发挥最大潜能。我国科技人才流失是科技安全的主要威胁。科技人才的成长需要公开公正的科技成果评价制度与评价体系，让人才能够脱颖而出，而不是受到压制和排挤。要营造尊重知识、尊重人才的氛围，而不是将人才当工具使用。科教系统官僚化与裙带化是我国科技创新的最大障碍。

其一，推动我国教育系统的"未来化"升级。如今，诸如 AI、生物科技等新领域的科技创新越来越具有颠覆性，对人类社会的影响也是全方位的。然而，当前我国教育系统存在的问题是，文理科高度割裂、缺少交流和互动。现有教育系统培养出来的政府官员对科技创新及其社会影响的理解、跟踪、引导以及防范重大风险的能力还有待加强。这往往会掣肘科技创新的发展，进而导致政府在财政支持、审批机制或发展战略和政策上未能及时配合调整。因此，我国的教育系统应加快健全政府与人文社科界、自然科学界专家学者三边高频率交流机制；人才培养模式应从教授训练式的专业人才培养逐渐转向兼通文理、学科交叉、创新导向的复合创新型人才培养；创造学科之间更加交叉融合的科学研究组织方式。

其二，深化改革开放，拓展国际合作空间。以国内大循环为主体，不代表我们要闭门造车，而是通过发挥内需潜力，使国内市场和国际市场更好联通，更好利用国际国内两个市场、两种资源实现更加强劲可持续的发展。开放是促进科技与产业发展的重要途径，也是应对单边主义和保护主义的有效方法。要制定一套有效的外籍人才引进和使用制度。在发达国家以限制签证发放等手段阻断中国留学生学习或研究相关技术的情况下，我们需要实现更加开放的政策，鼓励发达国家的科技专家来华生活和工作。探索以人才引进和使用为重点的外籍人才出入境签证、入境工作许可及居留的便利化制度。比如降低"绿卡"申请门槛，对外籍高端人才实行"一卡通"制度，取消已获工作签证的外籍人员就业限制及实行国际执业资格互认等；放宽对居民及商务人士的签证限制，给予商务人员的配偶及子女临时入境驻留的权利。对境内外高端人才实行简税制，所得税按照 5%、10% 及最高 15% 三档征收，对其取得的各类补贴、奖励免征个人所得税。建设以能力与贡献为核心评价标准的人才评价机制，构建内外籍人才机会均等的人才发展环境。

其三，要制定人才安全保障计划。伊朗核科学家被街头斩首表明保障国家战略安全部门科技人才人身安全的重要性。我国对参与“千人计划”的美籍华裔科学家进行大张旗鼓的宣扬，这样做有一定的风险性，给参与“千人计划”的美籍华裔科学家带来了一定的人身安全风险。因此，科技竞争时代，要特别注意保护科学家的人身安全，对参与国内科技战略项目的科技专家要进行保密和人身安全保障。对需要引进的外国科技专家也要提供安全保障。

（三）加强对本国产业和产业链、供应链安全风险进行评估和预判

美国对华“脱钩”和新冠疫情的扰动，打破了全球产业链体系原有的稳定性。包括美国在内的许多国家都在全球产业链安全与发展之间寻找平衡。2021年2月24日，拜登政府发布第14017号行政令，启动对美国供应链的全面评估。该行政令要求联邦机构对关键领域和行业的全球供应链进行审查，包括在行政令发布后的100天内针对包括半导体芯片的四个关键领域的供应链进行审查；在行政令发布后的一年内对国防、医疗卫生、通信技术、能源、交通和食品生产六个行业进行供应链审查。同时，美国还着手制定和推进“产业链联盟”策略，将我国彻底孤立出去。因此在全球产业链领域，未来“黑天鹅”和“灰犀牛”只会越来越频繁地出现。

鉴于此，我国应加强对自身产业和产业链、供应链存在风险的评估和预判。其一，加强对产业变革趋势和重大技术突破的预判并实施攻关计划。其二提前评估和预判全球产业链重构的发展方向、防范重大风险的出现，积极主动做好顶层战略设计并不断调整，从而确保我国产业链生产的安全和发展。其三，建立对美国、欧盟出口管制等规则的动态跟踪机制，识别和梳理拟使用的核心技术受控属性以及明确受管控的物项范围，确保企业在其他国家和地区也能合法合规地获取技术和相关物项。其四，将《中华人民共和国出口管制法》《中华人民共和国反外国制裁法》《不可靠实体清单规定》等法律法规嵌入各国的相关监管要求中，完善交叉监管合规，为企业可持续发展和突出重围营造良好的环境。

（四）完善外国投资安全审查制度

2020 年 12 月 19 日，国家发展改革委、商务部发布的《外商投资安全审查办法》重点着眼于在积极促进外商投资的同时，有效防范和化解国家安全风险。该法是对《中华人民共和国外商投资法》配套制度的健全和落实的支撑，共 23 条。其中，第二条明确规定对影响或者可能影响国家安全的三种外商投资情形进行安全审查。第四条规定应当在实施投资前主动申报的外商投资的范围，一是投资军工、军事配套等关系国防安全的领域，以及在军事设施和军工设施周边地域投资；二是投资关系国家安全的重要农产品、重要能源和资源、重大装备制造、重要基础设施、重要运输服务、重要文化产品与服务、重要信息技术和互联网产品与服务、重要金融服务、关键技术以及其他重要领域，并取得所投资企业的实际控制权。

近年来，在保护外商投资者权益的同时，国际投资规则也开始注重维护东道国对外商投资的监管权，外商投资国家安全审查制度得到进一步的发展完善。因此，接下来还可借鉴和学习美国、欧盟、德国、英国、日本等的外商投资安全审查制度，以利于我国更好把握积极吸引外资与维护国家安全之间的关系，推动构建更加开放、更加便利的外商投资制度和法律环境。

（五）建立国际敏感技术安全管制清单制度

欧美、日本等发达国家发展到一定阶段均有完善、成体系的高技术出口管制制度，如“瓦森纳安排”“301 调查”“337 调查”等，这些一直被视为重要的政治、经济工具。过去，我国更多扮演的是技术跟踪者、学习者的角色，现在在部分领域已开始领跑，掌握了一批需要管制出口的技术，比如被誉为“造岛神器”的绞吸式吹沙填海技术和稀土萃取分离工艺技术及部分稀土磁体制备技术就是商务部正式宣布禁止出口的。

目前，国家发展改革委正牵头组织研究建立国家技术安全管理清单制度，以更有效地预防和化解国家安全风险。在这方面，我们可学习与借鉴美国的经验，从扩充出口管制范围、强化出口审查、扩大出口辖制权力等方面加强对国际敏感技术的管控。同时，在实施清单式管理的过程中，应注重对清单进行动态调整，及时在限制贸易（追求国家安全利益最大化）和促进贸易（追求国家经济利益最大化）上进行再平衡，以实现国家利益最大化。

（六）建立外国企业信用管理制度

《关于中美经贸磋商的中方立场》白皮书指出，美国贸易霸凌行径殃及全球，损害多边贸易体制，严重干扰全球产业链和供应链，给全球经济复苏带来严峻挑战，给经济全球化趋势造成重大威胁。其中，不乏某些外国企业，既在华赚得盆满钵满，又积极配合美国政府对我国企业实施"长臂管辖"、产品封锁和科技打压。建立外国企业信用管理（不良行为企业清单）制度具有十分重要的现实意义。其一，建立外国企业信用管理（不良行为企业清单）制度可以更加有效、对等地反击贸易霸凌，震慑火中取栗、落井下石、用心不良的外国企业。其二，将居心叵测的企业列入"不可靠实体清单"，可以从源头遏制外国实体出于非商业目的，伤害我国企业的行为，切实维护我国微观企业合法权益。其三，列入清单有"广而告之"的效果，相关方面可以从中得到警示，提高警惕，防范风险。

参考文献

[1] 雷家骕．国家经济安全：理论与分析方法 [M]. 北京：清华大学出版社，2011：71-104.

[2] 张义博．产业链安全内涵与评价体系 [J]. 中国经贸导刊，2021（10）：55-59.

[3] 卜伟．我国产业外资控制与对策研究 [J]. 管理世界，2011（5）：180-181.

[4] 柏木钉．陈景润的成果怎么转化（科技杂谈）[N]. 人民日报，2016-02-01（20）.

[5] TEECE D J. Profiting from Technological Innovation：Implications for Integration，Collaboration，Licensing and Public Policy[J]. Research Policy，1986（6）：185-219.

[6] 文一．伟大的中国工业革命："发展政治经济学"一般原理批判纲要 [M]. 北

京：清华大学出版社，2016：131-156.

[7] 社论 . 核心技术中国要打翻身仗 [N]. 澳门日报，2020-12-22（A09）.

[8] 施展 . 溢出：中国制造未来史 [M]. 北京：中信出版社，2020：34-43.

[9] 王茜，班文丽 . 中美贸易局势对全球经济的中期影响 [N]. 国际商报，2019-12-13（11）.

[10] 社评 . 美日同盟正成为危害亚太和平的轴心 [N]. 环球时报，2021-4-19（15）.

[11] 李巍，赵莉 . 美国外资审查制度的变迁及其对中国的影响 [J]. 国际展望，2019（1）：44-71.

[12] 柴雅欣 . 美国把多家中国公司、机构及个人纳入“实体清单”遏制中国注定徒劳 [EB/OL].（2022-1-9）[2022-05-28]. https://www.ccdi.gov.cn/toutiaon/202201/t20220109_163143.html.

[13] 邱勤，张滨，吕欣 . 5G 安全需求与标准体系研究 [J]. 信息安全研究，2020（8）：673-679.

[14] 马更新，郑英龙，程乐 .《外国公司问责法案》的美式“安全观”及中国应对方案 [J]. 商业经济与管理，2020（9）：82-91.

[15] 白晋博 . 习近平关于实体经济发展的重要论述研究：学习贯彻党的十九届五中全会精神 [J]. 理论建设，2020（6）：1-6.

[16] 郭斌 . 大国制造：中国制造的基因优势与未来变革 [M]. 北京：中国友谊出版公司，2020：38-42.

[17] 李善友 . 第二曲线创新 [M]. 北京：人民邮电出版社，2019：82-84.

[18] 余淼杰 .“双循环”新格局之下，中国企业如何备考答案 [J]. 今日科技，2020（10）：33-35.

[19] 松元则雄，等 . 拆解大疆无人机 感叹非凡竞争力 [N]. 环球时报，2020-09-12（6）.

[20] 傅晋华 . 以科技创新合作推动经济全球化 [N]. 经济日报，2022-04-19（12）.

第十一章

加强我国金融服务业开放过程中的风险防控能力建设

薛同锐　全　毅

提要：近年来，中国积极融入国际金融服务市场，有序开展资本项目可兑换、稳步推进人民币国际化进程、全方位推动对外开放、全面履行开放承诺，取得的成绩有目共睹。扩大金融业对外开放既是行业发展的自身需要，也是在国内国际双循环背景下的时代需求。本章在梳理了国际金融服务贸易规则重构过程、我国金融服务业开放沿革后，分析了我国金融服务业开放进程中面临的挑战、压力与风险，并针对金融业风险防控能力建设提出具体政策建议。

关键词：金融服务业；对外开放；风险防控；能力建设

一、国际金融服务贸易规则重构

20 世纪 60 年代以来，受益于新科技革命引导、产业结构升级以及区域经济合作加深，世界各国服务贸易活动日益频繁。伴随着金融全球化进程的加快，服务贸易结构开始向金融、保险等新兴服务部门倾斜。以金融服务为代表的现代服务业在服务贸易内部结构中所占的比重大幅提升。依照《服务贸易总协定》中的定义，金融服务[①]是指一成员金融服务提供者提供的任何金融性质

① 具体而言，金融服务包括两大类：保险及其相关服务，包括直接保险、再保险和转分保、保险中介、保险附属服务；银行和其他金融服务（保险除外），包括接受公众存款和其他应偿还基金，所有类型的贷款，财务租赁，所有支付和货币转移服务，担保和承诺，交易市场、公开市场或场外交易市场的自行交易或代客交易，参与各类证券的发行，货币经纪，资产管理，金融资产的结算和清算服务，提供和传送其他金融服务提供者提供的金融信息、金融数据处理和相关软件等，就上述所列的所有活动提供咨询、中介和其他附属金融服务，包括信用调查和分析、投资和资产组合的研究和咨询、收购咨询、公司重组和策略咨询。

的服务，包括所有保险及其相关服务，及所有银行和其他金融服务（保险除外）[①]。从服务方式来看,《服务贸易总协定》列举了服务贸易的四种提供方式：跨境交付、境外消费、商业存在和自然人流动。

根据世界银行的统计，2000—2020 年，全球国际金融服务贸易占服务出口比重从 9.61% 上升至 14.09%，涨幅 47%；美国国际金融服务贸易占比从 11.01% 上升至 22.21%，涨幅 102%；中国国际金融服务贸易占比从 0.24% 上升至4.10%，涨幅高达 1641%[②]。金融全球化显著推动了国际金融市场创新、国际金融工具创新和国际金融服务方式创新。与此同时，随着跨境电商、数字贸易飞速发展，以及“一带一路”建设的推进，新形势下传统国际金融服务贸易面临着规则重构。如何从国际经贸规则的角度更好地实现国际金融服务贸易自由化和金融服务业开放，是双循环背景下我国经济发展的必然需求。

（一）市场准入与监管制度变化

早期的市场准入条款可以追溯到“二战”后西方国家建立的自由贸易体制。该体制以全球市场为导向，推动原有的双边贸易体制向多边贸易体制转变，其主要目的就是在不产生负面影响的情况下，使贸易尽可能自由地流动。而“市场准入条款”是国际服务贸易得以进行的先决条件。目前公认最早对跨境金融服务贸易进行规定的自由贸易协定是 1994 年 1 月生效的《北美自由贸易协定》(NAFTA)。NAFTA 没有单独规定“市场准入”的条款，仅仅规定了数量限制，排除地方政府实施的数量限制措施，未排除对雇佣人员的数量、交易额和资产、法人形式或合资形式的数量限制。其第 14 章“金融服务”制定了一套综合性的原则和方法，对管理金融服务的政府措施进行约束，主要包括：任何一缔约方不得采取措施限制另一缔约方跨境金融服务提供商在许可情况下进行跨境金融服务贸易；要求各方允许位于其境内的人员和国民购买跨境金融服务，且不强制要求缔约方允许服务提供者在其境内从事商业活动等。因而，NAFTA 涉及的金融服务模式主要是境外消费模式下的跨境金融服务贸易，从

① 如非特别指出，下文所提到的跨境金融服务均指“保险与金融服务”。

② 资料来源：世界银行，网址链接：https://data.worldbank.org.cn/indicator/TM.VAL.INSF.ZS.WT。

市场准入层面来看，NAFTA 对于金融服务贸易自由化的推动具有一定的局限性。

1995 年 1 月，关贸总协定乌拉圭回合谈判达成的第一套有关国际服务贸易的具有法律效力的多边协定《服务贸易总协定》（General Agreement on Trade in Services，GATS）生效。GATS 将市场准入作为承诺性的义务，在协定第 16 条详细规定了市场准入的条件限制，缔约方以其承诺单中所列举的服务部门及其市场准入的条件和限制为准，对其他缔约方开放本国的金融服务市场。随后，在 WTO 主持下，成员方围绕金融服务贸易进行了一系列磋商和谈判，1999 年 3 月达成《全球金融服务贸易协议》（Agreement on Financial Services）等重要法律文件，将货物贸易的基本原则制度扩展到金融服务贸易领域，确立了最惠国待遇、透明度、发展中国家更广泛参与等一般原则，并在金融市场准入、外国金融服务提供者及其服务的待遇标准以及金融自由化等方面做了新的制度安排，形成了国际金融服务贸易的多边法律框架。

2018 年 12 月，《全面与进步跨太平洋伙伴关系协定》（CPTPP）借鉴了 GATS 对市场准入的 6 种限制性措施，对“金融机构的市场准入”进行了规定，但尚未涉及具体跨境金融服务贸易的市场准入条款。各缔约方对于跨境金融服务贸易的限制仍有较大的操作空间。随后，在 2020 年 7 月，《美墨加协定》（USMCA）生效，作为 NAFTA 的升级版，USMCA 将开启北美贸易新时代，首次将跨境金融服务贸易纳入市场准入的条款中。USMCA 强调市场准入规则、采用正面清单的管理模式为跨境金融服务贸易设计了较为完整的规则体系，约束了缔约方对跨境金融服务贸易的限制性措施。此种规定方式也预示着国际市场在跨境金融服务贸易领域竞争的开始①。2020 年 11 月，东盟 10 国和中国、日本、韩国、澳大利亚、新西兰共 15 个亚太国家正式签署了《区域全面经济伙伴关系协定》（Regional Comprehensive Economic Partnership，RCEP）。RCEP 于 2022 年 1 月生效，其中包括 4 个市场准入承诺表附件（关税承诺表、服务具体承诺表、投资保留及不符措施承诺表、自然人临时流动具体承诺表）。该协定使成员国间货物、服务、投资等领域市场准入进一步放宽，对于实现扩大外商投资市场准入具有重要意义。有关市场准入条款的重要协定文件见表 11-1。

① 黄琳琳．跨境金融服务贸易市场准入规则的再思考 [J]. 上海商学院学报，2021，22（1）：97-109.

表 11-1　有关市场准入条款的重要协定文件

时间	协定文件	有关内容
1994 年 1 月	《北美自由贸易协定》	没有单独规定市场准入的条款，仅涉及境外消费模式下的跨境金融服务贸易
1995 年 1 月	《服务贸易总协定》	将市场准入作为承诺性的义务。缔约方以其承诺单中所列举的服务部门及其市场准入的条件和限制为准，对其他缔约方开放本国的服务市场
1999 年 3 月	《全球金融服务贸易协议》（GATS 第五议定书）	允许外国在国内建立金融服务公司，并按竞争规则运行；外国公司享有国内公司同等的进入国内市场的权利；取消跨边界服务的限制；允许外国资本在投资项目中比例超过 50%。该协议旨在消除各国长期存在的银行、保险和证券业的贸易壁垒，确立多边的、统一开放的规则和政策
2018 年 12 月	《全面与进步跨太平洋伙伴关系协定》①	仅对“金融机构的市场准入”进行了规定，不涉及跨境金融服务贸易的市场准入。对于跨境金融服务贸易的市场准入限制，成员方可以采取任何限制性措施
2020 年 7 月	《美墨加协定》	首次将跨境金融服务贸易纳入市场准入的条款中，约束了缔约方对跨境金融服务贸易的限制性措施
2022 年 1 月	《区域全面经济伙伴关系协定》	每一缔约方应当允许在其领土内设立的另一缔约方的金融机构进入由公共实体运营的支付和清算系统，并且以正常商业运行条件获得官方融资和再融资安排

资料来源：黄琳琳 . FTAs 中跨境金融服务贸易规则研究 [D]. 上海：华东政法大学，2020；邱永红，朱文业 . 入世后我国证券业的法律应对之策 [J]. 河南税务，2002（5）：34-35.

（二）跨境金融服务与数据流动

一是跨境金融服务规模日益壮大，区域之间发展不平衡。随着经济金融一体化的推进，各国经贸往来愈加密切，金融机构主动融入跨境服务，积极推动本国与其他各国的贸易互通。根据世界银行最新数据，2001 年至 2020 年，全球跨境金融服务规模（出口，下同）增长约 339%。2020 年全球跨境金融服务总额高达 7 102.6 亿美元，高收入国家占比约 94%。其中，中等收入国家占比不足 6%，美国与欧盟占比逾 50%。由此可见，绝大多数跨境金融服务都在发达经济体开展，而中低收入国家则受制于经济发展水平、制度环境等因素，难

① 美国退出《跨太平洋伙伴关系协定》后，此协定改为《全面与进步跨太平洋伙伴关系协定》。

以享受到服务贸易自由化进程中的改革红利。

二是金融数据流动呈“双刃剑”效应，强监管态势下风险不容小觑。作为国际金融服务的大动脉，海量跨境金融数据在释放经济价值的同时，也催生了巨大的风险隐患。个人隐私保护、金融信息共享、跨国数据传输等诸多关乎国家安全的信息问题引起高度关注。各国政府陆续制定了相关法规，对金融数据跨境流动实施监管。实际上，世界各国对于跨境金融数据监管尚未达成统一标准。各国监管部门依照本国经济战略、制度特征及国际站位等实际情况，制订了各具特色的监管框架。目前，国际上较具有代表性的监管体系分别来自美国和欧盟（表 11–2）。美国在金融数据流动监管方面，内外政策差异明显，一方面宣称鼓励金融数据的跨境流动，另一方面通过立法赋予本国大量获取境外数据的权利，同时严格管控本国金融信息数据的流出，从而实现“长臂管辖”。欧盟则着力推进构建成员国内部的跨境数据自由流动体系，对成员国外部国家采取“充分性认定”规则，严格管控数据传输。

表 11– 2 欧美跨境金融数据流动主要监管政策

国家或地区	时间	政策法规	有关内容
美国	2007 年 7 月	《外国投资与国家安全法》	明确受管辖的交易类型，主要限制了外国法人控制美国企业
	2018 年 3 月	《澄清域外合法使用数据法》	在美数据管辖权由数据控制者掌握，与储存地无关。外国政府只有与美国达成协议，方可实现数据互换
	2018 年 8 月	《出口管制改革法案》	扩大出口管制范围，强调科学技术数据的流通监管
	2020 年 2 月	《外国投资风险审查现代化法案》	外国投资者在涉及“敏感个人数据”的美国业务上持有重大权益，而外国政府持有该外国投资者重大权益时，需提交强制性声明，附上交易信息。澳大利亚、加拿大、英国三国不受上述管辖
欧盟	1995 年 10 月	《关于涉及个人数据处理的个人保护以及此类数据自由流通的第 95/46/EC 号指令》	明确了在向第三国转移个人数据的常规要求和例外条件，确保欧盟内部个人数据的自由流动

续 表

国家或地区	时间	政策法规	有关内容
欧盟	2018 年 5 月	《通用数据保护条例》	规定个人数据可以在欧盟成员国内自由流动，数据主体对个人数据保留删除权利
	2018 年 10 月	《非个人数据自由流动条例》	对《通用数据保护条例》中个人数据监管进行立法补充，确保非个人数据（如金融部门的高频交易数据）的跨境自由流动
	2020 年 2 月	《欧洲数据战略》	打造欧洲共同金融数据空间，通过加强数据共享，促进创新、提升市场透明度、推进可持续金融发展，为欧洲商业活动和一体化市场提供准入

资料来源：根据公开信息整理。

（三）透明度与纪律约束变化

对于金融服务投资者的高度关怀是历代北美服务贸易规则的显著特征。NAFTA 在透明度原则下，要求各方在处理关于进入其国内金融服务市场的申请时要保证程序的公开、信息的及时提供，提前向所有利益相关者公布其计划采取的措施，以便其他利益相关成员国发表意见。从审批时效来看，各方监管机构应在 120 天内对另一方金融机构、投资者或跨境金融服务提供商的申请做出行政决定，并立即将该决定通知申请人。在纪律约束方面，NAFTA 在第 14 章针对组织自律性、服务商登记、透明度等方面制定了一套综合监管规则。

1995 年开始实施的 GATS 没有单独针对金融服务领域制定透明度和纪律约束规定，而是在“一般纪律与义务”章节要求各成员国尽快公布与本协定实施有关或影响本协定实施的所有相关措施，最迟不得晚于措施生效时。同时，各成员国应及时或至少以每年一次的频率，将其具体承诺的服务贸易的现有法律、法规或行政指导方针的任何变更通知服务贸易理事会。在纪律约束方面，强调不得以审慎理由阻止成员国采取保护投资者、存款人、保单持有人或金融服务供应商负有信托义务的人员，以及确保金融体系完整性和稳定性的相关措施。GATS 在纪律约束方面给予了成员国充分的自由度和政策实施弹性空间。随后于 1999 年生效的 GATS 第五议定书《全球金融服务贸易协议》主要制定具体承诺减让表和豁免清单，未对透明度和纪律约束提出过多指引。

2018年以来，以CPTPP为主导的国际贸易协定再度细化了金融服务贸易规则。CPTPP在第11章“金融服务”中针对透明度管理详细制定了11条措施，涵盖承诺提高监管透明度、答复询问机制、答复利害关系人的方式、法规公布与生效期限等多个方面，对缔约国提出了极高的透明度标准。此外，CPTPP将金融服务行政审批期限设定为120天，并要求已拒绝申请的监管机构应在可行的限度内告知该申请人拒绝的理由。在纪律约束方面，CPTPP在GATS的基本框架之上进一步优化行政程序：在第10章“跨境服务贸易”中要求每一缔约方应努力保证其采取或维持的任何此类措施是基于客观、透明的标准；在第25章“监管一致性”中强调各缔约方在确定涵盖监管措施的范围时，要以达到涵盖范围广泛为目标，协调合作共同提升监管效能。这也符合近年来区域贸易协定当中有关金融服务规则的大趋势。

2020年7月生效的USMCA作为NAFTA的升级版，无论是在透明度管理还是监管措施方面都更加严格具体。在透明度方面，第17章“金融服务”规定缔约方除了可以通过书面方式回复其他缔约方意见，还增加了在政府官网发表评论的方式，以提升政务公开度。在纪律约束方面，USMCA采用了较为强势的规制体系，详细制定了涉及一般规定、中央监管协调机构维护、内部协商、协调和审查、信息质量等近20条监管规则，具有浓厚的区域贸易特征和较强的保障机制。USMCA较为完备的高水平贸易协定也为中国参与国际金融贸易提供了可以借鉴的经验。

作为目前我国确认参与的高水平贸易协定，RCEP于2022年1月生效。该协定对于促进我国金融服务业高水平开放具有重大意义。在透明度方面，RCEP与CPTPP大致相同，但业务审批时限放宽至180天。在纪律约束方面，RCEP在金融服务贸易附件中新增了新金融服务、金融信息的跨境传输与处理等规则。此外，RCEP在电子商务章节明确要求缔约方允许商业信息的跨境流动。协定生效后，预期新的开放措施将为外资机构“引进来”，中资机构“走出去”提供前所未有的良好机遇和更有力的国际法治保障。

二、我国金融服务业对外开放的历史回溯

1978 年中国金融服务业踏上对外开放新征程。40 多年来，金融产品从简单到复杂，金融服务从局部到全面，我国金融业取得了举世瞩目的跨越式发展。外资银行保险机构在华投资力度不断加强，经营规模不断扩大。2018 年至今，各类在华银行保险机构已逾 100 家。根据银保监统计数据，截至 2021 年上半年，在华外资法人银行共计 41 家，分行 115 家，代表处 139 家，总资产 3.73 万亿元，外资保险机构共计 66 家，代表处 85 家，专业中介机构 17 家，总资产 1.94 万亿元[①]。本节对改革开放以来中国金融业对外开放的主要法律法规进行梳理，将其分为 4 个阶段。

第一阶段是 1978 年到 1992 年，是金融业对外开放的起步时期。在这一时期，中国主要是通过货物贸易活动实现对外经济往来，有关金融业对外开放的政策法规相对较少。伴随着深圳、珠海、厦门、汕头经济特区的设立，各类外资机构陆续进入中国，设立营业网点。与此同时，资本市场对外开放同步开启，1992 年中国证券登记结算有限责任公司发布了《深圳市人民币特种股票投资者开户暂行规则》，B 股试点的开启，标志着中国证券交易正式走出国门，境内企业可以在境外市场进行股票债券融资，极大地扩展了企业的资金来源，丰富了企业的股本构成。整体而言，这一阶段我国的外汇和境外资本都处于短缺状态，但是充足的劳动力供给吸引了不少外资机构的青睐，为金融业开放走好第一步奠定了扎实的基础环境。

第二阶段是 1993 年到 2001 年，是金融业对外开放的高速发展时期。1994 年出台的第一部正式规范外资银行管理法规《中华人民共和国外资金融机构管理条例》，详细规定了外资银行的准入条件、经营范围、监督和处罚细则，为金融业开放提供了良好的制度环境。在此基础上，1996 年，国家将上海浦东定为外资金融机构经营人民币业务的试点，开创了该项业务的先河。1998 年，

① 资料来源：http://www.cbirc.gov.cn/cn/view/pages/ItemDetail.html?docId=1005881&itemId=915&generaltype=0。

人民币业务试点范围扩大至深圳，进一步优化外商融资环境，为三资企业[①]提供了极大的融资便利，也加速了人民币国际化进程，优化国内金融机构竞争环境。金融业对外开放取得重要进展。2001 年，中国正式加入世贸组织，在金融服务贸易方面，分别针对保险及其相关服务、银行服务、其他金融服务和证券服务做出承诺，在跨境支付、数据转移处理、外资机构可从事领域制定详细规则。整体而言，这一阶段强力的金融改革有效推动了金融业的基础环境建设，正确引导金融服务业开放实现规范管理，有序发展。

第三阶段是 2002 年到 2017 年，是金融业对外开放的稳步发展时期。在这一阶段，金融业开放体系建设逐渐趋于成熟。2006 年发布的《中华人民共和国外资银行管理条例》放宽外资银行准入条件及对人民币业务经营范围的限制。2009 年《跨境贸易人民币结算试点管理办法》选取上海、广州、深圳、珠海和东莞作为试点，正式启动跨境贸易人民币结算工作，并在随后几年陆续推出多项政策指引结算工作顺利合规进行，充分发挥人民币结算对贸易和投资便利化的促进作用。2013 年至 2014 年，针对合格境内机构投资者（QDII）和人民币合格境内机构投资者（RQDII）的管理规定相继面世。在资本账户未完全开放的情况下，上述两项规定为国内投资者往海外资本市场投资提供了政策便利，有效分散了投资风险，拓宽了人民币“走出去”渠道。2017 年，内地与香港债券市场全面展开互联互通合作，“北向通”为境外投资者在内地银行间债券市场投资提供渠道，资本市场的开放程度进一步提升。整体而言，受益于前期营造的较为完善的制度环境和政策体系，这一阶段我国金融业开放形势稳中向好。

第四阶段是 2018 年之后，是金融业对外开放的全面推进时期。2018 年，数项有关外资银行和外资保险机构的政策重磅推出（表 11-3）。针对合格境外机构投资者（QFII）和人民币合格境外机构投资者（RQFII）的管理规定扩大外资引进渠道，加速人民币融入国际市场，帮助证券市场实现稳妥有序的渐进式开放。2019 年，《关于进一步扩大金融业对外开放的有关举措》颁布 11 条金融业对外开放措施，针对外资机构参与保险、债券和理财等业务做出放宽准

① 三资企业即在中国境内设立的中外合资经营企业、中外合作经营企业、外商独资经营企业三类外商投资企业。

入条件、缩短外资持股比例过渡期等具体规定。紧随其后，QFII 和 RQFII 的投资额度限制也被全面取消，境外投资者参与境内金融市场的便利性再次大幅提升。《外商投资准入特别管理措施（负面清单）（2020 年版）》的清单长度也由 40 条减至 33 条，进一步放宽市场准入条件。一系列举措有效提高了境外投资者在华开展业务的便利性，促进了金融体系的高质量发展。整体而言，现在及未来的一段时间内，我国金融服务业对外开放将逐渐走向科学化与精准化的发展路径。

表 11-3　2018 年以来金融服务业主要相关政策文件

时间及部门	政策文件	有关内容
2018 年 4 月银保监会	《关于放开外资保险经纪公司经营范围的通知》《关于进一步放宽外资银行市场准入相关事项的通知》	推动外商投资便利化，放宽外资设立机构条件，扩大外资机构业务范围，优化外资机构监管规则
2018 年 6 月银保监会	《关于允许境外投资者来华经营保险代理业务的通知》	符合经营年限外资保险机构在华设立的保险专业代理机构可以申请经营保险代理业务
2019 年 7 月国务院金融稳定发展委员会办公室	《关于进一步扩大金融业对外开放的有关举措》	颁布 11 条金融业对外开放措施，针对外资机构参与保险、债券和理财等业务做出具体规定：在人身险外资持股比例、保险资产管理公司持股比例方面逐步取消外资准入限制。扩大外资机构债券评级种类、允许外资机构获得 A 类主承销牌照。放宽外资机构准入条件，缩短证券公司、基金管理公司和期货公司外资持股占比过渡期
2020 年 6 月发展改革委、商务部	《外商投资准入特别管理措施（负面清单）（2020 年版）》	清单长度由 40 条减至 33 条，大幅度放宽市场准入条件，预计 2022 年取消乘用车制造外资股比限制
2021 年 3 月中国人民银行	《关于进一步优化银行间债券市场基础设施对外开放服务 加强事中事后管理的通知》	从账户开设、资金结算等角度规范化管理境外机构投资者入市，积极响应境外投资者诉求

资料来源：根据公开信息整理。

三、我国金融服务贸易规则与国际规则的比较分析

近两年来中国政府就加入 CPTPP 密集发声。2020 年 5 月，在全国两会总理记者会上，时任国务院总理李克强表示，对于参加 CPTPP“中方持积极开放

态度”。2020 年 11 月，习近平主席在 APEC 会议上首次宣布“中方将积极考虑加入全面与进步跨太平洋伙伴关系协定”。同年 12 月，中央经济工作会议再次强调“要积极考虑加入全面与进步跨太平洋伙伴关系协定”。2021 年政府工作报告再次重申了该项政策立场，9 月 16 日，中国提交了正式申请加入 CPTPP 的书面信函。加入 CPTPP 不仅会为我国营造更加开放进取的国际贸易环境，也会为供给侧改革和经济高质量发展注入新活力。但是，我们也要充分意识到，和 CPTPP 高标准的国际贸易规则相比，中国现行制度下的金融服务贸易规则体系还存在相当的差距。

（一）跨境数据管制——与 CPTPP 中跨境数据高流动性相比，中国的数据跨境政策较为严格

CPTPP 第 14 章“电子商务”中针对数据流动提出了 3 点指引，一是任一缔约方有权制定适合本国的监管需求，二是任一缔约方应允许以开展业务为目的的个人信息跨境传输，三是任一缔约方不得以索取另一缔约方的源代码为条件开展跨国贸易。上述规则一方面提升了跨国数据的流动性，各国在数据监管政策制定方面拥有了较高的自主决定权，另一方面通过保护外国企业的源代码免遭未经授权的披露来增强商业信任条款（Mitchell and Mishra，2019）[①]。对比而言，中国主要采用防御性政策对跨境数据流动进行监管，出于合规管理、保护个人和企业权益以及维护国家安全等需求，陆续发布和出台《中华人民共和国网络安全法》《个人信息和重要数据出境安全评估办法（征求意见稿）》《个人信息出境安全评估办法（征求意见稿）》《中华人民共和国数据安全法》以及《数据安全管理办法（征求意见稿）》《中华人民共和国个人信息保护法》等一系列法规文件。但现有的政策法规仍普遍缺乏可操作性，难以满足各种类型数据的合规需求。同时也有观点认为对数据流动设置障碍的行为不仅会破坏创新，还会对公民获得国际最新的技术服务造成阻碍（Cory，2017）[②]。因此，如

① MITCHELL A D，MISHRA N. Regulating cross-border data flows in a data-driven world：How WTO law can contribute[J]. Journal of International Economic Law，2019，22（3）：389-416.

② CORY N. Cross-border Data Flows：Where are the Barriers，and What do They Cost?[R]. Information Technology and Innovation Foundation，2017.

何把控跨境数据政策的管辖范围和执行力度，提升落地流程的可操作性，杜绝数据流动带来的安全隐患是我国在数据流动管制方面亟待解决的问题。

（二）外资市场准入——CPTPP 在金融服务贸易领域有更高标准的开放承诺，包括提供国民待遇和负面清单制度

我国目前仍处于落实推进“准入前国民待遇 + 负面清单”阶段。从承诺模式看，除跨境交付服务[①]外，CPTPP 中的各个成员国主要以负面清单的模式对跨境金融服务做出承诺，积极开放国内金融市场大门，为外商投资者和外商投资机构提供了极低的准入门槛。与之相比，中国在服务贸易领域多采取的是正面清单承诺。以目前我国已有自贸协定中金融开放的最高水平代表 RCEP 为例，按照《中国服务具体承诺表》的条目，我国对商业服务、通信服务、金融服务等 12 个部门做出正面清单承诺，并承诺将于协定生效后 6 年内转化为负面清单。此外，在新金融服务方面，CPTPP 提出应给予其他方金融机构国民待遇，但是 RCEP 针对此项目的规定较为模糊，仅倡议各方在新金融服务方面给予其他方金融机构国民待遇。由此可见，与国际先进金融服务规则相比，我国服务贸易部门在全面落实“准入前国民待遇 + 负面清单”的管理制度方面面临着艰巨的考验。

（三）审慎例外原则——CPTPP 在例外条款方面有更为细致全面的规则体系

考虑到金融市场的复杂多变、各经济体之间金融发展水平参差不齐，审慎例外原则本质上是贸易协定在其金融服务规则框架内，最大限度为其成员国提供自主权。以 RCEP 和 WTO《金融服务附件》为例,RCEP 中第 8 章第 8 条规定：为进一步明确金融服务规则，本附件中的任何内容均不得解释为阻止缔约方采取或执行必要措施以确保遵守与本附件不相抵触的法律或法规。即坚决制止针对金融服务任何不合理的歧视、限制手段,《金融服务附件》中的规定与之类

① 第 11.6 条 跨境贸易：每一缔约方根据给予国民待遇的条款和条件，应允许另一缔约方的跨境金融服务提供者提供附件 11-A（跨境贸易）中所规定的金融服务。

似。但上述协定的规定仍较为笼统，CPTPP 则针对审慎例外原则做出了更为细致全面的规定。除与上述两协定相同之处外，CPTPP 特别强调了投资、跨境服务贸易、电信服务、电子商务等章节中任何规定不适用于任何公共实体为执行相关经济政策而采取的非歧视措施。

（四）争端解决机制——在程序设计与可操作性方面，我国与国际金融贸易规则还存在差距

从程序设计来看，CPTPP 第 11.22 条规定，如果东道国认为投资者提出的仲裁申请涉及“例外”抗辩，可以在规定时效内向负责金融服务的主管机关提出书面申请，请求就第 11.11 条（例外）是否及在何种程度上可对该请求构成有效抗辩做出裁决。从可操作性来看，CPTPP 在第 28 章“争端解决”的基础上，提出了更加细致且兼容并包的争端处置方案。第 11.21 条除要求专家处置组具有相应的金融法律知识外，还特别指出倡导具有金融机构监管经验的成员加入专家组，极大地扩充了专业人才储备，强化了解决争端的针对性。而目前我国参与的 RCEP 中针对金融服务的争端解决机制，只是笼统要求了专家组需要具备与争端相关的专业金融知识。无论是从程序完备性还是从操作针对性来看，均与国际规则相距甚远。

（五）其他方面——我国金融服务业在对高管董事国籍限制以及审批时限方面与国际贸易规则还存在差距

在针对企业管理者约束方面，CPTPP 要求不得限制董事会中超过少数成员的国籍，而中国在《投资保留及不符措施承诺表》中明确表示参照 RCEP 第 10 章的规定，可以对董事会或任何委员会的大部分成员提出国籍要求。这一规定一方面规避了非法获利被转移出境的风险，另一方面也阻碍了国外先进产品、创新投研体系进入国门，难以促进行业良性竞争。在审批时限方面，CPTPP 要求在 120 天内对金融机构的业务申请作出决定，我国在大多数贸易协定中的审批时效大于 120 天[①]。对于中国而言，如何优化程序审慎缩短审批时间，提升服

① 如 RCEP 中的审批时限是 180 天。

务贸易效率仍然具有相当的提升空间。

四、我国金融服务业对外开放面临的压力与风险

（一）我国金融服务业对外开放面临的压力

考虑到现行的国际服务贸易协定的各项政策规则，在金融服务业开放、跨境数据流通、监管标准制定等多方面政策法规框架上，中国全面深化金融开放改革面临着更高的调整要求和压力。

第一，必须兼顾跨境数据自由流动与金融安全。随着全球金融一体化的持续推进，数据已成为社会各领域重要的新生产要素之一。金融数据的跨境流动亦呈现“双刃剑”效应：一方面，数据流动为国际间金融开放搭建起信息桥梁，极大地促进了数字金融等新业态的蓬勃发展；另一方面，不同经济体间密切金融数据往来，隐藏着被截获、篡改、泄露以及滥用的风险，尤其是将数据转移到保护标准低的国家可能会产生风险（温树英，2021）。从更深层次来看，跨境数据自由流动是对我国的治理能力、法律体系和管辖权行使的挑战。对于中国而言，金融开放仍处于发展阶段，资本账户未完全实现可兑换，因而近年来我国颁布了多则数据本地化政策公告来确保金融安全和金融监管的效果[①]。但与CPTPP“金融服务”条款中提到的“禁止数据本地化”相比，我国在这方面的开放程度较低（张方波，2020）[②]，甚至有部分国家质疑我国数据流动政策的本地化要求过于严苛（温树英，2021）。现行RCEP框架下关于数据流通自由度的规定已是中国数据开放的高点。如何在数据传输全链条安全的情况下，提升跨境数据流动自由度仍需谨慎定夺。

第二，加速推进金融服务监管规则同国际接轨。为实现不同体系规制之间的无缝衔接，促进全球金融服务网络的配置优化，规避潜在的贸易投资冲突、

① 如，2011年中国人民银行发布的《关于银行业金融机构做好个人金融信息保护工作的通知》，2013年国务院发布的《征信业管理条例》，2017年6月生效的《网络安全法》以及2021年9月开始实施的《数据安全法》等均对数据本地化提出具体要求。

② 张方波.CPTPP金融服务条款文本与中国金融开放策略[J].亚太经济，2020（5）：35-42.

监管条例矛盾以及管辖权不确定等问题，社会各界对监管一致性问题保持高度关注（Feibelman，2014[①]；Buxbaum，2016[②]；倪月菊，2016[③]）。CPTPP 要求其成员国“在确定涵盖监管措施的范围时，每一缔约方应以达到涵盖范围广泛为目标”。其他经济共同体也引入了大量“规制融合”类的新条款与规则，以促进成员之间国内监管的协调与一致性。欧盟在金融服务贸易方面的相互承认原则要求跨境金融服务贸易审慎例外条款的适用需要各主权国家的相互承认并予以配合。但由于不同缔约方所处监管环境差异较大，金融服务提供标准不一，以及产业结构等差异，现阶段中国签订的各类贸易协定中鲜有涉及“监管一致性”规定。此外，混业经营已成为国内外金融发展的趋势，而我国现阶段的分业监管模式难以对国外金融机构进行有效和全面的监管对接。因此，如何在多边贸易体制下承诺并保持与全球监管规则的一致性，是我国金融开放面临的全新考验。

第三，全面提升我国金融服务规则的透明度。CPTPP 在监管透明度、答复询问机制等方面设定了极高的标准。与之相比，我国在金融服务交易流程和监管措施上的透明度要求有所欠缺，这也成为在华外资企业的主要担忧。美国国会议员布拉德·谢尔曼曾在公开讲话中提及美国在华投资者面临的风险就包括“缺乏透明度和可靠的财务信息”[④]。随着双向投资规模不断扩大，国内资金与境外资金融合程度见长。但是，由于透明度有限，通过风险投资、私募股权和私募交易等途径流通的资金难以全部纳入监管范畴，跨国资金的流动规模可能被低估，由此带来的金融风险和潜在威胁亦容易被忽略。此外，研究人员指出，现阶段跨境金融（尤其是跨境资本流动）的管理很大程度上依赖于政策工

① FEIBELMAN A. The IMF and Regulation of Cross-Border Capital Flows[J]. Chicago Journal of International Law，2015，15（2）：436-438.

② BUXBAUM H L. Transnational Legal Ordering and Regulatory Conflict：Lessons From the Regulation of Cross-Border Derivatives[J]. UC Irvine Journal of International，Transnational，and Comparative Law，2016，1：91.

③ 倪月菊 .TPP 与国际服务贸易新规则及中国的应对策略 [J]. 深圳大学学报（人文社会科学版），2016，33（1）：86-92.

④ 资料来源：https://sherman.house.gov/media-center/press-releases/congressman-sherman-holds-hearing-on-risks-china-poses-to-american-0。

具，这些工具的使用容易导致“一刀切”现象（Tao，2018），监督政策的有效性受到严峻挑战。因此，为促进金融服务提质增效、增强金融稳定性，对标国际先进贸易规则，进一步提升规则透明度是我国金融服务业开放进程的必由之路。

第四，警惕地缘政治紧张局势带来的潜在压力。中美贸易摩擦和新冠疫情肆虐将世界经济金融环境推上新旧转换的快车道。2017 年至今，美国对华外交政策的强硬转变在很大程度上影响了国际舆论的态度。由于地缘政治关系紧张，中国在率先摆脱疫情冲击，稳步复苏经济的同时，正承受着以美国等发达国家为首的经济打压。国家统计局数据显示，2020 年，中国实际利用美国、澳大利亚和日本外商直接投资金额分别同比下降 14%、20% 和 9%，国际大循环的损失亟须弥补。2022 年以来乌克兰危机导致地缘政治形势的复杂多变、疫情反复、货币政策的无限量化宽松无疑给我国金融服务业开放进程带来更大的不确定性压力。如何在率先摆脱疫情阴霾的现有优势上，提升我国金融服务贸易质量，巩固金融深化改革的关键成果仍是一个值得深入研究的议题。

（二）我国金融服务业对外开放面临的风险

现阶段我国金融服务业开放呈现以下三个特征，一是持股比例和经营范围扩大，国内金融行业竞争力整体有所提升；二是跨境资本流动呈扩张趋势，资本市场迅猛发展，人民币国际化进程加快；三是多行业全领域协调发展，筑牢金融开放发展基础。在金融服务业欣欣向荣、高速发展的同时，外资机构的进入打破了国内原有格局，对金融风险的爆发和蔓延也起到了助推作用，机遇背后潜藏的风险不容小觑。

第一，金融开放呈现不对称性，外汇市场套利、波动风险攀升。2015 年“811 汇改”后，资本账户管制强度重新收紧。2018 年以来，国家对于资本管制有所放松，但各类政策主要着力于扩大外资进入渠道，例如放宽准入条件、缩短外资持股比例过渡期[①]、取消 QFII 和 RQFII 投资额度限制[②]等，有效提高了

① 关于进一步扩大金融业对外开放的有关举措 [A/OL].（2019-07-21）. https://www.gov.cn/xinwen/2019-07/21/content_5412293.htm.

② 扩大金融市场对外开放 取消合格境外投资者投资额度限制 [A/OL].（2019-09-11）.https://www.gov.cn/xinwen/2019-09/11/content_5428940.htm.

境外投资者在华开展业务的便利性。而针对境内金融资本走出国门的管制仍未出现显著放松。整体而言，我国资本流动呈现“宽进严出”的态势（张明 等，2021）[①]，资本双向流动促进国际收支平衡的作用机制未能达到预期功效。当国际市场出现降息大潮时，如果央行不跟随操作，极有可能出现大规模的跨境套利、套汇活动，迫使人民币汇率偏离合理均衡水平，被迫承受升值压力，导致外汇市场风险加剧。

第二，境外资本大批量涌入，银行业风险承担倾向增加。截至 2021 年上半年，在华外资法人银行共计 41 家，分行 115 家，代表处 139 家，总资产 3.73 万亿元。金融服务业全面开放在提升银行业风控能力的同时，也增加了金融风险防范的复杂性。一方面，境外资本的涌入可以增加我国信贷市场可投资金的供给；另一方面，由资本涌入造成的信贷利润降低又可能迫使国内银行业市场采用更高的风险承担策略，部分银行或将通过开展非传统业务进行投机操作保证其收益。此外，随着外资流入本国，如果缺乏完善的制度设计，国内银行业对外资依赖程度将会逐步提高、金融控制权弱化。一旦跨国资本流向发生大规模逆转或抽逃，国内银行业稳定性极易受损，进而触发大规模的系统性风险。

第三，金融科技蓬勃发展，数据出海直面安全风险。在互联网科技与金融服务深度融合背景下，数据作为可交易资产帮助国内企业迅速打开国际市场。但由于互联网边界与生俱来的模糊性，金融科技在改变金融业性质、创造许多机会、提供更包容的跨国金融服务的同时，也为数据传输风险敞开了大门。一方面，由跨境数据流动导致的用户隐私泄露、数据不当使用事件层出不穷，落入不法分子之手的敏感数据极易成为电信诈骗等恶性案件进行“精准攻击”的信息来源。另一方面，随着数据流出规模与种类不断扩张，境外机构通过采集挖掘订单数据，对境内消费者进行画像，分析宏观经济走势，进而深度了解各个领域行业的情况，对金融稳定和本国安全造成严重威胁。

第四，金融开放步伐加快，收入不平等风险或将加剧。金融开放可以通过多种渠道加剧社会群体收入不平等状况。一是技术溢价渠道。外国直接投资的流入通常会带来国内资本密集度提升和技术进步，这一部分收益更容易累积到

① 张明，孔大鹏，潘松，等．中国金融开放的维度、次序与风险防范 [J]. 新金融，2021（4）：4-10.

“精英阶层”或高收入群体当中（Spasova and Avdjiev，2022）①，主要依赖劳动收入的群体难以享受到由此带来的工资增长。二是资本利得渠道。境外组合股权投资流向国内时，通常会导致本国股权价值的上涨，而股权往往集中在富裕阶层。由此引发的资本收益最终将加剧各阶层间的收入不平等。三是国际税制竞争渠道（Rodrik，2011）②。大多数情况下，税收是调节分配的重要手段，但是在金融开放进程中，税收也有可能成为收入差距扩大的推手。各个国家为了吸引跨国企业到本国投资，会提供各类税收优惠政策，导致本国政府调节收入分配和反垄断能力备受掣肘。背靠海量资产的高收入群体更容易在国际间寻求避税方式降低成本，这一“大者恒大”的局面恐将加剧社会财富不均等。

第五，中美博弈带来的金融风险。2018 年以来，美国将中国定位为最主要的战略竞争对手。中美之间竞争加剧，美国为维护霸权对中国采取围堵和打压政策。从美国维护霸权地位无所不用其极的传统和这次制裁俄罗斯的手段来看，美国已经通过“港独”乱港，取消香港自由港待遇来破坏香港的稳定发展。美国还可能通过台湾和新疆等分裂势力削弱中国，制造中国动乱，破坏中国发展环境。或通过进入中国的信用评级机构散布虚假信息，配合外国投资基金薅中国羊毛。美国动用金融制裁的可能性也在增加，比如侵吞美国对华债务（1 万多美元国债），甚至将中国踢出 SWIFT 等美国控制的国际金融结算系统。中国必须考虑美国掠夺海外财富的可能，需要在金融基础设施以及制度上做好防范准备。

五、我国金融服务业对外开放风险防控的政策建议

得益于我国金融服务业渐进式开放模式以及我国高效的行政动员能力和执行力，我国在应对 1997 年亚洲金融危机、2008 年国际金融危机时积累了一定经验，没有遭受国际金融危机冲击以及发生拉丁美洲频繁的金融危机。当前，我国正处于扩大金融开放重要窗口期，为推进对标国际主流金融服务贸易规

① SPASOVA T，AVDJIEV S. Financial Openness and Inequality[J]. BIS working paper，2022.

② RODRIK D. The globalization paradox：democracy and the future of the world economy[M]. WW Norton & Company，2011.

则、促进金融服务业风险防控能力建设、构建高标准金融服务体系，我国政府需提前谋划、早做准备。

（一）贯彻落实"准入前国民待遇+负面清单"管理制度，有效维护金融安全

2020年10月，中国人民银行行长易纲在第二届外滩金融峰会上表示要"全面实施准入前国民待遇加负面清单管理制度"，围绕政务服务、审批程序和监管机制做好"加减乘"。在政务服务上做"加"法，明确外商不得投资、有限制投资的领域，完善业务手册和服务指南等配套文件。在审批程序上做"减"法，削减冗余程序，精简审批事项，制定低风险跨境流动数据目录。在监管机制上做"乘"法，建设行政审批与监管协调联动平台，实现信息共享，提高监管效率。"加减乘"三管齐下，"放管服"多举并重，为外商进入我国构建一视同仁的政策环境，为金融服务贸易安全、稳定、持续开展提供明确有依据的制度保障。

（二）着力构建"宏观审慎+微观审慎+行为监管"三位一体监管框架，提升风险防控水平

2017年，关于跨境资本流动的"宏观审慎+微观监管"管理框架被提出，这一框架在维护外汇市场稳定，促进跨境资金双向均衡流动方面取得了显著成效。国内金融业开放在取得丰硕成果之时，面临着前所未有的复杂监管环境。在监管框架层面，要做好以下三点：一是完善宏观审慎监管政策工具箱，将与金融开放风险特征相匹配的权重系数纳入审慎监管考核指标当中，最大限度消除监管套利。二是突破现有微观审慎监管局限性，考虑将政府、居民纳入微观监管体系之内，适时调整对单个外资金融机构的资本要求，缓解金融体系的顺周期性。三是建立跨境金融机构行为监管准则，参照2021年10月银保监会印发的《银行保险机构大股东行为监管办法（试行）》，制定针对外资金融机构的行为监管办法，从持股行为、治理行为、交易行为、责任义务等方面，进一步规范跨境金融机构运行机制。

（三）切实推进国内外金融监管规则互认，筑牢金融安全屏障

组建以 CPTPP 为主导的金融服务贸易规则研究小组，开展高标准国际金融监管规则对标研究。通过总结发达国家金融监管规则中的可借鉴之处，如数据传输、储存、应用、安全审查、透明度要求等，反哺我国监管规则的完善。结合我国实际情况和自身需要，对先进规则进行吸收改造，努力形成与欧美模式并列、具有本国特色的现代化金融服务业监管模式。同时充分发挥我国现阶段金融市场规模优势形成的影响力与话语权，深度参与国际监管规则体系构建，研究制定双多边等效互认机制，提升各国金融监管效力，共同增强抵御系统性金融风险的能力。

（四）合理安排金融开放次序，坚持对内开放先于对外开放

金融开放一般对应四个维度：国内金融市场开放、资本账户开放、汇率市场化以及人民币国际化。经验表明，金融开放加速与金融风险加剧相伴相生。因此，如何安排金融开放顺序需要足够的重视。一是优先开放国内金融市场。放宽市场准入，鼓励民营资本进入金融市场，推动民营金融机构发展壮大。增加交易主体和交易品种，以营造公平、透明的竞争环境。二是加速汇率市场化进程。鼓励各类机构参与银行间外汇市场，进一步完善外汇衍生品市场，增强政策沟通和透明度，营造双向风险意识[①]，达到风险管理和套期保值目的。三是拓展人民币在海外市场的使用场景。结合放松利率、汇率管制等金融市场自由化措施，允许外国央行和主权基金全面参与国内金融市场。四是审慎开放资本账户。中国没有发生金融危机得益于资本账户的管制，但是要实现人民币国际化，资本账户开放是大势所趋。在汇率市场化和人民币国际化进程未完全实现之前，过早放松资本账户管制会导致经济周期被放大。因此，在开放过程中建议按照从低风险项目到高风险项目、从局部试点（比如上海自贸试验区和海南自由港先行先试）到整体开放的顺序渐进稳妥推进。

① 汇率可能会升值或贬值。

（五）扎实做好风险研判及防控预案，多部门合力并举排除安全隐患

一方面，要坚持“穿透式”风险管理原则。结合《关于进一步加强信用风险管理的通知》《关于实施金融控股公司准入管理的决定》《金融控股公司监督管理试行办法》等政策法规，加速制定针对跨境金融机构的监管预案。充分利用大数据、区块链等技术，将金融控股公司整体纳入监管，并根据其资产风险状况，细分风险等级，排查监管漏洞，及早进行风险预警。另一方面，推动构建跨部门风险监管体系。以国务院金融委为牵头部门，联合中国人民银行、国家金融监督管理总局、证券监督管理委员会、国家市场监督管理总局、国家外汇管理局等各部门打造多方协作的跨业监管平台。从部门数据对接、行业标准制定、复杂交易监测、资金来源去向等方面多措并举，建立跨部门、跨机构、跨行业联防联控体系，打击违规跨境金融业务。

（六）积极探索事后监管机制，实现金融服务水平与监管效能同步提升

严格的事前监管难以规避风险承担和监管套利的问题（Anabtawi and Schwarcz，2013）[①]，必须由事后监管机制加以补充。下一步，要致力于构建以信用为核心的事后监管体系。参照近年来上海自贸试验区、广东自贸试验区率先探索取消审批登记细项，转为从风险防范角度制定监管细则，这种做法可以拓展至金融服务行业。通过推行告知承诺制、强化诚信记录审核、细化风险披露等规则，逐项制定监管方案与实施细则，完善事后监管框架。对于在事后监管中发现承诺不实的情况，依法依规实行及时惩戒，并纳入信用记录。让金融机构充分意识到自己的市场主体责任，积极主动地参与到监督管理当中，从而实现金融服务业水平与监管效能双提升。

（七）充分发挥大数据技术高能高效优势，重点筑牢金融风险“防火墙”

大数据、区块链等高新技术作用于金融服务业的最终目的是从数据中获得实时信息，实现动态监测，优化业务增长。因此，搭建企业、金融机构、政

① ANABTAWI I A I，SCHWARCZ S. Regulating Ex Post：How Law Can Address the Inevitability of Financial Failure[J]. Texas Law Review，2013（1）：75-131.

府高度融合的大数据“跨境金融服务早期风险预警平台”是筑牢金融风险“防火墙”的首要之举。一是推动企业、机构、政府数据可信共享。预警平台通过综合三方主体的共享信息，克服查询效率低、管控成本高的问题。实现交易数据、地理空间数据的高效监测，大力整治异常交易，如跨境洗钱、恐怖融资等，达成风险的早期识别，预防跨境金融欺诈。二是将机器学习技术纳入预警平台。通过建立实时风险测度模型、优化算法，深入挖掘跨境金融机构之间可能存在的数据关联。实现风控监测手段从局部到整体的提升，严防金融风险跨市场、跨区域传染。三是针对性设置红线管控。把我国暂时不宜对外开放的细分领域纳入监控平台，一旦相关领域出现数据流动，平台立刻自动上报，并进行关联分析。

（八）坚持底线思维，对美国金融制裁冲击要未雨绸缪，做好风险防控准备

从理论上讲，目前中美经贸关系仍然紧密，合则两利，分则俱伤。但是，许多事情不是以良好的愿望为转移。美国在与英国、德国、日本和苏联的竞争中都是胜者。作为金融霸权国家美国拥有强大的资源动员能力，中国在中短期内难以与其正面抗衡。中国目前还难以脱离美元体系，但中国必须推动国际经贸格局多极化进程，以美国制裁俄罗斯为契机，推动国际经贸格局形成欧元集团、卢布集团、人民币国际化的发展，让美元逐渐退回美洲地区。2012 年开始建设的人民币跨境支付系统（CIPS），还不足以抵抗 SWIFT 系统的制裁风险。因此，中国应首先与美国金融制裁的国家建立起摆脱美国控制的国际结算系统，如俄罗斯、伊朗、委内瑞拉、古巴，然后与欧盟等国家探索建立新的国际结算体系。同时，完善国内金融制度与金融市场，以及金融基础设施，为国外投资和持有人民币提供足够的金融产品和渠道，稳步推进人民币国际化进程。逐渐减持美元债务，降低美国对华债务水平。

（九）不断强化复合高端金融队伍建设，全面提高金融业风险抵御能力

做好新时代金融开放进程的风险防控工作，人才是关键。然而高级管理人

才的缺乏仍是我国金融风险防控建设中的一条短板。一方面，要加大高素质金融风险管理人才的培养力度。既要强化高等院校的金融专业课程体系建设，也要加强对在岗人员的业务培训。积极主动与国内外一流院校开展合作，通过实施特殊培养计划、专业培训、在职教育等方式，加速我国高级金融风险管理人才的成长和聚集。另一方面，持续优化政策环境，引进高水平风控人才。充分考虑高端人才对于落户、就医等切实需求，建立和完善奖励补贴政策、开通人才引进绿色通道，全面提升教育、医疗的供给能力，大力招徕在金融监管、风险防控、金融科技等领域具有国际影响力的高水平人才，为我国金融开放领域的风险防控建设工作做出突出贡献。

参考文献

[1] 中国对《全面与进步跨太平洋伙伴关系协定》持积极、开放和欢迎态度 [EB/OL].（2021-11-21）. https://baijiahao.baidu.com/s?Id=1668569768703000046&wfr=spider&for=pc.

[2] 中国积极考虑加入 CPTPP 释放了哪些重大信号？ [EB/OL].（2022-03-01）. https://baijiahao.baidu.com/s?Id=1683957579806966667&wfr=spider&for=pc.

[3] MITCHELL A D，MISHRA N. Regulating Cross-Border Data Flows in a Data-Driven World：How WTO Law Can Contribute[J]. Journal of International Economic Law，2019，22（3）：389-416.

[4] CORY N. Cross-border data flows：Where are the barriers，and what do they cost？ [R]. Information Technology and Innovation Foundation，2017.

[5] 温树英．数据本地化要求的困境与对策：以金融服务贸易为例 [J]. 国际经济法学刊，2021（2）：14-26.

[6] 张方波．CPTPP 金融服务条款文本与中国金融开放策略 [J]. 亚太经济，2020（05）：35-42.

[7] FEIBELMAN A. The IMF and Regulations of Cross-Border Capital Flows[J]. Chicago Journal of International Law，2015，15（2）：436-438.

[8] BUXBAUM H L. Transnational Legal Ordering and Regulatory Conflict：Lessons from the Regulation of Cross Border Derivatives[J]. UC Irvine Journal of International，Transnational，and Comparative Law，2016，1：91-116.

[9] 倪月菊．TPP 与国际服务贸易新规则及中国的应对策略 [J]. 深圳大学学报（人文社会科学版），2016，33（1）：86-92.

[10] TAO G. Management of China's cross-border capital flows[J]. China Economic Journal，2018（1）：61-70.

[11] 张明，孔大鹏，潘松，等．中国金融开放的维度、次序与风险防范 [J]. 新金融，2021（4）：4-10.

[12] ANABTAWI Ⅰ，SCHWARCZ S．Regulating Ex Post：How Law Can Address the Inevitability of Financial Failure[J]. Texas Law Review，2013（1）：75-131.

[13] RODRIK D. The Globalization Paradox：Democracy and the Future of the World Economy[M]. WW Norton & Company，2011.

[14] 黄琳琳．跨境金融服务贸易市场准入规则的再思考 [J]. 上海商学院学报，2021，22（1）：97-109.

[15] 苏庆义．中国是否应该加入 CPTPP?[J]. 国际经济评论，2019（4）：107-127.

[16] 马兰．中国金融业深化对外开放的负面清单机制研究：基于 CPTPP 和 GATS 的比较分析 [J]. 金融监管研究，2019（9）：99-114.

[17] 李旻．WTO 时代 CPTPP 金融服务贸易规则的先进性研究 [J]. 新金融，2019（6）：31-36.

[18] 朱隽．未来自贸协定应以 CPTPP 为蓝本，采取负面清单管理模式 [EB/OL].（2020-08-06）．https://finance.sina.com.cn/wm/2020-08-06/doc-iivhvpwx9603593.shtml.

第十二章

加强我国国际产能合作的风险防控能力建设

全　毅　张美涛

提要： 产能合作是国际产业转移和对外直接投资高度融合的产物。开展国际产能合作是我国实施“走出去”战略与“一带一路”建设的主要抓手，是我国发展高水平开放型经济的主要路径。我国对外直接投资流量连续多年位居全球前三，但风险也与日俱增。如何有效规避国际产能合作中遇到的诸多风险，加强“走出去”的抗风险能力建设，对于政府和企业都迫在眉睫。可以通过加强市场调研，提高风险预警与预防能力；审时度势地选择目标投资区位，提高风险处置中的灵活性；建立海外投资与财产保护机制，提高风险应对中的韧性等加强风险防控能力建设。

关键词： 跨国企业；“一带一路”；国际产能合作；风险防控

国际产能合作包括“引进来”和“走出去”，是一国在建设中根据需求引进别国具有竞争力的装备、生产线、先进技术和管理经验等，或投资别国以获取自身发展所需的资源及拓展本国的产业发展空间、促进产业结构升级等活动。从宏观层面来看，一个国家只有在技术、管理、品牌等方面具有全球性优势，才具备了对外直接投资的能力。从微观层面来看，对市场的开拓和投入品、供应链的掌控是企业进行对外投资的内驱力。2015 年国务院颁布的《关于推进国际产能合作和装备制造合作的指导意见》将国际产能合作的作用阐释为“促进国内经济发展、产业转型升级，拓展产业发展新空间，打造经济增长新动力，开创对外开放新局面”[①]。本章的国际产能合作主要指产业转移、跨国资源开发和工程承包等，重点关注对外直接投资。

一、我国对外投资与国际产能合作的阶段性特征

我国对外投资与国际产能合作是对外开放的产物，是企业展开国际化经营的必然要求。随着我国经济发展与要素禀赋的变化，对外开放从“引进来”向“引进来”与“走出去”相结合的双向开放转变，我国企业对外投资，开展国际产能合作表现出明显的阶段性特征。我国企业对外投资开展国际产能合作经历了三大发展阶段。

（一）初始起步阶段（1979—2000 年）

中国企业最早的对外投资始于 1979 年，以中央和地方外经贸系统的贸易公司在境外设立的贸易代表处和中小型生产企业为代表。20 世纪 80 年代中后期，对外投资与国际产能合作逐渐由政府行为转变为各类企业自主跨国经营行为。1996 年 7 月，江泽民总书记在秦皇岛考察时，指出国有企业要走出国门开展对外投资，开发进口我国经济建设所需要的重要资源。1997 年党的十五大报告提出“更好地利用国内国外两个市场、两种资源”，“完善全方位、多层次、宽领域的对外开放格局，发展开放型经济”。正式将“走出去”战略作为对外开放的重要举措，促进了中国国有企业对外投资的发展。据外经贸部业务统计，截至 2000 年底，经国家授权部门批准并在外经贸部备案的境外中资企业（不含金融类企业）共 6 298 家，协议投资总额达 113.6 亿美元（其中中方协议投资额为 75.7 亿美元），遍布全球 160 多个国家和地区。从投资行业结构看，贸易性企业约占我国对外原始投资总额的 61.3%，其次是资源能源开发占 19%，生产加工占 12%，交通占 2%，其他占 6%[②]。

① 国务院关于推进国际产能和装备制造合作的指导意见 [A/OL].（2015-5-16）. http://www.gov.cn/zhengce/content/2015-05-16/content_9771.htm.

② 李文锋 . 中国跨国公司现状、问题及对策 [J]. 改革，2001（5）：40-45.

（二）快速发展阶段（2001—2012 年）

2001 年我国正式加入 WTO 后，2002 年党的十六大明确提出实施“引进来”与“走出去”双向开放战略，中国对外投资进入快速发展阶段。加入 WTO 促进涉外经济体制改革，对外投资的管制不断放宽，从审批制转变为核准制，对外投资服务体系不断完善。根据商务部统计数据，该阶段中国对外投资总体稳步快速增长，从 2003 年的 28.5 亿美元，增长到 2012 年底的 878 亿美元，我国对外直接投资年均增长 46.35%。截至 2012 年底，中国有 13 500 多家境内投资者在境外设立直接投资企业 2.2 万家，累计直接投资净额达 5 319.4 亿美元。境内对外投资主体更加多元化，其中有限责任公司占 62.5%，国有企业占 9.1%，私营企业占 8.3%。能源矿产类企业对外投资仍占据投资流量的绝大部分。比如，国家电网、股份制企业海尔集团、民营企业万向集团充分发挥优势，构建起新型国际化平台。中国对外投资分别占全球当年流量的 6.3%，全部存量的 2.3%，流量位居全球第三位，存量位居全球第十三位。中国对外投资企业分布在全球 179 个国家和地区，境外企业覆盖率为 76.8%[①②]。

（三）高速发展阶段（2013 年至今）

党的十八大以来，中国政府高度重视推动对外投资，特别是 2013 年习近平总书记提出共建“一带一路”倡议，是中国积极承担大国责任、主动探索全球经济发展新动力的重大转型，为中国企业对外投资与产能合作带来历史性契机。2014 年中国政府开始实施负面列表清单管理模式，逐步从核准制向备案制转变，极大地提高了对外投资的便利性。2015 年中国政府启动国际产能和装备制造业合作，“一带一路”成为我国对外开放与投资合作的重要平台。2013 年中国对外直接投资流量首次突破 1 000 亿美元，达到 1 078.4 亿美元。2015 年中国对外投资（对外直接投资 1 456.7 亿美元）全球排名第二，超过中国实际利用外资（1 356 亿美元），成为净资本输出国，对外投资实现历史性跨越。2020 年中国对外直接投资流量达到 1 537.1 亿美元，首次跃升为世界第一，年

① 2012 年度中国对外直接投资统计公报 [M]. 北京：中国统计出版社，2013：3.

② 国家发展改革委员会宏观经济研究院 . 中国对外开放 40 年 [M]. 北京：人民出版社，2018：169.

末中国 2.8 万家境内投资者在国（境）外共设立对外直接投资企业 4.47 万家，分布在全球 234 个国家和地区，境外企业资产总额超过 7.9 万亿美元，对外直接投资存量达25 806.6亿美元，位居全球第二[①]。中国对外直接投资在全球直接投资中的影响力不断扩大（见表 12–1）。

表 12–1　中国建立对外直接投资统计制度以来各年份的统计结果

年份	流量			存量	
	金额 / 亿美元	全球位次	同比增长 /%	金额 / 亿美元	全球位次
2002	27.0	26	—	299.0	25
2003	28.5	21	5.6	332.0	25
2004	55.0	20	93.0	448.0	27
2005	122.6	17	122.9	572.0	24
2006	211.6	13	43.8	906.3	23
2007	265.1	17	25.3	1 179.1	22
2008	559.1	12	110.9	1 839.7	18
2009	565.3	5	1.1	2 457.5	16
2010	688.1	5	21.7	3 172.1	17
2011	746.5	6	8.5	4 247.8	13
2012	878.0	3	17.6	5 319.4	13
2013	1 078.4	3	22.8	6 604.8	11
2014	1 231.2	3	14.2	8 826.4	8
2015	1 456.7	2	18.3	10 978.6	8
2016	1 961.5	2	34.7	13 573.9	6
2017	1 582.9	3	–19.3	18 090.4	2
2018	1 430.4	2	–9.6	19 822.7	3
2019	1 369.1	2	–4.3	21 988.8	3
2020	1 573.1	1	12.3	25 806.6	3

资料来源：《2020 年度中国对外直接投资统计公报》。

① 2020 年度中国对外直接投资统计公报 [M]. 北京：中国商务出版社，2021：3，4，6.

二、我国国际产能合作的现状分析

开展国际产能合作是我国实施“走出去”战略的主要抓手，是我国发展高水平开放型经济的主要路径。近年来，我国国际产能合作的投资主体区域多元化，行业结构不断优化，覆盖区域更广，合作模式也在不断创新。

（一）国有企业发挥主力军作用，民营企业发展迅速

改革开放以来，我国国有企业在实施“走出去”战略中发挥先导作用，民营企业近年来呈现不断攀升之势。从投资金额看，国有企业从2006年的81%下降为2020年末的46.3%，非国有企业则从19%上升到53.7%。从投资主体看，2020年有限责任公司占比34.3%，私营企业占比29.9%，股份制企业占比12.8%，外商投资企业占比5.5%，国有企业占比5.3%（见表12–2）。2020年在境外投资中，中央企业及单位181家，仅占0.6%，各省市地方企业占99.4%，广东省在境外投资企业数最多，占比达24.5%，其次为浙江省、上海市[①]。

表12–2　2020年按境内投资者工商行政管理注册类型分类

投资主体	企业数/家	比重/%	金额/亿美元	比重/%
国有企业	1 491	5.3	11 948.21	46.3
非国有企业	26 379	94.7	13 858.14	53.7
股份制企业	3 567	12.8	2 554.85	9.9
有限责任公司	9 570	34.3	3 354.86	13.0
私营企业	8 323	29.9	1 625.82	11.2
国企与非国企合计	27 870	100.0	25 806.35	100.0

数据来源：《2020年度中国对外直接投资统计公报》。

（二）以服务业投资为主，行业结构不断优化

第三产业和第二产业是我国开展国际产能合作的重点领域。截至2020年底，我国对外投资的近八成集中在第三产业，为20 287.1亿美元，占比78.6%，

① 2020年度中国对外直接投资统计公报[M].北京：中国商务出版社，2021：30，42，43.

主要分布在租赁和商务服务、批发和零售、信息传输和软件技术服务、金融、房地产、交通运输或仓储等领域。第二产业为 5 398 亿美元，占比 20.9%。其中，制造业 2 775.2 亿美元，占第二产业的 51.4%；采矿业 1 691 亿美元，占 31.3%；其他依次为建筑业占 9.4%，电力、热力或燃气及水的生产和供应业占 7.9%。第一产业为 121 亿美元，占比 0.5%①。2020 年我国对外承包工程新签项目的八成集中在基础设施领域，达 5 500 多个，其中一般建筑、水利建设类项目新签合同额增长较快，分别同比增长 37.9% 和 17.9%②。

（三）东部地区成为我国地方企业对外直接投资存量最多的地区

2020 年，我国地方企业对外非金融类直接投资存量达到 8 797 亿美元，占全球非金融类存量的 38.1%，较 2019 年增加 0.9%。其中东部地区 7 287 亿美元，占 82.8%；西部地区 680.7 亿美元，占 7.7%；中部地区 612.4 亿美元，占 7%；东北三省 216.6 亿美元，占 2.5%。广东省以 2 278.2 亿美元的存量位列地方对外直接投资存量之首，其次为上海市、北京市、浙江省、山东省、江苏省、天津市、福建省、河南省、安徽省。五个计划单列城市中，深圳市以 1 576.1 亿美元位列第一，占广东省对外直接投资存量的 25%。沿海 11 省市合计占地方对外直接投资存量的 82.8%，占全国对外直接投资存量的 27.2%③。

（四）亚洲和拉丁美洲是我国对外直接投资重点区域

截至 2020 年底，中国境内投资者在全球 189 个国家（地区）设立对外直接投资企业（简称境外企业）44 747 家，遍布全球超过 81% 的国家（地区），投资总额超过 25 806.6 亿美元。其中，亚洲地区有 48 个国家和地区，覆盖率为 95.7%，投资金额为 1 123.4 亿美元，占比 73.1%，居第一位；拉美地区有 49 个国家，覆盖率为 65.3%，投资金额为 166.6 亿美元，占比 10.8%，居第二位；欧洲有 49 个国家，覆盖率为 87.8%，投资金额为 126.8 亿美元，占比 8.3%，

① 2020 年度中国对外直接投资统计公报 [M]. 北京：中国商务出版社，2021：30.

② 2020 年我国对外直接投资 1329.4 亿美元，同比增长 3.3%[EB/OL].（2021-01-22）. https://www.mofcom.gov.cn/article/i/jyjl/e/202101/20210103033345.shtml.

③ 同①：10，16，33.

居第三位。从直接投资存量看，亚洲占比 63.7%，拉丁美洲占比 24.4%（见表 12–3）。

表 12–3　2020 年末中国境外企业及直接投资在各洲的分布

洲别	国家与地区总数 / 个	境外企业覆盖国家数量 / 个	覆盖率 /%	境外企业数 / 个	比重 /%	直接投资金额（流量）/ 亿美元	比重 /%	直接投资金额（存量）/ 亿美元	比重 /%
亚洲	48	45	95.7	26 166	58.5	1 123.4	73.1	16 448.9	63.7
北美洲	4	3	75.0	6 031	13.5	63.4	4.1	1 000.2	3.9
欧洲	49	43	87.8	4 655	10.4	126.8	8.3	1 224.3	4.7
非洲	60	52	76.7	3 549	7.9	42.3	2.8	434	1.7
拉丁美洲	49	32	65.3	3 015	6.74	166.6	10.8	6 298.1	24.4
大洋洲	24	14	58.3	1 331	3.0	14.5	0.9	401.1	1.6
合计	234	189	80.8	44 747	100	1 537.1	100	25 806.6	100

资料来源：《2020 年度中国对外直接投资统计公报》。

注：1. 覆盖率为中国境外企业覆盖国家数量与国家（地区）总数的比率。

2. 亚洲国家（地区）数量包括中国，覆盖率基数未包括。

（五）"一带一路"产能合作更加活跃

截至 2020 年，中国对 61 个"一带一路"共建国家累计直接投资达 8 797 亿美元。主要流向国家发生很大变化，从 2015 年的新加坡、俄罗斯、印度尼西亚、阿联酋、印度、土耳其、越南、老挝、马来西亚、柬埔寨等国家，转变为 2020 年的新加坡、印度尼西亚、泰国、越南、阿联酋、老挝、马来西亚、柬埔寨、巴基斯坦、俄罗斯等国家。其中，中国对东盟的直接投资存量，从 2011 年 21.46 亿美元上升 2020 年的 1 276.13 亿美元，一直保持持续增长的态势，11 年间增长近 60 倍。中国与"一带一路"共建国家的产能合作以基础设施建设和工程承包为主。2020 年中国企业在 61 个"一带一路"共建国家对外承包工程新签合同额 1 414.6 亿美元，完成营业额 911.2 亿美元，分别占同期总额的

55.4% 和 58.4%[①]。2021 年，新签合同总金额 1 026.1 亿美元，同比下降 27.4%，完成营业额 766.5 亿美元，同比下降 15.88%[②]。

表 12–4 2020 年中国对主要经济体投资情况

经济体名称	流量			存量	
	金额 / 亿美元	同比 /%	比重 /%	金额 / 亿美元	比重 /%
中国香港	891.46	–1.6	58.0	14 385.31	55.7
东盟	160.63	23.3	10.4	1 276.13	4.9
欧盟	100.99	5.2	6.6	830.16	3.2
美国	60.19	58.1	3.9	800.48	3.1
澳大利亚	11.99	–42.5	0.8	344.39	1.3
俄罗斯	5.70	—	0.4	120.71	0.5
合计	1 230.96	42.5	80.1	17 757.18	68.7

数据来源:《2020 中国对外直接投资公报》。

（六）境外产业合作园成为典型的合作模式

境外经贸合作区一直以来是我国企业参与国际产能合作的承接载体和公共平台，每年创设数量与中国对外直接投资增长基本保持一致，特别是 2013 年共建“一带一路”倡议提出以后，我国企业“走出去”的意愿更为强烈。截至 2020 年末，我国创建境外经贸合作园 133 个，累计投资 470 亿美元，向东道国缴纳税费约 60 亿美元，为当地创造 38 万个就业岗位[③]。其中，中国企业在东盟设立境外经贸合作区多达 25 个，入驻企业超过 600 家，累计投资达到 300 亿美元，涉及纺织服装、金属冶炼、机械制造、轻工家电、农产品生产与加工[④]；在非洲建设境外经贸合作区共 25 个，入区企业达到 623 家，累计投资 73 亿美元，涉及能源、轻工建材、纺织服装、机械制造、家用电器等多个领域，上缴

① 2020 年度中国对外直接投资统计公报 [M]. 北京：中国商务出版社，2021：10，16，33.

② 2021 年中国对外承包工程业务完成营业额、新签合同额及发展对策分析 [EB/OL].（2021-09-10）. https://www.chyxx.com/industry/2021 09/973822.html.

③ 上半年我国对外非金融直接投资 3 488.3 亿元 [EB/OL].（2021-07-23）. https://m.gmw.cn/baijia/2021- 07/23/35018361.html.

④ 商务部：自贸区成立 10 年 中国已在东盟设立 25 个经贸合作区 [EB/OL].（2020-09-27）. https://baijiabao.baidu.com/s?id=1678973259800938356.

东道国税费 14.7 亿美元，雇佣外籍职工 4.2 万人[①]。2021 年初，《中华人民共和国政府和毛里求斯共和国政府自由贸易协定》正式生效，是中国与非洲国家达成的第一个自由贸易协定，意味着中非将进入更高水平的开放合作阶段。2021 上半年，我国对“一带一路”共建国家投资增长 8.6%，占比提升 2 个百分点至 17.8%[②]。这些境外产业园区上中下游产业链逐渐成熟，能够最大限度发挥“雁阵”效应，辐射促进东道国产业、经济、社会现代化发展，并助推国际合作高质量发展。

三、中国企业开展国际产能合作的动因与风险分析

从企业开展对外投资和国际化经营的动因分析，中国企业“走出去”既遵循跨国企业发展的一般规律，也受到中国对外开放战略的激励和约束。我们首先分析中国企业对外投资的一般动因。

（一）我国企业开展国际产能合作的动因

国际投资理论认为，投资行业、投资形式与投资动机密切相关，分为出口本国优势产品、绿地投资、跨国并购。绿地投资是一种更加依赖所有权优势的长期投资行为，而后发国家的所有权优势通常较弱，所以会表现出寻求市场、资源和技术等战略资产的特征。这在我国企业对外投资的经验中得到佐证。

1. 我国对外直接投资动因表现出明显的阶段性特征

早期对外直接投资以寻求市场、能源资源为主，解决我国外汇缺口和资源短缺问题。我国对外投资主体多集中于外贸企业的商业与零售业务，开拓市场与出口创汇是对外投资的最大动因，而“厂商利润最大化”则处于次要地位。1996 年 6 月江泽民考察秦皇岛国有企业，提出国企要敢于“走出去”开发国内经济发展所需的资源。我国大型国有企业开始加强对外国能源资源行业投

① 商务部：截至 2020 年底，中国对非直接投资存量超过 474 亿美元 [EB/OL].（2021-09-03）. https://new.qq.com/rain/a/20210903A07TWN00.

② 2021 年上半年中企对“一带一路”沿线国家投资额同比增长 8.6%[EB/OL].（2021-08-02）. https://investgo.cn/article/yw/zctz/202108/553864.html.

资，开发进口外国油气和矿产资源，跨国并购以东道国市场规模、金属矿产与能源资源为主。这一时期中国企业对外投资更多地体现为国家战略，而非企业经营战略。进入21世纪以后，伴随着全球生产网络对世界经济影响加深，以及共建“一带一路”倡议下国际产能合作的推进，中国企业对外直接投资的动因体现为以获取技术、管理经验、拓展市场与规避贸易壁垒为主。我国国有企业因具有制度资源和产权优势，可以在国际市场采取大规模并购的方式快速拓展国际市场。所以自2012年以来，对外直接投资逐渐过渡到以并购为主，比如化工、电力、机器人制造等新兴产业领域的并购增多（见表12–5），目标主要是获取战略资源和学习发达国家先进的科技和管理经验，向发展中国家复制生产系统，拓展海外市场，规避贸易壁垒。伴随着全球生产网络对世界经济影响加深，我国企业对外直接投资的动因开始以产业转移与战略资产寻求为重要特征，比如劳动密集型纺织服饰加工、家用电器、建材水泥等我国优势产业外移[①]。截至2020年底，我国企业在24个“一带一路”共建国家建设82个境外经贸合作区，设立3 412家企业，就是最好例证[②]。合作区和集群式投资有利于营造良好的营商环境，降低投资风险。

表12–5　中国企业对外投资并购项目情况（2012—2020年）

年份	并购项目/个	交易总额/亿美元	占对外投资比重/%	涉及行业大类	典型案例
2012	457	434	49.4	10	中国在能源领域投资362亿美元，在铁矿等原材料领域投资16亿美元
2013	424	529	49.05	16	中国海洋石油总公司以148亿美元收购加拿大尼克森公司100%股权，创下2013年中国企业海外并购金额之最
2014	595	569	46.2	17	中粮集团以15亿美元收购莱宝农业有限公司51%股权，是截至2014年中国企业涉及农业领域最大金额的对外投资项目

① 卢进勇，黄珊珊，程晓青. 中国企业海外投资的动因、模式与理论创新研究[M]. 北京：中国商务出版社，2017：30.

② 境外经贸合作区产能合作白皮书[EB/OL].（2022-08-02）. https://www.renrendoc.com/paper/216479027.html.

续　表

年份	并购项目/个	交易总额/亿美元	占对外投资比重/%	涉及行业大类	典型案例
2015	579	544.4	37.4	18	北京万达文化产业集团以9亿美元收购美国世界铁人公司100%股份
2016	765	1 353.3	68.99	18	中国信达资产管理公司以88.8亿美元收购南洋商业银行100%股权
2017	431	1 196.2	75.57	18	中国化工以421亿美元收购瑞士先正达公司98%股权；中石油与华信集团收购阿布扎比国家石油公司12%股权；国家电网收购巴西CPFL项目
2018	433	742.3	21.7	18	厚安创新基金以7.75亿美元收购英国芯片生产商Armholdings中国业务控股权；东山精密收购伟创力旗下PCB制造业务相关主体
2019	467	342.8	12.6	18	韦尔股份以23.38亿美元收购美国豪威；闻泰科技斥资41.2亿美元收购芬兰安世半导体公司
2020	513	282	10.7	18	华润资本以56.92亿美元联手KKR收购英国垃圾处理公司Viridor；环球晶圆以45.85亿美元并购德国Siltronic全部流通股

资料来源：《2020年中国对外直接投资统计公报》。

2. 对外投资管理体制不断完善，服务体系不断健全

20世纪80年代至90年代，我国鼓励国有企业到境外投资设立贸易公司或非贸易性企业，实现严格的对外投资审批制度。党的十五大报告提出“要充分利用国际国内两个市场、两种资源，发展开放型经济”，并强调“实施‘走出去’战略”是我国对外开放的重大举措。2002年党的十六大强调实施“引进来”与“走出去”相结合的双向开放战略，并开始下放审批权试点。2004年开始按照WTO规则改革对外投资审批权，国务院颁布的《关于投资体制改革的决定》（国发〔2004〕20号）及国家发展改革委第21号令《境外投资项目核准暂行管理办法》，将对外投资审批制改为核准制，并依据项目投资规模和类型改由国家发展改革委和地方发展改革委核准。同时将央企投资3 000万美元和地方投

资1 000万美元以下的境外投资项目改为备案制[①]。2013年我国提出共建“一带一路”倡议后，2014年国家发展改革委出台《境外投资项目核准和备案管理办法》是我国对外投资便利化改革的里程碑，实现对外投资普遍备案制度。2017年底和2018年国家发展改革委和商务部颁布的企业境外投资管理制度更加透明，实行鼓励发展+负面清单的事后监督管理办法。2019年1月，商务部、国家统计局、国家外汇管理局结合我国对外投资业务特点及高质量发展的需要，发布《对外直接投资统计制度》(商合发〔2006〕684号)，增加“质量控制”的相关内容。同年7月，商务部制定并颁布了《对外投资备案(核准)报告实施规程》(商办合函〔2019〕176号)及其《暂行办法》，加强对外投资的事中事后监管。同年9月商务部等19部门联合发布《关于促进对外承包工程高质量发展的指导意见》(商合发〔2019〕273号)，加强了对外承包工程的服务，完善对其监管和保障。

3. 国际产能合作公共服务平台不断优化

从2004年开始，国家发展改革委向企业发布《对外投资国别产业导向目录》，引导企业对外产能合作投资方向。2006年开始，商务部建立《国别投资经营障碍报告制度》，通过收集驻外使馆和境外企业反馈编制年度或不定期报告，公布境外企业面临的主要问题和障碍，以利于企业合理规避投资风险。2009年开始编制《对外投资合作国别(地区)指南》，为对外投资东道国的情况提供详细说明。2013年制定《对外投资合作环境保护指南》(商合函〔2013〕74号)，发布东道国环境政策，提高境外企业环保意识，支持东道国绿色、环保和可持续发展，推动中国企业树立良好形象。2015年8月11日我国在人民币升值压力下实现汇率制度改革，放弃钉住美元的汇率制度，实现盯住一篮子货币的浮动汇率制度。人民币升值导致2016年我国对外投资猛增34.7%，而且出现大规模投资国外房地产的现象。2017年8月国务院转发国家发展改革委、人民银行、商务部和外交部联合发布的《关于进一步引导和规范境外投资方向的指导意见》(法发〔2019〕9号)，加强对境外投资的宏观指导，引导和规范

① 郭凌威，卢进勇，郭思文．改革开放四十年中国对外直接投资回顾与展望[J]，亚太经济，2018(4)：111-121，152.

对外投资方向，控制对房地产等高风险行业的投资，防范各类风险。2019 年 12 月，最高人民法院发布《关于人民法院进一步为“一带一路”建设提供司法服务和保障的意见》，强调充分发挥司法职能作用，为高质量共建“一带一路”营造更加稳定、公平、透明、可预期的国际化、法治化、便利化营商环境。

4. 政府激励政策发挥重要作用

目前我国跨国企业，有很大一部分不是企业自身经营活动向国际市场的自然延伸，而是政府政策刺激产生的行为，如出口奖励和投资奖励政策刺激等。2022 年度投资额达到 100 万美元的，按实际投资额的 3% 给予补助，最高补助额不超过 50 万元。对新获国家级境外经贸合作区、省级境外产业集聚区的创建企业，分别一次性补助 300 万元、100 万元。对企业承揽境外承包工程年度营业额超过 5 000 万美元的，当年给予 20 万元补助，年度营业额超过 1 亿美元的，当年给予 50 万元补助。补贴政策根据年度和国家战略方向不同而形式、重点领域各异，主要包括贴息或低息贷款、税收优惠、重点领域补贴政策等。重点补贴领域也从最初补贴渔业、资源类项目，如油气资源、金属和非金属矿藏开发项目等，到运用专项资金重点补贴企业以新设、增资或并购开展境外生产加工、技术研发、对外承包工程、资源开发等项目，鼓励企业投保出口信用保险等方面。政府补贴政策起着明显的负向激励作用，许多企业基于政府的强刺激政策显示出逆风险偏好型决策[①]。由此造成严重的投资风险问题。余永定指出：中国 2 万多亿美元的海外净资产的投资收益一直是负的，这种情况跟美国形成了鲜明的对比。美国有 10 万亿美元的净债务，但是每年都有几百亿、上千亿的投资收入。美国 2021 年投资收入是 2 000 亿美元，跟中国形成了鲜明的对照[②]。

（二）我国对外投资与产能合作面临的风险增加

企业在海外经营的过程中，唯一可以确定的就是“不确定性”，因此，跨

---

① 卢进勇，黄珊珊，程晓青．中国企业海外投资的动因、模式与理论创新研究 [M]. 中国商务出版社，2017.

② 余永定．我们用高成本借来了没有收益的美国债，接着怎么办？ [EB/OL].（2022-05-20）. https://www.guancha.cn/YuYongDing/2022_05_20_640575_s.shtml.

国投资活动充满风险。由于我国企业开展跨国投资尚属起步阶段，在跨国投资合作过程中风险难以避免。尤其是我国对外产能合作的重点对象是“一带一路”发展中国家，各种风险更加集中。根据商务部2010年印发的《对外投资合作境外安全风险预警和信息通报制度》（商合发〔2010〕348号）的通知，可以将境外安全风险分为政治风险、经济风险、政策风险、自然风险和其他各类风险。

1. 政治风险和战争风险

政治风险指因驻在国的政局变化、战争、地区争端、武装冲突、恐怖袭击或绑架、社会动乱、民族宗教冲突等导致的投资失败。美国学者科布林（Korbrin）将政治风险概括为：一是东道国政府通过政策干预给外国企业带来投资风险，主要表现为没收企业资产和限制商业交易等；二是东道国国内出现政变、暴动、恐怖主义等的政治事件给外国企业带来投资风险①。目前这是我国境外投资遭遇的最大风险。

我国在共建“一带一路”倡议国家投资的大型项目因政治风险导致投资失败的，约占33%②。如2009—2015年中远集团收购希腊的比雷埃夫斯港口失败就是因为希腊政府两次更迭，历经了五任总理。中缅通道铁路项目、中缅密松水电站能源项目的搁浅，我国在斯里兰卡的港口城项目以及墨西哥高铁项目的撤票，都是由于东道国党派的政见不同，导致政策缺乏连续性，使我国海外投资失败。

战争风险不可小觑。战争是国际投资中的不可控风险，“一带一路”经过许多热点地区。如阿富汗、叙利亚、伊拉克、乌克兰、亚美尼亚等国家被美国拖入战乱多年。“非洲之角”被索马里青年党、南苏丹为争夺石油资源陷入战争状态。一旦发生战争，投资损失将难以挽回。如我国在利比亚和伊拉克的投资，因两国遭遇美国与西方打击，导致巨额投资损失无法获得补偿。

① KORBRIN S J. When does political instability result in increased investment risk?[J]. The Columbia Journal of World Business，1978，3（3）.

② 陈文，麦艺帆．中国企业在越南投资的政治风险与防范[J]. 南亚东南亚研究，2021（4）：73-87，155.

2. 经济风险和市场风险

许多发展中国家因国家治理不善，通货膨胀、金融危机频繁爆发，造成国家信用风险高企。比如南美的阿根廷、委内瑞拉、海地等国家政府债务高企，金融体系脆弱，经常处于主权债务风险状态，中国在委内瑞拉的高铁项目因委国经济失败而中断。2022 年斯里兰卡也陷入经济危机，中国港口项目面临巨大债务违约的风险。非洲国家外债压力大，债务风险也极高，我国多次减免非洲国家债务。2020 年由于新冠疫情影响，GDP 增长率低于 3% 的非洲国家有 49 个，占非洲国家总数的 90.74%，较 2016 年的 23 个增加到 49 个，增长了 1.13 倍。非洲国家经济系统相当脆弱，投资非洲债务风险陡增。

市场风险是指由市场竞争导致的风险。即竞争对手的出现和干扰，导致企业并购不顺利或并购失败。如中国提出设立亚洲基础设施投资银行后，日本提出设立 1 100 亿美元高质量基础设施基金，美国和欧盟也推出新丝路基础设施投资计划。这些都是与中国争夺投资市场的竞争对手，都可能使中国企业在海外投资竞争项目时导致项目受阻或失败。如 2014 年中国三胞集团在收购英国企业 HOURSE OF FRASTER 的最后时刻，法国老佛爷百货等企业突然发起攻击，争相竞购该企业，导致中国企业并购失利。

3. 政策法律变动风险

各个国家在对待外资的立法上不同，关于国际多边投资及与投资相关经济活动还没有统一的国际法规，缺乏全球统一规范的投资争端解决机制也成为我国企业“走出去”的主要风险。一是发达国家投资安全审查法律变化等给中国国有企业投资带来的风险。2016 年以来，美国等西方发达国家加强了对非市场经济国家的贸易制裁。在国际治理层面，不仅在 WTO 多边体制提出国有企业与补贴政策改革问题，而且在 TPP/CPTPP、USMCA 等区域协定专门制定针对国有企业与指定垄断的国际法律规范。在国内法律层面，2017 年美国颁布了《外国投资与国家安全法》，2018 年颁布了《外国投资风险评估现代化法案》，尤其是后者，里面设定主要关注内容和特定关注国家，都主要指向中国国有企业，将迫使中国 200 多家在美上市公司撤出美国资本市场。2021 年 2 月，美国外国投资委员会（CFIUS）以华为收购的专利将对美国“国家安全”构成威胁为由，迫使华为弃购美国三叶公司所获得的全部科技资产。2020年澳大利亚否决了蒙牛收购澳洲乳企雄狮乳品饮料公司（Lion Dairy & Drinks）的计划，理由是"不符合澳洲国家利益"。二是合规风险是法律风险中最大的一种风险。通常是因为企业对世界银行的规则不了解，或者存在行贿或欺诈等行为，东道国采取行政手段叫停在建或投标项目，面临较高的行政成本和合规风险。截至2021年7月8日，根据世界银行官方数据，已有142个中国（包括港澳台地区）主体（包括企业和个人）被世界银行列入除名制裁名单（List of Debarred Firms and Individuals）。合规风险还包括生态环境风险、劳工标准、资源政策风险。如我国企业在"一带一路"共建国家，尤其是在非洲国家投资，经常被指责为忽视生态环境保护，承受当地社区和非政府组织的环保舆论压力。同时还面临人权与劳工保障要求，在欧盟广泛的影响下，肯尼亚在其宪法中确立了企业尊重人权的责任和义务。印尼外交部也制定了有关商业和人权（BHR）的一般准则，作为开展尊重人权的商业活动的参考，这些都大大提高了我国企业的合规成本。

4. 投资决策与公司运营风险

指由于公司运营管理、决策不当或法律纠纷等引起的风险。主要表现为前期尽职调查和项目论证不充分，突出表现在对海外业务环境分析不足，未能及时识别出公司治理和财务状况等关键风险因素，导致决策产生偏差。同时，"走出去"之后缺乏足够的政府信息服务、风险监测和监管服务，导致企业海外投资的风险加大。而且我国企业国际化人才队伍的匮乏，国际市场营销能力和谈判能力的欠缺导致投资决策失误[①]。民营企业和国有企业所面临的公司运营风险也各不相同。民营中小企业的主要风险在于核心竞争力不强。国际产能合作市场相对狭小，国际化经营人才缺乏，对风险预估不足，保险意识欠缺。东道国危机管理能力不高，跨文化整合能力不高以及企业凝聚力不高，致使很多企业在海外单打独斗。和在国内经营一样，融资难也是民营企业面临的头等问题。

① 苏建，胡惠敏．一带一路产业转移的考察及政策建议：基于国际产能合作的视角 [M]// 刘伟，张辉．一带一路：产业与空间协同发展．北京：北京大学出版社，2017：57-64.

5. 文化习俗、自然灾害、流行性疾病等风险

“一带一路”共建国家贯穿多种文明地区，我国对外投资预算大多以国内的建设成本为依据，结果东道国气候条件、社会习俗和生活习惯与我国差异较大，最后导致建设项目远远超出预算而亏损严重。例如，在海湾国家因气候导致劳动条件与我国迥异，工作时间短，工资水平高、劳动保护条件苛刻。灾害包括地震、海啸、火山、飓风、洪水、泥石流等自然灾害及重大流行性疾病。即中国企业“走出去”产能合作会因一些国家遭遇极端灾害天气的频次较多而惨遭损失。许多“一带一路”共建国家由于经济体量较小，对灾害预防的重视程度不够，缺乏必要的风险转移机制，致使灾害发生时对经济发展的冲击巨大。起源于 2019 年底的新冠疫情对全球贸易和直接投资产生的影响一直在持续，威胁世界经济贸易稳定复苏基础。各国仍然采取多项贸易保护措施，甚至锁国，人员、商品跨境流动受限。截至 2021 年 5 月 31 日，90 个国家（地区）对货物贸易（除医疗物资外）采取措施，108 个国家（地区）对医疗物资贸易采取措施，178 个国家（地区）对交通工具采取措施，198 个国家（地区）对人员入境采取措施，133 个国家（地区）对边境口岸采取措施①。未来还可能会出现这样或那样全球性的疫情或生态危机，这些风险可能比自然灾害风险来得更猛烈，也将成为限制别国进行产能合作投资的理由。

四、提升中国国际产能合作风险防控能力的对策

针对海外投资与产能合作与日俱增的风险，做好风险辨别与防控措施是我国跨国企业必须要做的功课。我国跨国企业要按照习近平总书记高质量建设“一带一路”的要求，贯彻绿色、开放、廉洁的投资理念，强调以企业为主体、以市场为导向，遵循国际惯例和债务可持续原则。对外投资合作要从早期的铺摊子、上项目、求速度转向追求高质量发展，其标准就是实现共建双方经济效益、社会效益和生态效益的有机统一，彼此短期利益与长远发展的有机统一。为将国际产能合作从“大写意”转变为“工笔画”，我们根据 IRGC 系统性风险

① 中国对外贸易形势 2021 年 [A/OL].（2021-06-09）. http://zhs.mofcom.gov.cn/article/cbw/202106/20210603069385.shtml.

治理模型[①]，从以下三个方面提出风险应对措施。一是提高风险预防处理能力；二是提高风险处理中的适应性和灵活性；三是建立对外投资保护与财产保护制度，提高应对风险的韧性。

（一）加强市场调研，提高风险预警与预防能力

建立“走出去”的系统性的制度体系，系统地建立信息服务和风险监测机制，是服务我国企业对外投资与产能合作的重要课题。虽然国际产业合作多体现在经济领域，但其受文化领域的巨大影响，在进行国际产业合作时要注重文化制度和法律建设[②]。发达国家跨国企业都重视东道国市场调研，直接投资经验相当丰富的美国尚在努力研究东道国，我国更应该加大对东道国的“知识准备”与“智力储备”，为形成海外直接投资并妥善保护中国的海外利益建立知识储备。应鼓励官方及民间智库发展，使智力资源升级为高端决策服务的智库资源。发挥我国驻外使领馆和研究机构的作用，加强对重点投资区域的智库力量建设。商务部应扩大编发《对外投资国别（地区）合作指南》《对外投资企业责任与合规经营指南》，及《对外投资合作风险预警和信息通报制度》，向中国对外投资企业和个人提供风险信息预警和风险防控提示。

企业根据自身所处行业特点，审慎选择企业进入国际市场的模式。企业进入国际市场主要有三种方式：一是贸易式进入，以代理商或直接设立境外子公司为主；二是契约式进入，以特许经营、转移技术等无形资产方式进入为主；三是投资式进入，以对外直接投资，新建、跨国并购（独资）和合资经营（股权投资）、策略联盟等形式为主。我国企业对外投资之前必须进行投资环境考察和投资项目的可行性研究和论证，然后根据自身优势与能力审慎选择适当的

---

① IRGC，即国际风险治理理事会（International Risk Governance Council）调适性框架，该框架包括四个核心功能：风险预防处理能力；不同阶段的一般性挑战所引起的脆弱性；风险治理中的适应性和灵活性；风险治理系统的韧性。参见：MARIE-VALENTINE F，THOMAS B M. Introduction to the IRGC Risk Governance Framework[J]. Political Science，2017.

② OPRIME P C，TRISTÃO H M，PIMENTA M L. Relationships，cooperation and development in a Brazilian industrial cluster[J]. International Journal of Productivity & Performance Management，2011，60（2）：115-131.

投资进入模式[①]。

企业应强化国际化经营人才建设。企业可以实施人才本地化策略，解决当地人才需求问题，但作为跨国企业总部必须拥有国际视野与管理能力的经营人才。政府与企业应合作强化中外教育合作，大力培养和开发国际化人才，同时建立海外优质人力资源的引进机制，形成我国的国际化商务人才的供给机制。中国经济已经深度融入全球化进程，要加大对新兴市场国家的民族、宗教、文化、政治、经济和历史的学习与研究。

（二）审慎选择目标投资区位，提高风险处理中的适应性和灵活性

我国跨国企业要坚持审慎决策、稳健经营的原则，根据经营目标、技术水平和自身实力来选择投资区位，同时结合投资目的地的经济发展水平选定投资规模。

1. 生产性资源仍然是我国对外投资的主要目标

目前铁矿、石油和木材等资源短缺已经成为我国生产发展的障碍，因此生产资源仍然是我国现阶段海外投资必须考虑的重点。我国可以积极利用“一带一路”共建国家的资源禀赋优势，在国际产能合作中坚持共商、共建、共享的原则，如澳大利亚、南美巴西、非洲地区、俄罗斯铁矿石资源丰富，海湾国家和伊朗、中亚国家油气资源丰富，东南亚印尼、马来西亚、缅甸等矿产资源与农业资源丰富等。我国应重点开发钢铁、有色、建材和石化等资源密集型的行业。

2. 高新技术产业对外投资应以获取战略技术资源为首要目标

我国在航天、原子能、生物工程、激光技术、5G 通信、超导材料等方面已接近或达到世界先进水平，但是这些高新技术产品在国内市场需求不足、利用率低，而在国际市场则前景广阔。此外制约我国经济发展的高精尖技术也是我国最为稀缺的资源，例如芯片。因此，寻求高技术资源，建立研发机构和购买核心技术，与发达国家同类企业结成战略联盟，吸收当地技术成果应是我国对外投资的另一个重点，这两类投资主要面向欧美发达国家。

---

① 全毅．加入 WTO 与我国企业国际化战略 [J]. 亚太经济，2001（2）：59-63.

3. 中间性技术产业对外投资以拓展市场为主要目标

改革开放以来，我国从国外引进了不少生产流水线，如汽车、彩电、空调、洗衣机、电子产品等，目前在国内市场已日趋饱和，特别是近几年内需不振，许多行业出现生产能力相对过剩。这些产品如果扩大出口又受到各国贸易保护主义的限制。因此，这类技术应尽早转移到经济发展欠发达的发展中国家，如RCEP的东南亚国家，拉丁美洲的哥斯达黎加、古巴、巴拿马和阿根廷、巴西等，非洲的埃及、南非、肯尼亚和尼日利亚，以及巴基斯坦、印度、俄罗斯等周边新兴经济体进行推广复制，或绕过壁垒直接进入发达国家[①]。

4. 标准与适用技术产业对外投资以产能转移为目标

标准技术产业主要指技术要求已趋标准化的产业，如纺织业、机械制造业等，这些产品的市场竞争的关键在于商品价格，而影响商品价格的主要因素是原材料和劳动力等生产成本。因此，这类技术应转移到一些资源丰富、劳动力低廉、交通便利的邻国，或发展中国家，并向第三国出口。在我国劳动力成本优势已经不再、中美贸易摩擦遭遇贸易障碍的背景下，通过对外投资绕过壁垒向美国等出口就成为我国企业的必然选择。如我国纺织品生产能力高出市场需求的30%，可通过到越南、柬埔寨、缅甸、孟加拉国、埃塞俄比亚、毛里求斯投资生产，并出口第三方市场。

5. 工程承包企业应通过基础设施承建带动国内成套设备和技术咨询走向世界

我国被称为“基建狂魔”，拥有道路桥梁、铁路、机场、港口等基础设施建设的技术、资本与施工技术队伍。这些优势资源不仅发展中国家需要，也是发达国家维修和改善基础设施所亟须的。通过承包基础设施工程，可以带动我国建筑机械与材料，道路建材与机车出口，光缆电信等通信器材，水电、核能、光伏、风能等能源设备等成套设备及技术标准与服务出口，甚至劳动力的输出。我国坚持高质量建设“一带一路”，应重点布局新型基础设施、工程服务、电子商务等领域，推进“健康丝路”“数字丝路”“绿色丝路”基础设施建设。

① 全毅．加入WTO与我国企业国际化战略[J]. 亚太经济，2001（2）：59-63.

（三）建立海外投资与财产保护机制，提高应对风险的韧性

1. 构建国际合作机制，为对外投资与产能合作提供制度保障

双边与多边投资保护条约是防控政治风险与不确定性风险的最重要途径，我国十分重视参与国际合作，构建开展贸易与投资合作的制度框架。首先，条约要明确规定中国企业在东道国享有的国民待遇以及最惠国待遇，并保证按照法律和条约公平公正地对待中国企业。其次，要在东道国面临国有化以及外汇风险时切实保证中国企业的合法权益，保证中国企业投资收益转移与汇出自由。最后，明确规定投资争端的解决机制，即东道国与中国海外投资企业一旦发生投资争端时应该采取的程序和方法。截至 2021 年 6 月，中国已与 44 个国家建立了双边投资合作工作组，与 140 个国家和国际组织签署 206 份共建“一带一路”合作文件，建立了 90 多个双边合作机制①。2020 年 11 月签署的《区域全面经济伙伴关系协定》（RCEP），并公开宣布中国积极考虑加入《全面与进步跨太平洋伙伴关系协定》（CPTPP），为我国高水平开放奠定了良好的制度基础。

2. 提高我国涉外法律的执法水平和司法水平，强化涉外法律服务

合规经营仍然是我国企业规避海外法律风险的最佳途径，要规范我国企业对外投资行为，引导我国跨国公司合规经营。我国应完善海外财产与人身安全保险制度，积极参与有利于海外直接投资的集团性的和世界性的国际组织；充分发挥华侨华人社会网络、行业协会、民间社团等非政府组织的社会保障作用，弥补政府海外利益保护机制的不足；通过政府与社会机制的协调与合作，有效维护中国企业与公民的生命财产安全。我国安全机构应与“一带一路”共建国家探索建立安全合作机制，如巴基斯坦组建 1.5 万人的安全部队维护中国工程安全，中国与所罗门群岛建立警察安全合作机制，在非洲建立维护中国企业的安保机构等。

3. 建立企业风险防控与规避机制

国有企业是我国对外承包工程和能源资源投资的主要角色，到 CPTPP 和

① 我国已与 140 个国家、32 个国际组织签署 206 份共建“一带一路”合作文件 [EB/OL].（2021-12-15）. https://new.qq.com/rain/a/20211215AOBS5700.

USMCA 国家投资可能面临国企规则的约束。加快国企改革与补贴政策，打造合格经营主体，鼓励自主经营、自负盈亏的国有企业与民营企业成为跨国经营的主体，坚持效益优先、债务可持续原则，避免陷入亏损与债务风险。同时签署区域贸易与投资协定时，要坚持所有制中性和公平竞争，避免形成新的所有制歧视。

我国企业应做好自身技术特征与东道国资源匹配度的评估，在跨国经营中要审慎思考自身拥有的技术等要素特征是否与东道国自然资源等生产要素特征相匹配。尤其在当前中美大国博弈、乌克兰危机、多国政局不稳的时代背景下显得尤为重要。同时企业也应估算权衡其规模和优势是否可支撑其从市场购买或者依靠自身力量来降低产能合作风险的能力。这包括从市场购买跨国保安服务或者自己组建保安安保团队等方面。

企业还应该建立完善的海外投资保险制度，与保险、银行等金融机构合作，规避信用风险；完善现有以银团贷款或发放债券为主的多元化融资体系，实现对项目建设的长期、稳定、可持续、风险可控的金融支持；针对不同国家风险重点，购买中国出口信用保险公司提供的包括政治风险、商业风险的信用风险保障产品。中国出口信用保险支持企业对外投资合作的保险产品包括短期出口信用保险、中长期出口信用保险、海外投资保险和融资担保等。

4. 深化标准合作，推动数字人民币等衍生产品创新以防范汇率风险

标准是保证复杂工业体系良好、可靠运行的重要保障，在企业“走出去”的过程中，一定要重视标准制定以防范因标准规范体系不统一而带来的产品评价等风险。通过深化区域标准化合作，防范因标准不同而产生的风险；鼓励金融机构根据产能合作的实际，开发包括（数字）人民币衍生产品、供应链金融等在内的金融创新产品，以降低融资风险和防范因美元汇率不稳定带来的收益风险。

参考文献

[1] 全毅 . 全球化时代与我国企业国际化经营战略 [M]// 新时代我国对外开放的理论与实践探索 . 北京：中国商务出版社，2019 : 235-267.

[2] 卢进勇，黄珊珊，程晓青 . 中国企业海外投资的动因、模式与理论创新研究 [M]. 北京：中国商务出版社，2017 : 30.

[3] 李文锋 . 中国跨国公司现状、问题及对策 [J]. 改革，2001（5）: 40-45.

[4] 国家发展和改革委员会，国际合作中心对外开放课题组 . 中国对外开放 40 年 [M]. 北京：人民出版社，2018 : 169.

[5] 陈文，麦艺帆 . 中国企业在越南投资的政治风险与防范 [J]. 南亚东南亚研究，2021（4）: 73-87，155.

[6] 苏建，胡惠敏 . 一带一路产业转移的考察及政策建议：基于国际产能合作的视角 [M]// 刘伟，张辉 . 一带一路：产业与空间协同发展 . 北京：北京大学出版社，2017 : 57-64.

[7] MARIE-VALENTINE F，THOMAS B M. Introduction to the IRGC Risk Governance Framework[J]. Political Science，2017.

[8] OPRIME P C，TRISTÃO H M，PIMENTA M L. Relationships，cooperation and development in a Brazilian industrial cluster[J]. International Journal of Productivity & Performance Management，2011，60（2）: 115-131.

[9] 我国已与 140 个国家、32 个国际组织签署 206 份共建“一带一路”合作文件 [EB/OL].（2021-12-15）. https://new.qq.com/rain/a/20211215AOBS5700.

[10] 全毅 . 加入 WTO 与我国企业国际化战略 [J]. 亚太经济，2001（2）: 59-63.